高等学校信息管理学专业系列教材

信息组织

第四版

主　编　周　宁
副主编　余肖生　吴佳鑫

WUHAN UNIVERSITY PRESS
武汉大学出版社

图书在版编目(CIP)数据

信息组织/周宁主编．—4版.—武汉：武汉大学出版社，2017.9(2023.2重印)

高等学校信息管理学专业系列教材

ISBN 978-7-307-19668-1

Ⅰ.信…　Ⅱ.周…　Ⅲ.信息组织—高等学校—教材　Ⅳ.G254

中国版本图书馆CIP数据核字(2017)第220737号

责任编辑：詹　蜜　　责任校对：李孟潇　　版式设计：马　佳

出版发行：**武汉大学出版社**　(430072　武昌　珞珈山)

(电子邮箱：cbs22@whu.edu.cn　网址：www.wdp.whu.edu.cn)

印刷：湖北恒泰印务有限公司

开本：720×1000　1/16　印张：31.75　字数：571千字　插页：1

版次：2001年11月第1版　2004年11月第2版

2010年4月第3版　2017年9月第4版

2023年2月第4版第4次印刷

ISBN 978-7-307-19668-1　定价：58.00元

前　言

当前，我们正处于“互联网+”时代，互联网企业如雨后春笋茁壮成长，中国互联网科技公司三架马车百度、阿里巴巴和腾讯(BAT)在2016年又取得骄人成绩。各行各业都连在互联网上，开发和利用互联网。信息产业的高歌猛进，大力促进了经济发展和社会进步，信息组织出现了一些新理论、新方法、新成果。本教材第4版是在第3版的基础上进行了重写与调整，并新增了如下内容：

1. 增写第10章(原第10章后移为第11章)——社交媒体的信息组织。用一章的篇幅论述了社交媒体的类型与特点，其生成模式和信息组织方法，并以微博和微信为例讨论了其信息组织的具体方法。

2. 在移动互联网环境下，信息组织的语言工具发展迅速。因而在第4章新增了HTML5等内容。

3. 在信息组织的数据库方法中，关系数据库发展较早，使用SQL操作为典型规范。大量的多媒体数据很难用关系数据库组织，因而在第6章增加了NoSQL数据库的内容。

4. 信息资源的计算机化管理沿用了传统的分类法和主题法。为了提高信息组织的质量、发挥计算机管理的优势，在重编第2、3章后新写了本体与本体库、分类主题一体化等内容。

5. 在大数据/云计算环境下，移动互联网迅速发展、智能化异军突起，“大智移云”时代初见端倪，因而在第1章和后面的有关章节中增写了相关内容。

6. 知识组织的理论方法和实现技术发展很快，改写的第11章增加了知识地图和知识图谱等相关的内容。

另外，对第5、7、8、9章中的部分内容进行了改写与补充。

本教材第4版编委会由文燕平、严亚兰、刘玮、杨峰、张会平、余肖生、张芳芳、吴佳鑫、马续补、周宁组成。经过半年多的努力，完成了撰稿与修订工作。

随着大数据、智能化、移动互联网和云计算的快速发展，人类将迎来“大智移云”新时代。信息组织面临许多新的机遇与挑战。

由于信息产业飞速发展，涌现了许多新理论、新技术、新方法、新成果，跟踪研究与应用确属不易。我们虽付出了很大努力，但仍力不从心、挂一漏万。书中错漏之处难免，欢迎读者批评指正。

编　者

2017年2月

第一版前言

随着社会信息化，信息社会化程度的不断提高，人类正从工业社会向信息社会迈进。信息是物资、能源之后的“第三级资源”。它是人类的宝贵财富。信息产业是朝阳产业。信息生产与消费水平已成为衡量一个国家发展状况和综合国力的重要尺度，而信息生产的核心是信息的描述与组织。

《信息组织》是信息管理类专业的核心课程之一。它系统地讲述信息资源描述与组织的理论和方法。随着因特网的迅猛发展，数字化信息资源已成为信息资源的主体。在信息生产与消费的过程中，人们对信息组织的理论、方法、技术等方面都有创新，并开辟了许多全新的应用领域。因此，本教材着眼于知识经济和信息社会发展的需要，重点讨论以计算机为基础的数字化信息资源的描述与组织；吸收国际上该领域最新成果的内容，反映21世纪的时代特征，力争在体系结构、理论方法上有所突破。

本书共11章，其主要内容如下：

第1章为引论，讲述了信息资源在知识经济中的地位与作用，信息组织的发展沿革、主要内容及常用方法。

第2~3章分别论述了信息资源组织的分类描述语言和主题描述语言，系统地总结了国内外的主要成果和常用方法，并以网络搜索引擎为例，具体讨论了分类描述语言和主题描述语言在因特网中的应用。

第4~5章讨论了数字信息资源描述的相关标准(SGML、HTML与XML等)和网上信息(包括多媒体信息)的组织与发布，并简述了信息资源的三级组织方法。

第6章介绍了信息资源描述与组织的元数据方法。本章重点论述Dublin Core元数据研究的系列成果和描述方法。

第7~8章论述了信息资源组织的数据库方法及相关标准。ISO 2709、

MARC、GB2901 都是重要的国际标准和国家标准。在 30 多年的发展中，数据库方法经历了多种体系结构和组织方法。对于新近出现的研究成果——半结构化数据库系统也作了专题讨论。

第 9~10 章论述了数字图书馆和电子商务系统中的信息组织。

第 11 章论述了信息组织的高级形式——知识组织，讨论了信息组织与知识组织的关系，知识组织的常用方法。同时，还对数据仓库和数据挖掘等新课题进行了探讨。

本教材中列举了大量的实例，力求理论与实际紧密结合；还列出了 4 个实验课题供学员上机实践时使用。

本书按教学大纲要求，由集体编写而成；黄晓梅编写第 1~3 章，刘玮编写第 9 章，严亚兰编写第 10 章，文燕平编写第 11 章，其余 5 章由周宁编写，并负责全书的统稿。

本书的出版得到了武汉大学各级领导的大力支持，武汉大学出版社的同志为此付出了辛勤劳动。在编写中得到了国内一些同行专家的关心、支持和帮助，参考了国内外许多学者的研究成果和论著，在此一并表示感谢。由于信息组织课程涉及的知识面宽、内容广，虽然我们经过了艰苦努力，但错漏之处难免，欢迎专家、读者批评指正。

编　者

2001 年 9 月 于珞珈山

第二版前言

《信息组织》是信息管理类专业的核心课程之一。它系统地讲述信息资源描述与组织的理论与方法。随着因特网的迅猛发展，数字化信息资源已成为信息资源的主体。在信息生产与消费的过程中，人们对信息组织的理论、方法、技术等方面都有创新，并开辟了许多全新的应用领域。因此，本教材着眼于知识经济和信息社会发展的需要，重点讨论以计算机为基础的数字化信息资源的描述与组织；吸收国际上该领域最新成果的内容，全面体现21世纪该领域研究前沿的学术进展和主要成果，力争在体系结构、理论方法上有所突破。

第一版出版后，经过三年的教学实践，课程内容有了大的扩充和更新。在此基础上，第二版的结构作了调整，内容有较大扩容。和第一版相比，第二版增写了三章：

第 5 章　新一代因特网的基础语言——XML

第 8 章　搜索引擎

第 11 章　电子政务的信息组织

根据该学科的科学研究和应用的发展，重写了三章：数字图书馆的信息组织、电子商务的信息组织和知识组织。另外，对第 1~4 章和第 6~7 章作了较大的修改和补充。

第二版全书共 12 章，其主要内容如下：

第 1 章为引论，讲述了信息资源在知识经济中的地位与作用，信息组织的发展沿革、主要内容及常用方法。

第 2~3 章论述了信息资源组织的分类描述语言和主题描述语言，系统地总结了国内外的主要成果和常用方法，并以网络搜索引擎为例，具体讨论了分类描述语言和主题描述语言在因特网中的应用。

第 4 章讨论了数字信息资源描述与组织的重要标准 SGML 和 HTML 的理

论与具体应用，网上信息的组织与发布，多媒体信息信息的组织方法等。

第5章对新一代因特网的基础语言——XML作了系统论述，对其功能特点和应用结合实践进行了归纳。

第6章介绍了信息资源描述与组织的元数据方法，简述了信息资源的三级组织方法。本章重点论述Dublin Core元数据研究的系列成果、最新定义、描述方法和具体应用，并结合RDF等元数据与RDF/XML框架的应用做了进一步的研究。

第7章论述了信息资源组织的数据库方法及相关标准，对MARC21(2709)、MARC21(XML)的理论方法和应用实例做了系统论述。信息组织的数据库方法经历了多种体系结构的发展和应用。并对于新近出现的研究成果——半结构化数据库系统也作了专题讨论。

第8章对网络信息资源组织与利用的工具——搜索引擎作了系统论述。从搜索引擎的体系结构、建立与使用方法入手，结合国内外有代表性的搜索引擎作了具体研究，并对元搜索引擎作了探讨。

第9~11章论述了数字图书馆、电子商务系统和电子政务中的信息组织，从理论与实践的结合上进行了研究。当今世界的这些热点课题吸引着人们去研究和实践。

第12章论述了信息组织的高级形式——知识组织，讨论了信息组织与知识组织的关系，知识组织的常用方法。对显性知识与隐性知识的转化，知识组织与知识管理的目标进行了研究，重点讨论了图书馆的知识组织和企业的知识组织。同时，还对知识组织工具进行了探讨。

本教材中列举了大量的实例，力求理论与实际紧密结合；还列出了3个实验课题供学员上机实践时使用。

本书按教学大纲要求，由集体编写而成；黄晓梅编写第1~3章，严亚兰编写第9章，刘玮编写第10章，杨峰编写第11章，文燕平编写第12章，其余几章由周宁编写，并负责全书的统稿。

本书的出版得到了武汉大学各级领导的大力支持，武汉大学出版社的同志为此付出了辛勤劳动。在编写中得到了国内一些同行专家的关心、支持和帮助，参考了国内外许多学者的研究成果和论著，在此一并表示感谢。由于信息组织课程涉及的知识面宽、内容广，加之发展快、技术新，虽然我们经过了艰苦努力，但错漏之处难免，欢迎专家、读者批评指正。

编　者

2004年7月 于珞珈山

第三版前言

光阴似箭，信息组织教材第一版出版转眼已过 9 年。在 21 世纪的这 9 年中，信息组织的新理论、新方法和新技术发展很快。本教材虽在 2004 年第二版中作了重要的更新与补充，但仍不能全面体现信息组织学的新思想和新成果。为此，本教材在第二版的基础上对一些重要内容进行了重写与调整。它主要体现在以下几个方面：

1. 信息组织向集成化、可视化、智能化发展中的一系列新成果。

2. 以新视角重新总结、归纳和补充了信息组织的理论方法、技术基础和研究的主要内容。

3. 由于 Web2.0 的发展，重写了网络信息组织内容，引入了一些新理念、新成果，补充了搜索引擎与索引数据库的新技术。

4. 考虑到有些院校已先后开设了网页设计与网站建设等课程，所以对第二版的第 9、10、11 章在重写时合为第 9 章。浓缩版或许更符合当前的实际。

5. 根据当前发展状况，对元数据内容的选择和利用有新的成果展现和描述。

第三版共 10 章，具体内容如下：

第 1 章为信息组织引论，论述了信息组织的诞生、发展历程和在信息产业中的地位与作用，重点讨论了信息组织的理论方法、技术基础和研究的主要内容。

第 2 章讨论了信息资源管理的分类语言。从它的发展成果总结入手，重点论述了分类语言的原理与体系结构，以及数字化、网络化信息资源的分类方法。

第 3 章为信息资源组织的主题描述语言。回顾了主题语言的诞生与发展成果，重点论述了它的构成及广泛应用。

第 4 章系统论述了置标语言工具，对 SGML、HTML 和 XML 语言的原理、相关标准与具体应用进行了讨论，并结合网上信息的组织与发布从理论与实践的结合上进行了探讨。

第5章为信息资源描述与组织的元数据方案，对元数据的发展状况、元数据的结构与分类进行了研究。重点论述了都柏林核心、MARC、METS、MODS等元数据方案的构成及应用，并就元数据间的互操作进行了探讨。

第6章为信息组织的数据库方法。数据库技术是信息组织的最佳技术。首先，讨论了数据库的特点、体系结构和分类方法；然后，具体论述了数据库技术在信息组织中的广泛应用。

第7章讨论了网络信息资源的组织。由于信息资源越来越丰富、Web1.0平台到Web2.0的变化，网络信息资源组织与发布方法也随之变迁。面向用户、面向协作、面向社会、面向机器理解等是当今网络信息组织的新特点。

第8章为索引数据库与搜索引擎。从索引机制入手，系统论述了搜索引擎的诞生与发展，它的系统结构与使用方法，并对元搜索引擎的功能与特点进行了具体探讨。

第9章讨论了信息组织在各个行业的广泛应用，并以数字图书馆、电子商务系统、电子政务系统、数字博物馆为例进行了系统论述。

第10章探讨了信息组织集成化、可视化、智能化的发展趋势，并对信息构建、信息可视化、知识组织进行了专题研究。

信息组织教材与课程建设息息相关、相辅相成。在学校领导的关心和支持下，信息组织学课程获2006年湖北省精品课。2009年，“信息组织学课程建设与创新”获湖北省高等学校教学成果奖。同时，教学课件、课程创新等均获得相关单位的奖励。这是《信息组织》教材的读者长期支持的结果，也是对课程组的鞭策与鼓励。

本教材是集体研究和实践的成果。教材编写人员有：周宁、吴佳鑫、文燕平、严亚兰、刘玮、杨峰、张会平、余肖生、张芳芳、黄晓梅，由周宁、吴佳鑫统稿。

长期以来，本教材的编写得到了许多同行专家的支持和帮助。我们参阅了许多学者的文献，在此一并致以诚挚的谢忱。由于信息组织学涉及的知识既广且深，其新理论、新方法、新技术、新成果不断涌现；要跟踪研究与创新发展，其任务艰巨、任重道远。虽然我们付出了艰苦的努力，但错漏之处难免，欢迎读者不吝指正。

编　者

2009年9月

目　录

1 引　论

信息与物资、能源已成为现代社会的三大支柱。人们每时每刻都在生产信息、消费信息。信息产业已成为当今社会的支柱产业。信息不仅是国家的战略资源、人类的宝贵财富，而且信息的生产与消费水平已成为衡量一个国家综合国力和发展水平的重要尺度。在这里，信息生产的核心是信息资源对象的描述、组织与存储。而信息消费的主要内容是信息检索与服务。当前，随着大数据、智能化、移动互联网和云计算的迅猛发展，人类迎来了“大智移云”新时代。

1.1　信息与信息组织

1.1.1　信息与信息社会

信息(information)是音信、消息，是物质存在的一种方式、形态或运动状态，是标记在通信系统中的信号，是构成知识的原材料。一般来说，人们对信息有三种用法：其一是作为事物的信息(information-as-thing)，其二是作为知识的信息(information-as-knowledge)，其三是作为过程的信息(information-as-process)。信息泛指通过指令、数据、符号等发出的对接受者来说在此之前还没有获知的消息。人们获取信息、存储和传递信息、利用信息都需要信息技术(IT—Information Technology)。它包括计算机技术、通信技术、传感技术和控制技术等相关的基本技术。目前，信息技术高度发达并得到普遍应用，形成了庞大的信息产业(information industry)。

信息社会是高度信息化、知识化的社会。它的主要特点是在社会生活中广泛应用信息技术，信息获取与传递十分方便，信息生产发达，信息消费旺盛，促进了社会经济快速发展，人民生活质量迅速提高。

信息社会的形成经历了长期的发展阶段，国内外专家学者和有关的国际组织对信息资源开发、信息社会的形成和知识经济的发展做了大量研究，已取得不少成果。下面引述部分论述将有助于我们对其发展历程有一个系统了解。

1962年，美国经济学家弗里茨·马克卢普，根据美国从第二次世界大战以来至50年代末的社会发展和产业结构变化背景，提出了“知识产业”(knowledge industry)的概念。概念外延包括：①教育；②R&D(研究开发)；③传播业；④信息设备；⑤信息服务。

1973年，哈佛大学社会学家丹尼尔·贝尔出版《后工业社会的来临》一书，影响广泛，引起热烈的争论。早在1959年夏，在奥地利萨尔茨堡学术讨论会上，他已首次使用“后工业社会”一词；随后，逐步形成“后工业社会”的概念。他定义说：“前工业社会依靠原始的劳动力并从自然界提取初级资源”；“工业社会是围绕生产和机器这个轴心并为了制造商品而组织起来的”；“后工业社会是围绕着知识组织起来的，其目的在于进行社会管理和指导革新与变革；这反过来又产生新的社会关系和新的结构”。由于“后工业社会”的提法含糊，1979年，贝尔承认“信息社会”的概念较“后工业社会”更为确切。

1980年，未来学家阿尔温·托夫勒发表代表作《第三次浪潮》。他说：“我相信我们已处在一个新的综合时代的边缘。”他提出“超工业社会”的概念。关于“三次浪潮”的划分，渊源于贝尔。在其新著《权力转移》里，托夫勒预言：随着西方社会进入信息时代，社会的主宰力量将由金钱转向知识。同年，法国名记者和作家让·雅克·塞尔旺·施赖贝尔也发表《世界面临挑战》一书。作者认为，信息是当今世界最重要而又取之不尽的资源，而自然资源与能源在地球上却日趋枯竭。他直接运用“信息社会”概念取代“后工业社会”和其他提法。

1982年，未来学家约翰·奈斯比特发表《大趋势》一书，从10个方面论述了美国社会发展趋势。他认为：“知识是我们经济社会的驱动力”，“信息经济社会是真实的存在，是创造、生产和分配信息的经济社会”。他概括了信息社会的四个特征，其中包括：①起决定作用的生产要素不是资本，而是信息知识；②价值的增长不再通过劳动，而是通过知识。

1985年，美国政府授权Calgary大学成立“知识科学研究所”(KSI)。把知识作为体系加以全面考察，研究知识对社会和经济等各方面的作用过程与转化过程。虽然尚未提出“知识经济”概念，但在实际上已对知识经济的几乎所有方面做了富有成果的研究。

20世纪90年代初，美国阿斯奔研究所(The Aspen Institute)等单位联合组建信息探索研究所(The Institute for Information Studies)，在它出版的《1993—1994年鉴》中，以《知识经济：21世纪信息时代的本质》为总标题，发表了6篇论文，从6个方面审视了“明天信息社会”的特征和本质。在第一篇论文《技术在信息时代的地位：把信号转为行动》中，明确地提出：“信息和知识正在取代资本和能源而成为能创造财富的主要资产，正如资本和能源在200年前取代土地和劳动力一样。而且，20世纪技术的发展，使劳动由体力变为智力。产生这种现象的原因，是由于世界经济已变成信息密集型的经济，信息和信息技术具有独特的经济属性。”

1994年，C. 温斯洛和W. 布拉马共同出版了《未来工作：在知识经济中把知识投入生产》一书。本书明确点明“知识经济”的概念，并对概念的内涵外延作了较完整的论述。作者认为，“管理智力”是获取和利用高价值信息的关键。他们阐述了知识形态下企业在市场取胜的基本条件和要求，并提出了“知识工人”(Knowledge Worker)的概念。

总部设在巴黎，以发达国家为主要成员国的“经济合作与发展组织”(OECD)，在1996年10月8日发布了一份《科学、技术和产业展望报告》，在国际组织文件中，首次正式使用了“知识经济”(Knowledge-based Economy)这个新概念。OECD将该报告的有关部分以《以知识为基础的经济》为题予以独立发表，文中对知识经济的内涵进行了界定：知识经济是建立在知识和信息的生产、分配和使用之上的经济。报告总结了20世纪90年代以来OECD国家经济发展轨迹与趋势，提出知识经济的主要特征及其作用地位，用统计数字具体说明了知识经济体系中的重大要素，包括科学与技术的研究开发(R&D)，信息和通信技术，服务行业的就业人数与构成变化，以及劳动力的技能素质等因素对经济增长的影响。报告最后总结说：“事情已使人们越来越清楚：知识是支撑OECD国家经济增长的最重要因素。”

现代社会已进入知识经济时代，知识经济是和农业经济、工业经济相对应的一个概念。与以往的经济形态最大的不同之处在于，知识经济的繁荣不是直接取决于资源与资本，硬件技术的数量、规模和增量，而是直接依赖于知识或有效信息的积累和利用。知识经济的一个最直观、最基本的特征是知识作为生产要素的地位空前提高，知识不再是资本的附庸，它作为资源的最重要的形式不仅本身可以用来消费，而且它还能有效克服传统资源的瓶颈制约，并且能极大提高对传统资源的使用效率。

一般认为，信息是活动中的知识，同时，知识是经过整序和提炼的信息。知识是人们通过实践对客观事物及其运动过程和规律的认识，是信息的一部分，即被人们理解和认识并经头脑重新组织和系列化的那部分信息，是经验、技能的总结。在知识经济时代，社会与经济发展比以往任何时候都更加依赖于知识和信息。信息是构成知识的原材料，信息资源开发、信息生产与消费的水平决定了知识经济的发展水平。

1.1.2 信息组织的诞生与发展

信息组织是对信息资源对象进行收集、加工、整合、存储，使之有序化、系统化的过程。组织信息的目的是为了检索信息、利用信息。图书馆、情报所、文献中心、档案馆、专利局等是人们长期进行组织信息和提供信息的场所，数据库和 Internet 是新的信息组织空间。

在信息生产与消费的过程中，信息组织是核心。作为社会活动的重要组成部分，信息组织是与人类社会同时产生并同步发展的。它经历了漫长的发展道路。在研究和应用实践中，可以用不同的方法来划分信息组织的发展阶段，按职能划分和按组织对象划分是常用的方法。

(1)按职能划分信息组织发展阶段

信息组织的发展主要是与信息管理整体发展和信息组织理论方法发展及信息技术发展紧密联系的。因此，在发展阶段上，大致与信息管理发展阶段保持基本的一致性。由于在原始信息管理时期几乎谈不上任何形式的信息组织活动，信息的传递通常是不正规的、多自发性的。因此，在这里仅把信息组织的发展区分为三个阶段，主要与古代信息管理时期、近代信息管理时期和现代信息管理时期相对应。必须明确指出的是，信息组织发展阶段的演化并不是一个阶段对一个阶段的全面否定，而是一种扬弃、一种理论和方法的完善和扩展。即使是最早的清册职能也并未在现代信息管理时期被彻底废止，而是融入了一种更为综合的组织职能之中。

①清册职能时期。

在古代信息管理时期，信息管理的着眼点不在于“用”而在于“管”，信息管理活动并不要求完备、科学的信息组织给予支持。这一时期的信息组织活动主要体现为一种清册职能（inventory function），它主要通过对信息的记录和登载，如同“信息账房先生”，告诉人们有什么信息而已。当然，这时的信息主要是指图书、档案等文献信息。偶尔人们也使用“catch word”等方式进行最粗疏的主题揭示，分类法的使用本身也多在于信息编排之用，中国古代目录学家们的提要或提要式文字也并未改变总体的清册职能。显而易见，这种财产登记信息组织活动非常简单而不规范，手工方式和信息交流匮乏也决定了发展的不成熟性。这一时期的图书馆目录虽然还远远不能与今天的图书馆目录相比，却已成为这一时期的代表成果，围绕图书馆目录展开的初步研究中已显露了现代信息组织思想和方法的萌芽。

②查检职能时期。

一切信息机构存在的目的都不可能是单纯的收藏和保管，利用才是终极目的。要促进信息的利用就必须有完备、科学的信息组织活动作基础。图书馆等文献信息机构的发展，特别是管理思想、技术和方法的发展也为信息组织的发展创造了有利条件。因此，信息组织活动不仅告诉人们有什么信息，而且告诉人们怎样找到信息，构成这一时期的信息组织活动的主要职能就是查检职能（finding list function），“信息账房先生”摇身一变成了“信息药房先生”。但仍然可以发现，这里的信息还没有冲破文献信息的限制，现代意义上的信息还缺乏有效的、有意识的控制活动。但是，信息组织的理论、技术和方法已经不可同日而语了。信息组织已经不再是一种记簿式处理，对信息的外在特征和内容特征的描述与揭示都得到不同程度的重视，尽管对信息的概念单元分析仍然存在不足。信息组织不仅能够为用户提供更多的检索点（access points），同时，索引和文摘的出现使二次信息体系中书目形式一统天下的局面被彻底打破。信息组织的纯手工操作方式也不复存在，机械化、半机械化手段开始导入信息组织中，出现了穿孔卡片系统和缩微胶片系统等新的信息组织技术手段。不仅信息描述内容丰富、信息揭示方法多样化，而且信息组织从载体单元到内涵单元的重点倾斜具有里程碑意义。无序信息向有序信息的转换使信息的利用有更多的方法和途径，在近代信息管理时期，信息组织确立了“用户中心论”，并在检索点的形成和排列、整序成果的推广和应用、传统技术的更新和演化等方面得以充分体现。在这一时期，信息组织的发展可以用主题揭示语言对分类揭示语言的冲击、文摘和索引型序化成果对书目型序化成果的冲击、机械化和半机械技术手段对手工技术手段的冲击，给予充分地概括，这些变化特征为信息组织由查检职能为主导向完整意义的组织职能发展奠定了坚实的基础。

③组织职能时期。

以计算机技术、通信技术、网络技术为代表的现代信息技术的导入，把信息管理推上一个新的发展水平，也把信息组织引入一个新境界，使信息组织过去连想也未曾想到的新概念和新设想变成了现实。信息组织从最完整的意义上实现了整序信息、科学分流、促进选择、保证利用的组织职能（organizing function）。这种组织职能已经不满足于告诉人们有什么信息和怎样找到信息，它不仅可以告诉人们我们这里有什么信息，而且还可告诉人们其他地方有什么信息；人们不仅可以找到最需要的信息，而且还可以知道什么信息适合于自己；人们不仅可以利用一种途径获得信息，而且可以多途径、多角度地查检信息。在这里，信息的概念被高度扩充，不仅有文献信息，而且有非文献信息；不仅有文字信息，而且有声音、图形、动画或视频信息；不仅有知识信息，而且有满足非学习研究型需求的其他信息；不仅有提供线索的二次信息，而且有直接满足要求的一次信息和三次信息；不仅有被动接收的信息，而且有人们参与生成和选择的信息……所有这一切，反映了现代信息组织的超前性和现实性、精细性和普及性、协作性和专业性、标准化和多样化、体系化和特色化、市场性和调控性、自动化和智能化的有机结合。信息组织融信息搜集、信息分析、信息描述、信息揭示、信息存储于一体，现代信息管理时期中信息组织活动的社会化、信息组织产品的商品化、信息组织需求的市场化成为这一时期最明显的标志。在未来发展的道路上，信息组织的功能不会弱化，而且会进一步强化。可以预言，信息组织、信息传播、信息生产与消费这几者之间的联结会更加紧密，一体化趋向会更加明显，但其中的信息组织的功能将依然存在并得到充分体现。

(2)按组织对象划分信息组织发展阶段

IT的进步已成为现代信息组织发展的内在驱动力；同时，在社会信息需求的推动下，现代信息组织方法在不断地推陈出新。

①文献组织阶段。

传统的文献组织是伴随着文献数量的激增而诞生的。近代，随着科学技术的不断发展，科技文献在出版种类、出版数量、出版速度等方面以飞跃方式向前推进；文献分布极其分散，文献语种迅速扩大；各种文献之间彼此交叉、重复日益严重；文献新陈代谢迅速加快。在此同时，传统学科界限不断被打破，学科越来越多，分工越来越细，这些都导致对于文献信息需求的不断深入和集中，使得文献组织工作显得尤为重要。传统意义上的文献组织，事实上是将文献由一次到三次的转化过程。在文献由一次信息向三次信息的流动与演变过程中，不断加入了文献著者、编辑者、信息加工者的创造性劳动，逐步使得文献所含知识得到鉴别、提炼和综合，从而使文献流不断增值。同时，也使得信息由分散到集中，由无组织到系统化。

这一阶段主要以图书情报领域的信息组织工作为主流。在传统的信息管理中，图书馆的工作核心是文献组织，即图书馆馆员根据文献的形式特征和内容特征，通过编制目录、索引、文摘等方法，对文献内容进行概念逻辑划分，将成千上万的文献按其标识排成一个有序的系统，向人们提供手工检索或计算机检索的过程。实质上，文献组织仅是对文献的形式上的加工，而没有对文献的内容进行组织，也就是说，仅对信息的载体进行组织，而没有组织信息本身，属于一种初级的信息组织。

②信息组织阶段。

随着信息技术的发展，信息资源的载体、处理手段等信息的存在环境和条件正在发生前所未有的变化，并有加速的趋势。这种趋势促使信息组织的对象、形式和内容都经历着根本性的变异，以纸介质为主的信息记录和组织方式的重要性正在下降，信息组织的中心点正转向网络信息资源和电子介质，特别是转向自动化、功能全、速度快的信息资源组织方法。人类信息活动正从以纸介质信息为中心转向以电子媒介为中心。这种走向推动着信息组织由传统方式向现代方式转变。

随着互联网的出现及其迅猛的发展态势，网络信息在社会信息量中所占的比重呈日渐上升的趋势。针对网络信息数量庞大、类型繁多、难以规范等特点，专业研究人员开始探讨传统的分类法、主题法以及分类主题一体化方法在网络环境下的转换，同时研制出了适用于网络信息组织的搜索引擎。此外，开发出了一系列适合于网络信息资源描述与组织的工具——元数据。

③知识组织阶段。

知识组织（knowledge organization）一词，最早是于1929年由英国著名图书馆学家布利斯（H. E. Bliss）提出来的。布利斯于1929年就出版了《知识组织和科学系统》《图书馆的知识组织》两部著作，阐述了从文献分类角度组织知识的思想。但对知识组织进行专门的深入研究却是近二十年间的事情。知识组织是指为促进或实现主观知识客观化和客观知识主观化而对知识客体所进行的诸如整理、加工、引导、揭示、控制等一系列组织化过程及其方法。

信息是产生知识的原料，信息组织对信息的有序排列是知识组织的原料基础，知识组织的出现不是一蹴而就的，而是信息组织发展到一定阶段的必然产物。信息组织是将处于无序状态的特定信息，根据一定的原则和方法，使其成为有序状态的过程，以方便人们利用信息和有效地传递信息。其提供给用户的是片面的、零散的信息，用户要想加以利用，还必须进一步对其进行分析、选择、加工。而知识组织的目标是对知识存储进行整序和提供知识，它直接提供给用户直观的、可操作性强的系统化知识。知识组织不再局限于利用片面的信息来满足用户的需求，而是对用户的需求进行系统分析，向用户提供全面、完善的解决方案，用户可以直接学习这些知识而无需再加工。

对于人类社会的发展和人类文明的延续而言，信息组织不可或缺，知识组织更是最终的目的之处在，后者以前者为基础，而前者以后者为发展目标。

1.2 信息组织的理论方法

如前所述，信息组织是对信息资源对象进行收集、加工、整合、存储使之有序化、系统化的过程。而信息组织学是系统研究信息组织的理论、方法和技术的科学。

1.2.1 信息组织的理论基础

信息组织是由来已久的一种人类社会实践活动，在其发展过程中，不断从相关学科的理论和方法中汲取营养，使自身逐渐得到充实和完善。

系统论、耗散结构理论和协同论是信息组织的理论基础。

(1)系统论

系统科学的思想是20世纪20年代由奥地利学者贝塔朗菲(Ludwig Von Bertalanffy)提出来的，他把系统定义为相互作用的诸要素的复合体，认为系统的定义可以确定为处于一定的相互关系中并与环境发生关系的各组成部分的总体。系统论认为，系统内部各要素不是一种简单的结合，而是相互关联地有机结合在一起。正是由于系统要素间这种有机的相互关联关系，系统的整体功能才产生了质的飞跃，远远超出各单个要素的功能之总和。这就是系统论的"整体大于部分之和"的原理。在信息组织中，如果将大量的、分散的、杂乱的信息组织成一个系统，建立起内在的关联性，那么，信息系统的整体功能将大于各个信息单元的功能之总和。也就是说，这将能充分发挥信息资源的价值与作用。基于这一原理，信息组织的目标是要建立信息系统。

(2)耗散结构理论

20世纪60年代，比利时学者普里高津(Ilya Prigogine)提出了一个著名论断：在开放系统中，系统不断与外界进行物质和能量的交换，熵趋于最小值，能量远离平衡，混乱度最小，从原来无序结构转为一种时间、空间和功能上的有序结构。这就是适于一切开放系统的耗散结构理论。耗散结构是一种自组织结构。自组织的机理是：系统内各组成部分或要素间有着强烈的相互作用，由此产生多方面的相互影响、制约的相干状态，致使各级组织不断地与外界环境进行交换，从而使自身保持稳定，在动态中实现自身的有序结构和特定功能。这样使得系统在非平衡态下，实现的是动态有序的活结构，而不是孤立、趋于无序的死结构，也不是变化微小、不能产生新组织结构的近平衡结构。普里高津找到了非平衡、开放系统是有序之源。这一原理给信息组织的启迪是：所要建立的信息系统应该是一个开放系统。现实存在的包括信息组织和信息检索在内的信息系统正是这样一个开放系统，它与外界进行着信息的交换，既采集信息也输出信息。

(3)协同论

协同学是斯图加特大学物理学教授海尔曼·哈肯(H. Haken)创立的，以其系统演化方程为中心内容。这一内容有：自然界事物是多因素体系，即复杂系统；系统的总状态取决于作用，至少非线性的驱动力和涨落力，即系统所产生的扰动是不可缺少的；注重系统内要素的相互作用的同时，环境的影响也不能忽视，前者主要表现为涨落，后者主要表现为外控制参量；时空也是影响系统状态的要素，因为运动是主体的运动、历史的运动。由于系统内各要素的协同作用，从定量的深度决定着开放系统的自组织程度。于是，这种描述化为一个公式：相互作用→自组织→有序。一个信息系统是由多个子系统构成的，建立各子系统之间的协同作用机制是非常重要的，这正是来自协同论的指导思想：无论什么系统从无序向有序的演化，都是大量子系统之间相互作用而又协同一致的结果。

1.2.2 信息组织的方法基础

语言学、逻辑学、知识分类学是信息组织的方法基础。

(1) 语言学

语言是一种符号系统。符号是指代他种事物的标记。任何符号都由形式和内容两部分组成，语言符号的形式是语音，语言符号的内容就是语义。由语音和语义构成的语言符号单位就是词或语素。每种语言都是一个符号系统，语言符号系统中的基本符号单位是词(包括固定词组)。它是由固定的语音形式与固定的语义内容结合而成的，是语言按语法规则进行组合、造句表意的基本单位。要把庞杂分散的信息组织成有序优化的整体，就必须建立符号系统。有了这种符号系统，信息系统的有序特征才能体现，信息单元的个体特征才能被揭示出来，各种信息单元才能对号入座，纳入到这种符号系统的框架之中，形成一个便于检索的序化信息集合。尽管各种信息组织符号系统的形式不同，但都和自然语言一样，有着共同特征：有语词、有词汇、有语法。这就是信息组织的语言学基础。

(2)逻辑学

逻辑学是一门具有悠久历史的科学。现在，逻辑学已发展成为包括形式逻辑、数理逻辑、辩证逻辑以及其他一系列逻辑分支的科学。形式逻辑是逻辑科学体系当中的最基础的知识，研究思维的逻辑形式及其基本规律，以及简单逻辑方法的科学。形式逻辑研究的对象，决定了它是一门工具性质的科学。它是人们认识事物、表达思想时经常运用的逻辑工具，同时，也是创造发明和获取新知识的有效方法。此外，形式逻辑所研究的思维的逻辑形式具有一定抽象性，它是一种能为全人类所掌握的通用型工具。信息组织是一种思维活动，它必须遵循科学的思维方法。也就是说，进行信息组织工作必然用到形式逻辑的一些方法，信息组织的行为只有符合逻辑思维规律，才能保证信息组织的序化质量。

(3)知识分类学

任何有深度的信息资源组织系统都要求按主题内容之间的关系进行组织和揭示，这就要求以已有的知识分类的成果为基础。逻辑知识是进行信息组织应当依据的方法，但只依靠逻辑知识是不够的，还必须依据人类对知识关系的发现，才能有效地进行。知识分类体系是建立在人类对外部世界的探索和发现的基础之上的，是根据知识之间关系的了解建立的系统，它是进行主题之间关系处理的重要依据。信息组织以知识分类为基础，可以较好地揭示各个领域知识之间的关系和规律性，及时反映知识领域的进展。

1.2.3　信息组织的基本方法

1.2.3.1　基于传统印刷型载体信息的组织方法

长期以来，以纸张为记录载体的文献组织方法是以分类组织法和主题组织法为主要形式。分类组织法既是一种哲学思想，也是对知识分类体系的反映，有着悠久的发展历史；主题组织法是为了适应文献的计算机管理需要而逐步受到重视的一种文献信息组织方法。文献分类法是语法信息组织和语义信息组织的综合，从学科角度集约信息，便于族性检索；主题组织法中，主要是以语法信息组织为主、语义信息组织为辅的一种综合信息组织体例，词族索引和范畴索引由于展现了主题词之间的等级关系和学科关系属于语义信息组织，附表和英汉对照索引则体现了语法信息的关系。因此，主题组织法是建立在自然语言基础之上的，另外一种形式的语义信息与语法信息组织的综合，它从事物角度集约信息，便于特性检索。

除此之外，传统信息组织方法包括字顺组织法、时间空间组织法、随机组织法等。在实际应用中，这些方法往往交替使用，当独立使用各种组织方法时，可以采用并列的方式，将同样的信息概念、信息记录和信息实体制作出多个副本，进行多种方式的组织排列，形成不同序列的信息集合，以增加信息的检索途径。

1.2.3.2 网络环境下信息资源的组织方法

1.2.3.2.1 网络环境对传统信息组织方式的冲击

目前，随着各种先进的网络技术以及 Internet 的发展和应用，信息网络化已经成为现实。在信息网络环境下，随着信息资源、信息量、信息种类及传递速度的发展，信息组织方式也发生了深刻变化。以往的信息组织多采用手工编制的目录、索引、文摘、综述等形式，局限于文献信息的组织方式。即使采用计算机技术后，所处理的仍主要是二次文献信息，也需要事先进行人工著录、标引。而在网络环境下，信息资源多以数据库、信息库的形式存在，数字化信息占主导地位，信息组织的对象逐渐多样化，范围也随之扩大，它不再停留于对文献特征的描述，而深入到知识单元、信息单元，致使传统的信息组织方式已不能满足各种信息的需要。

信息网络环境对传统信息组织方式的冲击主要体现在以下几方面：

(1)信息量剧增以及信息传递速度的加快，使得以往的手工处理和加工方式不堪重负，急需采用自动化的信息组织手段。传统的信息组织方式大多是以人工方式进行的，其中著录、标引等信息前处理工作，已是繁琐的手工劳动，至于分类表、词表的编制和维护则更不用说了。而现在网上提供的大量实时信息、全文信息、多媒体信息等时效性信息不允许过多的中间加工环节，因此要求实现信息组织的自动化，如自动分类、自动标引、自动编制分类表、词表以及目录、索引、文摘编制和管理的自动化等。

(2)信息种类增多，数据库成分复杂化，过去主要适用于文本信息的信息组织方法已不敷使用。信息网络中，除文本信息以外，还包含大量的非文本信息，如图形、图像、声音信息等；而全文信息的比重也在逐渐增大。这些非结构化信息，不像书目信息那样格式化、规范化。如何对其进行加工和组织，如何揭示和描述其内容特征以及如何实现非文本信息数据库规模生产和低成本化等，已对以往的做法提出挑战。

(3)用户成分发生很大变化，要求信息组织方式的透明化、易用化。在网络环境下，用户成分逐渐多样化、复杂化，不同年龄、行业和文化层次的人都可以通过计算机终端直接利用网络的信息资源。由于大多数用户未经过专门训练，缺乏计算机数据处理知识和必要的信息检索技能，所以要求网络的信息组织方式简便实用，使普通用户能用自己熟悉的语言与网络交互或提供不同的界面满足不同水平用户的需要。在这方面，传统的高度专业化、规范化的信息组织方式是不符合发展要求的。

(4)网络信息资源共享要求信息组织标准化、兼容化。信息网络是对信息资料进行存储、加工和利用的协作系统，系统间的交流及网络资源的共享要求各方面的整体配合。因此，网络化的前提条件就是在网络建设、信息处理等方面采用一系列标准，使信息组织与加工标准化、兼容化。

1.2.3.2.2　网络信息资源的组织方法

(1)网络一次信息资源的组织方法

目前，网络一次信息资源的组织方法主要有如下几种：

①超文本方法。超文本是一种新型的信息组织方法，是网络信息组织的基础。超文本技术的一大特征是信息的非线性排列，它以节点为基本单位，节点间以链接点相连，将信息组织为某种网状结构。使用户可以从任一节点开始，根据网络中信息间的链接，从不同角度浏览和查询信息。超文本组织方法所提供的非顺序性的浏览功能，比传统的信息组织方式更加灵活方便，且符合人们的联想思维方式。另一大特征是其信息的表达形式的多样性。超文本信息可以是文字、图形、图像、声音、动画等多种媒体形式，因此也可称为“超媒体”。

②自由文本方法。主要用于全文数据库的组织，是对非结构化的文本信息进行组织和处理的一种方式。它不同于二次文献数据库的组织，无需前控，不须用规范化语言对信息进行复杂的前处理。它不是对文献特征的格式化描述，而是用自然语言深入揭示文献的知识单元，根据文献全文的自然状况直接设置检索点。它能够完整地反映出一次文献的全貌，是通过计算机自动进行文献信息处理和组织的。基于全文数据库的全文检索可以将任意字符作为检索标识，这样，用户用自然语言即可直接检索未经标引的一次文献。

③主页方式。类似于档案全宗的组织方式，它将有关某机构或个人的各种信息集中组织在一起，是对某机构或人物等各类对象的全面介绍。

(2)网络二次信息的组织方式

一次信息是原始的信息资源，将一次信息资源进行描述、揭示、分析和存储后，形成了有序化、系统化的二次信息。目前，网络二次信息的组织方法主要有以下两种：

①搜索引擎方法。搜索引擎是指Internet上专门提供查询服务的一类工具，它利用被称作Robot、Spider、Worm等名称的自动代理软件，日夜不停地在网上爬行，通过访问网络中公开区域的每一个站点，对网络信息资源进行收集，然后利用索引软件对收集的信息进行自动标引，创建一个详尽的可供用户进一步按关键词查询的Web页索引数据库。这种数据库的内容一般有标题、摘要或简短描述、关键词和URL，文件大小、语种以及词出现的频率和位置等。搜索引擎方法是目前Internet上对二次信息进行组织的主要方式之一，网上有成百上千种这类搜索引擎，较著名的有Google、Baidu、

Alta Vista、Excite、Webcrawler、Lycos 等。此种方式所搜集的信息虽然丰富广博，但良莠不齐，因而查准率低。

②主题树方法。组织信息资源的方法是将信息资源按照某种事先确定的概念体系分门别类地逐层加以组织，用户先通过浏览的方式层层遍历，直到找到所需要的信息线索，再通过信息线索连接到相应的网络信息资源。网上许多著名的网络检索工具如 Yahoo，Sohu 等，都采用这种方式组织信息资源。利用主题树方式组织信息资源的优点主要有：

- 主题树屏蔽了网络资源系统相对于用户的复杂性，提供了一个基于树浏览的简单易用的网络信息检索与利用界面。
- 信息检索由用户按照规定的范畴分类体系，逐级查看，按图索骥，目的性强，查准率高。
- 采用树形目录结构组织信息资源，具有严密的系统性和良好的可扩充性。

当然，该方法也存在一些缺点，一个突出的缺点就是必须事先建立一套完整的范畴体系。因为，一方面，网络信息资源的庞杂性，决定了很难确定一个全面的范畴体系作为主题树结构的基础来涵盖所有的网络信息资源；另一方面，用户为了准确迅速地获取信息，必须对相应的范畴体系有较全面的了解，这就增加了用户的智力负担。另外，为了保证主题树的可用性和结构的清晰性，范畴体系的类目不宜过多，每一类目下的信息索引条目也不宜过多，这就大大限制了一个主题树体系所能容纳的信息资源的数量。

1.3　信息组织的技术基础

1.3.1　信息组织的四大基本技术

计算机技术、通信技术、控制技术和传感技术是信息组织的四大基本技术。

(1)计算机技术

电子计算机诞生于 20 世纪 40 年代，它是人类最伟大的发明之一。计算机硬件、软件、应用开发的一整套理论、方法、技术构成了现代计算机技术。目前计算机技术正向超高速、超大型、超小型、并行处理、智能化的方向发展，新型计算机系统不断涌现。

硅芯片技术的高速发展同时也意味着硅技术越来越近其物理极限，为此，世界各国的研究人员正在加紧研究开发新型计算机，计算机从体系结构的变革到器件与技术革命都产生了一次量的乃至质的飞跃。新型的量子计算机、光子计算机、生物计算机(分子计算机)、纳米计算机、移动计算技术与系统等在21世纪走进了我们的生活，遍布各个领域。面向全球网络化应用的各类新型微机和信息终端产品将成为主要产品。便携计算机、数字基因计算机、移动手机和终端产品，以及各种手持式个人信息终端产品，将把移动计算与数字通信融合为一体，手机将被嵌入高性能芯片和软件，依据标准的无限通信协议(如蓝牙)上网，观看电视、收听广播。计算机处理信息的数量大、速度快，其智能化的水平远远超出了人们的预料。

计算机技术的发展，主要体现在CPU、内存、硬盘等技术的发展方面。近30年来，CPU运行速度提高了100万倍，内存价格下降到原来的1/45000，硬盘价格下降到原来的1/3600000。价廉物美的硬件条件促进了软件产业和计算机应用的发展和普及。

超级计算机能力"十年千倍"。现在中国的天河2号超级计算机能力是美国超级计算机cray-XT5的19倍，其持续计算峰值每秒33.86千万亿次，已经连续6次蝉联全球最快的计算机。北京时间2016年6月20日下午3点，TOP500组织在法兰克福世界超算大会(ISC)上，由我国并行计算机工程技术研究中心研制的超级计算机——"神威·太湖之光"超级计算机系统登顶榜单之首，成为世界上首台运算速度超过十亿亿次的超级计算机。而"中国芯""申威26010"的问世，也成为中国自主研发打破30年技术封锁的一柄利器。"神威·太湖之光"勇夺榜首，可以说为中国超级计算机领域的发展登上世界顶峰刷新了新纪录。

根据市场调研机构IDC的一份报告显示，创新平台分三个阶段：1985年以前，全世界以计算机为创新平台；2005年以前，以互联网为创新平台；到2020年之前，移动互联网、云计算和云服务、智能化(社交应用)和大数据将成为新的创新平台。预测"大智移云"将支撑2020年全球信息产业收入的40%和增长份额的98%。

云计算是大脑，大数据是灵魂。

云计算(Cloud Computing)是分布式计算(Distributed Computing)、并行计算(Parallel Computing)、效用计算(Utility Computing)、网络存储(Network Storage Technologies)、虚拟化(Virtualization)、负载均衡(Load Balance)、热备份冗余(High Available)等传统计算机和网络技术发展融合的产物。

云计算可以认为包括3个层次的服务：基础设施即服务(IaaS)，平台即服务(PaaS)和软件即服务(SaaS)。

大数据(big data)是指无法在可承受的时间范围内用常规软件工具进行

捕捉、管理和处理的数据集合，是需要新处理模式才能具有更强的决策力、洞察发现力和流程优化能力来适应海量、高增长率和多样化的信息资产。业内人士指出，大数据是一种全新的致富手段，它的价值堪比石油和黄金。

信息技术与应用的发展进入“大智移云”时代，大数据是这一时代的特征。大数据是新时期的创新平台和信息产业新的增长极。大数据引发了信息产业的变革，对用户需求和行为轨迹的洞察成为企业竞争的抓手，提供大数据服务已成为 OTT(Over-The-Top Content)的目标。

从技术上看，大数据与云计算的关系就像一枚硬币的正反面一样密不可分。大数据必然无法用单台的计算机进行处理，必须采用分布式计算架构。它的特色在于对海量数据的挖掘，但它必须依托云计算的分布式处理、分布式数据库、云存储和虚拟化技术。

(2)通信技术

通信技术的形成和发展，早于计算机及其相关技术。但各式各样的信息只有经过计算机，转换成由“0”和“1”组成的比特流后才能在通信网络中传输。现代通信技术实际上是计算机技术与通信技术相结合，实现资源(硬件、软件、信息)共享的系统；它把分布在各地的具有独立处理功能的多个计算机系统，通过电讯线路和相应设备连接起来，在网络协议控制下实现信息传输。所谓的通信技术就是设计、开发、应用通信设备(硬件)、控制通信的软件、信息压缩与解码的一整套理论方法与技术。世界通信技术日新月异，其总的趋势是数字化、综合化、智能化、宽带化和个人化。信息网络的发展非常迅速，从单机到局域网、广域网、到因特网(Internet)已成为一种趋势。特别是 Internet，各式各样的子信息系统都试图接上它。在这样大型的信息系统中，信息服务更是具有信息网络通信的特色：网络化信息检索，不再是以往的联机检索中主机和终端的主从关系，而是客户与服务器之间或浏览器与服务器之间的等同关系，电子邮件、文件传输、远程登录、电子新闻以及电子论坛等，更是改变了人们的工作和生活方式。

移动互联网(MobileInternet，简称 MI)是一种通过智能移动终端，采用移动无线通信方式获取业务和服务的新兴业务，包含终端、软件和应用三个层面。终端层包括智能手机、平板电脑、电子书、MID 等；软件包括操作系统、中间件、数据库管理系统和安全软件等。应用层包括休闲娱乐类、工具媒体类、商务财经类等不同应用与服务。随着技术和产业的发展，未来，LTE(长期演进，4G 通信技术标准之一)和 NFC(近场通信，移动支付的支撑技术)等网络传输层关键技术也将被纳入移动互联网的范畴之内。

移动互联网不是移动与互联网的简单加法，而是乘法——移动互联网 =

移动×互联网。所谓长江后浪推前浪，移动互联网继承了移动随时随地随身和互联网分享、开放、互动的优势，是整合二者优势的“升级版本”，移动互联网就是下一代互联网——Web3.0.

(3)控制技术与智能化

控制论是研究生物(包括人类)和机器中的控制以及信息传递的一般规律的科学。实现控制目标的有关硬件(如，控制器)设备、软件(控制程序)、系统的一整套技术称为控制技术。在机器控制中，有工业控制、交通控制、航天器控制、信息处理控制等技术。在这里，我们主要关注计算机控制、通信控制、信息处理控制等技术。

“智能化”是指由现代通信与信息技术、计算机网络技术、行业技术、智能控制技术汇集而成的针对某一个方面的应用。从感觉到记忆再到思维这一过程称为“智慧”，智慧的结果产生了行为和语言，将行为和语言的表达过程称为“能力”，两者合称“智能”。智能一般具有这样一些特点：一是具有感知能力，即具有能够感知外部世界、获取外部信息的能力，这是产生智能活动的前提条件和必要条件；二是具有记忆和思维能力，即能够存储感知到的外部信息及由思维产生的知识，同时能够利用已有的知识对信息进行分析、计算、比较、判断、联想、决策；三是具有学习能力和自适应能力，即通过与环境的相互作用，不断学习积累知识，使自己能够适应环境变化；四是具有行为决策能力，即对外界的刺激作出反应，形成决策并传达相应的信息。具有上述特点的系统则为智能系统或智能化系统。智能化已在各个行业得到应用，智慧城市/物联网便是典型代表。

(4)传感技术与物联网

传感技术(Sensing Technique)是各类传感器、系统设备和通信、控制系统的设计、建立与使用的一整套技术。传感器是能够感受规定的被测量并按一定规律转换成可用输出信号的器件或装置的总称；通常被测量是非电物理量，输出信号一般为电量。当今世界正面临一场新的技术革命，这场革命的主要基础是信息技术，而传感器技术被认为是信息技术几大支柱之一。一些发达国家都把传感器技术列为与通信技术和计算机技术同等位置。随着现代科学发展，传感技术作为一种与现代科学密切相关的新兴学科也得到迅速的发展，并且在工业自动化、测量和检测技术、航天技术、军事工程、医疗诊断、图像识别、语音识别等学科被越来越广泛地利用，同时对各学科发展还有促进作用。

物联网是指通过各种信息传感设备，实时采集任何需要监控、连接、互动的物体或过程等各种需要的信息，与互联网结合形成的一个巨大网络。其目的是实现物与物、物与人，所有的物品与网络的连接，方便识别、管理和控制。

智慧城市就是运用信息和通信技术手段感测、分析、整合城市运行核心系统的各项关键信息，从而对包括民生、环保、公共安全、城市服务、工商业活动在内的各种需求做出智能响应。其实质是利用先进的信息技术，实现城市智慧式管理和运行，进而为城市中的人创造更美好的生活，促进城市的和谐、可持续成长。智慧城市的建设在国内外许多地区已经展开，并取得了一定的成果，国内的如智慧上海、智慧双流；国外的如新加坡的“智慧国计划”、韩国的“U-City 计划”等。

1.3.2 信息组织中高新技术的应用

高新技术是信息组织强有力的技术支撑，其技术基础主要是四大基本技术(计算机技术、通信技术、控制技术和传感技术)。在信息组织中，高新技术的应用比比皆是，例如，自动标引、元数据技术、数据挖掘、数据仓库、知识发现、标记语言、数据库技术、智能代理技术、多媒体技术、图像识别技术、语音识别与语音合成技术、大数据/云计算、云服务、专业机器人等人工智能技术。这些新技术在数字图书馆、电子商务系统、电子政务系统、电子博物馆与艺术画廊等系统中得到广泛应用。由于其中大部分技术在后续章节有专门论述，这里只重点介绍自动标引、字符识别、语音识别及语音合成等相关技术。而自动标引技术在现代信息组织尤其是网络信息资源组织中占有非常重要的地位和作用。

自动标引技术可以分为自动主题标引技术和自动分类标引技术两大类，是信息组织自动化的基础。鉴于汉语的特殊性，自动分词更是中文信息计算机自动化处理的基础和前提。

1.3.2.1 自动分类标引技术

自动分类标引是指由计算机代替人工对文献信息进行分类，赋予其分类标识，以描述文献主题内容的活动。按自动分类的实现途径进行划分，可将自动分类分为自动聚类和自动归类。

(1)自动归类

自动归类是指先分析待分类对象中的特征，将其与各种类别中对象具有的共同特征进行比较，再将待分类对象归入特征最近的一类并赋予其相应的分类号。自动归类根据使用的技术通常分为基于词的自动分类(词典法)和基于专家系统的自动分类(知识法)两大类。

基于词的自动分类。这是目前较成熟的、使用较多的自动分类技术，核心是把从待分类文本中抽取的代表知识主题的语词与分类系统中代表各个类目含义的语词进行相符性比较，把分类对象归入相符程度最高的类中。基于词的自动分类以分类表与分类规则、词典为基础，主要应用文本分词技术、词频分析技术、权重评价技术、相似度分析技术等。

基于专家系统的自动分类。系统在文本中抽取分类特征时具有自然语言理解能力，它抽取最能代表信息中知识主题的概念，在将分类对象的特征与知识库类别特征进行比较时，能模仿专家系统的思维推理、判断，它的自学功能还能不断完善知识库。基于专家库的自动分类，核心是知识库和知识表达，知识库是人工建立的分类体系、语义网络和分类规则等，知识库的规模影响着系统的智能水平。

(2) 自动聚类

自动聚类是指从待分类对象中提取特征，再将提取的全部特征进行比较并按一定原则将具有相同或相近特征的对象定义为一类，设法使各类中包含的对象大体相等。一般是在语词共现的基础上，通过词频统计和相似性比较加以聚类的。

文献自动聚类就是依据这一方法进行的，是一种根据文献中语词的相似度，直接对文献聚类的方式。这一方法不是根据预先设置的类目体系分类，而是根据文献中词汇的相似测试，动态确定类目，并根据词汇的情况对类目进行调整。通常可以通过标引词和关键词来判断文献主题，如果其关键词相同或相近，就可以把这些文献归为一类。也就是说文献聚类可以在文献所包含的词的基础上形成。两篇文献所拥有的共同的关键词的数量越多，说明这两篇文献的相关性越大，越有可能属于相似的主题领域。

文献自动聚类有多种实现方法，一般通过计算机文献的词语相似度，首先生成待进行聚类分析的词语和文献关系矩阵，然后分析此矩阵，通过确定聚类的矩心向量选定文献集的类目。为了确定哪些类能提供一个有用的分类结果，通常应根据该类包含的文献和类中文献的联系强度对类目进行调整。几乎所有聚类算法都要依靠经验法来获得确定类目的参数。

1.3.2.2 自动主题标引技术

自动主题标引是指由计算机自动确定语词标识来表达信息资源主题的过程，包括自动抽词标引和自动赋词标引两种基本方式。

(1) 自动抽词标引

自动抽词标引是指直接从原文中抽取词或者短语作为标引词来描述信息资源的主题内容。最早是由美国著名情报学家卢恩(H. P. Luhn)及其在国际商用机械机器公司的同事巴克森德尔(P. B. Baxendale)于1956年提出的，它主要是从文献的正文、文摘或标题中直接选取标引词，利用该词在文献中出现频率作为抽词程序的基础。

自动抽词标引的主要算法是：先统计文本中词的出现次数，同时将文本与禁用词表进行比较，除去各种非实义词，再对剩下的词按其出现频率进行排序，将排在前面的一些高频词定为标引词。

(2) 自动赋词标引

自动赋词标引是指由计算机从受控词表中自动选取词语来表达文献主题内容。它与自动抽词标引的最大区别就是，所使用的标引词来自于受控词表，而不是直接取自文献本身。

基于关联词表的自动赋词标引。这类标引过程主要包括两个环节：首先为受控词表中的每一个受控词建立一个关联词表；然后在对一篇文献进行标引时，将计算机从文献中抽取的有标引价值的词语与受控词表中的关联词集进行匹配，当某个受控词的关联词集与之的匹配超过一定阈值时，就将这个受控词赋予这篇文献。

基于中介词典的自动赋词标引。在进行赋词标引时，使用一个中介词典与文献中的词进行匹配，同时将中介词典的词与某个主题词表的词进行对应，这样通过中介词典，就可以将文本词指引向受控词表中的词。

事实上，多数自动赋词标引系统不是真正自动化的，也就是说不是由计算机完全代替人的工作，而是趋向于由计算机辅助标引人员。这就是所谓的机助标引系统。一般来说，机助标引主要有以下两种方法：一是利用计算机提供各种类型的联机显示，并辅助标引员，如实时地识别标引员的错误；二是利用计算机程序阅读文本，通过抽词智育或赋词程序选择标引词。然后由标引员来检查被选定的词。标引员还可以进一步增加计算机所不能分配的词，或删除程序错误分配的词。

1.3.2.3 汉语分词技术

汉语不像英、法、德等语种，在其句子中没有分隔标志，一个汉字可以同其他许多汉字进行组合构成不同含义的词和词组，因此，计算机难于识别一个句子中哪个汉字或哪几个汉字的组合是词而自动把它们分离出来，也难以准确区别有用词与无用词。所以，要进行自动抽词，首先必须解决把汉语句子用计算机自动切分成词的技术，这种技术称为汉语分词技术。实际上，它已成为汉语信息处理的瓶颈，亟待解决。目前国内采用的自动切词方法主要有如下几种：

词典匹配分词法。词典匹配方法主要是基于字符串匹配的原理进行的，即它以一部词典为依据，采用一定的处理策略将汉语文本中的字串与词典中的词逐一匹配，若成功，便认定该字串为词。最常用的方法有最大匹配法、逆向最大匹配法、双向扫描法、逐词遍历匹配法、最佳匹配法等。

设立分词标志法。在分词时，先找出切分标志(包括：标点符号、词首字、词尾字、单音节单纯词、多音节单纯词、拟声词等)，把句子切分成一些较短的字段，然后再用最大匹配法和逆向最大匹配法进一步把词切分出来。另外还有一种方法，有穷多级列举法。即切词时，先切出具有特殊标志的字符串(如阿拉伯数字、拉丁字母等)，再切出可枚举的闭锁词(如连词、助词、叹词等可以一一枚举的词类)，最后再逐级切分开词(如名词、动词、形容词等无法一一列举的词类)。

理解式分词法。针对词典匹配法的不足，人们提出了理解式切词方法。其分词系统由词库、知识库和推理机三部分组成，词库中存放词条，知识库中存放已形式化的各种语法规则、语法知识以及语言学家在分词过程中进行推理判断的经验知识，推理机则利用词库和知识库提供的大量数据库与知识、模拟语言学专家的逻辑思维过程，实现自动分词。

1.3.2.4 字符识别技术

字符识别是人工智能(artificial intelligence)中模式识别(pattern recognition)的一个具体应用。这里的“模式”是指“图案”“模样”“式样”“花样”“花纹”之意。所谓模式识别就是把不同模样的对象区分出来，并正确判断它是什么东西。这里用“东西”一词泛指各种不同的识别对象。例如，如果识别对象是中文字，就是汉字识别；如果是英文字符，就是识别 26 个字母。当然，模式识别的应用很广，人的面孔识别，指纹识别，战场上敌我友三方飞机、战车、舰船的识别等都属于模式识别。不过本书仅讨论汉字字符的识别问题。模式识别的决策论方法如图 1-1 所示。

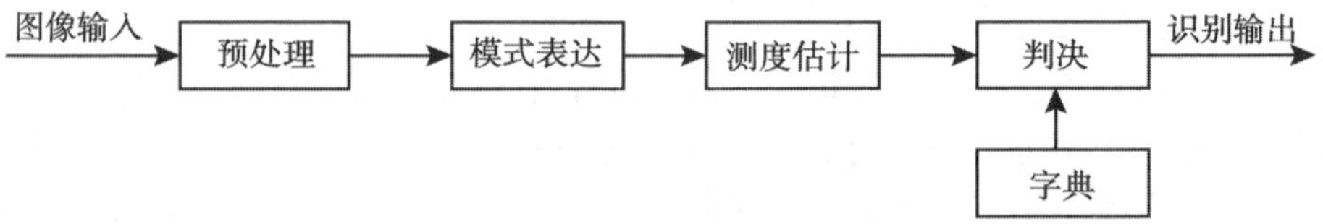

图 1-1　字符识别工作原理

对于汉字识别来说，方块字的上、下、左、右 4 个部位上的笔画式样，字的笔画总数等都可以作为特征度量。提取出来的特征值将送到分类器进行分析、综合，按特征的不同输入模式，纳入某一类具有相似特征的对象类。最后由决策模块作出判断、输出识别结果。作为决策论方法的一个特例就是

“样本匹配法”(template matching)。图 1-2 显示了一个汉字的识别过程。建立和谐社会是我们的任务。“和”字如何识别呢？如果我们输入是一个规范化汉字“和”(黑体字)，并用 16×16 点阵来表示。有笔画覆盖的地方用黑色小方点拼凑而成。在计算机中，可以用二进制数”1”来代表黑点，没有笔画覆盖的地方是白点，用二进制数“0”来表示。于是，这个汉字的特征就可以用 32 个字节的编码形式(1 个字节由 8bit 组成，在这里，可以叫做一个特征向量)来表示。在计算机系统中，还需要一个汉字样本库。它存储着每个汉字的特征向量集。当计算机“读进”一个汉字并经过特征抽取而得到相应的特征向量后，就从“样本库”中查找出与输入向量集恰好相匹配的样本特征向量集。这个样本向量集就代表了所要识别的汉字是“和”字。

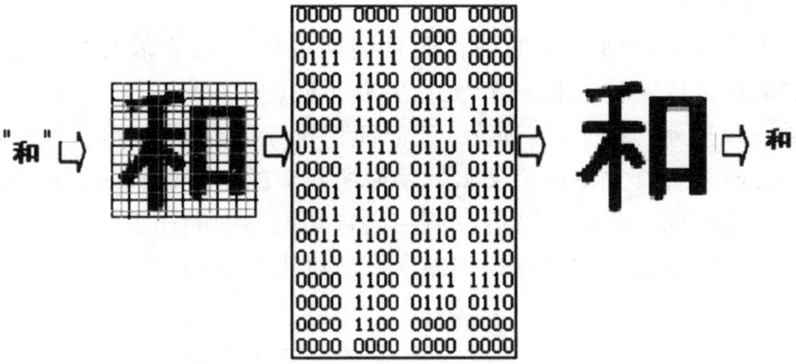

图 1-2　对汉字“和”的识别过程

1.3.2.5　语音识别与语音合成技术

语音信息是一种重要的信息资源。语音信息的开发与利用是信息组织的重要内容。语音信息有一个多语种的问题，如汉语、英语、法语、俄语、日语等语种使用的人口较多。为了叙述方便，我们主要讨论汉语语音识别与语音合成方面的情况。

(1)汉语语音识别

语音识别的流程如图 1-3 所示。

其中，预处理主要是识别系统通过采集器接收语音信息并进行音素分割。一般用 8 毫秒分割一个语音音素、连续采集。这样，将语音分割成一组音素系列。

语音分析器完成对音素系列的参数分析。根据汉语声母、韵母的发音规则和语音库中的音素进行匹配，可以找到一个语音的规律，按照具体的测度

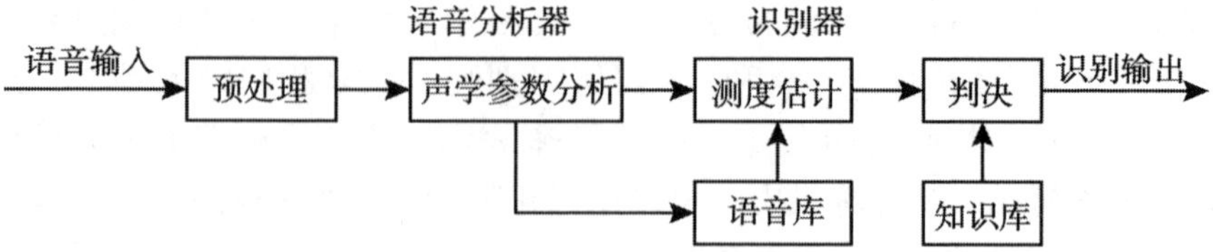

图 1-3　语音识别示意图

估计得出一个识别值。再根据汉语的组词、句型和语法规则，调用知识库中的语音、语法、构词学的知识进行判别得到识别结果。然后，将识别结果(汉字串)输出(显示)；以供校验、存储和使用。这就是计算机能听懂人说话。若加上交互设备和专用软件和设备，实现人机对话。

(2)语音合成

计算机不仅能听懂人说的话，而且还能说话。它是靠语音合成来实现的。汉语语音合成的输入是一个汉字文本文件(如，WORD 文档)，输出是一个汉语语音系列(如图 1-4 所示)。如何将文字转化成人们能听懂的声波呢？语音合成系统首先将汉字文本的字库所对应的拼音码调出，根据拼音规则和语法规则组词、联句。然后，调用语音知识库中的相关知识，根据上下文解决每个汉字的读音与连读规则输出声波供用户使用。

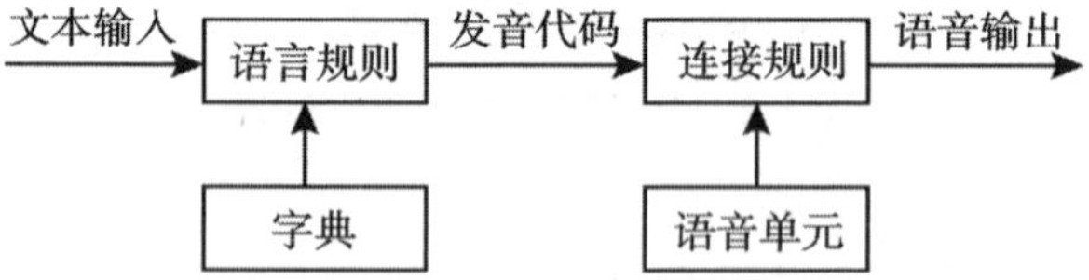

图 1-4　语音合成示意图

1.4　信息组织学研究的主要内容

信息组织学是信息组织的一整套理论、方法与技术。它研究的主要内容有：信息采集、信息识别、信息资源描述、信息资源标引、信息整合、信息存储与整序、信息利用等。

1.4.1　信息资源描述

对信息资源进行组织，首先需要依据一定的科学规则和方法来描述信息资源的特征。信息资源描述是指根据信息组织和检索的需要，对信息资源的内容特征和形式特征进行分析、选择和记录的活动。在传统文献组织与检索系统的编制中，信息资源描述又称为文献著录或书目著录。信息描述的结果，是描述记录或称为款目，亦即元数据，它是一种文献的缩影，可以用来作为信息资源的代替物组织检索系统。

1.4.1.1 信息资源描述的标准化

信息资源的描述通常需要根据系统的要求，确定描述的成分和特征，按一定的次序和形式加以记录。为了一致、有效地对信息资源进行描述，便于不同机构之间的信息交换，信息描述通常是依据一定的描述规范与标准进行的。长期以来不同领域的信息工作者，根据各领域信息资源的特点和检索的需要，进行了许多研究、探索和实践，建立了一系列信息描述的规范和标准。

(1)文献著录标准化

文献著录标准化是指在国家或国际范围内，对文献著录的原则、内容、格式等做出具有一定约束力的规范。著录的标准化有利于推进集中编目和合作编目的开展。统一的著录原则、内容、格式等是集中编目和合作编目的基础。没有标准化就没有自动化。只有著录标准化才能生产机读目录，以便通过使用计算机实现编目和检索的网络化。另外更便于开展馆际间的互借工作，有利于促进文献的交流和充分利用。

文献著录标准，形成于20世纪70年代，是随着计算机在文献领域应用的同时逐步发展起来的。目前，国际上影响最大、使用最广泛的著录标准主要有ISBD和AACR2。

ISBD的全称是：International Standard Bibliographic Description，译为《国际标准书目著录》。1971年，国际图书馆协会联合会(International Federation of Library Associations，简称IFLA)编目委员会率先颁布了《国际标准书目著录(专著)》(ISBD(M))，随后又推出了一系列以丛书、乐谱、地图资料、非书资料等为对象的书目著录的国际标准。为了进行各个标准之间的协调，于1976年又出版了《国际标准书目著录总则》(ISBD(G))。上述努力为文献信息描述提供了统一的框架，为各国文献描述的统一和标准化创造了条件。

AACR2的全称是Anglo-American Cataloging Rules：2，译作《英美编目条例第二版》。1978年，在第一版基础上根据国际编目标准调整后出版。AACR2由两部分组成。第一部分是"著录"(或称书目描述)，共13章，这一部分对各种文献资料的著录格式作了规定，其主要依据是ISBD的各种版本。第二部分是“标目、统一书名和参照”，共6章，对著录标目(在AACR2中，被称为排检项“Access Point”)的选择、个人和团体标目、地理名称、统一书名和参照款目的著录都分别作了明确的规定。

1979年底，经国家标准局批准，我国正式成立了“全国文献工作标准化技术委员会”，该委员会下设的目录著录分委员会——第六分委员会，负责组织制定有关文献著录标准的工作。该分委员会汲取了ISBD先编制分则而引起的各类型文献著录的不统一、不标准的教训，首先编制总则，在总则的指导下，再编制各类型文献的著录分则，达到各类型文献著录的统一和规范。经过3年的努力，由北京图书馆标准化小组起草的《全国文献目录著录标准》，于1983年经国家标准局批准，以《文献著录总则》(GB/T3792.1-1983)(以下简称《总则》)的名称颁布，1984年4月1日起实施。《总则》颁布后，各类型文献的著录标准均以此为指导和规范进行编制。

(2)网络信息资源描述标准化

信息资源描述标准化进程中，近年来受到广泛关注的热点之一是网络信息资源的描述问题，亦即元数据标准问题。由于网络信息资源在类型、结构、形式、描述环境、描述主体等方面与传统信息资源相比，发生了很大的变化，需要建立适合其特点的、通用的描述标准与规范，20世纪90年代以来，世界图书情报界、计算机界、网络界等相关领域的专业人员进行了许多努力，探索不同的解决途径，包括对原有描述标准进行改造和创建新的标准规范。

①MARC格式的调整。

MARC即机器可读目录(Machine Readable Catalogue)的英文缩写，简称机读目录，就是以代码形式和特定结构记录在计算机存贮介质上的、用计算机识别和阅读的目录。MARC的整个框架和所设计的字段原来主要用于描述印刷型文献，数字化文献所具有的许多特点使原来的MARC不能适应，为使功能强大的MARC能继续在描述数字化文献方面发挥作用，必须对MARC进行调整。这一调整过程大致经历了三个阶段：先是建立MARC/CF(Computer File)格式，即通过专门的MARC格式来描述计算机文件类资源，不过此时的重点是独立、静态和本地的计算机文件；后来又建立MARC统一格式，通过一个格式来统一描述各种资料类型，它既可描述图书、连续出版物、档案与手稿、地图、乐谱、视听资料、混合资料等，又可描述计算机文件，并对使用这些计算机文件的技术条件进行描述；进一步扩展MARC统一格式，如增加“电子资源地址与存取(Electronic Location and Access)”等字段，专门描述网络化数字资源的特性。

②新的元数据方案。

MARC 格式系统，具有成熟的结构，完备、规范化的标识，再加上能及时加以调整以及目前世界各国的图书、情报、出版部门中业已存在的庞大的机读数据库，都是将 MARC 推广为通用编目模式的优势所在。然而，MARC 格式也有明显的缺点，机读格式复杂的结构与标识使得书目数据的提供者局限于专业层面，导致了编目较高的经济成本；另外，格式中各项过于硬性、详细，没有文本标识灵活。

然而，网络信息数量日益庞大，要用 MARC 来完成对所有网络信息资源的描述，也是极为困难的。因此，从这个角度出发，人们提出了是否能采用其他较为简单的方式来揭示和描述数字化文献。由此产生了一系列元数据格式，目前在图书馆界和信息界最受关注且应用比较广泛的要数都柏林核心元数据(Dublin Core)。

元数据 (Metadata)一词是随着 Internet 的发展而产生的，定义为关于数据的数据(data about data)。尽管 Metadata 是网络环境下逐步时新起来的，但是它的理念却不是新的。图书情报界于 20 世纪 70 年代提出的 AACR2 就是体系庞大、定义非常详细的元数据，只是名称不叫元数据。可以用图书馆的书目(卡片或机读格式)对 Metadata 进行说明。书目记录了某一种图书的题名、著者、出版事项、页码、ISBD 号、分类、主题以及该书在图书馆书架中的位置等信息，它不仅描述了图书的外部特征，而且揭示了图书的内容特征，使人们能够在看到该书之前就有一个概要的了解。Metadata 的功能与书目卡片的功能大体相似，通过它能够了解到某个网站的资源类型、Web 页的标题、责任者、主题或关键词以及内容摘要等信息。但是 Metadata 的元素集合远比 AACR2 要简单明了得多，只将一些最重要的信息点揭示出来，而且其规则目前来说并不繁琐，一般用户也可以理解和掌握。

1.4.2 信息资源标引

(1)标引的含义

信息资源的标引，也称文献标引，是指分析文献的内容属性(特征)及相关外表属性，并用特定语言表达分析出的属性或特征，从而赋予文献检索标识的过程。

文献标引过程一般包括两个环节：一是主题分析，即在了解和确定文献的内容属性及帮助揭示内容的某些外表属性(如文献类型)之后，将这些属性概括为主题并用自然语言表述，同时分析主题概念之间或主题概念因素之间的结构关系，为下一环节准备；二是转换标识，即用专门的主题概念或概念因素，构成一定形式的检索标识。如果简洁一些，可以说：文献标引就是用特定检索标识提示文献内容。

(2)标引语言的基本概念

标引语言是表达文献主题概念和文献需求主题概念的简明性、单义性和关联性概念标识系统，是根据标引和检索需要而编制的人工语言。

标引语言与自然语言一样，都是一种概念标识系统，但是标引语言只是表达文献的主题概念和文献需求的主题概念，它不像自然语言那样要表达一切事物概念。标引语言是一种为满足标引和检索需要而编制的人工语言，其主要特点在于：标识的简明性，即标识的形式简洁、含义明确；标识的单义性，即标识与概念唯一对应，排除了同义现象和多义现象；标识的关联性，即标识之间建立了联系，以反映概念之间的关系。

标引语言有多种名称，因为人们习惯于从各自的角度给它命名。除标引语言这个名称之外，比较常见的是从用途角度给它命名为：检索语言、索引语言。此外，还有相对于自然语言的"受控语言""规范语言"，等等。

从语言学的角度来看，标引语言与自然语言或其他人工语言一样，有自己的词汇和语法。

标引语言的词汇是指用于表达主题概念的全部标识，它往往由相应的分类表、词表、代码表登录或规定。标引语言的一个标识就是它的一个语词。登录和展示标识的分类表、词表、代码表则是标引语言的词典。例如，《中国图书馆分类法》《中国档案分类法》《汉语主题词表》《中国档案主题词表》等都是相应标引语言的词典。

标引语言的语法是指构造和使用标识，以正确表达主题概念的一整套规则。标引语言的各种标识(语词)都有其特定的构造规则，例如，分类号的编制规则、主题词的优选规则。如何使用单个的标识或标识的组织(组配)来正确表达主题概念，涉及许多标引规则。标引语言的语法包括造词和用词的词法、使用多个词进行组合的句法。其中，造词的词法体现在标引语言的词汇控制之中；使用多个词(标识)进行组合的句法体现在标引语言的句法控制之中。

(3)标引语言的类型

从不同的角度可以将标引语言划分为不同的类型。

依据构成原理可将标引语言分为分类语言、主题语言、代码语言。这是对标引语言的最基本划分，其中，分类语言和主题语言是最主要的两类标引语言。

分类语言，也称分类法。它是用分类号表达主题概念，依据知识分类将主题概念组织、排列成类目体系，主要以类目体系的自身结构显示概念之间关系的标引语言。以学科、专业为中心的系统性是其主要特点。分类语言可细分为体系分类语言、组配分类语言、体系-组配分类语言。

主题语言，又称主题法。它是由受控的自然语言语词直接表达主题概念，按语词字顺排列主题概念，主要用参照显示概念之间关系的标引语言。以事物为中心的直接性是其主要特点。主题语言可进一步分为标题语言、单元词语言、叙词语言、关键词语言。

依标识组合时间的先后，可将标引语言分为先组式语言、后组式语言、散组式语言。先组式语言是指标识在编表时(标引前)就已组合好，标引和检索时不必或较少进行组配的标引语言。后组式语言是指标识主要供组配使用，而且标引时不将标识组配在一起，到检索时才将标识组配起来的标引语言。散组式语言是指标识主要供组配使用，而且标引时就要将表达主题概念的若干个标识组配在一起的标引语言。

(4)标引类型

由于用来表达文献内容的标引语言有不同的种类，相应地文献标引也有不同的种类。其中，最主要的是用分类标引和主题标引。

分类标引，是指对文献进行主题分析，用分类语言表达分析出的主题，赋予文献分类检索标识(分类号)的过程。习惯上，分类标引被称为分类。这是因为，分类标引实质上就是对文献进行分类。

文献分类，是指根据文献内容及其他相关属性，以分类语言(分类法)为工具，分门别类地系统揭示和组织文献的过程和方法。对文献整体来说，经过分类可将内容属性相同的文献用相同的分类检索标识(分类号)予以聚集，内容属性相关的文献通过分类检索标识(分类号)予以反映，内容属性不同的文献则用不同的分类号予以区分。这样就可以形成一个揭示和组织文献的严密系统。

对文献个体而言，分类就是归类，即根据文献的属性(主要是内容属性)将它归入特定分类体系的适当类目，赋予相应的分类号。

主题标引，是指对文献进行主题分析，用主题语言(主题法)表达分析出的主题，赋予文献主题检索标识(标题词、叙词等)的过程。通俗地说，主题标引就像是直接用文献内容所论述的事物名称，或事物及其方面名称，有时甚至包括文献内容的表现形式(文献类型)名称，给文献“命名”。只不过，主题标引所命的“名”是对事物、事物及其方面、内容表现形式的本来名称进行优选和规范后所形成的唯一和精确的名称。例如，关于“个人电脑”的信息和关于“微型电子计算机”的信息，其主题实际上是相同的，用

《汉语主题词表》这种主题语言来进行主题标引，可以赋予这两本书相同的主题检索标识(主题词)“微型计算机”。

由于主题标引是直接给文献主题概念(文献论述的事物概念，事物及其方面概念等)命名，因此，无论是对不同类型的文献进行主题标引，还是用不同种类的主题语言进行主题标引，其原理和方法上的差异并不大。

1.4.3 信息资源的整序与存储

信息描述与标引为信息对象的整序与存储奠定了基础。而只有信息资源的整合与存储(定位)后才方便用户使用。

信息资源的整合与存储的实例可以从两个方面来说明。截止 2014 年的数据 CNKI 已收录中文期刊 8 200 种、期刊论文已超过 3 300 多万篇。一是对印刷文本的传统整序与存储方法。例如，图书馆里的图书按一定的排序规则进行整序与排架，档案馆里的卷宗和专利局里的专利说明书的整序与排架方法等就是典型范例。二是在数据空间中，数字化的信息对象在数据库和网站中整序与存储有着广泛的信息空间。Web 数据库和搜索引擎等属于这类整序和存储方法。例如，中国知网(CNKI)和搜索引擎百度(www.baidu.com)就是典型代表。

(1)CNKI

中国知网既是采用数据库方法组织信息资源，整序后又存储在一些网站上使用。它的存储规模相当可观。据统计，同时，CNKI 还收录了学位论文、工具书、会议文献、年鉴、专著、专利、标准、科技成果等，总文献量 5 656万篇。

中文期刊论文数据库已拥有的 3 300 万篇文献，其原始文献对象扫描后以 pdf 格式或 caj 格式存储，产生了庞大的原文数据库。然后，对每篇文献抽取其特征值(内容特征和外部特征)：如，篇名、关键词、作者、期刊、摘要、机构、分类号等；其特征值就构成了特征库。在特征库上建立了相应的索引机制(索引库)。这样，数字化的原文数据库、特征库和索引库等集成在一起就构成了一个整序好的中文期刊文献库。用 Web 数据库的方式将其存储在网站上，在相关软件的支持下就成了我们常使用的中文期刊论文数据库。为了加快数据传输速度，CNKI 已在各省、市、自治区信息中心和一些大学的图书馆建立了镜像，同时在亚洲和欧美地区也建立了镜像网站，提高了为全世界广大用户的服务质量。

- 传统检索功能支持“全”

——支持布尔检索，精确/模糊检索，截词检索，全文检索，位置检索，词频控制，同句同段检索。

- 检索途径“多”

——除支持常用的题录字段如篇名、关键词、作者、期刊、摘要、机构、分类号外，还支持全文、参考文献、基金等字段检索。

- 文献层次

——可以通过对文献内容层次的控制，提高系统查准率，文献内容层次包括：基础研究、工程技术、政策指导、行业指导、科普等。

- 多种排序

——受海量数据的影响，检索系统因性能原因，一般不提供排序或仅提供一种排序手段。而本系统有效克服系统性能瓶颈，提供按相关度、时间、篇名、作者、期刊、被引频次、下载频次、年期等多种排序手段，提高了资源选择能力。

- 聚类

——检索结果可以按分类、作者、关键词、期刊等项目聚类。

- 相似检索

——以文章为单位检索文献，实现以文找文

(2)百度(baidu)

百度是最大的中文搜索引擎。根据权威网站的数据，百度建立了超过百亿中文网页信息的索引数据库。搜索引擎中的信息组织由2个专用程序模块实现。

① 搜索器。搜索器即网络机器人(Robots)一天24小时不停地在因特网上爬行，搜索中文网页信息对象。对搜索到的中文网页进行信息过滤、抽取特征值和相关的内容按统一格式(如，文本格式)组装传回搜索引擎。

②索引器。索引器是一个专用的索引数据库建立程序。它将搜索器传回的文本文件中所表示的网页信息的内容特征和外部特征抽取、倒排、排序、装入索引数据库即完成了所搜索到的网页信息的整序。

百度对百亿网页的组织，方便用户使用这百亿(中文网页)信息对象信息。其检索与利用是通过检索器完成用户信息交互给出命中结果。用户选择所需信息对象点击超链接标识调出原始网页共享信息资源。

以上两个实例简要地信息整序与存储的情况。CNKI是自建了数字化的原始信息对象；而百度的原始信息对象没有自建(仍留在原来的网站上)，仅对其特征值和网址进行了整序，只是在需要时通过超链接调用。它们的信息资源组织(整序与存储)都能及时地提供优质服务。

1.4.4 信息资源检索与利用

信息组织是信息检索与利用的基础，信息检索与利用是信息组织的目的。文献信息在经过著录和标引等方式进行描述后，再根据描述结果按一定的规则和方法进行排列，从而形成有序的、可供检索的信息集合。

信息检索是指从信息集合中发现、查出所需信息的活动与过程。信息检索直接发源于图书馆的参考咨询工作和文摘索引工作，在第二次世界大战以前基本上停留在手工作业水平上，其后逐渐进入机械化和计算机化阶段，并正向信息处理自动化和检索全文化、智能化、网络化方向发展，其检索内容、应用领域和普及范围也在迅速扩展。

(1)检索语言

如前所述，标引语言有多种名称，在用于检索时又称为检索语言。检索语言是用来描述文献的内容特征、外表特征和表达检索提问的一种人工语言。检索语言在信息检索中起着非常重要的作用，它是沟通信息组织和信息检索两个过程的桥梁，是标引者和检索者"对话"的语言。如果没有它作为标引人员和检索人员的共同语言，就很难使标引人员对文献内容的表达(标引用语)和检索人员对相同内容文献需求的表达(检索用语)取得一致，信息检索就不可能顺利进行。图 1-5 显示了信息检索和信息组织示意图。

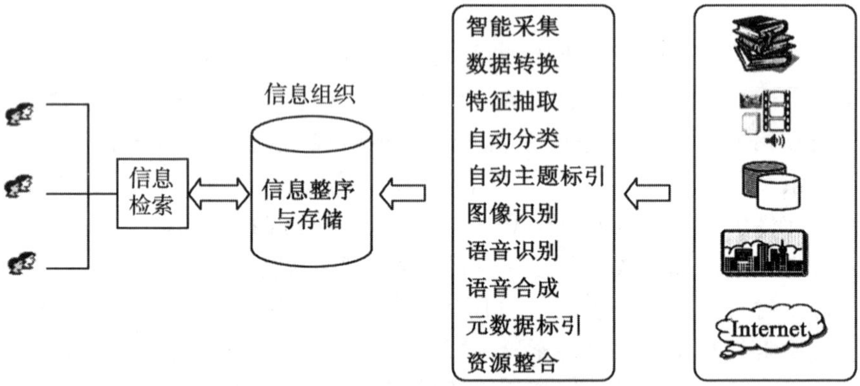

图 1-5 信息检索与信息组织示意图

检索语言作为信息检索专用语言，要求能简单明白又比较专指地表达检索课题的主题概念，便于将标引用语和检索用语进行相符性比较；语词与概念一一对应，排除多词一义、一词多义和词义含糊的现象，并且还能显示概念之间的相互关系，从而能帮助检索人员又全、又准、又快地查找到符合检索需求的信息。检索语言的质量高低及其使用正确与否，对检索效率有着重大的影响。

这里，信息检索包括文本检索、概念检索、图像检索、数值检索、表格检索等，高级检索还包括音频检索和视频检索。其中：

• 概念定义搜索

——搜索科技概念术语的解释。可以同时对比同一概念的各种不同的学术观点。特别是新概念的解释，一般最先出现在学术期刊文献中。

• 数值搜索

——搜索与各种概念有关的数值、事实。如电子质量、长江的长度、某年某地的工农业产值、图书馆的藏书量等。

• 图片图形搜索

——搜索学术文献中的图形、图片。可以通过图的标题、描述进行搜索。学术文献中的图形图片是一种重要的知识信息载体，信息量大，且形象、生动，具有不可用文字替代的特点。

• 表格搜索

——搜索学术文献中的表格。可以按表名或表格中的内容进行查询。表格中的内容，是一种重要的研究成果。

(2)检索原理

图 1-5 在说明检索(标引)语言在信息检索和信息组织中的地位的同时，也揭示了信息检索的原理。从图 1-5 可以看到，信息组织过程主要包括对被选定的信息进行主题分析，形成主题概念，再将分析出来的主题概念用标引语言进行标引著录。对被标引的信息款目进行系列化，从而形成有序的、可供检索的信息集合。而信息检索则是信息组织的逆过程，它是从有序化的信息集合中查找出符合需求的原始信息。在检索信息时，检索人员首先要对检索课题进行主题分析，明确其所涉及的检索范围，形成若干能代表信息需求的概念，并把这些概念转换成检索语言的语词(标识)，然后从检索系统(信息集合)中查找用该语词标引的信息，从而找到符合检索需求的信息。简单来说，检索过程就是按照与标引过程同样的主题词表或分类表及组配原则分析课题，形成检索提问标识，从信息集合中查获与检索提问标识相符的信息特征标识的过程。在这里，查找的过程实际上是匹配的过程，检索词同标引词两者一致，就算找到了符合要求的信息，否则就不能算命中。

1.5 信息组织在信息产业中的地位与作用

由于现代信息技术的发展，特别是随着 Internet 的兴起和迅速发展，信息生产、传输空前便捷，导致信息量急剧增长，信息质量参差不齐，信息污染日益严重，“信息爆炸”“知识爆炸”成为现代社会的一大特征。这一现象给人类提出了两个问题。其一，知识和信息的海量性和无限性与人的精力、时间的有限性形成了尖锐的矛盾；其二，知识和信息的无序性和污染性与人类使用的选择性同样是尖锐的对立。

正如美国未来学家奈斯比特在《大趋势》一书中指出：“我们淹没在信息中，但是却渴求知识。”为什么当各类信息像洪水一样向我们涌来时，我们仍然缺乏所需要的信息呢？这是因为在知识经济和信息化社会中，“失去控制和无组织的信息不再是一种资源”。

解决这一问题的根本方法就是发展信息产业，开发信息资源。信息资源开发的基本内容与环节包括信息的组织、检索和利用。信息组织信息资源开发的关键性环节，也是信息检索利用的基础。没有它，就不会有信息检索系统，也不会有信息检索，从而也就谈不上信息的有效利用。可见，信息组织既是一个相对独立的环节，又广泛渗透到其他环节，为人们获取信息提供了方法和工具。

现代社会信息的基本特征是庞杂分散性，人们信息需求的特点是专业的高度选择性、内容的精良性、时间的紧迫性。两者之间的联系及其矛盾的调解就靠信息组织。

信息组织是一个信息增值过程。在这个过程中，杂乱无章的原始信息变成一个有序精良的信息系统，一个相对“粗放”型的信息贫集转化为一个“集约”型的信息富集，并为信息的进一步增值(如信息的分析研究)打下基础。

信息像其他产品一样，也有自己的生命周期。信息组织是信息生命周期管理思想的最积极、最活跃的因素。做好信息组织工作，会促进信息流通，发挥信息效用，使信息流形成良性循环，使信息在时间上更快速地传播，在空间上更广泛地传播，满足人们尽快、尽早地获得“地球村”各处的信息。

综上所述，信息组织是信息资源管理的基本范畴之一，是信息资源建设的中心环节，是建立信息系统的重要条件，是信息检索与咨询的基础，是开展用户服务的有力保证。

习 题 一

1. 解释下列术语

信息	信息社会	信息产业	信息技术	信息组织
信息组织学	信息资源描述	著录	标引	信息存储
信息整合	信息检索	ISBD	AACR2	数据
自动聚类	自动归类	图文转换	语音识别	语音合成
自动抽词标引	自动赋词标引	汉语分词技术		

2. 为什么说“失去控制和无组织的信息不再是一种资源”？
3. 简述信息组织的诞生与发展。
4. 简述信息组织学的理论方法。
5. 列举网络环境下信息组织的常用方法。
6. 查阅汉语分词技术的最新进展。
7. 叙述图文转换在信息采集与组织中应用。
8. 简述语音识别与语音合成在信息组织与信息服务中作用。
9. 信息组织研究的主要内容是什么？
10. 简述信息组织在信息产业中的地位与作用。
11. 什么是大数据和云计算？
12. 何谓智能化？移动互联网与互联网是什么关系？

2 信息资源组织的分类语言

人们常说“物以类聚”，“类”是指具有某些共同属性(特征)的个体事物的集合。分类是人类认识客观世界、区分客观事物的一种逻辑思维活动，也是根据事物的“共性”与“特征”聚集相同事物、区分不同事物的手段。分类作为认识事物、区别事物的科学方法自有人类社会以来就存在，而且广泛应用于政治、经济、文化、教育和日常生活诸多领域。人们既可以通过分类来认识事物与区分事物，也可以通过分类使大量的繁杂事物条理化和系统化，从而为进一步探讨事物本质、开展科学研究创造条件。

按照集合论的观点，若干个具有共同属性的事物总体称为一个集合(Set)。在一个集合S中，根据事物的某些特征值又可以将该集合 S 细分为 n 个(S_1，S_2，$\cdots S_n$)子集(合)。对任意子集 S_i($i=1$，2，3，$\cdots n$) 又可进一步细分为 k 个(S_{i1}，S_{i2}，$\cdots S_{ik}$)子子集，依此类推。总之，分类就是以事物的性质、特征为依据把事物的集合进行分门别类的过程。

1.2 分类语言的原理与体系结构

语言是人类进行交流的工具，通常分为自然语言和人工语言。自然语言是以语音为物质外壳，由词汇和语法两部分构成的符号系统，它是人类最重要的交际工具。人们利用它进行思维、交流思想感情、组织社会活动、传递信息、传承文明。它有口头语言和书面语言两种形式。人工语言是人们在某些特定领域内用来表示和交流信息及数据的非语音的符号系统，如计算机程序语言、数学语言、舞蹈语言等。在信息资源管理中，人们根据知识分类理论(包括事物分类和学科分类)、语言学和逻辑学原理、按照一定的规则、研制了多种符号系统对信息资源对象进行分类，这些规则和符号系统构成了信息资源管理的分类语言。

信息资源管理的分类语言是信息组织的重要手段和方法，它用分类号来表达各种概念，将各种概念按学科性质进行分类和系统排列。分类语言包括等级体系型分类语言(体系分类法)和分析-综合型分类语言(组配分类法)，它们可统称为分类法系统。体系分类法主要应用概念划分与概括的方法，组配分类法主要应用概念分析与综合的方法。事实上，无论是前者还是后者，都既采用概念划分与概括的方法，建立等级体系结构，又采用概念分析与综合的方法，实行组配。在众多的分类法中，研究其共性不难看出它们有共同的原理和相似的体系结构。

2.1.1 分类语言的构成原理

2.1.1.1 体系分类法的构成原理

体系分类法，又称等级分类法、列举式分类法，是一种直接体现知识分类的等级制概念标识系统。它是对概括文献信息内容及某些外表特征的概念进行逻辑分类(划分与概括)和系统排列而构成的。体系分类法的主要特点是按学科、专业集中文献，并从知识分类角度揭示各类文献在内容上的区别和联系，提供从学科分类检索文献信息的途径。

由于人们一般都是在某个专业范围内从事科研、生产、教学、管理等活动的，习惯于从学科、专业出发去获取知识和信息，而体系分类法对于有系统地掌握和利用一个学科或专业范围的知识和信息来说，是很方便和有效的，因此，它就成为对信息/文献进行系统化处理的重要方法，成为一种历史最久、使用最普遍的信息组织语言。

任何概念都有内涵和外延。在一般情况下，概念的外延所指的是一类事物。所谓“类”，是许多具有某种(或某些)共同属性的事物的集合。用以表示一类事物的概念，称为类名，在文献资料分类上称为类目。

类是可分的。因为在一类事物中，每一事物除了具有某种(或某些)与同类其他事物共同的属性外，还有许多与同类其他事物不同的属性。也就是说，同一类的事物并不是完全相同的，它们在某一或某些方面相同，而在另一或另一些方面则不同。因此，可以用另一种属性作为划分标准(分类标准)来对这一类事物进行划分，即分类。经过一次划分所形成的一系列概念称为子类或下位类，被划分的类称为母类或上位类。它们之间的关系是隶属关系，即子类隶属于母类。母类与子类之间的联系在于：描述母类的属性必定存在于其子类中。各子类互称为同位类，它们之间既有联系又有区别，既有描述母类的共同属性，又有各自的不同于别的子类的特殊属性。由同一母类划分出来的各子类之间的关系是并列关系，即它们共同隶属于其母类。由于事物往往有许多属性，它们都可以作为划分标准，所以分类是可以连续进行的，即对经过一次划分所得的子类，还可用别的属性作为划分标准再次划分。这样层层划分，层层隶属，便构成具有隶属、并列关系的秩序井然的概念等级体系。

一般来说，分类应遵守下列几条规则：

- 唯一性。在每一次划分时，只使用一个划分标准，不同时使用两个或两个以上的划分标准，否则会出现划分后所得各子类互相交叉、重叠的混乱现象。
- 完整性。划分后所得各子类的外延之和应等于其母类的外延，避免“不完全划分”的错误和“多出子类”的错误。
- 科学性。要选择事物本质的、符合分类目的的属性作为划分标准，否则分类便失去科学性和实用价值。

体系分类法主要就是运用这种逻辑分类原理，依据文献内容的学科、专业性质及其他特征，对文献信息进行系统化组织的一种方法。在以知识分类为基础建立起来的体系分类表中，任何一个知识部门的位置都大体显示出了这门知识在知识总体系中的地位、内容范围以及与其他知识部门的关系。这就好像一张“知识地图”一样，使检索者容易找到他所要到达的目的地——找到记载着他所需要的知识和信息的文献。体系分类表中有成千上万个类目，它们在这张“知识地图”上代表着大小不等和各知识领域的“地名”。

体系分类法是由成千上万个类目构成的。类目犹如它的细胞。所以，类目的划分，类目的排列，类目名称及含义，类目之间相互关系的处理，是体系分类法原理的几个主要方面。

2.1.1.2 组配分类法的构成原理

组配分类法的构成基于概念的可分析性和可综合性。即一个复杂概念可以分析为若干简单概念（或概念因素），若干简单概念可以综合为一个复杂概念。因此，一个复杂的主题概念可以用若干个简单概念标识的组配来表达。

组配分类法是体系分类法的发展。创制组配分类法的目的，主要是为了克服体系分类法的列举式列类方法所造成的不能无限容纳概念的局限性，以及它的类目的单线排列方式所造成的“集中与分散”的矛盾。实际上，体系分类法所采用的某些方法，如复分表和仿分法以及表示复合类目的组配符号等，已经孕育着组配分类法的胚胎。

要对文献信息内容进行详细分类，就必须要有一系列相当专指的分类标识，以便将千差万别的大量文献主题概念区别开来，同时还要通过分类标识的系统排列，达到从知识分类角度将相关的文献主题概念加以集中。

体系分类法采取对事物概念进行层层划分、层层隶属的办法，来形成一系列专指的分类标识，并构成一个具有隶属、并列关系的秩序井然的概念等级体系，来达到对文献信息内容进行分类的目的。但是，体系分类法的类目是列举式的，而要详尽无遗地列举一切事物概念，在事实上是不可能的；它的类目体系是单线排列的，这也就限制了使一个复杂的文献主题概念得到多向成类的可能性。这是体系分类法之所以不能充分满足信息检索要求的两个基本原因。组配分类则没有这种局限性。使用组配分类法，既可以从很高的专指度上来标引一篇文献，也可以从很高的专指度或较低的任何专指度以及从多种角度查到那篇文献。

组配分类法的基本方法，犹如整个分类表全由复分表组成，一篇文献的分类标识，就全由复分表中的号码按照一定的规则构成。如果说，体系分类法的分类标识所表达的专指概念是用许多概念因素(分类标准)对一个较泛指的事物概念进行层层限定(划分)而形成的，那么，组配分类标识所表达的专指概念同样也是用许多概念因素(表达较泛指的简单概念的分面类目)进行步步限定(互相组配、综合)而形成的。所以，依据“概念划分与概括”原理构成的体系分类法和依据“概念分析与综合”原理构成的组配分类法，在形成专指概念上具有“异曲同工”“殊途同归”的效果。可以说，组配分类法的分类标识与体系分类法的分类标识，其含义在实质上并无区别。

组配分类号是分段的，如果将各段调换位置，也不会改变其含义，因此可以实行轮排，达到按任何一个特征集中文献和从多种角度检索文献的目的。

由此可见，组配分类法与体系分类法的一个很重要的差异在于：组配分类法的分类标识是散组式的，组合的，可以分拆的，其中诸因素可以变换位置的；而体系分类法的分类标识是定组式的，固定的，不可分拆的，其中诸因素是不可变换位置的。

组配分类法在原理和方法上的上述改变，给分类语言带来了很大的灵活性，克服了体系分类法标引能力差的弱点以及“集中和分散”的基本矛盾，在提高检索效率上前进了一大步。

分“面”是组配分类法的基本特征。所谓“面”(以称分面、组面)，是指可以描述一类事物某一方面属性或问题的一组简单概念或类目。若使用某种属性作为分类标准，对一类事物进行划分，就可产生一组类目，这一组类目就构成一个面。对同一类事物可以用多种属性作为分类标准进行划分，因此可以形成多个面。

使用组配分类法进行标引时，根据文献的主题因素，从各个分面中摘取相应的分面类号，然后将其联结成一个能标识文献主题概念的完整分类号。

2.1.2 分类语言的体系结构

分类法的体系包括理论体系和技术体系。理论体系是指编制分类法时对人类全部知识所作的最基本的划分，即基本部类或基本大类的划分，如十进法(将全部文献分为十大类)、五分法(将全部文献划分为五大部类)等。技术体系是指为达到特定的功能，将众多类目构成相互联系、相互制约的整体的形式，如体系分类法、组配分类法、体系-组配分类法等。

分类法是一个具有内在联系的逻辑系统，其系统功能是通过其结构来实现的。分类法的结构分为：宏观结构，即它的各个组成部分及其之间的组织方法、相互联系和作用的方式；微观结构，即类目的构成要素及其组织。

2.1.2.1 体系分类法的结构体系

(1)体系分类法的宏观结构

虽然各种体系分类法的宏观结构不尽一致，但一般来说，可以将体系分类法的宏观结构表示如下(见图2-1)：

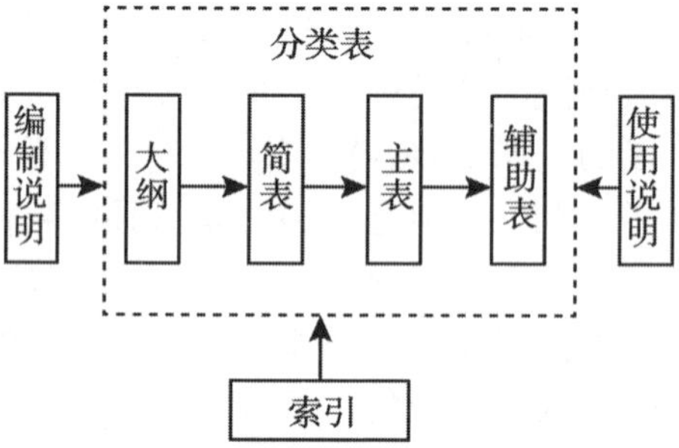

图2-1 体系分类法的宏观结构

①分类表。

分类表，也称类目表，它是根据类目之间的关系，按照一定的原则组织起来的类目一览表。分类表是分类法的主体，因此，人们有时将分类表等同于分类法。

从本质上看，一部分类表，第一是众多类目的一个汇编或集合，对表达主题概念的成千上万个类目进行登录，规定着分类可以使用的类目。第二，它是一个类目体系，从知识分类的角度提示类目之间的关系，构成主题概念的逻辑系统。第三，它是一部类目词典，借助类名、等级体系和注释，规定着类目的内涵和外延。第四，它是一个类目排列表，通过类目的线性排列和有序的分类号，规定着各个类目的位置和次序。

从功用上看，一部分类表，第一是分类标引的规范和依据，它不仅提供分类标引所需的标识，而且对正确使用标识起保证作用。第二，是组织分类检索系统和文献分类排架的依据，它既显示类目间的有机联系，又提供类目的线性序列。第三，是用户进行分类检索的指南，检索者可以“按表索骥”。第四，是信息工作者进行业务工作、解答用户咨询的参考工具。

从表现形式上看，分类表一般由大纲、简表、主表、辅助表几部分组成。

分类表的大纲实际上是基本大类表。所谓基本大类，是指分类表中的第一级类目，它代表着较大的学科或领域。基本大类一览表构成分类表的纲目，能使人们对分类表的分类体系有一个最基本的了解。一些分类法的基本大纲是在基本部类的基础上扩展而来的，如我国的几部综合性分类法即是如此。所谓基本部类，是对人类全部知识领域或特定知识领域及其文献所作的最概括的区分，但它不是分类表的类目，不用于类分文献或信息。基本部类之间的排列次序，称为基本序列。我国现代的几部综合性分类法的基本序列基本上是一致的。不论是否以基本部类为基础，或基本部类是否一致，各分类表设立的基本大类及其数量和序列多有一定差异。

分类表的简表也称基本类目表，一般是由基本大类与对基本大类所作的一、二次划分所得类目构成。简表是分类表的骨架，它有两种作用：一是承上启下，帮助使用者迅速了解分类表的概貌，指引人们由简表转查主表，以少走弯路。二是供文献量不大的单位或只需粗略分类的文献用作分类标引的依据，而不再使用主表。小型分类表一般没必要设置简表。

分类表的主表，也称详表，它是在简表或大纲基础上，根据各知识领域的发展、信息生产和用户需求情况，逐级扩展而成。主表是分类表的正文，是分类标引的实际依据，是分类法的核心。在主表中，类目概念由类名、类目关系、及至类目注释共同限定，由类号予以标记。类目的隶属和并列关系及其级位，一般用缩行、齐行和不同字体来表示，类名多用省略方式。类号也可能采用不同的字体和分段省略的方式。在一些大型分类表中，每个大类类表的前面还会列出该大类的“主要类目”或“基本类目”，作为了解和查找该类类表的指引。

所谓辅助表，也称附表，实际上是复分表，它是将主表中按相同标准划分某些类目所产生的一系列相同子目抽取出来，配以特定号码，单独编列，供主表有关类目进一步细分用的类目表。辅助表包括通用复分表和专类复分表两类，通用复分表都附在主表之后，专类复分表一般插在主表中的相关位置。分类法的目次中所列的辅助表或附表，大多数只是通用复分表。各分类表在通用复分表和专类复分表的设置上可能存在差异。

②编制和使用说明。

分类法的编制说明一般是对分类表的编制目的和适用范围、编制原则、体系结构、辅助表、标记符号、注释等予以介绍和解释，以使人们对分类表有一个基本的、全面了解。编制说明一般置于分类表之前。当分类法修订再版时，一般还会加上新版说明或修订说明，作为对原编制说明的补充，其内容主要是介绍新版的变动内容。

使用说明是分类表的使用指南，它以指引人们正确使用分类表为目的，一般会对分类表的分类体系、标记符号和复分表的编制与使用、分类标引的一般规则和方法、各大类类表的分类体系和分类标引的方法与规则、书次号的编制方法等予以详细说明。使用说明可能以不同的方式出现，既可以是单独成册的使用说明、使用手册、标引手册等，也可以是置于各大类类表之前的大类说明。

③索引。

分类法索引，又称类目索引，它是一种按类名及类目相关概念名称字顺查找相应类号的类表辅助工具。它一般是将分类表中有检索意义的全部类目名称、类名的同义词、注释中出现的概念名称、甚至一些分类表中未列出的概念名称，按其字顺排列，并在每一名称(标目)后注明相应的类号，方便分类法的使用者按主题概念名称字顺查找类号，而且将分类表中被分散的同一事物不同方面的类目集中，使分类法在一定程度上具有主题法的性能。

分类法索引的常见类型有两种：直接索引和相关索引，此外，有的分类法也采用链式索引、叙词索引等形式。目前的综合性体系分类法多采用相关索引；组配分类法，如《冒号分类法》《布列斯书目分类法》第二版则采用链式索引。分类法索引多数单独成册，也有附在分类表之后的。

(2)体系分类法的微观结构

类目(包括复分表的子目)：是构造分类法的最基本要素，每个类目代表具有某种共同属性的文献集合。一个类目由类号、类名、类级、注释和参照组成。类目结构如图 2-2 所示。

类号：是类目的代号，也叫标记符号，决定类目在分类体系中的位置。文献经过分类标引之后，作为组织分类文献排架标识、组织分类检索工具的

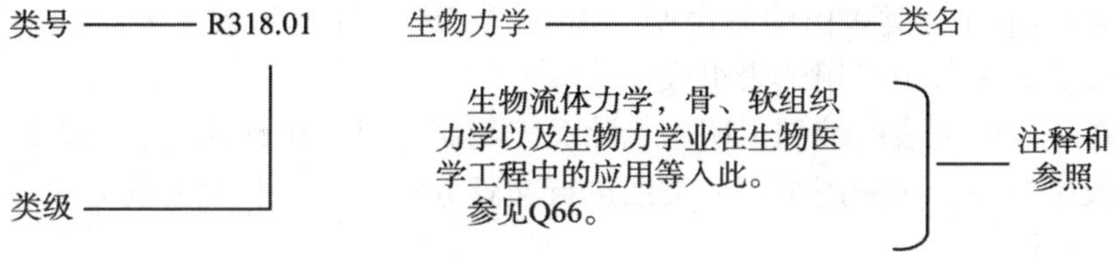

图 2-2　类目结构

检索标识。

类名：是类目的名称，用描述文献信息内容的术语直接或间接表达类目的含义和内容范围。

类级：是类目的级别，在印刷版中用排版的缩格和字体表示，代表该类目在分类体系中的等级(划分的层次)、显示类目间的等级关系。

注释和参照：对类目的含义及内容范围、分类方法、与其他类目的关系等进行说明。

全部类目的系统联系，就构成分类法的术语系统、标记系统、注释及参照系统、类目等级结构。它们之间相互配合，实现对分类表的词义、词形、类目之间的关系，以及先组度、专指度的控制，使分类法具有揭示文献信息内容及其相关性，对文献进行系统化整序和将标引用语与检索用语相符性比较的功能。

2.1.2.2　组配分类法的结构体系

组配分类法可以分为分面组配分类法、组配-体系分类法和体系-组配分类法三种类型。

分面组配分类法可以说是纯粹的组配分类法，一般只限于在一个比较窄小或比较单纯的专业范围使用。它由若干个面构成，这些面都是基本范畴，都可以作为检索的途径而无主次之分。

组配-体系分类法和体系-组配分类法都是分面组配与体系分类相结合的混合分类法。前者以分面组配为主，接近于分面组配分类法，如《冒号分类法》；后者以体系分类法为主，接近于等级体系分类法，如《国际十进分类法》。但是，这两者与分面组配分类法有一个比较明显的差别，即前两者都是首先按学科体系分类，然后再进行分面组配。

不同类型的组配分类表具有不同的结构体系。

分面组配分类表由编制说明、分面类表目次和若干分面类表组成。

组配-体系分类表由编制说明、基本类表、一系列分面类表和分面公式以及若干通用辅表组成。

体系-组配分类表由编制说明、大纲或简表、分类体系详表(主表)、许多专类辅表和若干通用辅表组成。

在组配分类表的编制说明中，除关于编制经过、组配原理、类表结构等的一般说明外，对使用组配分类法进行文献分析、标引和检索的方法应作较详细的说明。

分面类表是分面组配分类表和组配-体系分类表的细目表。一部组配分类表少则有几个，多则可达上百个分面类表。分面类表类似体系分类表中的辅助表，也可分为各类通用的和某类专用的两种。分面公式指示出某个具体的分面组配次序和分析标引规则，一般置于各类分面类表之前。

体系-组配分类表的分类体系详表由类目、类号和注释组成，其结构原理和形式与体系分类详表基本相同。

组配分类表也可以配索引，即将全部分面类目以及各种重要的主题概念编成字顺表，并指出具体类号或组配标引方法。

组配分类表必要时还可以配备附录和附表，提供文献分类标引中经常要查阅的参考资料，它们一般不属于分类表的有机组成部分。

2.2　国内外分类法实例

在长期的实践中，分类语言的研究和应用取得了丰硕成果。下面的一些分类法系统就是典型代表。

2.2.1　《中国图书馆分类法》

2.2.1.1　概况

《中国图书馆图书分类法》是我国新中国成立后编制出版的一部具有代表性的大型综合性分类法，简称《中图法》。自 1999 年第 4 版起更名为《中国图书馆分类法》，简称不变，英文译名为 Chinese Library Classification，英文缩写为 CLC。《中图法》的编制始于 1971 年，先后出版了五版，即 1975 年出版的第 1 版，1980 年出版的第 2 版，1990 年出版的第 3 版，1999 年出版的第 4 版，2001 年出版了《中图法》(第 4 版)电子版 1.0 版，2010 年出版的第 5 版。《中图法》与国内其他分类法相比，编制产生年代较晚，但发展很快，它不仅系统地总结了我国分类法的编制经验，而且还吸取了国外分类法的编制理论和技术。目前，《中图法》已普遍应用于全国各类型的图书馆，国内主要大型书目、检索刊物的及各类型机读数据库等都著录《中图法》分类号。

为适应各种不同的需要，《中图法》已经并将继续配备和完善系列出版物，包括：

①详略不同的三种版本，即《中国图书馆分类法》《中国图书资料分类法》《中国图书馆分类法(简本)》，三种版本又分别称为《中图法》的“图书本”“资料本”或“详本”“简本”。

②类分专门文献的分类表，如《中图法期刊分类表》《中图法(儿童图书馆版)》等。

③以《中图法》为基础的专业分类表，如《中图法·测绘专业分类表》是最早有组织按计划编制的《中图法》第一部专业分类表。今后将会编制更多的《中图法》专业分类表。

④方便使用《中图法》的工具，如《中图法(第2版)索引》《中国分类主题词表》(充当《中图法》第3版 的索引是其功用之一)。《中图法》编委会在每一新版本出版后，都编制了相应的使用手册，对《中图法》编制理论、结构体系和使用方法的权威说明，也将是使用《中图法》最重要的工具书。

⑤结合网络、电子环境下分类法使用特点和前景，《中图法》电子版、网络版深刻改变了分类法的应用方式。

《中图法》的上述前三类出版物在编制原则、分类体系、标记制度上基本保持一致，后两类出版物主要是《中图法》和《资料法》的辅助工具，但对《中图法》的其他出版物也有一定的辅助作用。

2.2.1.2 类目体系

《中图法》从第一版到第五版不断更新、不断完善，至第五版为止，《中图法》为五大部类，22个大类，51 881个类目(包括通用类目)。

(1)基本序列

基本序列，也称基本部类或部类，是分类法编制中为建立知识分类体系，对知识门类所进行的最概括、最本质的划分与排列，是确立基本大类的基础。《中图法》采用“五分法”体系，其基本序列为：

马克思主义、列宁主义、毛泽东思想、邓小平理论
哲学、宗教
社会科学
自然科学
综合性图书

(2)基本大类

基本大类，也称分类大纲，是分类法中划分的第一级类目，是在基本序

列基础上展开的知识分类体系框架。基本大类都是传统的、稳定的、较为概括的学科或知识领域。《中图法》在5个基本部类的基础上，形成22个大类的知识分类框架。序列为：

基本部类	基本大类
马克思主义、列宁主义、毛泽东思想、邓小平理论	A 马克思主义、列宁主义、毛泽东思想、邓小平理论
哲学、宗教	B 哲学、宗教
社会科学	C 社会科学总论
	D 政治、法律
	E 军事
	F 经济
	G 文化、科学、教育、体育
	H 语言、文字
	I 文学
	J 艺术
	K 历史、地理
自然科学	N 自然科学总论
	O 数理科学和化学
	P 天文学、地球科学
	Q 生物科学
	R 医药、卫生
	S 农业科学
	T 工业技术
	U 交通运输
	V 航空、航天
	X 环境科学、安全科学
综合性图书	Z 综合性图书

(3)类目的划分与排列

立类、列类是分类法编制的基本技术。立类是指如何进行类目的设置，列类是对类目进行划分和排列，这两者是密不可分的。

《中图法》主要是从科学分类和知识分类的角度来揭示文献内容的区别与联系，按学科和专业集中文献，提供从学科和专业出发检索文献的途径。为此，类目主要是按照科学知识的逻辑系统进行划分和排列。重视类目之间的内存联系，贯彻从总到分、从一般到具体、从简单到复杂、从理论到实践的划分原则，把成千上万个类目按学科系统排列，组成一个严密的概念等级分类体系。通过这个等级体系，显示各科学知识部门在分类体系中的位置，反映科学知识部门之间的亲疏远近和隶属关系。

类目的排列包括纵向排列和横向排列，纵向排列决定于分类标准的使用次序，横向排列指一个类列中同位类的排列。《中图法》类目排列的基本原则是：

①优先使用事物的客观发展次序、事物内部固有的次序、科学的系统次序以及人们认识事物的逻辑次序排列同位类。

②同位类的排列贯穿着从总到分、从理论到应用、从一般到具体的逻辑次序。

③当某类事物的客观次序不明显或某种人为的次序更有利于检索时，则按人为次序排列同位类。主要是按类目的重要程度、文献的多少、通常的习惯次序以及从现实到历史的次序排列。

④对于性质相同或相似的类列，采用统一或对应的排列方法，以提高助记性。

2.2.1.3 标记制度

标记符号也称分类号，是类目的代号。为了适应文献分类检索、报道和藏书排架等需要，标记符号已成为现代文献分类法重要的、必不可少的组成部分。体系分类法的标记符号必须具备固定类目位置，排列类目次序，表达类目体系结构的功能。因此，通常都采用具有固定数序特征的字母或数字符号编制标记符号。

《中图法》标记符号设计的基本原则是充分满足类目体系编列及其发展对标记系统的要求，具有很好的容纳性、表达性、易记性、简短性和可扩充性。

(1)标记符号

《中图法》采用拉丁字母与阿拉伯数字相结合的混合制标记符号。混合制标记符号，使用同样位数的号码比纯数字号码容量大，同时具有易辨认、易读的优点。以拉丁字母标记基本大类，并可根据大类的实际配号需要再展开一位字母，用以标记二级类目。在字母段之后，使用阿拉伯数字标记各级类目。

为了进一步增强标记符号的表达能力，适应类号灵活组合的需求，《中图法》在采用拉丁字母与阿拉伯数字相结合的混合制标记的基础上，还另外采用了一些其他特殊符号，以作为辅助标记符号。它们包括：间隔符号“.”；推荐符号“a”；起止符号“/”；交替符号“[ ]”；总论复分符号“-”；国家、地区区分号“( )”；时代区分号“=”；民族、种族区分号““ ””；通用时间、地点区分号“< >”；组配符号“:”；联合符号“+”；指示性类目提示符号“——”。

类号的排列采用由左至右逐位对比的方法进行排列。先比较字母部分，再比较数字部分。字母部分按英文字母固有的次序排列，数字部分依小数制排列。数字之后如还有字母，则在前部类号相同的基础上，再按字母顺序排列。类号中有辅助符号时，在其前的各位符号(A—Z，0—9)相同的情况下，依下列次序进行比较排列：-、( )、“ ”、=、<>、:、+。

(2)编号制度

《中图法》的编号制度采用基本的层累制。层累制是根据类目的不同等级，配以相应不同位数号码的编号方法，类目的等级与其号码位数是相对应的。层累制的号码可以无限纵深展开，可充分满足类目体系层层展开配号的需要，同时又有良好的表达性。

《中图法》采用阿拉伯数字作为标记符号，由于受其十进制的限制，很难满足类列展开对号码的实际需要。在某些类系中，划分层次多而每个划分层次中同位类少，也会使号码不必要的冗长。为了在允许的条件下给较重要的类目以宽裕的号码，或减少类目划分层次，或缩短号码位数，在基本上遵循层累编号制度的同时，又采取了诸如八分法、双位法和借号法等编号的变通措施，增加配号的灵活性，扩大号码系统的容纳性。

①八分法。

八分法又称扩九法，即当某类列的同位类类号标记到8，且尚有若干同位类待标记时，则9本身不用，扩展为91、92、93…99，为第9个及以后的同位类配号。八分法一般在同位类超过9个、少于18个时使用。

②双位制。

双位制又称百分法，即在某类目下将用于配号的数字1~9不直接使用，而是分别扩展为双位数字标记其下属同位类目的编号法。一般当同位类相当多时，为避免号码冗长，采用双位制编号法。

③借号法。

借号法是采用层累标记制时为了增加类列的容纳性而采用的借用下位类、上位类、同位类类号的一种编号方法。

2.2.1.4　组配技术

组配技术是指利用分类表中已有的表示简单主题概念的类号，按一定规则组合成一个复合类号，用以表达分类表中没有的复杂概念的一种技术。组配技术广泛应用于现代体系分类法。采用组配技术，可以提高描述新主题的能力、提高类目细分程度、缩减类表篇幅、规范类目共性区分标准和配号的规律性，从而提高分类法标引文献、检索文献的效果。

《中图法》运用组配技术主要有四个方面：一是编制各种类型的通用复分表，作为全表各级类目组配复分的依据；二是在有关类编制专类复分表，作为某些类目组配细分的依据；三是规定部分类目可以仿照已列出的类目进行细分，即类目仿分；四是主类号之间使用冒号直接组配，合成新的类号。使用《中图法》标引文献所得到的类号中，相当一部分是采用上述四种方式组配合成的类号。

(1)通用复分表

通用复分表附在主表之后，是主表各级类目组配复分的依据。《中图法》的通用复分表有八个：总论复分表、世界地区表、中国地区表、国际时代表、中国时代表、中国民族表、世界种族与民族表、通用时间、地点和环境、人员表组成。其中"世界种族与民族表"是第四版新增的。通用环境和人员表是第五版新增内容。通用复分表只对主表类目起复分作用，不能单独使用。

(2)专类复分表

专类复分表是编列于主表有关类中或通用复分表类中，专供特定类目细分使用的复分表。《中图法》第 4 版主表共编列专类复分表 67 个，此外，通用复分表、中国地区表中还各编列一个通用复分子目细分的专类复分表。第 5 版的增修主要表现在对阐述各国情况为主要内容特征的中文图书的"各国"如 D93/97 各国法律、I3/7 各国文学、F13/17 各国经济等仿分表进行增加或修改。专类复分表的标记符号采用单纯阿拉伯数字，N/X 各类的专类复分号前一律冠有"0"。专类复分表两侧以竖线括之以示醒目。

(3)类目之间的仿分

利用相临或相关类目的子目，作为有关类目复分依据的组配编号法，称为仿分。类目仿分与依专类复分表复分，都可以使主类号达到相同组配细分的效果。类目之间的仿分更具有灵活性，也可以增加主类号细分的层次。《中图法》运用仿分两种类型，即临近类目仿分和仿总论性类目分。

临近类目仿分是指当一组相邻的类目以相同的分类标准展开时，一般将在前的一个类目详细展开，后面的类目不再展开列举，而是分别仿照前面已展开的子目细分，这样可以大大缩减类表的篇幅。也有些是前面的类目仿照后面的类目复分。临近类目仿分的特点是：仿分类目与被仿分类目基本是性质相同的类目；某类目所仿分的一组子目，与该类目拟细分的分类标准是一致的；临近类目仿分都是规定在特定的类目下进行的。

《中图法》类目编列的基本模式是将一个类区分为两大部分，前面编列总论性类目，按事物或问题的方面横向展开；后面编列专论性类目，按事物或问题的类型纵向展开。这两部分的分类标准是不同的。表达事物或问题的专论性类目，仿照总论性类目细分，就称为仿总论性类目分。其特点是仿分与被仿分类目具有不同的性质；某类目所仿分的一组子目，与该类目拟细分的分类标准是不同的；仿总论性类目分，通常都是在一组类目范围进行的。仿总论性类目分，又分为专论仿总论（通论）分、具体问题仿“一般性问题”分两种类型。

2.2.1.5 冒号组配

(1)冒号组配技术在《中图法》中的应用

冒号组配，是将概念相关的两个或多个类目（主类号）通过组配符号“:”连接在一起，以表达一个分类表未列举的较专指或较复杂检索主题的标引技术。冒号组配法不仅可以满足类目细分需求，提高分类专指度，增强类目表容纳性能，而且可能通过概念组配合成新的主题，提高体系分类法描述复杂主题的能力，并在一定程度上增强体系分类法多途径检索的性能。鉴于等级体系分类法的编制结构难以适应广泛地进行组配的要求，《中图法》只是有限地采用了冒号组配技术：通过冒号组配法，使某些专论性问题的集中分类或分散分类，为用户提供一种选择；通过冒号组配法，对某些类目行行细分；在类分资料时，可将若干个概念相关的类目，用组配法合成分类法未列举的新主题，或对事物进行不同属性的区分。

(2)冒号组配法使用要点

①图书分类，除主表规定可用组配编号的类目外，一般不再扩大组配编号的范围；资料分类，可根据标引的需要和概念组配的原则，较灵活地运用组配编号法标引复杂的主题或对类目进行细分。

②凡主表中已经列出的主题均不得再用冒号组配法组配表达。

③凡通过主类号的复分、仿分可以表达的主题，不得使用冒号组配法标引。

④主表类目经复分或仿分组合的类号，可以用于组配。

⑤用于新主题合成时，应根据被标引的主题使用最专指类目的类号进行组配。

⑥用于类目细分时，组配类号的级位可根据用户单位该类文献自行确定，并记录在使用本上，以保证该类文献组配标引的一致性。

⑦图书分类时，属于多重列举的类目，凡注释中已明确规定采用最前标号法或最后标号法的，在编制手工检索工具时不宜再采用组配编号法标引。

⑧资料分类时，可在以下等方面扩大冒号组配法的使用范围：

- 凡具有因果关系、影响与被影响关系、作用与被作用关系、应用与被应用关系、比较关系的主题，可用相关的类目进行组配表达文献主题。

- 根据概念组配的原理，利用分类法已列举的类目合成新的主题。
- 对少数民族语言或外国语言字典、词典进行语种区分。
- 凡属多重列类的类目，均可采用组配编号法连接相关的类号，表达多主题因素的文献主题。

2.2.2 《杜威十进制分类法》(DDC)

《杜威十进制分类法》(Dewey Decimal Classification)简称 DDC，由美国图书馆学专家麦维尔·杜威(Melvil. Dewey，1851—1931)所创，于 1876 年问世，第 1 版名为《图书馆图书小册子排架及编目适用的分类法和主题索引》。之后不断修订更版，到 2011 年已出版第 23 版。目前 DDC 包括两种出版形式：①印刷版(包括四卷本的印刷版和精编本或节略本)。②网络版。相比较印刷版，它可以方便地、持续地及时在线更新。

由 4 卷完整版组成的印刷版本(又称无删节版)每六七年出版一次，体现杜威十进制分类法编辑团队对整个分类实施变更所需要的时间。第 23 版于 2011 年 5 月推出，包括许多新的功能，使分类变得更简单。精编版的印刷版本(又称删节版、节略版、精简版)的第 15 版于 2012 年 2 月出版，适合拥有 2 万多册馆藏的图书馆使用。该版本包装便于携带且价格实惠，所提供的杜威分类号与完整版匹配，以备图书馆的馆藏规模扩大并需要进行更为深入的分类。第 15 版拥有与完整版第 23 版内容不太一样的 10 个基本大类。

WebDewey2.0(www.oclc.org/dewey)是不断更新的杜威十进分类法的完整版的在线版本，于 2000 年发布，源于 1993 年推出的电子版 Electronic Dewey。为图书馆提供了印刷版无法实现的额外电子功能，使其分类工作更加高效。该网络版是一项订阅服务，每季度图书馆用户会自动收到对杜威十进分类体系的更新内容。更新内容包括新的国会图书馆的主题映射、索引术语和创建编号；添加用户自己的在线便签，反映图书馆用户的分类工作。WebDewey2.0 不仅是一个编目工具，还是一个提高分类人员效率的工具。

DDC 在图书分类法发展史上具有里程碑的意义，它的历史最悠久，流传最广泛，现已被译为 30 多种文字出版，至少有 135 个国家和地区的 20 多万个图书馆采用。

(1)DDC 的分类体系

DDC 的基本大类及其序列来源于美国圣路易市图书馆的哈利斯分类法，

该分类法是依据17世纪英国哲学家培根的知识分类思想建立的。培根依据人的心理活动的功能区分知识，他认为人类的心理活动从低级到高级有三种功能，即记忆、想象和理性，从而据此产生出历史、文艺和哲学三类知识，并在此基础上建立了他的知识分类体系。哈利斯分类法采用了培根的划分原则，再将这一次序倒转，根据当时的学科情况设置类目。DDC 基本上采用了他的序列，只作了个别调整。下面是其10个基本大类：

000 Computer science, information & general works
100 Philosophy & psychology
200 Religion
300 Social sciences
400 Language
500 Science
600 Technology
700 Arts & recreation
800 Literature
900 History & geography

每一大类再细分为10个二级类。依此细分到需要的级别，形成一个层层展开的十进分类体系。下面列出其二级类和三级类实例。

100 Philosophy
110 Metaphysics
120 Epistemology
130 Parapsychology & occultism
140 Philosophical schools of thought
150 Psychology
160 Logic
170 Ethics
180 Ancient, medieval & eastern philosophy
190 Modern western philosophy
600 Technology

190 Modern western philosophy
191 Philosophy of United States & Canada
192 Philosophy of British Isles
193 Philosophy of Germany & Austria

194 Philosophy of France
195 Philosophy of Italy
196 Philosophy of Spain & Portugal
197 Philosophy of former Soviet Union
198 Philosophy of Scandinavia
199 Philosophy in other geographic areas

(2)DDC 的标记制度

DDC 采用单纯的阿拉伯数字做基本标记符号，所有数字作为小数理解。前三级类一律用三位数字标记，前三位数字之后用小圆点隔开，基本按层累制编号。例：

600 Technology
620 Engineering
621 Machine Enginnering
621.3 Electric Engineering
621.38 Electronic and Electric Communication
621.384 Wireless Communication

(3)DDC 的附表

DDC 现有 7 个附表(通用或专业类复分表)，分别为从第 2 版起设置的“形式复分表”(后称“标准复分表”)，第 17 版增加的“地区表”，第 18 版增加的“文学复分表”“语言复分表”“人种、种族、民族表”“语种表”“人物表”。

(4)DDC 的索引

DDC 编有很详细的相关索引，将类名及类目所包含的概念名称，按字顺排列，并采用标题索引的方法集中相关标目，标明相应类号。

(5)DDC 的特点

- 类目体系完整，覆盖全部知识、文献；类目详尽，等级分明，便于理解使用。
- 首创以简明的号码标记类目的方法，便于图书排架、目录组织和检索。
- 首次采用小数标记制。
- 首次使用了复分和仿分方法。
- 首创了图书分类法的类目相关索引。
- 成立了常设管理机构，不断修订更新，保持分类法的长久生命力。

2.2.3 《国际十进分类法》(UDC)

《国际十进分类法》(Universal Decimal Classification)简称 UDC，由比利时的奥特勒(P. Otlet)和拉封丹(H. Lafontaine)在《杜威十进制分类法》的基础上扩充而成，1905 年以法文出版 UDC 第 1 版，当时称为《世界图书总目手册》。此后，UDC 以 23 种语言出版了详略不同的许多版本，其最新详本多达 22 册。现有几十个国家的 10 万多个机构用它进行科技文献(尤其是标准文献)、档案的分类标引和检索。UDC 于 2001 年推出其网络版 UDC Online。

(1) UDC 的类目体系

UDC 的主表在 9 大类的基础上，采用等级列举式层层展开的方法，基本大类用 0—9 的一位数字表示。UDC 的基本大类序列如下：

0 总论、科学与知识	5 数学、自然科学
1 哲学、心理学	6 应用科学、医学、技术
2 宗教、神学	7 艺术、文娱、体育
3 社会科学	8 语言、语言学、文学
4 (暂空)	9 地理、传记、历史

基本大类以下是一个逐级展开的体系。例如：

5　数学、自然科学
52　天文学、测量、大地测量学
523　天文学
523.1　宇宙及其结构、宇宙论
523.16　各种宇宙现象、尘土
523.164　无线电天文学、波

(2) UDC 的标记制度

UDC 的标记符号是小数制的阿拉伯数字，大类用一位数字标记，二级类用两位数字，三级类用三位数字，依此类推，大多数分类号的长短反映类目之间的从属关系。为了醒目，除有其他辅助符号间隔外，每达三位数字就用小圆点隔开。

(3) UDC 的组配、复分

UDC 最早提出概念分析和组配的原则，是由列举式的体系分类法向分面分类法发展的先驱，因此可以说 UDC 是一种"组配式"分类法。许多项目在 UDC 中并无现成的类号，须在分类时按照文献内容主题临时加以组配。这是 UDC 的主要特点之一，其目的是使类表有更大的灵活性和适应能力，使分类能达到更高的精确度，同时避免类目的重复罗列，以节省类表篇幅。为此，UDC 备有许多辅助表和复分号。正确掌握它们的用法，对于 UDC 的有效利用是十分重要的。

①综合符号及其用法。

综合符号有加号+和斜线/两种。“+”用于将两个不相连贯的类号组配成一个综合类号，如 54+66 表示“化学和化工”。“/”用于将两个或多个连贯的类号组配成一个综合类号，如 336. 21/26 表示“课税制度”（由 6 个连贯类号组成）。

②关联符号“:”及其用法。

用冒号连接两个或多个类号，表示它们所代表的概念相互交叉组配出一个外延更小的复杂概念，如 31：63 表示“农业统计”（31 统计，63 农业）。“:”连接的类号可以互换位置。如果不允许组配的类号调换位置，则应该用双冒号“::”或方括号[ ]（称为代数细分类符号），方括号还可用于改变组配类号所表达的含义。

③通用复分号及其用法。

通用复分号分为独立复分号和从属复分号，下列前 5 种复分号属于独立复分号，后两种复分号是从属复分号。

- 语言复分号“=”，用于区别文献的语种，如=20 英文，=951 中文。如果要前置语言复分号，就需前后都用等号。如 61=20 或=20=61 表示“英文医学图书”。
- 类型复分号“(0…)”，用以区别文献资料的类型。如 66(031)或(031)66 表示“化工百科全书”。
- 地点复分号“(1/9)”，用以区别国家、地区、自然地理单位等。如 629. 113(73)或(73)629. 113 表示“美国汽车工业”。
- 种族与民族复分号“(=…)”，用以区别种族或民族。如(=951)中国种族。
- 时间复分号“…”，用以区别年代或其他时间属性。如“19”表示 20 世纪。
- 观点复分号 .00…，这是表示学科、专业、产品等的理论、研究、生产、应用等“方面”的复分号。如 629. 4. 002 铁路车辆的制造。
- 材料复分号“—03…”，用于区分工业产品的不同材料。如 621. 643—034. 1 表示铁导管。
- 人与人特征复分号“—05…”，用于区分人的身份或特征。如 616—051 表示医疗人员，616—052 病人。

④专用复分号及其用法。

专用复分号有两种，一是在号码前带点零 .0，二是在号码前带短横—。

这两种形式在意义上并无区别，但带短横的复分号适用范围一般比零的复分号广泛。如 621.9—52 机床自动控制，624.21.03 桥梁特性。

⑤特殊组配复分号及其用法。

撇号“’”组配，这种用撇号组配的用法出现在冶金、金属化合物、核子学等类目。如 669.15 铁合金，669.24 镍，“铁镍合金”则为 668.15’24。

最终数字复分号…1/…9，这里三个圆点后面的数字作为组配类号时最终使用的信号，应用时圆点不要，将最终数字与主类号合在一起。如 669…3 提炼，669.3 铜，“铀提炼”则为 669.33。

⑥字母细分法。

当细分需要具体到个别事物的名称时，可在分类号的后面加拉丁字母或文字表示。如 629.114.6Ford 福特牌轿车。

UDC 对多元组配、复分类号的组配次序及组配、复分符号的排列次序都作了具体规定。

UDC 使用如此多样的辅助符号，每一种符号代表一个概念，然后可用这些概念与主表类目结合，产生无数个主表中未能列出的新类目。这不仅充分表达出文献主题的各个方面，也大大减少了主表某些子目主题的重复，解决了其他文献分类法所不能解决或解决得不够好的多主题文献的分类与详尽反映文献主题的问题。

(4) UDC 的特点

UDC 在文献分类法发展史上占有重要地位，它具有下列主要特点：

- 较早、较全面地采用概念分析与综合原理及冒号组配技术，是世界上第一部半分面分类法。
- 类目详尽，详本类目多达 15 万～21 万个。
- 标记制度灵活，辅助符号多达十几种，表达概念能力强。

当然，UDC 也有修订不及时，类目体系陈旧，组配过于复杂等不足。

2.2.4 《国会图书馆分类法》(LCC)

美国《国会图书馆分类法》(Library of Congress Classification) 简称 LCC，它是为适应美国国会图书馆的图书排架需要，由国会图书馆的多个小组依类分工编制的。1902 年 Z 大类首先出版，到 1948 年出版了除 K(法律) 大类外的各大类类表，1969—1977 年 K 大类的各类表陆续出版。LCC 依类分册出版，各大类类表的修订进度和版次存在差异，至今已出版 21 个大类的 47 个分册。LCC 于 1996 年推出其电子版 Classification Plus，2001 年升级为网络版 Classification Web。

(1)LCC 的类目体系

LCC 的分类体系是参考当时美国流行的展开式图书分类法《克特图书分类法》，根据国会图书馆的藏书情况而确定，分为 21 个大类，即：

A 综合性著作	M 音乐
B 哲学、心理学、宗教	N 美术
C 历史的辅助科学	P 语言和文学
D 历史：世界及古代	Q 科学
E—F 历史：美洲	R 医学
G 地理、地图、人类学、娱乐	S 农业
H 社会科学	T 技术
J 政治学	U 军事科学
K 法律	V 海军科学
L 教育	Z 书目及图书馆学

各大类根据需要逐级细分，在细分过程中，各大类几乎都编有多种专用复分表。但是，LCC 没有设置通用复分表。

(2)LCC 的标记制度

LCC 采用拉丁字母与阿拉伯数字组成的混合号码，一级类用一个字母，二级类(E、F、Z 大类除外)用两个或三个字母；往下细分用 1～9999 的整数，有时少量的在 1～9999 任一整数后用小数(必须有小数点)；然后，用克特字顺号码(一个字母与一个或几个数字)细分具体的事物，即依地名、人名等取号。因此，LCC 的分类号包括 3 个层次：字母、整数或加上小数、字顺号。这样组成的类号基本上不能反映类目的从属关系。

(3)LCC 的特点

- 类目体系有文献保证，因而实用性强。
- 列类详细(尤其在人文、社会科学部分)，类目超过 23 万个，是世界上类目最多的一部分类法。
- 是典型的列举式分类法，较少采用组配方法。没有通用复分表，各大类几乎分别编有地区、形式、主题等专用复分表，各大类复分表的类目设置和配号均不相同。
- 类号较简短，容纳概念的能力较强。
- 有专门机构负责修订，及时反映新的变化。

这些特点使得这部为国会图书馆编制的分类法逐渐被越来越多的美国高校、专业图书馆以及一些其他国家的图书馆所采用。

不过类目无严密的体系，没有统一的编制说明、类表索引和通用复分表，是其明显的不足。

2.2.5 《冒号分类法》(CC)

《冒号分类法》(Colon Classification)简称CC，是由著名的印度图书馆学家阮冈纳赞(S. R. Ranganathan)独创的分面组配式分类法。它首次发表于1933年，因使用冒号“:”作为分面组配符号而得名。作为一种实际的分类标引工具，CC的应用范围远不如UDC、DDC和LCC，但是，编者创制该分类体系的构思和提出的以分面分析和综合为基础的分面分类理论，却超越国界，成为当今信息组织理论和实践的主导，有着深远的影响。

《冒号分类法》的原理和使用与传统的等级列举式分类体系有很大的不同。像DDC、LCC等典型的等级列举式分类体系，是将可能预想到的所有能够出现在文献中的主题和学科领域层层划分，列举为有严格限定关系的类目体系。因此，使用它们进行分类标引时，就是一种“对号入座”式的标引，即：为标引对象找到在已有分类体系中的位置。当遇到主题复杂的标引对象时，往往找不到能充分揭示其特征的类目及代码，只能“削足适履”，标出反映局部特征的分类代码。而CC的编者正是针对上述分类体系的缺陷，开始自己的研制工作的，意在使之成为一部可以灵活组配、表达复杂标引对象的分类标引工具。

为了适应组配的需要，CC设置了较多的基本类目。从表面上看，其中许多类目与传统的分类体系都是相同的，只不过划分得更加细致。但是，CC各类中的内部结构与传统的列举式类目表有很大区别。它采用分面结构，将每一主题划分为若干范畴，范畴之下列出具体的点和面，形成类表。即将一些微观主题也作为类目列出，并配上相应的代码。使用CC进行分类标引时，要从标引对象的主题分析入手，找出相关范畴及分面，再由分面中选择出相关的概念(即点)和它的代码，按照一定的规则把各个相关的点组合成代表标引对象的类目代码，使之全面反映标引对象的特征。

CC的特点鲜明，影响深远。作为分面组配式分类体系的代表作，超越了等级列举式分类体系的局限，可以灵活地揭示标引对象的特征，适应了对信息细密、全面、多角度检索的需求。尤其是编者围绕CC的创制所倡导的分面分析-综合原则、分面分析与分面标记的学说，为分类学领域带来了一场动态分类的革命，推动了分类理论及其他相关信息组织理论的研究，也直接影响了DDC、UDC等老牌分类体系的修订，并导致了大量以分面组配为特征的新型分类语言的产生。

CC自身也有一些缺陷，例如：各类的划分比较注重形式，忽略内在的联系和知识分类的惯例，使用的标记符号复杂，术语比较费解，这些都成为影响其实际应用的重要因素。

2.3 网络信息资源组织中的分类法

由于“分类”这种组织文献资源的方法符合人类认识事物的逻辑思维方式，长期以来在揭示文献内容、聚集相同文献、区分不同文献方面有着十分广泛的应用基础。在信息网络环境下，从现有的各种联机数据库、光盘检索系统与网络查询工具的结构与功能看，分类法采用划分范畴的树状结构组织与揭示信息、提供按学科专业或范畴领域检索信息资源的途径，具有很好的稳定性与系统性。它不仅适用于文本信息而且能解决非文本信息、超文本信息等的组织与揭示问题。所以说分类法仍然是组织与揭示数字化信息资源的重要方法。

2.3.1 数字化信息资源组织的特点

这里所说的特点是指数字化文献在整序方面与印刷型文献相比较所具有的不同之处及困难之处。

(1)著录对象复杂

印刷型的文献作为一个整体，其物质形态决定了文献组成部分间的关系(如页数、章节数等)，而在数字化环境中，一系列相关信息源有时汇集于同一主页下，或是一个大型数据库中的一个组成部分。此外，一张光盘可以储存1 000册左右的印刷型图书，而大容量的硬盘可以储存几十张光盘。数字化文献的这种特点给文献标引和著录带来困难。标引和著录是以整体为对象，还是以具体某个单位的数字化文献为对象，例如，是以一张光盘为对象，还是以储存在内的一本图书为对象，这确实让人觉得难以处理。

(2)储存的信息具有动态性

一是载体内储存的信息在不断更新。比如，那些属连续性出版物性质的电子出版物，每隔一段时间，就要更换新的内容，所以往往是新出版的出版物的内容覆盖了以前出版的出版物内容；二是网络信息会随着时间的推移而发生变化。这两方面的问题都给著录带来麻烦。例如，以传统的编目程序对网络信息资源进行编目，一旦与物理形态资源相连的著录信息发生变化，编目人员就要对已存在的记录加注释和检索点，或编制新的书目记录。这样数据库中将会出现大量重复、冗余的数字记录。

(3)网络信息是交互式、多媒体的

交互式是指在网络上各种异构数据库的数据在超文本系统中能互相交

汇，也就是在同一平台上能获取各种数据，这与印刷型文献的存在方式完全不同。印刷型文献是根据线性顺序排列的，两本不分在同一类目中的图书就会放置在不同的地方，因此在对网络信息分类时，类似“相关参照”的做法要比在传统分类法进行这方面的工作更为必要和重要，这就给分类法如何应对网络信息进行分类提出了新的要求；而多媒体以其传播媒体的多样化更是给标引和著录工作带来麻烦。

(4)能反映形式特征的事项不多

对印刷型文献，可以通过书名、著者姓名、出版地点、出版机构、书号、页码、价钱等来揭示其形式特征。而反映网络信息形式特征的事项较少，或很难寻找，据1992年OCLC的编目试验显示了在因特网上的300个独立文件的书目记录中题名、作者、出版者的出现频率。其中题名出现频率最高为93%，出版数据出现频率为73%，而作者的出现频率仅为18%。这就使编目人员不能较为全面地揭示网络信息的形式特征。

(5)利用数字化文献所需要的环境复杂

利用印刷型文献，只要信手拈来，即可阅读。利用数字化文献则需要软硬件设备，而且对所需的硬件和软件都有一定的要求。例如，数字化文件的文件格式很多，例如TXT、RTF、SGML、HTML、DOC、PDF、GIF、JPEG、MPEG、RM等，而不同的格式对软件环境的要求是不同的。因此，编目人员在对数字化文献著录时，必须注明利用该文献时对所需要的硬软件的要求，不然，是会影响用户利用数字化文献的。

(6)载体形态和篇幅难以确定

数字化文献的载体形态有光盘、软盘、磁盘等，而如果是通过网络浏览到的信息，则很难断定是储存在什么载体上。这种情况给著录带来两个方面的问题，一是编目人员要熟悉各种载体的类型、规格等；二是如果遇到网络版的数字化文献，就很难进行载体的形态著录，或者就著录以“网络版”。此外，篇幅的著录也是一个难点，例如，现在一般以字节数来反映文献的篇幅，然而，数字化文献的字节数有时并不容易确定或计算，如，不同的操作平台处理同一个文件，或者同一个文件但文件格式不同，所显示的字节数都是不同的。这都给著录带来麻烦。

(7)主要著录根据难以确定

主要著录根据是各类文献被优先选作提供著录该文献所需书目事项的部分，是编目的依据，编目统一化的基础。对印刷型文献来说，题名页是文献著录的主要依据。但是数字化文献的主要著录根据就找不到类似题名页这样的部位，这是因为两个方面的原因：一是电子出版机构出版电子出版物没有统一的出版规范可以依据，二是网络信息的出版者(或生产者)的类型众多，可能是正式的出版机构，也可能是政府、团体，还有可能是个人。所以产生的网络信息的版式更是多样化。

(8)储存地点多样化

通过图书馆卡片目录来查找印刷型文献，卡片目录中并不反映文献的收藏地点，这对读者来说，也不是重大问题，因为他们一般都知道该文献置放在图书馆的哪一个书库或阅览室中，就是不知道，询问一下馆员也就知道了。网络信息则必须注明其地址，而且要求对地址的著录绝对精确，任何微小的失误都会造成地址无效。

综上所述，可以认识到，数字化文献和印刷型文献相比在整序方面所存在的难点，大多体现在网络信息方面；而且在当今网络化时代，网络信息构成数字化信息的主体。因此在 2.3.2 节中重点讨论网络信息组织的分类法。

2.3.2 网络信息组织的分类法

网络信息检索系统的信息组织主要体现在搜索引擎和网络目录的索引数据库组织上。搜索引擎的主要功能是方便人们搜索互联网上的信息并提供获取所需信息的途径。被搜索引擎所组织的信息资源以万维网上的信息为主，有时也包括电子邮件、新闻论坛文章、FTP、Gopher 等网络信息资源。

虽然网络信息具有不同于以往各种信息的特点，但是，分类法仍然是网络信息组织所采用的一种重要方法。目前，Internet 主要以两种方式采用分类法进行信息组织：一是基本以人工标引方式采用现有的文献分类法，二是以人工标引或自动标引方式采用自编的分类系统。

2.3.2.1 现有文献分类法在网络信息组织中的应用

(1)现有文献分类法在网络信息组织中的应用现状

20 世纪 80 年代，人们对文献分类法(主要是 DDC、LCC、UDC)应用于联机环境的大量研究，为文献分类法在网络信息组织中的应用做了必要的准备。

围绕传统文献分类法在 Internet 的应用，国外进行过不少实验研究，目前已进入实用阶段。现有一些大的万维网站点或搜索引擎采用现有文献分类法组织 Internet 信息资源。

①杜威十进制分类法。

Web 上的分类目录利用 DDC 作为分类体系始于 1995 年。现已有几十个站点以 DDC 为分类体系，这些站点以图书馆和大学为主。资源类型既有综合性全球资源，也有专题性资源、国别资源。有些目录在各层次的类目前均标记了标准的十进制分类号，而大多目录没有分类号，只是利用 DDC 体系建立了浏览结构。

利用 DDC 比较成功的综合性网络目录有：加拿大国家图书馆的“Canadian Information by Subject”；较好的专题性网络目录有加拿大多伦多参考图书馆的“Exapanding Universe”，面向天文学资源；英国 Wales Aberystwyth 大学 Thomas Party 图书馆的“PLCK”，则针对图书情报学资源。另有一些特色站点是：“GNOSIS”“Cyber Dewey”“WWLib”“Sized”等。

②国际十进分类法。

UDC 由 6 万多个类目构成，并提供多种复分表，在满足文献资料细分方面有独到优势，它具有分面组配分类法的一些特点，通过符号组配可以获得概念的组合，因此，这种分类法较适合于机检。一些网络目录利用了 UDC 的这些优点，建立起自己的分类系统。

使用 UDC 的网络目录有：“BUBL Subject Tree”，覆盖了英国国内综合性网上资源；“GERHARD”，这个项目于 1996 年在德国 OldenBurg 大学图书馆开始研究，目标是建立全德国网上资源的检索和浏览工具，它利用了自动分类技术，网页由机器人程序自动采集，凡匹配 UDC 类目的网页，由计算机建立索引，并自动生成目录树；NISS，综合性网络目录，类目前标有 UDC 分类号；SOSIG，一个有关社会科学的网络目录，它只是选用了 UDC 的社会科学部分的分类号，共有 26 个类号。

③国会图书馆分类法。

使用 LCC 的网络目录如：“CYBERSTACKS”，由依阿华大学开发，主要提供 6 大部类的资源，用 LCC 分类号表示就是 Q(科学)、R(医学)、S(农业)、T(工业技术)、U（军事科学)、V（海洋科学)；“The WWW Virtual Library”，采用了 LCC 体系组织信息，但信息量少，只有一层类目。

此外，还有一些专业分类法用于组织专业性网络信息资源，如《工程信息分类法》用于 Edinburgh Engineering Virtual Library 和 Engineering Electronic Library，Sweden 的信息组织；美国数学学会的 Materials Organized by Computer Science Subject Information 采用《计算评论分类法》组织其信息。

(2)现有分类法对网络信息组织的适应性

这些站点对现有分类法在 Internet 的应用做了有益的尝试，它使人们认识到现有分类法在组织网络信息时具有以下优势：

- 由于限定了检索范围，可以提高查准率；
- 分类等级结构可以提供检索词的上下文；
- 自动索引结构便于用户在查找时进行浏览；

- 检索目的不明确或检索词不确定时，分类浏览方式更有效率；
- 以知识分类为基础，以符号为标识，具备成为不同语言转换中介的条件；
- 非文本信息在网络信息资源中所占比例日渐增大，其内容特征难以用文字表达，分类法的聚类功能及号码标识为之提供了一条可能途径。

现有分类法在网络信息组织的实际应用，也反映出现有分类法用于纸张信息组织时需要有所调整，主要包括：

- 将分类法的文献保证扩展到包括 Internet 信息资源，增加必要的新类目；
- 修订类名，增强其表达性和通用性；
- 分解和标记类号的组成因素，以识别它所表达的特定主题和主题方面；
- 不断增加新的术语作为索引词；
- 扩展分类法与其他受控词汇的联系；
- 控制使用类目的深度，多数网络分类检索系统只使用分类法的 1~3 级类目。

2.3.2.2 用于网络信息组织的自编分类系统

有许多搜索引擎采用自编分类系统进行信息组织，具体表现为网站分类目录(索引)和网页分类索引。这些搜索引擎的分类系统是各自建立，互不一致，缺少规范的。

(1)自编分类系统的种类

用于网络信息组织的自编分类系统主要有以下 3 种：

①等级式主题分类法系统。所谓等级式主题分类法系统是指在分类体系中，基本上采用等级结构，一个主题充当一个类目，类目按字顺或人为次序，类目不采用标记符号(分类号)表示，一个类目可以细分为若干个细目，同位类的细目多按字顺排列。这种主题分类法形式的分类体系，依事物分类，而不是依学科分类，能够将相关事物的网络信息资源集中。目前的大多数网络分类检索系统就是采用这种分类系统。

②分面组配分类法系统。分面组配分类法系统是由若干个分面组成，每一个分面的类目可以与其他分面的类目组配，表达专指的概念。

搜索引擎中的高级搜索功能大多借鉴分面组配分类法的思想。如新华网高级搜索服务，提供时间/地区/语言/文档格式/来源网站等分面，但不罗列每个分面下面的具体条目，而是由用户自行输入该分面的关键词，将关键词检索与分面组配分类法的思想结合起来，对检索结果进行精炼。

③学科分类法系统。

这是将科学、技术的各个学科、领域及其分支设为类目的分类法系统。早期教育网中文搜索引擎“网络指南针”就提供一个学科分类系统，设有表示学科的一级类目58个，如安全科学技术、材料科学、测绘科学技术、地球科学、法学、管理学等，按类名字顺排列，下设若干二级、三级类目。目前像中国知网这类的学术资源类网站，大多提供多级学科分类目录。科学网这类学术型网站多提供学科分类目录。科学网博客这类学术知识交流社区，也按照学科进行分类组织。

(2)自编分类系统的特点

就目前所见，网络中的自编分类系统具有以下特点：

①重视以事物为中心设置类目。

与传统的文献分类体系不同，这些流行的网络分类系统虽然并不完全放弃从学科的角度组织网络资源，但大多从便利用户使用出发，直接以检索的事物为中心设置类目。从学科角度设置的类目很少，或干脆不设置。

②类目收录范围宽泛。

类目体系展开时，其下位类不仅收入该类的从属类目，而且收录各种相关类目，其做法相当于独立编制的专业类表。从而使得一些类目的下位类数量大大增加，远高于传统文献分类法同级类目的数量。

③多重列类、重复反映。

为了方便用户信息查找，这类网络分类体系一般都十分重视结合网络显示特点，采用多重列类的方法，对网络信息重复反映，以便可以从不同角度着手加以使用。与此同时，结合使用链接技术，网络系统通常还对交叉学科、总论与专论、相关类目等横向联系重复揭示，方便用户从不同角度查找。为便利用户识别，各种分类系统还以特定符号对重复反映的类目加以标示，如Yahoo！使用的重复显示符号为“@”。

④排列方式简便。

对同位类的排列，主要有两种方式。一是字顺方式，即同一上位类区分出来的类目，按字顺方式排序；每一类目下分出的子目再按下级类目的字顺排列，形成一个层层展开的字顺分类系统。这种排列方式不能揭示同位类之间的内容联系，但可以方便用户对特定类目的查找，同时也有利于简化新类的增补。二是检索频率确定同位类的排列次序，在同位类中首先列举高频类，突出热门主题，方便多数用户使用。

⑤直接以语词组织信息。

这些系统放弃传统分类法以标记符号表达文献主题的方式，直接以语词表达类目体系，采用链接技术连接网络文献，比使用分类标记更加方便直观、易于理解。为了显示类目系统的纵向联系，Hotbot 及早期的 Yahoo！等直接在屏幕上完整展示一类列的各级上位类；但目前多数系统均通过在子类上方显示其类系的方式，揭示类目展开的等级。这一方式不仅可以比标记更直观地揭示类目的纵向关系，而且可以利用它直接访问有关的上位类目。

⑥更新迅速。

由于网络分类体系是通过链接与网络文献建立联系的，类目的调整受原有体系的束缚较少，可以根据网络资源的发展变化及时增设新类，或重复反映相关类目等，往往具有较大的动态性。

网络自编分类体系作为一种新型的体系，虽然在结合网络技术的特点、充分反映用户需要和文献资源的情况等方面作出了许多努力，但由于未能充分汲取已有的分类理论和技术，同时，作为实用系统，面对着处理数量巨大的网络资源的压力，不可避免地存在着不足。在网络分类体系完善的过程中，仍有许多工作要做。目前，网络分类系统中存在的问题主要表现在：

①类目设置缺乏规律性。

不少系统同位类的展开是多元的，往往同时采用多个标准，每一种标准使用时又并不完整设类，有时还同时列出不同等级的类目，使得同位类的设置缺乏必要的规律性。这样造成某些类目之间关系含糊不清，增加了类目体系的不确定性，使得信息的查找不容易把握。

②类目归属存在着不合理现象。

根据知识之间的联系合理确定类目之间的归属，是建立分类体系的一个基本要求。网络分类系统中类目归属的不合理现象，有两类情况。一类是类表在确定类目的下位类时，相关类收入范围过宽，导致收入一些超出母类外延的类目；另一类情况则是，未能按照知识之间的关系，合理确定类目的归属，这类处理显然不利于分类体系的有效使用。

③同位类排列不能揭示类间关系。

按照类名字顺或检索频率排序虽然可以方便同位类的列举，但这类列类方式不能反映并列类目之间的联系，缺乏对知识门类系统显示的能力和揭示类目相关性的作用。特别在同位类采用多种划分标准的情况下，更容易造成类目关系的混乱。

④横向关系揭示上存在不一致。

传统文献分类法对横向关系的揭示包括设置交替类目、选择类目、类目参照等多种方法。网络分类法通过链接的方式，将具有多重联系的类目，如交替类、交叉关系类目、总论与专论等在各相关类目下重复反映，以增加类表的多维性，是一种进步。但在处理过程中缺乏一致性及对范围的适度控制。在多重联系类目的处理上，目前国内多数网络系统的主要问题是重复反映不够。此外，单一的重复反映并不能简单代替相关关系的揭示。过度将具有相关关系的类目集中于一个类下，虽然可以改进系统的查全率，同时也会影响其查准率。

⑤部分类名不确切。

类名有时不能确切概括类目的内涵，有时只有象征意义。此外，由于网络类目的下位类范围较宽，上位类有时很难有效限定其含义，加之网络自编分类体系一般不使用注释揭示类目的内涵，容易使一些类目的含义和范围难以确定，影响使用效果。

⑥分类规则有待完善。

网络分类体系的多维性和网络文献的多样性，需要详尽的分类规则。但到目前为止，多数系统仍没有建立起适合网络文献特点，符合网络分类体系的比较充分的标引规范，从而影响标引的准确性和一致性，无法充分揭示有价值的网络文献，造成标引质量降低，影响实际检索效果。

2.3.3 网络信息资源分类体系的建立

(1)网络信息分类的基本原则

建立一套科学的网络信息分类体系，首先必须明确基本的分类原则。其原则的确定必须根据网络信息的特点。

①直接性原则。分类的层次不宜太多，不应该出现转换十多次还找不到所需信息的情况。一般来说，类目在6层以下比较符合人们的习惯。

②数据保证原则。网络信息分类法是面向整个网络信息资源的，分类对象要明确地扩大到网络上一切可以利用的资源，让各种类型的网络信息资源都能在分类法中找到相应的位置。

③自然性和实用性原则。网络是面向大众的，所用的类名基本上应当是自然语言，以满足广大普通用户的信息需求。同时，网络信息分类的类目要少而精，要实用，不应该仅仅为了美观等因素而设立一些用处不大的类目。

④快捷性原则。每一类名都应有与其对应的一个快捷键或类号，以便于熟练的用户进行快速查找。传统分类法在这方面有相当杰出的成就(如类名索引等)，毫无疑问，编制网络信息分类法时应当对这些成就加以研究和借鉴。

(2)网络信息分类法的构建

传统分类体系与网络分类体系的相互借鉴和改造，使得编制一部网络信息分类法成为可能。在具体做法上，应注意以下几点：

①以传统分类主题为基础，构建多维的分类体系。在栏目设置上，为了便于用户浏览，可以适当灵活处理，建立多维的分类模式。但这种变化必须是以传统分类主题理论体系为基础的。例如，为了突出重点，在栏目设置上可以不追求知识体系的完整性，一个子类可以隶属于多个母类（类似于主题词表的“范畴索引”），一个母类可以采用多重标准进行划分（即多重列表），少数大类（如“国家地区”）下可以涵盖各大类内容的体系，并利用超文本链接把类与类、类与信息记录之间链接起来，实现用户访问时的多重入口，自由跳转。

②按需设类，突出重点，便于浏览。一方面，因为一般用户对事物的认识要比对学科的认识更为直观和清晰，按主题和事物划分可以降低用户浏览时的认识负担。因此，网站栏目应根据实际需要而设，并且尽可能地删除与主题无关的栏目。另一方面，类目的规范程度主要地由用户群的结构而定。此外，为了便于用户以最快捷的方式访问到网站提供的热门栏目和信息，在栏目的设置上，可以不拘泥于原有分类体系的逻辑层次划分，而是根据信息量和访问频率提升某些重要栏目的级位，将网站最有价值的内容放到突出位置。例如，中文雅虎和搜狐在栏目设置上，“计算机和互联网”这一热门栏目就列为一级栏目，与其属概念“科学与技术”并列。

③控制类目级别，减少栏目层次网站的栏目设置与划分的目的是让用户以最快的方式找到想要访问的页面信息，如果严格按照传统分类体系设置栏目，很可能会将用户感兴趣的页面埋藏在 5、6 层页面之下，显然这会让用户失去继续浏览的兴趣。因此，在栏目设置和划分时，应将大多数栏目的层次控制在 3、4 层为宜，专业性强的栏目可以适当延伸。为了控制栏目层次，栏目设置可以不局限于单一标准的逻辑划分，而是使用若干标准同时对某一上级栏目进行划分，建立若干从属于上级栏目的平行的子栏目。这样，具有不同知识结构、带着不同检索目的、使用不同分类标准的用户都可以在同一级栏目上找到所需的信息，从而满足网络用户多途径、多角度的检索特性。

④网络信息分类法与主题词表的结合。网络信息分类法的着眼点绝非只是分类法本身，而且要顺应分类主题一体化的发展。因此，必须考虑到网络信息分类法与主题词表的结合。这个主题词表可以是编制网络信息分类法同时编制的，或者现行网络信息主题词表中较好的。主题词表中的词应能被分类体系完全囊括，而且应具有严格的对应关系。

2.4 分类法应用实例与实践

如前文所述，分类是人类认识事物、区别事物的科学方法，符合人类的认知习惯，且自有人类社会以来就存在。采用分类方法对信息资源进行有序化组织，不仅仅是传统的文献部门(图书馆等)倚重的重要方法，也是网络时代多元化的互联网信息资源有效组织的重要方法。

2.4.1 传统分类法的应用

OCLC(Online Computer Library Center)曾经选择 Yahoo 中 20 个最常用的类目，如"Entertainment"、"News"、"Education"、"Business and Economy"等，并将它们与 DDC 和 LCC 对网络信息资源覆盖能力进行比较，认为 DDC 和 LCC 基本能够覆盖网络信息资源，分类法对网络信息资源进行描述具有较强的适用性。在 2000 年前，有一批项目探索采用 DDC 等传统分类法对网络信息资源进行有序组织。如采用 DDC 的加拿大图书馆和档案馆项目 CIBS，英国高等教育部门采用 DDC 对艺术、设计、建筑和媒体网络信息资源进行组织的 ADAM 项目等；采用 UDC 的有英国的 NISS 项目、德国的 GERHATD 项目等；采用 LCC 的有美国的 CyberStacks 项目和 ICRC 项目等。

2.4.1.1 CIBS 项目简介

本教材(第 3 版)介绍了加拿大主题信息系统 Canadian Information By Subject(以下简称 CIBS)。该系统是由加拿大图书馆和档案馆所开发的，目的在于提供全世界的因特网资源中有关加拿大的信息链接。其主题排列采用了主题树的形式，应用杜威十进分类法建立分类系统，见图 2-3。现在该网站不再使用 DDC 作为分类依据，而是采用 topic 和 type 两种方式对信息资源进行分类组织，见图 2-4 和图 2-5。

2.4.1.2 E-Ref 项目

E-Ref 是 Bloomsberg University 的 Harvey A. Andruss Library 提供的电子参考服务。2000 年，该校图书馆为帮助学生更好地获取网络信息资源，建立了 ICRC(Internet Collegiate Reference Collection)，该系统提供关键词搜索和基于 LCC 分类法的浏览。2004 年，该系统更名为 E-Ref(Electronic Reference Collection)，继续提供关键词和 LCC 两种服务。

E-Ref 系统采用逐层展开方式对网络信息资源提供分类浏览。每一条信息资源给出专业描述。图 2-6 是该系统分类展示资源的首页，既包括 LCC 的一级类目，也包括二级类目。打开 E200-E999 类目的链接，该类目下的 24

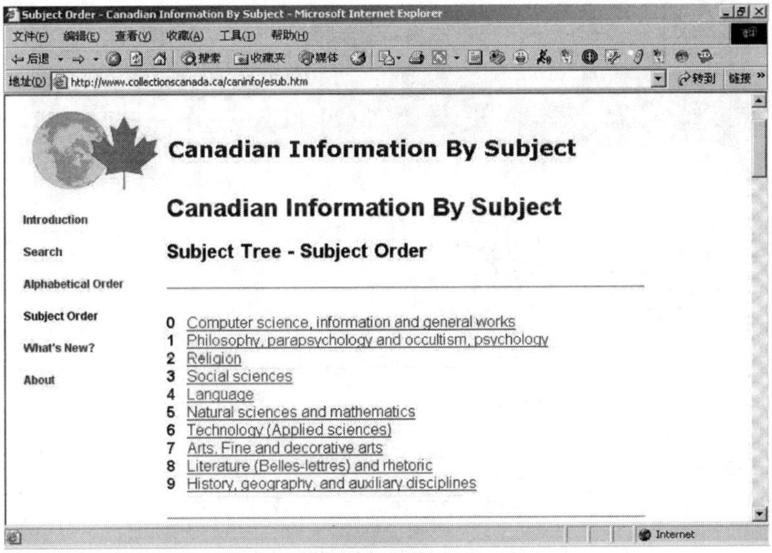

图 2-3　CIBS 主题树的一级类目

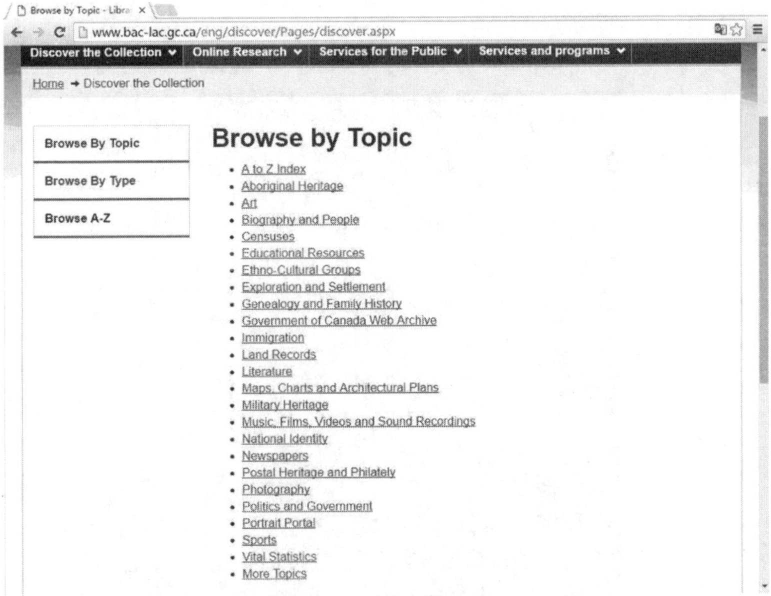

图 2-4　加拿大图书馆和档案馆新的分类方法(1)

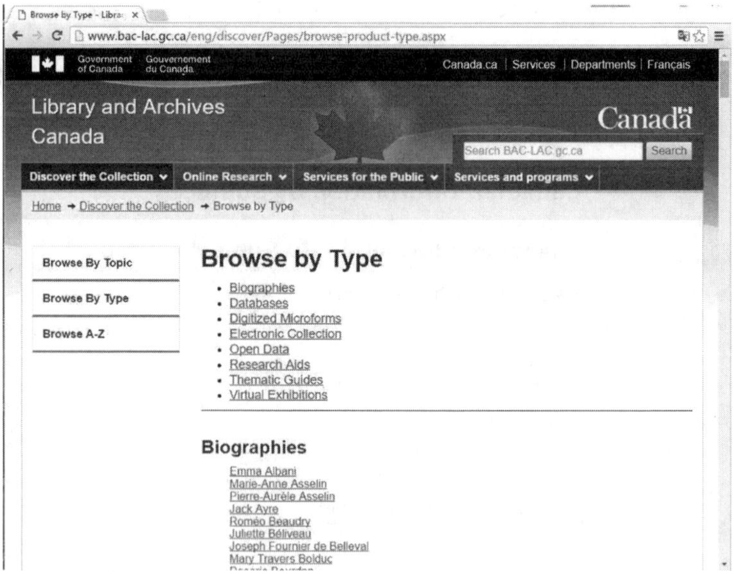

图 2-5 加拿大图书馆和档案馆新的分类方法(2)

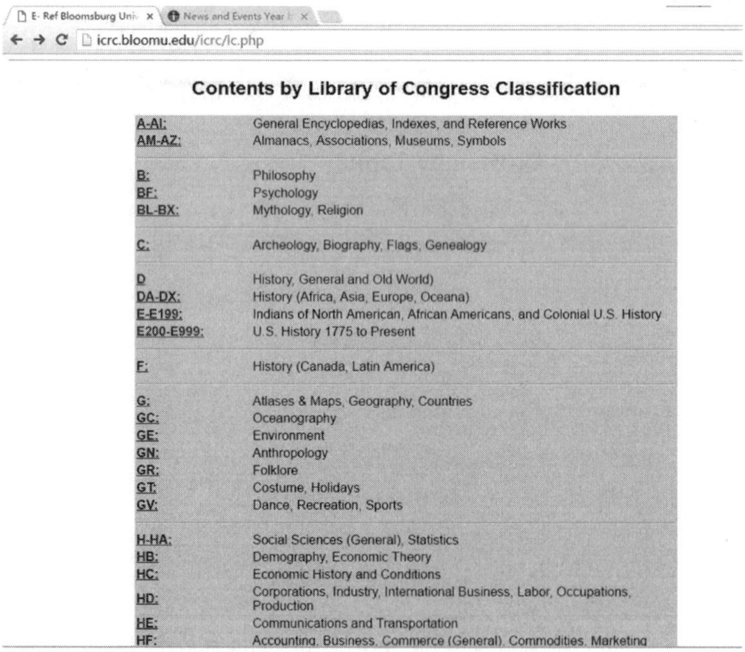

图 2-6 E-Ref 系统的资源分类目录展示

条网络资源被展示出来，如图 2-7 所示。

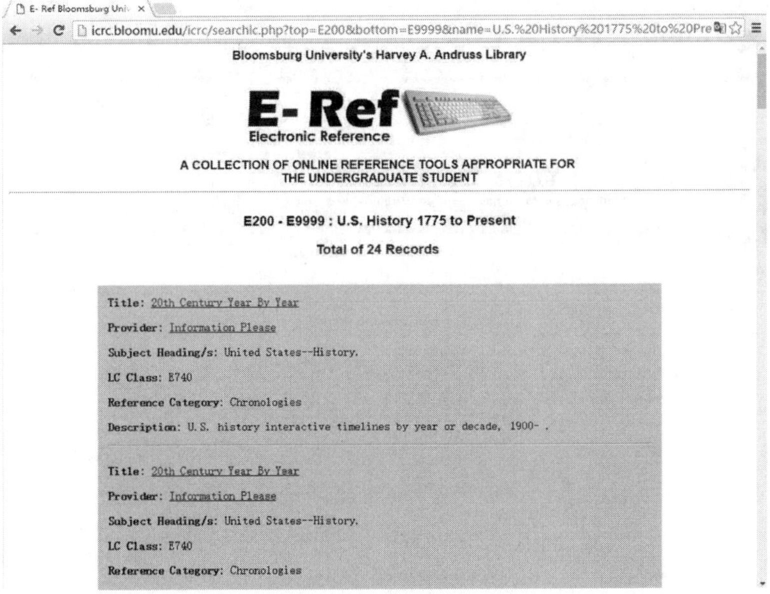

图 2-7　E-Ref 系统的资源分类底层展示

在图 2-7 中，第一条资源有 6 个描述项目：Title、Provider、Subject Heading/s、LC Class、Reference Category 和 Description。这些描述项目由专业图书馆人员完成。打开第一条资源的 title 链接，可以浏览相应的网站信息，如图 2-8 所示。

2.4.1.3　分类系统评价

采用传统分类法对网络信息资源进行有序组织，很好地推动了 DDC 等方法在网络资源组织方面的应用，对网络资源的过滤、组织和检索起到了很好的导航作用。传统分类法的优势体现在以下几个方面。

(1)类目划分明确，逻辑关系完善

传统分类法上下级类目之间的隶属关系和逻辑关系经过上百年的发展已经非常完善，结构严谨。这种结构专业、科学，利于浏览和检索，对“查全率”和“查准率”支持较好。

(2)广泛应用于文献机构

传统分类法广泛应用于文献机构，是大量信息资源已经使用的分类方法，是文献机构擅长的信息组织方法。

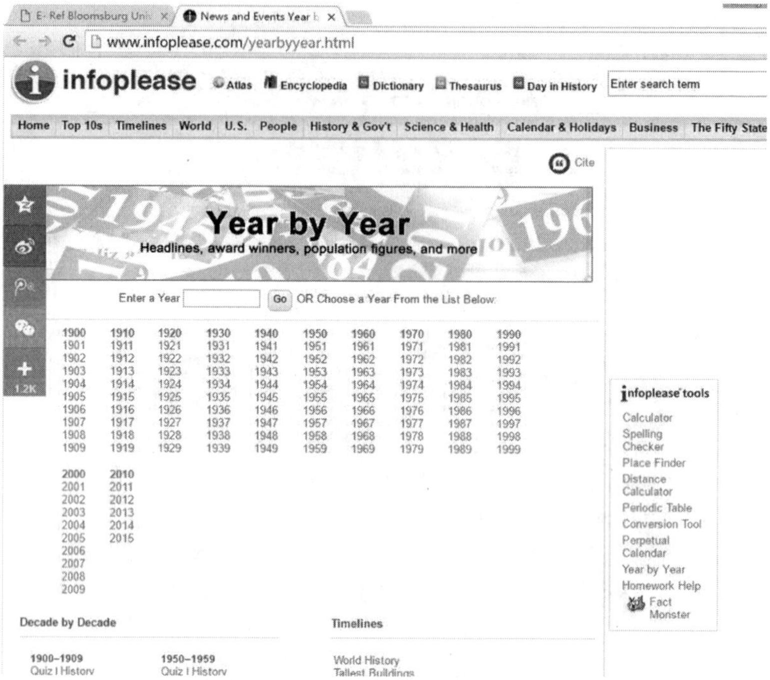

图 2-8　信息源

(3)伸缩性好、包容性强

分类法的体系结构，便于根据资源和用户需求，灵活选择类目深度。通常在网络资源分类中，只采用 2～3 级目录。通过归类，传统分类法适合对网络非文本资源的组织。

从上述项目的发展不能看出，传统分类法直接用于网络信息资源组织，存在诸多困难。

(1)难以适应网络信息资源特点

采用传统分类法的项目都强调其资源经过专业人员筛选过滤，能保证用户获得高质量的信息资源。然而，这种人工过滤难以适应网络信息资源的高增长性和不稳定性。如 E-Ref 系统，2004 年仅有 1 100 多条资源，该网站最新的内容是 2009 年。

(2)类目体系专业，不适应大众用户

传统分类法体系划分严密、逻辑性强、以数字、字母、符号作为标记系统，不是一般用户能够准确理解和使用的。

上面提到的基于传统分类法的研究项目，目前还在运转的已经寥寥无几。传统分类法应用于网络信息资源组织似乎困难重重，传统分类法在网络时代如何发展是传统分类的专业人员需要思考的问题。

2.4.2 自编分类法的实践

分类依然是网络信息资源组织的基本方法。除了专业的文献机构外，大多数网站采用自编分类法，往往根据用户需求、网站目标、实际环境等设置类目，并无统一的分类体系，大众类型的网站采用的分类方法比较相似。多以词语为类目名称，极少采用符号体系。

2.4.2.1 四大门户网站

以新浪、网易、腾讯和搜狐四大门户网站为例，2015 年初的比较显示：

新浪网一级类目重合率达 88.89%，其中 4 个网站都包含的一级类有 7 个，分别是新闻、体育、财经、娱乐、教育、汽车、房产；3 个网站都包含的一级类目数为 6 个，分别是旅游、时尚、应用、游戏、视频、科技；2 个网站都包含的一级类目数为 3 个，分别是博客、论坛、读书。

网易网一级类目重合率达 88.89%，其中 4 个网站都包含的一级类目数为 7 个；3 个网站都包含的一级类目数为 6 个，分别是数码、应用、旅游、游戏、视频、科技；2 个网站都包含的一级类目数为 3 个，分别是博客、手机、论坛。

腾讯网一级类目重合率达 75%，其中 4 个网站都包含的一级类目数为 7 个；3 个网站都包含的一级类目数为 5 个，分别是视频、科技、时尚、数码、游戏；2 个网站都包含的一级类目数为 3 个，分别是文化、公益、星座。

四大门户网站的一级类目重合率保持在 43%以上，腾讯、网易、新浪的重合率甚至高达 75%，其中四大门户网站都具有的一级类目数为 7 个，分别为新闻、体育、财经、娱乐、教育、汽车、房产。这在一定程度上揭示了当前网络信息分类的共性特征。

2016 年 8 月，重新对比四大门户网站的分类体系，见表 2-1。腾讯、网易和新浪重合的一级类目达到 10 个，搜狐的分类体系差异性较大。对比 2016 年和 2015 年的分类体系，第一，由于恰逢奥运，三家网站均将“奥运”作为一级类目替换“体育”；第二，新增三个共同类目是“科技”“视频”和“游戏”，表明这三个领域在一年内成为共同关注的领域；第三，“拍客”“哒哒”这些新名词及时反映用户兴趣和网络信息的变化(哒哒即新生代趣闻)。

表 2-1　　四大门户网站的一级类目

项目	新浪	腾讯	网易	搜狐
一级类目	新闻、财经、科技、奥运、娱乐、汽车、视频、房产、时尚、教育、游戏、博客、旅游、图片、城市、	新闻、财经、科技、奥运、娱乐、汽车、视频、房产、时尚、教育、游戏、拍客、文化、公益、	新闻、财经、科技、奥运、娱乐、汽车、视频、房产、女人、教育、游戏、博客、旅游、手机、数码、论坛、亲子、哒哒	新闻、财经、科技、奥运、娱乐、汽车、博客、房产、教育、旅游、军事、文化、历史、读书、评论、体育等
一级类目个数	15	14	18	41

2.4.2.2　美团与糯米

美团和百度糯米是代表性的团购类网站，都是以日常生活消费为服务目标。从两家网站的主页分析，其网站信息组织模式非常相似。

①主分类体系。美团包括：美食、酒店/客栈、电影/在线选座、休闲娱乐、生活服务、购物、丽人、周边游/旅游、KTV。百度糯米包括：美食、酒店、电影、休闲娱乐、生活服务、购物、丽人、本地生活。两家团购网站对日常生活消费的分类基本一致。

②主页中心位置，两家网站提供完全一致的三个展示区域：热门团购、全部区域、热门商圈。

③标题栏，美团包括：今日新单、购物、身边外卖、名店抢购；糯米包括：精选品牌、电影、酒店、出行、购物、外卖，今日新单。两家网站都很重视本地和附近的消费，糯米较美团更重视旅行领域。

习　题　二

1. 解释下列术语

类	子类	体系分类法	组配分类法
分类	类目	类号	仿分
自然语言	人工语言	分类语言	基本部类
组配	上位类	下位类	基本大类
八分法	层累制	分面	双位制

同位类　　　　　复分　　　　　　借号法

2. 简述分类语言发展沿革和标志性的成果。

3. 比较体系分类法和组配分类法各自的特点。

4. 试述体系分类法的结构体系。

5. 简述 UDC、DDC、LCC、CC、《中图法》各自的特点。

6. 选择一种应用传统文献分类法的网络分类目录或网络分类检索工具，分析该分类法对网络信息组织的适应性。

7. 选择一种采用自编分类系统的网络分类目录或网络分类检索工具，分析该分类系统区别于传统文献分类法的特点。

8. 总结并综述分类语言的原理。

3 信息资源组织的主题语言

主题语言用语词来表达各种概念，将各种概念不管其相互关系完全按字顺排列。主题语言包括标题词型主题语言(标题法)、单元词型主题语言(单元词法)、叙词型主题语言(叙词法)和关键词型主题语言(关键词法)等。它们可统称为主题法系统。标题法的检索标识是在编表时就固定组配好，即所谓"先组式"的。标题法、单元词法和叙词法都要对取自自然语言的语词加以规范化，而关键词法一般认为是直接使用自然语言不加规范，其实它也要进行某种程度的规范化处理。标题法、单元词法和叙词法在表达各种概念及其相互关系的方法上各有特点，但许多方法是互相通用的。

3.1 主题法的原理与体系结构

自第一部标准的标题表《美国国会图书馆标题表》1909 年诞生以来，已有近百年的历史。近百年来，主题语言经历了从标题法到单元词法再到叙词法、关键词法的演变过程。其发展趋势是从先组式语言向后组式语言发展，从列举式语言向组配式语言发展，从人工操作向自动处理发展，从受控语言向规范化语言与自然语言并用发展。

3.1.1 标题词描述语言

3.1.1.1 标题语言的原理

标题语言是最早产生的一种主题语言。标题是主题标目(Subject Heading)的简称，它是直接表达文献主题的标识，大多是对文献内容所论及事物名称及特征的规范表达。众多标题集合而成的主题标识系统，就是标题语言。

(1)标题的性质

标题具有下述几个性质：

①直接性。

标题基本上是用事物的名称直接表达文献主题，或者说它是直接指出文献内容所论述的事物。它不像分类号那样表示的是事物在某种逻辑系统(学科专业体系)中的位置。标题表达的即使是某学科专业时，也只是将它作为一种“事物”来对待。

②直观性。

标题采用自然语言的语词形式作为其符号形式，因此，其含义比较直观，基本上可以“望文生义”。

③受控性(或称规范性)。

虽然标题基本上是事物通常所用的名称，其字面形式也是通常所用的自然语言形式，但是，标题是受控制的，不是所有的事物名称或事物名称的所有自然语言形式都可以成为标题(正式标题)。标题只是选择那些可能成为文献主题的事物及其较为通用、准确、专指、检索效果好的名称，并设法实现名称与概念的唯一对应。

④语义关联性。

虽然标题是直接表达事物的名称，并按字顺决定标题的位置，一般不直接表达事物(概念)之间的关联，但是，它一方面尽可能利用字面成簇的机会反映标题之间的语义关系，如选用能字面成族的词、采用倒置标题形式、采用参照系统间接显示标题(概念)之间的关系。因此，在确定和使用标题时，不能忽视它的语义关联性。

⑤先组性。

标题基本上是一种先组式标识。一个标题可能只有一个部分，也可能是由几个部分组成。当它是由几个部分组成时，一般是预先组合好了的。即使少数标题没有组合好，其使用时的组合也是预先设计好了的。

⑥示范性。

标题语言是一种先组式或列举式的语言，用标题语言进行主题标引，大多数情况下是直接从标题表中选择现成的标题。但是，现成的标题具有示范性，这意味着，标引所用的标题不必总是已经列举的现成标题，标引人员可以参考现有标题，自拟一些新的标题表达现有标题没有表达(必须是确实没有表达)的事物，特别是新的事物。

(2)标题语言的特点

主要由标题的性质所决定，标题语言具有下述显著特点：

①用受控的自然语言语词作标识，直观地表达主题概念，直接地标引文献。

②以字顺序列组织标识，提供直接的主题检索途径。有利于进行特性检索。

③主要用参照系统间接显示标题所表达的主题概念之间的关系，形成语义网络。能为选用标题进行标引和检索提供一定方便。

④按事物集中文献，而不是按学科、专业集中。因此，标题语言适合于从事物出发的检索，不适合于从学科出发的检索，不便族性检索。

⑤提供先组式的主题标识，标识含义比较明确，选用标识比较容易。但是，多途径检索的可能性较小。

⑥标引所用的标题不必都是标题表所列举的现成标题。允许必要时自拟标题表达新的或没有列出的主题概念，适应能力较强。

(3)标题的类型

标题(标题词)是作为主题标识的经过规范化的语词或事物的“名”，是指主题标识的具体字面。标题法是按事物集中有关文献的。因此，在一个标题下，常常集中了关于一种事物的许多方面的资料，涉及相当于分类法中的好多个类目的范围。这些资料，如果集中在同一个标题下而不加区分，对检索也会造成困难，导致甄别量增加，而查准率降低。所以，同一标题下的内容有细分的必要。

为了对同一标题下的内容加以细分，此外还为了一些其他目的(如集中同族事物)，在实践中采用了一些不同的方法，形成了标题的不同类型(也即标题法的不同类型)。

①单级标题。

即一个标题仅由一个名词术语构成。它可以是一个单词，称单词标题或元词标题(如“肠”)，也可以是一个词组，称词组标题或复词标题(如“肠梗阻”)，但都只有一级，所以称为单级标题。有些标题系统只采用单级标题形式。这种标题系统的优点是比较简单，缺点是专指性差，在一个标题下往往集中资料太多，不便检索。补救的办法是多用复词标题，以稍增专指度。

②带说明语的单级标题。

例如，“液压传动，用于机床的”；“期刊，化学的”；“期刊，信息密度，统计法”。这相当于一个复词标题。用说明语表达复杂概念比较自由，既能表达事物的特称，也能表达事物的方面，可以达到较高的专指度；但比较冗长，排列次序不够明确。

③多级标题。

由两个或两个以上的标题词采用组配符号“-”连接起来的标题形式称为多级标题。例如“肿瘤-治疗”。“-”后的标题称为子标题，子标题之下还可以有子标题，称为次子标题；次子标题还可以有子标题，称为再次子标题。但一般来说，超过三级的标题形式是很少用的。各级子标题可统称副标题，第一级标题则称为主标题。主标题是用来表达文献主题内容的关键性概念，副标题则是对主标题的限定、说明和修饰。子标题、次子标题都必须是规范化的语词，这是区别于说明语的地方。

④倒置标题。

即将复词标题中具有检索意义的后置部分依次作为入口词前置，并用逗号“，”与原入口词连接的标题形式称为倒置标题。例如：

低速飞机	飞机，低速
Ethical Education	Education，Ethical

可见，倒置标题一方面有集中资料的优点，另一方面有在检索时难以判别从哪个词入手查找才不致走弯路的缺点。

⑤带限定词的标题。

如“图书馆学(辞典)”“桔(树)”“桔(水果)”。限定词一般都置于括号中，用于作形式复分，或区分两个字面相同但无法用其他方式区分的标题。

⑥混合标题系统。

在标题法实践中，常同时采用上述几种标题形式中的若干种。这种混合标题系统的优点是可以提高检索效率，查找比较方便，但结构复杂，编制标题表和编制检索工具都比较困难。

(4)标题词的范围及选词原则

标题词的职能，是直接地、精确地表达文献所论及或涉及的事物，即主题。因此，自然界、生产技术领域、社会政治、经济、文化领域以及人类思维活动领域的一切事物，不论是具体的，还是抽象的，凡能成为研究对象者，其“名”在原则上都可作为标题词。

标题词包括：各种事物的名称；表示事物性质、现象、过程等的名词术语；表示方法、措施、工艺等的名词术语；表示科学门类、技术部门、理论、学说、定理、定律、方程、假说以及哲学概念等的名词术语；地名、人名、机构名、作品名、文件名、产品名等。

这些名词术语可以是单词，也可以是词组；可以是普通名词，也可以是专有名词。但是，除名词及名词性词组以外的其他词类，则一律不采用。

标题词着眼于对文献主题进行直接标引，而不着眼于描述文献主题，因此，一些泛指性的一般名词术语(如“零部件”“材料”“设备”“设计”“制造”

“会议”等词以及年代等概念，不能作为主标题，而只能作为副标题使用。表示文献类型的名词术语(如“手册”“期刊”“目录”“索引”等)，除其本身成为研究对象时可作为主标题外，也不能作为主标题使用。

标题词必须符合下列要求：

①具有检索意义。

这是指必须选择用户有可能用来作为检索标识表达其检索课题的词作标题。因此，对那些不大可能成为检索入口的词(如太泛指的词)不应选作标题，至少是不应作主标题。如“历史”“研究”等。

②适当专指度。

标题词必须符合直接地精确地表达文献所论及或涉及的事物(主题)，以达到一个标题词只代表一个概念的要求。因此，严格的标题法规定不得用含义比主题广泛的标题词来进行标引。这是要求标题必须有较高的专指度，以发挥标题语言特性检索的优势。但是，要达到所有标题对待标引的主题完全精确地专指，较为困难，并可能得不偿失。因为高度专指的标题会进一步削弱标题语言本来就不强的族性检索功能，极大地增加标题数量。

③通用性和准确性。

通用性是指必须选用能被普遍接受的词作为标题词。例如，应采用“温室园艺”而不应采用“保护地栽培”作为标题词，因为后者很少被使用的。但是，通用性必须以准确性为前提。准确性是指标题的字面形式与其表达的概念应该吻合。例如，“肺病”这个名词一般者指肺结核病，很通用，但不如“肺结核”这个名词准确，所以应采用“肺结核”这个名词作标题词。

④唯一性。

这是要求一个概念只能用一个标题表达；一个标题只能表达一个概念；一个标题只能用一种字面形式；同性质的标题字面形式应尽量一致。唯一性是标题控制的主要目的。

3.1.1.2　标题表

(1)标题表的作用

标题表即标题词表，它是标题词的汇编，是一部标题词典。标题表的主要作用是：

①登录经过控制的标题(正式标题)和非标题(非正式标题)，并不断予以更新完善。是标引和检索选用标题的依据。

②不仅按字顺组织标题和非标题，而且用参照系统显示标题之间以及非标题和标题之间的关系。既便利查找和准确选用标题，又便于检索时的扩大、缩小和改变检索范围。

③详细的注释和说明提供标引和检索使用标题的方法指示，为正确、一致地使用标题提供保证。

④体现标题控制的原则，提供标题控制的示范。标题表的使用者可以根据规则拟用标题表没有列举的标题。

(2)标题表的结构

一部标题表一般由下列三个部分组成：

①编制和使用说明。

它通常表现为标题表的导言或单独的使用(标引)手册。基本包括标题表的编制过程、编制体例、收词的范围、选词的标准、标题控制的原则、款目著录的规则和排列方法、所用符号的意义、具体的标引规则，以及其他一些重要信息等，是了解和掌握标题表的向导。

②主表。

标题表的主表，或称字顺主表，是标题表的主体部分。它按标题和非标题的字顺排列。标题是在词汇控制过程中被选中的词，可用于标引和检索，又称为正式标题。非标题是在词汇控制过程中落选的，但有可能和有必要作为入口词收录在标题表中，指向代替它的正式标题的那些词，又称非正式标题或入口词。

③副表。

标题表的副表是主表的辅助部分，它的表现形式有几种：一是复分标题表或副标题表，它相当于分类语言的各种复分表，只供与主表中的主标题结合使用，也叫标题细分表、子标题表；二是复分标题索引，它与复分标题表不同，它只是提供直接查找复分标题的字顺途径，没将复分标题从主表中抽出；三是标题分类(范畴)表，它是将主表中的标题按照某种分类体系予以排列，在各类目下列出相应的标题，便于从学科、专业角度出发查词选词。一部标题表可以没有副表，也可以有一种或两种副表。

(3)标题词款目的结构

标题表的主表由众多的标题词款目组成。标题表中对一个标题或非标题的完整记录，称为一条标题词款目。标题词款目由以下几部分构成：

①标题。

它居于标题词款目的起始处、决定款目在标题表中的排检位置。标题可以取正写的形式，也可以取逆写的形式(即倒置标题)。

②标识。

往往是标题对应的分类号或标题词款目的编号(字顺序号)。通过标题后的分类号可加强标题目录与分类目录的联系，甚至可以充当分类表的字顺索引。字顺序号用于标题表的管理。

③注释。

通常包括含义范围注释、编目注释、标引方法注释或历史注释(说明标题演变的情况)等，是用户和标引者了解标题的含义及其标引、检索方法的不可缺少的内容。

④参照。

包括与标题等价的非标题以及有关的下位标题、上位标题、相关标题以及其他方法指示，用以揭示标题与标题之间的联系，以便用户查词选词 。

⑤副标题。

有些主标题后带有副标题，可以看成是对主标题含义限定和对主标题下著录文献的划分。通常分为论旨复分标题、地名复分标题，时代复分标题和形式复分标题。副标题后可以带相应的分类号、注释和各种参照，还可以设置次副标题。

例：(摘自《美国国会图书馆标题表》)

Reference books

[Z711]

UF Bibliography—Reference books
Books, Reference
Libraries—Reference books
Reference books, English

BT Bibliography
Books and reading

NT Bibliography—Best books
Children's reference books
Encyclopedias and dictionaries

—Bibliography

[Z1035]

BT Bibliography—Best books
Bibliography—Bibliography

……

3.1.2 叙词描述语言

叙词语言是一种较新型的标引语言，它综合了在其之前产生和发展的各种语言的优点，并能较好地适应自动化检索系统和检索方法的需要，已成为当代主要的标引语言。

3.1.2.1 叙词语言的前身——单元词语言

单元词法脱胎于标题法，它是作为对标题法先组式标识的改革而出现的。单元词语言是主题法系统中的一种后组式语言。

单元词法目前已发展为叙词法。也可以说，它已被叙词法取而代之而不复存在。但是，了解它的原理、方法和性能，不仅有助于深入了解叙词法，也有助于进一步了解标题法。

单元词法同标题法一样，也是以取自自然语言并经过规范化处理的语词作为标识，来表达文献所论及或涉及的事物的。

单元词法的基本原理是：任何一个复合概念——完整的、具体的、复杂的概念，都可分解为若干单元概念——更为一般的、单纯的概念，而每个单元概念一般只需用一个单词(单纯词或合成词)来表达。因此，标题法的词组(复词)标题、倒置标题、带子标题的标题、带说明语的标题、带限定词的标题等所表达的任何一个复杂的概念(文献主题)，都可用一些单词——单元词的组合或组配来表达。

单元词是指一个个最小、最基本的词汇单位，是能够用来描述文献所论及或涉及的事物——主题的那些单词。在汉语中，它可能是一个单纯词，如"氧""逻辑""马克思""乌鲁木齐"等；也可能是一个合成词，如"文字""图书馆""车床""铁路""隔音""焊接""污染""强度"等。这些词的特点是：它们在概念上不能再进一步分解；如果再分解，便不能表达专业概念，失去检索意义。例如，"车床"一词不能再进一步分解为"车+床"，"铁路"一词也不能再进一步分解为"铁+路"。因此可以说，单元词只是构成"标题"的构件，它们本身绝大部分不是具体的标题，或者说只是一些不符合"直接地精确地表达文献主题"这一基本要求的"标题词"。若干单元词的相互组合或组配，才能构成一个专指标识，精确表达文献主题或检索课题。例如，将"隔音"和"纸"两个单元词进行组配，便可构成"隔音纸"这个"标题"；将"隔音"和"板"或者"塑料"和"板"两个单元词进行组配，便可构成"隔音板"或者"塑料板" 这些"标题"；而如果将"塑料"、"隔音"和"板"三个单元词进行组配，便可构成"塑料隔音板"这个更为专指的"标题"。

单元词法的特点，在于它的"标题"是组配构成的，而且是"后组式"的，即到检索时才将它们组配起来。后组式标识是单元词法的重要特点。它的一些优点都是由这个特点决定的。例如，它因此而摆脱了标题法中每个标题只能选择一种标题形式作为正式标题的局限；不存在词序问题；组成"标题"的每一个单元词都是排检词，都可作为检索的"入口"，从而可提供更多的检索途径；利用对单元词的增减，可以自由地扩大、缩小或改变检索范围等。

3.1.2.2 叙词语言的原理

叙词语言是以受控的自然语言词汇作标识，主要以标识的概念组配来表达主题概念的一种后组式主题语言。我国又称为主题词语言。它既以单元词语言为直接基础，又综合了多种标引语言的原理和方法，包括：

①它保留了单元词法单词组配的基本原理。

②采用了组配分类法的概念组配来代替单元词法的字面组配，以及适当采用标题法的预先组配方法(即采用词组)，以克服某些词分拆后再组配时产生意义失真的缺点。

③采用了标题法对语词进行严格规范化的方法，以保证词与概念的一一对应。这是标题法的基本方法之一。单元词法对单元词的规范方法也取自标题法。

④采用并进一步完善了标题法的参照系统，采用了体系分类法的基本原理编制叙词分类索引(范畴索引)和等级索引(词族索引)，采用了与关键词法类似的方法编制叙词轮排索引，从多方面显示叙词间的相关关系，以保证准确、全面地选用叙词进行标引和检索。

由此可见，叙词语言是多种信息标引语言的原理和方法的综合，它力图取各法之长而避其之短，体现了标引语言的发展趋势。叙词语言按其基本性质，是一种采用表示单元概念的规范化语词的组配来对文献主题(更确切地说是对文献的信息内容)进行描述的后组式词汇型标识系统。

在叙词语言所采用的多种标引语言原理和方法中，概念组配是决定着它的特点和性能的基本原理。

概念组配与字面组配在形式上有时相同，有时不同。但是，在本质上两者是不同的。概念组配与字面组配的区别主要表现在两个方面：

(1)两者的本质不同

概念组配本质上是在概念分析的基础上进行概念综合。概念组配结果所表达的概念与参加组配的各方所表达的概念在逻辑上是有联系的，往往表现为下位概念(种概念、部分概念、方面概念)与上位概念(属概念、下位概念、整体概念、事物概念)的关系。

字面组配是利用构词法进行词的分拆和组合，它符合构词规律，但是，不一定符合概念逻辑，字面组配的方法比较简单、直接，但是，对概念的表达时常不够准确。

字面组配和概念组配在字面形式上有时是一致的，但是，这仅仅是因为字面组配的构词结果和概念组配结果的字面表达正好吻合，并不说明二者在本质上的相同。

(2)两者的词汇单元不同

单元词是字面上不能再分的词汇单元，相对来说，独立表达能力较差。叙词则具有概念特征，尽可能选用能够表达学科或事物的基本概念的语词，不仅收单词，而且收词组，对主题的表达能力较强。例如，按照单元词的要求，“雪崩二极管”必须分拆成“雪崩”和“二极管”，“橡胶工业”必须分拆成“橡胶”和“工业”；而叙词语言则可以把“雪崩二极管”和“橡胶工业”作为单元概念的语词，直接收入。因此，叙词对文献概念的揭示往往更准确。例如，在标引橡胶工业的文献时，单元词法用“橡胶”和“工业”两个词组配，会出现“橡胶工业”和“工业用橡胶”两种含义，而叙词法则可以直接用“橡胶工业”加以标引，不会引起误解。

由于叙词语言综合了多种标引语言的原理和方法，并以概念组配为基本原理，因而具有多种有益于标引和检索的特点。

①叙词语言所采用的概念组配原理，使其避免了语词字面组配可能产生的概念表达误差，不仅保证了组配语义的准确性，提高查准率，而且也减小了采用复杂句法控制措施的必要性，简化标引和检索。

②叙词语言不仅采用了完善的参照系统，而且还使用了多种其他方法显示概念之间的关系，从而增加了查词途径及准确理解和选用叙词的依据，有利于提高查全率和查准率。

③灵活的叙词组配，使叙词语言具有较强的概念表达能力，能专指、及时地表达各种复杂、新颖的主题。

④叙词语言提供检索同一课题的多条途径，也允许多主题因素检索或增减主题因素进行检索，在检索上有较大的灵活性。

⑤能同时适用于标识单元方式和文献单元方式的检索系统，兼顾手工检索和计算机检索的需要，特别有利于发挥计算机检索系统的优越性。

当然，叙词语言的这些特点要充分发挥，必须以高质量的词表和优质的标引、使用作保证。此外，叙词组配语义的明确性、精确性并不能得到完全的保证，叙词标引的难度也相对较大。

3.1.2.3 叙词表

(1)叙词表的结构体系

叙词作为标引人员和检索人员之间的共同语言的职能，是借助于叙词表这个工具来实现的。叙词语言由于采用了多种标引语言的原理和方法，因此叙词表的结构也比较复杂。就总体结构来说，它一般都是由一个主表和若干辅表构成的。主表是叙词表的主体，包括的内容最全，对每个叙词的著录也比较完备，所以可独立存在。辅表是为方便叙词表使用而编制的各种辅助索引，包括的内容不全，著录也比较简略，所以不能独立存在。

作为叙词表组成部分的各种排列表或索引，以及词的关系图，归纳起来有下列几种：

①叙词字顺表，一般是叙词表的主表，它是将叙词和非叙词完全按字顺排列，并有标注事项和显示词间关系的参照系统。利用这种排列表可不考虑概念之间的隶属关系，而仅从表达概念的语词的字面形式出发，直接地找到相关的叙词；或再通过参照系统，从该词的上下左右间接地找到更恰当的叙词。

②叙词分类索引，也称分类表或范畴索引，是一种重要的辅助索引。它是将叙词按其概念所属学科或范畴分成若干大类，在大类之下再分成若干小类，在小类之下则将叙词按字顺排列，形成一个类似体系分类表的概念分类系统。这种索引便于从学科或专业的角度来选用叙词，可使叙词法在某种程度上具有分类法的性质。

③叙词等级索引，也称簇系表或词簇索引。它是利用概念的等级关系（概念成簇原理）将叙词汇集在一起成为一簇，构成一个从泛指叙词到专指叙词的等级系统，可以从一族中外延最广的叙词（族首词）出发，找到一系列同簇的叙词，并且可以明确它们之间的层层隶属关系。这种索引可在某种程度上弥补叙词字顺表簇性检索功能差的缺点。

④叙词轮排索引，也称轮排表。它是利用字面成簇的原理，将有相同单词的词组叙词汇集在一起，排列在那个单词之下，从而可以从那个单词出发，查出含有该单词的某一个或全部词组叙词。一个词组叙词由几个单词构成便可轮排几次，在几处都能查到它。这种索引的功能类似词典，查找比较方便，也可在某种程度上弥补叙词字顺表簇性检索功能差的缺点。

⑤叙词双语种对照索引，如英汉对照索引等。这是建立在两种语言之间语词等价关系的基础上，提供从另一种语言字顺入手查词途径的一种索引。叙词表附加这种索引，有助于在标引外文文献时选准叙词（如《汉语主题词表》所附的英汉对照索引），或便于借助本国叙词表查阅国外的检索工具（如《国防科学技术主题词典》所附的汉英对照索引）。

⑥专有叙词索引，如地区索引、人物索引、机构索引、产品索引等。这些索引一般与主表不重复，实际上是主表的一个组成部分。将这些专有叙词单独编成索引，可避免叙词表主表庞大臃肿，方便查找。

⑦正式叙词索引和款目词索引。前者仅限于正式叙词，后者包括正式叙词和非叙词。除后者有“用”参照项外，两者都没有其他参照项和各种标注

项。这种索引是叙词表的简本，可方便检索人员查阅和携带。

⑧叙词关系图，也称词簇图或语义关系图。这是用图示的方式来显示同族叙词之间的关系，比较清晰。

以上列举的8种组成部分，并不是每种叙词表都有的。叙词表的结构体系随其学科或专业范围、所用自然语言的语种、收词数量等不同而变化，也受设计思想的影响。叙词表大体可分为三类：只有一个表的叙词表(一般都是字顺表)；由两个表组成的叙词表(其中必有一个字顺表，另一个以分类索引为多见)；和由一个主表和三、四个辅表组成的叙词表。

叙词表一般以字顺表作为主表，但是也可以把分类表作为主表。当把分类表作为主表时，分类表中的叙词按等级关系和分类原则排列并逐个地配置分类号。这样，分类表不仅可以替代等级索引，而且也可以部分地替代字顺表的参照系统，甚至全部地替代字顺表的参照系统(即除了通过等级结构直接显示一部分叙词间关系外，再加上参照注释显示其余的叙词间关系)。

此外，在字顺表中也可采用等级关系全显示和词序倒置轮排等方法，使一个表兼有多种功能。专有叙词索引也可并入主表而不单独编制。

此外，个别叙词表还包括有下列组成部分：

入口词表。有的叙词表为了大量收录非叙词，就把非叙词单独编成一表，称为入口词表，其内容包括编表过程中落选的词和标引过程中记录下来的词，每个非叙词都引向正式叙词。入口词表如果为机读版，则它在计算机系统中就具有把检索者的自然语言自动转换成正式叙词的功能。

附录。例如《军用主题词表》编有一卷《军用主题词释义词典》，是一种很好的附录，它对该表绝大部分入选主题词进行了准确、简明的释义，对标引和检索选词有很大帮助。

标引手册。如《〈汉语主题词表〉标引手册》，其内容主要是对标引规则的解释，一般都较详细，并且具有针对某种叙词表的优点，因而与普通教科书不同。

如果叙词表为机读版，则其中一般还附有词表编制软件，以便对叙词表在使用过程中进行管理。

(2)字顺表的款目结构

对一个正式叙词及其相关项目的著录就构成一条正式叙词款目；对一个非正式叙词及其相关项目的著录就构成一条非正式叙词款目。正式叙词款目和非正式叙词款目一般由款目词项、标注项和参照项三类项目组成，但两者的著录项目，尤其是参照项目的差别很大。

正式叙词(简称叙词，又称正式主题词)款目的著录项目一般包括：款目叙词项，在汉语叙词表中除了款目叙词外，一般还有其汉语拼音和对应的外语(英语)译名；标注项，包括款目叙词所属范畴的范畴号，款目词的序号，族首词符号，部分款目词的含义注释、历史注释(事项注释)和用法注释等；参照项，最多的包括“代”参照项(非正式叙词)，“分”参照项(下位叙词)、“属”参照项(上位叙词)、“族”参照项(族首词)、“参”参照项(相关叙词)，有的叙词只有其中的几项或一项，少数叙词没有参照项，称为“无关联词”。当“属”项参照词为族首词时，一般不重复“族”项参照。

非正式叙词(简称非叙词，又称非正式主题词)款目的著录项中，其款目词项与叙词款目的基本相同；标注项中，一般没有注释项；参照项中只有、也必然有“用”参照项，指出代替它的正式叙词。

各种叙词表的款目著录项目并不一致，款目著录格式也存在一定的差异。下面仅从《汉语主题词表》中选几个例子予以说明。

正式叙词款目著录格式举例：

汉语拼音→	Dian zu han	
款目主题词→	电阻焊 [66L]	←范畴号
英文译名→	Resistance welding	
代项符号→	D 接触焊	←非正式主题词
分项符号→	F 点焊	←下位主题词
	缝焊←	
	凹焊←	
属项符号→	S 加压焊	←上位主题词
簇项符号→	Z 焊接 *	←族首词
参项符号→	C 电阻焊机	←相关主题词

非正式叙词(非正式主题词)款目著录格式举例：

	Jie chu han	
款目非正式主题词→	接触焊 [66L]	
用项符号→	Y 电阻焊	←正式主题词

叙词表主表的款目词(正式叙词和非正式叙词)一般按字顺排列。汉语叙词表和外语叙词表有不同的字顺排列法。

汉语叙词表的款目词一般按汉语拼音顺序排列，具体方法有：

①音节-音调-字形顺序排列法。

这是先按每个字的汉语拼音字母顺序排列(即音节本位排列法)；字母相同时，再按音调排列；音调相同时，按字的笔画笔形排列。这样可以将相同汉字开头的词集中(同形不同调的汉字被分开)；也便于配备款目词首字的拼音、部首、笔画等检字索引。

②音节-字形顺序排列法。

这是先按每个字的汉语拼音字母顺序排列；字母相同时，不区分音调，而按字形(笔画多少和起笔笔形)排列的方法。《中国档案主题词表》就是采用这种方法。它与上一种方法基本一致。

③逐字母排列法，即字母本位排列法。

它是以整个词的全部汉语拼音字母，逐个字母地排列次序。此法便于计算机排序，但是它将相同首字起头的款目词分散，给查词带来不便，也丧失了配备款目词首字检字索引的可能性。

在采用某种基本的排列方法的同时，一般将以数字和外文字母等开头的款目词单独排列，置于字顺表的最后或最前。词内所含的数字、外文字母等可按原字符形式，以规定的排序值大小排列；或者赋予拼音字母后再排序。词内所含的标点符号、括号、连字符等一般不参加排序。

外语(西文)叙词表的款目词排列法主要有两种：

一是逐字母排列法。它将单词之间的空格以及除圆括号、数字、字母外的其他符号忽略不计，而按括号、数字 0-9、字母 A-Z 的顺序逐位排列。这种方法采用较少。

二是逐词排列法。它是依次按每个单词的字母顺序排列。有连字符的复合词作两个词计；除字母、数字、括号外的其他符号作空格处理。这种方法采用较多。

3.1.3 关键词描述语言

3.1.3.1 关键词语言的原理

关键词法是适应目录索引编制过程自动化的需要而产生的。它与标题法、单元词法和叙词法同属于主题法系统，它们都是以自然语言的语词作为标识。但是，标题法、单元词法和叙词法都是要对取自自然语言的语词加以严格的规范化处理的，而关键词法则基本上不作规范化处理，或者说仅作极少量的规范化处理。

所谓关键词，是指那些出现在文献的标题(篇名、章节名)以至摘要、正文中，对描述文献主题内容具有实质意义的语词，亦即对提示和描述文献主题内容来说是重要的、带关键性的(可以作为检索"入口"的)那些语词。关键词有点像单元词。但单元词是在同义词和近义词中作优选的，而关键词则不作优选，甚至对同一个词的单复数和变格等词形变化也不加统一而保持作者用词原状，同义词、近义词、一个词的不同形态并存。所有的关键词都是平等的，全部按字顺排列。若干关键词的结合构成一条索引款目，说明一篇文献的主题内容；但全部关键词在检索系统中却是彼此孤立，没有任何联系。

概括地说，关键词法就是将文献原来所用的，能描述其主题概念的那些具有关键性的词抽出，不加规范或只作极少量的规范化处理，按字顺排列，以提供检索途径的方法。

具体地说，关键词语言的原理在于：

(1)直接抽取文献中或题名中的语词作标识，对作为标识的词不加规范或只作极少量规范处理。

基于题名，尤其是科技文献的题名贴切表达其内容的比例较高，从题名中抽取的关键词一般可以有效地将检索者指向所需的文献；保留题名关键词的上下文有助于增强主题表达的明确性和专指度，关键词语言一般以题名作为关键词的唯一来源或主要来源。

关键词语言对抽出作为关键词的词，一般不加规范，即保持它在原文中的词义和形式。但是，为了便于计算机处理，在文献著录过程中，可能要求对题名甚至文摘中的某些词或符号予以改写，如数学符号、化学符号、希腊字母等的改写，词的缩写，连字符的增删等，这可以说是对关键词作极少量的预先规范化。

(2)不编制受控词表来进行词汇控制，不显示词间关系，只是编制禁用词表(非关键词表)来控制抽词。所谓禁用词表或非关键词表，是将那些没有实义或无检索意义的词，如冠词、介词、连词、感叹词、代词及部分形容词、副词、动词等非关键词，预先编制成表，以便于计算机自动抽词或人工抽词时，排除这些非关键词，抽出关键词。各专业的禁用词表因专业用词情况不同而可以有所不同，在人工辅助抽词时，禁用词表的包括范围可以适当扩大。

有些计算机抽词系统，也可能编制关键词表，将相应学科专业文献中有检索意义的、可以作为关键词的词，按字顺编排成表，存入计算机内，用以与题名、文摘或正文中的词相比较，将匹配的词选作关键词。这种关键词表，有些还显示一些词间关系，如等同关系，但它不同于受控词表，不进行严格的词汇控制，编制比较简单。

(3)每个关键词都是平等的，都按字顺轮流排至检索位置，提供多途径的主题字顺检索。一般地，每一文献的关键词有多个，它们不仅都能作为检索入口，分别提供主题字顺检索途径，而且共同表达文献主题，有时还与非关键词一起表达主题概念。

3.1.3.2 关键词索引的类型

关键词法的原理得到了广泛应用，出现了多种关键词索引形式，大体上可分为两类：一类是带上下文的关键词索引，包括题内关键词索引、题外关键词索引和双重关键词索引；另一类是不带上下文的关键词索引，包括单纯关键词索引、词对式关键词索引和简单关键词索引。

(1)题内关键词索引(KWIC Index)

题内关键词索引(Keyword in Context Index)，又称上下文关键词索引，是最早出现的关键词索引形式，也是最早利用计算机编制的一种索引。

题内关键词索引的每个款目占一行，由三个部分组成：作为检索入口的关键词，居于中间；作为修饰词的上下文，包括将轮为关键词和总是非关键词的词，居于关键词前后；作为文献地址的文摘号，位于最后。每个关键词都将依字顺排至检索入口位置一次。款目内关键词及上下文的词序保持题名中的词序，不过，由于每个款目的长度有限制，一般每行60个字符(包括空格)，因此，以处于检索入口位置的关键词为中心，前后的上下文可能会移头接尾、移尾接头，甚至截除两端。因计算机是自动地根据字符数量限制进行上下文的转移和截除，索引款目中会出现不完整的词。对于题名的开头、结尾、截除部分，有可能用或不用特定符号表示。

有些题内关键词索引还从文摘或正文中抽取必要的关键词置于题名后作为补充，参加轮排。例如，美国《生物学文摘》的主题索引就是题内关键词索引，它的索引款目除包括题名之外，还包括人工增补的几类关键词，如文献类型，生物体名称，器官系统，药物及其作用模式，化学名称，酶名称，设备、仪器、方法，疾病名称，实验目的，地理位置等，它们接在题名之后。索引款目中可能出现斜线(/)标明题名或题名与增补关键词的结尾及题名的开始；当两端的上下文都有字符被截除时，则没有标专业符号。索引款目依处于检索入口位置的关键词字顺排列，关键词相同的款目，依关键词后面的语词字顺排列，且关键词不印出而留空白；数字关键词在字母之后依数字大小排序。下面是该索引结构的一个例子。

SUBJECT CONTEXT	KEYWORD	REF. NO.
NAL VARIATIONS AMONG	**SCORPION** TOXINS NTRUROIDES-SUFF	107366
ROTEIN COMPOSITION OF	**SCOTCH** PINE BUDS IN DIFFERENT PERIOD	101431
INEREA RHIZOCTONIA-SP	PINE DOUGLAS-FIR CLIMATE SOIL	105524
SPHOPROTEIN RIPENING	**SCOTLAND** UK/PHOSPORUS METABOLI	100223

题内关键词索引节省篇幅，但款目可读性受上下的转移和截除的影响，不太理想。

(2)题外关键词索引(KWOC Index)

题外关键词索引(Keyword out of Context Index)，是题内关键词索引的改良型索引，它是将检索入口位置放在题名之外，即将检索入口的关键词置于题名的左端或左上方，题名的词序不变，款目依检索入口位置的关键词字顺排序，款目的最后也是文献地址。例如，对一篇题名为“论数字图书馆的模式”的文献，若其编号为123，可编成如下3条题外关键词索引款目，依字顺排在相应位置：

模式	论数字图书馆的模式	123
数字	论数字图书馆的模式	123
图书馆	论数字图书馆的模式	123

题外关键词索引使检索入口位置的关键词醒目，款目的可读性好，但索引篇幅比题内关键词索引稍大。

(3)双重关键词索引(DKWIC　Index)

所谓双重关键索引(Double KWIC Index)，是指一个款目有两个关键词作双重标目(一个主标目和一个副标目)的关键词索引。例如，上一篇文献可生成下列双重关键词索引款目：

模式		
	模式/论数字图书馆的	123
	图书馆的模式/论数字	123
数字		
	数字图书馆的模式/论	123
	图书馆的模式/论数字	123
图书馆		
	模式/论数字图书馆的	123
	数字图书馆的模式/论	123

双重关键词索引便于查阅，易读性好，但篇幅庞大，实用性较差。

(4)单纯关键词索引

单纯关键词索引，是指款目不包含非关键词，纯粹由多个关键词及文献号构成款目并轮排的关键词索引。例如，上一篇文献可生成3条纯关键索引款目：

模式	数字	图书馆	123
数字	图书馆	模式	123
图书馆	模式	数字	123

这种关键词索引的关键词一般不只来源于题名，一篇文献的关键词可以分成几组构成几组索引款目，因此可对文献作较深的标引而保持较小的索引篇幅。但是，由于它不带上下文(非关键词)而无语法结构，轮排时不考虑原有词序，索引款目的含义明确性差。

(5)词对式关键词索引

这是每次只取文献多个关键词中的两个配对构成索引款目并轮排的关键词索引。例如，上一篇文献生成如下6条词对式关键索引款目：

模式	数字	图书馆
数字　123	模式　123	模式　123
图书馆　123	图书馆　123	数字　123

如果一篇文献有 N 个关键词，进行全面配对轮排，就会生成 $N\times(N-1)$ 个索引款目，因此，这种索引可以达到较深的标引而不显著增加篇幅。虽然款目的专指性较差，但必要时可进行组配检索。

(6)简单关键词索引

这是索引款目只有一个关键词的关键词索引。一般每个关键词后会有许多个文摘号，例如：

模式	123	124	126	129	133
数字	123	125	126	128	131
图书馆	123	124	127	130	134

这种索引的质量较差。检索时，可以从一个关键词入手，根据其后的文摘号转查文摘，以便作出较准确的相关性判断；也可以从表达课题的几个关键词入手，将关键词所附的文摘号进行对比，根据相同的文摘号转查文摘。

3.1.3.3　关键词语言的性能

关键词语言作为标引语言和检索语言来说，质量比较差，其原因在于：

(1)由于关键词法直接采用文献中的自然语词作关键词，对自然语言中大量存在的等同关系词不加规范统一，也不显示等同关系，使相同主题文献常常因作者用词不同而被分排各处且无联系，导致漏检的可能性较大。

(2)关键词法不显示关键词之间的等级关系和相关关系，难以进行族性检索，特性检索的查全率也不高。

(3)为了加速和简化检索工具的编制过程，多限于从文献标题中抽取。由于一些标题对文献内容的表达不充分或不准确，会使关键词检索有一定的漏检或误检。

(4)在机编索引情况下，由于机械地抽词和轮排，其中有不少关键词款目是不起检索作用而徒增篇幅的。

尽管关键词语言具有以上缺点，但还是得到了广泛的应用，这是因为：

(1)标引时无需主题分析和查看词表，简便易行，因而降低对标引人员的要求，节省大量人力。

(2)标引和索引编制易于实现自动化，从而显著节省时间，大大缩短检索系统信息组织和报道的时差，保证信息报导和传递的及时性。

(3)关键词是文献中使用的自然语词，表达主题比较直观、专指，可以保证较高的查准率。

当关键词法直接用于计算机检索系统时，可以用一种后控制词表来提高查全率。所谓后控制词表是只供检索的主导表，这种词表实际上是一种同义词、近义词和相关词的词汇。检索者可以从任何一个词出发，在后控制词表中查到它的一批同义词 、近义词和相关词，从而可以提高查全率。这种词表的编制方法，是在检索过程中，由计算机将检索者所用过的同义词 、近义词和相关词记录下来，逐渐积累而成。所以，它是一种不断增长着的词表。这种词表所显示的词间关系是不大精确的，并且要以对检索课题用词的积累为前提，所以还不可能把关键词法提高到比较完善的程度。但是，这种词表几乎不需花人力去编制，只要为计算机设计一个编制这种词表的程序，就可以让计算机自动地去完成编制词表的工作。

关键词法只有与电子计算机结合起来才有实用意义。但是在汉语中，一个汉字可与许多汉字进行不同的组合，构成不同词类的词，以及处于词组和句子中的各个词之间无明显的分隔标志等，都成为自动抽词的难点。这是我国采用关键词法有待解决的问题。而用人工辅助抽词，让计算机自动编排索引，是很容易做到的。如果要像使用拼音文字的语言那样，利用非关键词表来实现自动抽词，那么尚有许多困难要去克服。

3.2 国内外主题法实例

3.2.1 《汉语主题词表》

《汉语主题词表》是“汉字信息处理工程”(即著名的“748”工程)的配套项目，由原中国科技情报研究所和北京图书馆主持编制，1975 年开始编制，1980 年出版。它是一部大型的综合性主题词表。

全书共分三卷 10 册。第一卷是社会科学部分，包括两个分册(第一分册为主表，第二分册为索引)；第二卷是自然科学部分，有七个分册(第一至第四分册为主表，第五分册是词族索引，第六分册是范畴索引，第七分册是英汉对照索引)；第三卷是附表部分，只有一个分册。整个词表共收主题词 108 568 条，其中正式主题词 91 158 条，非正式主题词 17 410 条。

1991 年，《汉语主题词表》自然科学部分进行修订与增补，增补新词 8 221个，删除不适用词 5 434 个。同时改进编排形式，7 个分册合成 4 个分册，由科学技术出版社出版。1996 年，编辑出版了《汉表》第 5 册轮排索引。

《汉语主题词表》是在专业词汇的基础上编制而成的综合性检索工具书。该词表主要为电子计算机存贮、检索文献之用，同时也兼顾手工标引与检索的需要，用于组织卡片式主题目录和书本式主题索引。此表既适用于综合性的信息工作机构，也适用于专业性信息工作机构。《汉语主题词表》的编制向集中统一汉语文献的主题标引、建立全国主题检索系统、实现电子计算机检索迈出了第一步。

《汉语主题词表》标引与检索范围包括图书资料、期刊、论文集、会议录、技术标准等各种印刷型出版物及手稿、缩微复印制品、声像制品、机读磁带制品等非印刷型出版物中所论及的古今中外一切知识与信息资源。

3.2.1.1 《汉语主题词表》的选词

主题词是主题词表的基本成分，是标引和检索的直接依据。主题词的适用与否，关键在于主题词的选择质量。为了提高主题词的价值，必须明确选词的原则与范围。

《汉语主题词表》的选词原则：

(1)主题词的选定，主要是从社会主义建设出发，贯彻为四化服务的原则，对不同政治观点用词及其语义关系，应注意其思想性和政治内容。

(2)选定的主题词，主要是各个学科领域内经常出现的、在实际检索工作中有一定的作用频率的、并能汇集一定的文献量或具有组配意义的最基本的名词术语。

(3)主题词的词义必须明确，必须是能表达文献主题和使用者查询课题的特定概念。

(4)主题词的名称，一般为科学上的通用名称。

(5)词组的选定。主题词从词形结构来说，可以分为单一主题词和复合主题词。单一主题词，是从学科专业角度出发，在词形结构和概念上都不宜再进行分解的最小单位，如“化学”“玻璃”等。它反映的是一种单一概念。复合主题词，则是指由两个或两个以上的单一概念词组合起来的、表达一些复杂概念的词，如“大豆根瘤菌”“地震地质学”等。从词形结构来说，单一主题词表现为单词形式，复合主题词表现为词组形式。词组在概念上和词形上都可以进行分解，并用组配方法来表达。在选词过程中，哪种情况下用词组，哪种情况下采用组配，必须明确规定。凡符合下列条件之一的词组，可选作复合主题词。

- 在各学科专业中，以固定结构形式出现的固定词组。如“新陈代谢”等。
- 经分解后，如有一方失去检索意义的词组。如，“甲型肝炎”“算法语言”等。
- 经分解后，如果某一单词的含义已经发生变化，而不同于原来词组中该单词的含义时，应选用词组，如，“蝴蝶琴”“红玉苹果”等。
- 经分解后的两个单词，虽然可组配，但组配后在概念上含义不清，或者出现多种含义的词组。如“侦察雷达”“期刊目录”等。
- 由动词、形容词、介词、字母和其他符号与名词组合在一起的词组。如，“经典性条件反射”“MOS 存储器”等。

《汉语主题词表》的选词范围：

(1)表示具体事物的名词术语，如，“计算机”“汽车”；

(2)表示学科门类的名词术语，如，“天文学”“植物学”；

(3)表示事物的状态或现象的名词术语，如，“强度”“导电性”；

(4)表示研究与工作方法的名词术语，如，“调查”“微量分析”；

(5)表示工艺方法的名词术语，如，“热处理”“焊接”；

(6)表示事物的理论、定理、定律、学说之类的名词术语，如“万有引力定律”“达尔文学说”；

(7)专有名词术语，如，“中国”“上海”“爱因斯坦”；

(8)表示文献资料类型的名词术语，如，“手册”“会议录”“年鉴”；

(9)表示化学元素、化合物的名词术语，如，“钠”“氧原子”“硫酸”。

3.2.1.2 《汉语主题词表》的体系结构

《汉语主题词表》是一部收词量大，结构体系完整的叙词表，全表由主表、附表和辅助索引三大块构成，如图3-1所示。

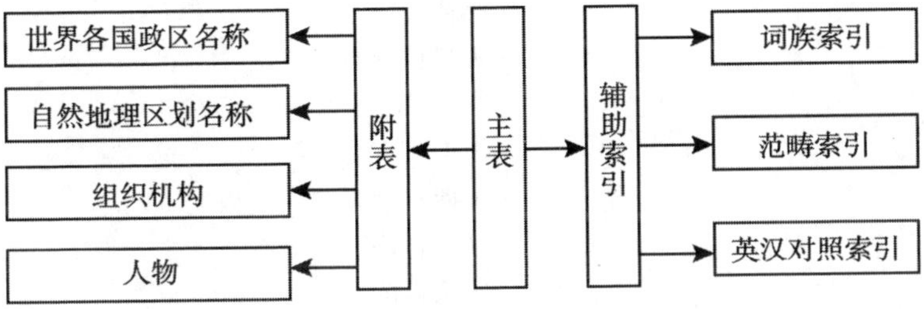

图3-1 《汉语主题词表》体系结构

(1)《汉语主题词表》的主表

主表是《汉语主题词表》的主体，由社会科学主表和自然科学主表两部分组成。主表的基本构成单元是叙词款目和非叙词款目。两种款目的著录格式如3.1.2.3节所示。其中，非叙词款目的著录项比较固定；叙词款目中参照项的设置则是随着叙词语义关系的变化而不同的。当款目词为族首词时，该叙词款目只有分项，没有属项；当款目词为最下位词时，该叙词款目只有属项，没有分项；没有任何语义关系的叙词，则没有参照项。例如下面是款目词为族首词时的叙词款目形式，“*”为族首词符号。

Wen wu
文　物* 07M.12GF
Cultural relics
　D　文化遗物
　F　革命文物
　　　历史文物
　C　遗物

主表的叙词款目和非叙词款目均按款目词的汉语拼音按字母顺序排列，构成字顺体系。

(2)《汉语主题词表》的词族索引

《汉语主题词表》的词族索引是排除了同义和相关语义关系，只反映属分语义关系的一种字顺和阶梯式的等级索引。全表共收词族3 707个，包含67 300个叙词，其中社会科学词族886个，包含9 800个叙词，自然科学词族2 821个，包含57 500个叙词。最大词族收词5 270个，最少收词2个。

下面是“诗歌”词族的片断：

Shi ge
诗歌
·讽刺诗
·格律诗
·古典诗歌
·古体诗
··七言古诗
··四言诗
··五言诗
··杂言诗
·近体诗
··绝句
···七言绝句
······

（3）《汉语主题词表》的范畴索引

范畴索引是根据叙词的学科和词义范畴，划分若干类，每类下再按字顺组织的分类系统。《汉语主题词表》共设58个大类，670个二级类，1 080个三级类。其中社会科学15个大类，173个二级类，311个三级类；自然科学43个大类，502个二级类，769个三级类。用两位数字和两位字母作类目标记。范畴索引允许某些词同时归入二个甚至三个范畴。

（4）《汉语主题词表》的英汉对照索引

英汉对照索引是为了在标引和检索英文文献时，参考英文叙词的一种辅助工具。英汉对照索引的每条款目由英文名、汉语叙词组成。按英文字母顺序排列。其式样如下所示：

Absolute index
绝对指标
Absolute indicatrix
绝对指标
Absolute monarchy
绝对君主制
Absolute music
无标题音乐
纯音乐(Y 无标题音乐)
Absoluteness
绝对性

《汉语主题词表》除英汉对照索引外，在主表叙词款目中均收有相应英文译名。因此，《汉语主题词表》已超出一般单语种叙词表的编制规范，而具有多语种叙词表的色彩。

(5)附表

附表是为了控制主表的词量，避免体积庞大，而将一些专有名词独立出来，分别按字顺编排而成的。它是主表的组成部分，收录的主题词一般都具有单独概念的性质，并具有较强的检索意义和组配功能。《汉语主题词表》共有4个附表。

①世界各国政区名称。包括世界各个国家、地区及其所属的重要城市名称。中国政区名称，包括省、自治区、直辖市、部分重要城市和地区名称。中国县以下个别重要城镇、村落名称，古代中外政区和地区名、革命纪念地、名胜古迹名已收入主表，附表不再收入。共收词1 100个。

②自然地理区划名称。包括世界重要自然地理区划名称，如，山、川、河、湖、洋、海、岛屿等。共收词361个。

③组织机构。包括各学科专业领域中具有研究价值和文献论述的重要机构团体名称，但政党、派别、军队和中外历史上的机构团体名称已收入主表，故不同时收入。共收词1 900个。

④人物。包括古今中外具有研究价值和文献论述的人物，共收词4 765个。

4个附表，分别按主题词的汉语拼音字母顺序排列，主题词款目是由汉语拼音、汉语名称及英文译名等项构成，有的款目下还列有注释和参照项。

3.2.2 MeSH

自从美国《国会图书馆标题表》于1909—1914年出版之后，标题语言在国际上有过较大的发展，综合性和专业性标题表多达数百种。较为著名的有以《国会图书馆标题表》为基础，适应中小图书馆需要而编制的《西尔斯标题表》；《工程索引》所用《工程标题表》等。进入20世纪60年代，适应计算机信息处理需要的叙词语言发展迅速，很快成为主题语言的主流，不但新编了大量的叙词表，而且还有不少标题表被改造为叙词表。《医学标题表》(Medical Subject Headings，简称MeSH)名为标题表，实则为叙词表，它由美国国家医学图书馆编制，第1版刊行于1960年，在国际(包括我国)医学系统内得到了广泛应用。

(1)MeSH的结构及格式

MeSH有两种版本：一是供《医学索引》的检索者使用的MeSH，它每年作为《医学索引》1月期的第2部分出版，款目结构比较简单。二是注释本的MeSH，它除了包括前一种版本的所有项目外，还有各种注释，主要供标引人员、编目人员、联机检索人员使用。

注释本MeSH分为3卷，分别为：

①《医学标题表—注释字顺表》。

它包括带注释和参照项的主标题及论题和形式副标题。副标题及其使用说明并不是列在有关主标题之下，而是与主标题分列。其款目包括的主要项目有：标题、树状结构号(分类号)、注释、参照。

注释包括标引注释、编目注释、历史注释和联机注释。

参照包括用代参照，用"See""X"(See的反参照)表示；相关参照，用"See related""XR"(See related的反参照)。属分参照已在1991年取消。

下面是一个款目片断：

· NEOPLASMS	主标题(叙词)
Consider also terms at CANCER, CARCINO-, ONCO-, and TUMOR	推荐参考其他
	词树状结构号
C4+	
Avoid: too general; prefer specifics; policy: Manual	
Section 24; /chem ind permitted but consider also	
CARCINOGENS; ……	标引注释
CATALOG: from qualif permitted	
/diagnosis was NEOPLASM DIAGNOSIS 1964-65;	编目注释
……CARCINOGENESIS was heading 1977	历史注释
use NEOPLASMS/CI or NEOPLASMS/ET to search	
CARCINOGENESIS 1977	联机注释
See related	"参见"参照
DNA, NEOPLAMS	
ONCOGENIC VIRUSES	
……	
X CANCER	"见自"参照
X TUMORS	
XR MEDICAL ONCOLOGY	"又见自"参照

②《医学标题表—树状结构表(范畴表)》。

它将标题(叙词)分范畴依等级排列。共分15个范畴(类)，用字母A～Z表示，其中9个范畴分出若干子范畴(小类)，加用数字表示。在范畴或子范畴下，将属于该范畴的叙词按等级逐级排列，形成树状结构，每个叙词因而获得至少一个树状结构号（分类号或范畴号）。一个叙词可能出现在树状结构的几个位置，因而会有几个树状结构号，例如：

RESPIRATORY TRACT DISEASES	**C8**	
BRONCHIAL DISEASEA	**C8. 127**	
ASTHMA	**C8. 127. 108**	C8. 381. 495
		C8. 674. 95
		C20. 543. 480

树状结构方便标题的分类查找，明确标题的等级结构，提供参照的逻辑基础。在联机系统中，树状结构号又称为叙词代码，可以用于检索相关主题。

③《医学标题表—轮排索引》。

这是一个可以从标题短语的每个关键词查找标题的索引。

(2) MeSH 的标题结构和种类

①主标题（Main Heading）。又称主叙词（Major descriptors），有以下几种结构：单词标题，如 NURSING；短语标题，如 NURSING ADMINISTRATION RESEARCH；倒置标题，如 NURSES，MALE。MeSH 的主叙词除论题主叙词外，还有出版物类型主叙词，如 ABSTRACT，MEETING REPORT；特征词，如 ANIMAL，HUMAN；地理主叙词，如 ASIA，PACIFIC ISLANDS。另有一种非 MeSH 词（Non-MeSH），是为树状结构设置的类目词，不能用于标引。

②副标题（Subheading）。又称限定词（Qualifier），用于专指主标题的某一方面而限定主标题。MeSH 有 4 种标题；论题副标题，如/analysis，/diagnosis；形式副标题，如 handbooks，indexes；地理副标题，如 Africa，Hong Kong；语言副标题如 Japanese，multilingual。

MeSH 对标引时标题之间的组配，尤其是副标题与主标题的组配做了详细的规定。

3. 2. 3 INSPEC Thesaurus

INSPEC（Information Service in Physics，Electronics Technology and Computer and Control）是物理学、电子工程、电子学、计算机科学以及信息技术领域的权威性文摘索引数据库，由英国电机工程师学会（Institute of Electrical Engineers，IEE）编辑，收录了 1969 年以来世界范围内出版的 4 000 多种期刊、1 000 多种会议录以及科技报告、学位论文、图书等文献的文摘信息。库中现已达 700 万多条记录，而且正以每年 350 000 条的速度增长。与 IN-

SPEC 相对应的印刷本检索刊物是《科学文摘》(Science Abstracts，简称 SA)。

INSPEC 覆盖的学科范围包括：

原子物理及分子物理	环境科学
数学和数学物理	超导体
凝聚态物理	电路、电路元件和电路设计
气体、流体、等离子体	电讯
光学和激光	超导体
声学、电力系统	电子光学和激光
热力学	电力系统
磁学	微电子学
生物物理和生物工程	医学电子学
原子物理	计算机科学
基本粒子	控制系统及理论
核物理、仪器制造与测量	人工智能
半导体物理	软件工程
天文学与大气物理	办公室自动化
材料科学	机器人
水科学与海洋学	信息学

《INSPEC 叙词表》用于标引和检索存入 INSPEC 数据库的全部文献，分为 4 个分辑：A　物理学、B　电工和电子学、C　计算机和控制、D　信息技术。该表首版于 1973 年，约每两年修订一次。它由字顺表和等级表两部分组成。

(1)字顺表(Alphabetic Display of Thesaurus Terms)

字顺表即主表，其用途在于帮助使用者确定和规范索引标目，提供各种参照项，以便扩大或缩小检索范围。

主表的全部款目词按字顺排列，词条的著录项目如下所示。

字顺表中的参照、分类号和注释用英文字母表示：

ultrasonic measurement

UF　ultrasonic measurements

NT　ultrasonic velocity measurement

BT　ultrasonic variables measurement

TT　measurement

CC　A4385 B7320Z

FC　a4385+zb7320Z

DI　January 1974

PT　ultrasonic measurements

ultrasonie measurements
heading was full-term until July 1973
USE ultrasonic measurement

ultrasonie propagation
UF　ultrasonic wave propagation
BT　acoustic wave propagation
TT　wave propagation
RT　ultrasonic diffraction
　　ultrasonic dispersion
　　ultrasonic reflection

每条正式叙词下的著录给出以下四方面的信息：

① 叙词的相关性，即所给叙词与其他叙词的相互关系。

NT(narrower term)——分：狭义词，指明下位类叙词；

BT(broader term)——属：广义词，指明上位类叙词；

TT(top term)——族：族首词，指明最上位类叙词；

RT(related term)——参：指明可参考的叙词；

② 分类号码，分类号码选自 INSPEC 分类表，表明该叙词通常所属的学科领域。有两种不同的号码。

CC(tape services)——在 INSPEC 磁带版或印刷版中所使用的分类号；

FC(database input)——输入到 INSSPEC 数据库的分类号。

③叙词的历史。DI(data of input)——该叙词收录的日期；

PT(prior terms)——收录该叙词以前曾用的主题词。如果读者所查找的文献超出 DI 所给的日期，那么就可用 PT 后面列出的叙词；

④叙词之间的同义关系显示

UF(used for)——代：指明正式主题词所代替的非正式主题词；

USE——用：由非正式主题词指向正式主题词。

(2)等级表(Hierarchical Display of Thesaurus Terms)

等级表，又称词簇索引或副表，旨在揭示同簇叙词之间的等级关系，加强族性检索的功能，直到自动扩检和缩检的功能。所谓扩检就是选用簇系中级别高的叙词，缩检就是选用族系中级别低的叙词。

等级表是将主表中的全部叙词按专业族分别集中在每个族首词之下，并按外延从宽到窄的顺序展开。族首词按字顺排列，同一词簇内，用梯点数表示词与词之间的隶属关系。字顺表与等级表的关系如下所示。

字 顺 表

ultrasonic transducers

BT acoustic transducers
ultrasonic devices

TT acoustic devices
transducers

等 级 表

acoustic devices

· acoustic delay lines

· · ultrasonic delay lines

· acoustic transducers

· · acoustoelectric transducers

· · · microphones

· · ultrasonic transducers

3.3 网络信息资源组织中的主题法

主题法是网络信息组织的另一种主要模式。在网络信息资源组织中，主题法的使用一般分为两种形式，一是采用现有的词表包括叙词表和标题表，另一种就是广泛采用关键词法。

3.3.1 关键词法在网络信息组织中的广泛应用

主题语言在网络信息组织中的应用目前主要表现为关键词语言在网络搜索引擎中的广泛应用。在网络中，几乎每一个搜索引擎都具有关键词检索功能，这意味着搜索引擎的索引数据都采用了关键词法进行信息组织，也就是从网站、网页的题名、地址、摘要，甚至网页的正文中抽取关键词作为索引词，提供指向相关网络信息资源的超文本链接。

不同的搜索引擎提供的关键词检索功能有所不同，这说明它们对关键词法的应用有一定的差异。归纳起来，网络搜索引擎关键词检索功能主要有如下几种：

(1)简单关键词查询

它只是要求将关键词直接输入查询框中，可以输入一个或多个关键词，不要求对关键词加以限制，系统按照自己的规则可能会将输入的关键词分解为几部分，并将包含每部分字符的信息都显示出来，也可能查出字面相同但内容相差很远的信息。

当中文关键词查询是以单汉字检索技术为基础时，实际是进行关键字检索，获得的查询结构与查询要求可能相差更远。

(2)高级关键词查询

大多数搜索引擎提供以下一项或多项高级的关键词查询功能，对检索用的关键词进行限制。

①布尔查询。大多数搜索引擎具有布尔逻辑查询功能，有的允许逻辑与、逻辑或、逻辑非三种逻辑运算，有的只能进行其中的两种或一种逻辑运算。不同搜索引擎提供的运算方式也有不同，大多数搜索引擎采用命令方式，使用布尔算符，如 AND、OR、NOT，或+号和-号，或将关键词之间的空格默认为逻辑和或逻辑或；有一些搜索引擎使用菜单驱动方式，用菜单选项来替代布尔算符进行逻辑运算。

②精确查询。又称词组查询，是将一个词组当做一个独立的运算(往往用双引号括起来)，进行严格匹配，以提高率。在中文单汉字检索系统中，精确查询可以显著改善查准率。

③模糊查询。也称概念查询。它不仅可以根据输入的关键词进行查询，而且会自动地用关键词的同义词、近义词进行查询，从而提高查全率。显然，为进行模糊查询，检索系统必须配备一个相当于后控制词表的同义词、近义词词表。

④截词查询。在搜索引擎中，目前多只提供右截断法，截词符多采用星号“ * ”。

⑤位置查询。目前只有少数搜索引擎具有位置查询功能，而且大多数只有一种临近位置运算，即 Near 运算。

⑥字段查询。这是将关键词查询限定在特定字段进行的一种功能，在搜索引擎中，字段查询多表现为限定前缀的形式。主要限定的字段有题名(title)、URL、主机名(host)、域名(domain)、链接(link)等。字段查询可以提高查准率。

⑦限制查询。这是将关键词查询限制在特定信息范围内进行，限制的信息范围主要有网络系统，如 Web、Newsgroup、E-mail 等；信息类型，如文本信息、图像信息、声频信息等；时间段及语种等。

⑧管道查询。这是用管道符号“｜”连接两个或多个关键词，查询时系统自动地先对前一个词进行匹配，然后在其基础上再对后一个词进行匹配，依次类推，以达到逐渐缩小检索范围，提高查准率的效果。

⑨区分大小写查询。有的搜索引擎能够区分检索词的大小写，将同一个词的大写形式和小写形式视为不同的词进行查询。有的搜索引擎则不区分关键词的大小写。

⑩自然语言查询。这是指用户可以直接用自然语言的字、词、句子作提问式进行检索，系统可以自动分析提问的要求，识别需要查询的关键词及词间关系。自然语言查询使检索变得直接、简单，特别适合非专业的检索者。

3.3.2 现有主题词表在网络信息资源组织中的应用

目前，使用现有主题词表组织网络信息资源的还不多，主要是美国《国会图书馆标题表》(LCSH)和《医学标题表》(MeSH)被一些网络信息检索系统采用。

采用 LCSH 的有：CyberHound Expert Search（Gale），Electronic Journal Subject Index（Colorado Alliance of Research Libraries），INFOMINE（University of California，Riverside），InterCat：A Catalog of Internet Resources（OCLC），MavWeb（University of Texas at Arlington Libraries），Canadian Information By Subject(Library and Archives Canada)等。

采用 MeSH 的有 CliniWeb Browse（Oregon Health Sciences University Library），OMNI，Diseases，Disorders and Related Topics：“MeSH Classified” Resources on Internet for Laypersons，Health Care Professional and Scientists (Karolinksa Institute，Sweden，Library and Information Center，Medical Information Center)等。

其中，OMNI（Organising Medical Networked Information)是由英国 Nottingham 大学 Greenfield 医学图书馆所开发的健康和医学领域高质量网络信息门户，旨在为该领域的学生、研究人员和从业者提供免费搜索服务。OMNI 所收录的资源是经过人工选择和评估的，其数据库每周更新。除了一般的关键词检索外，OMNI 提供了两种主题浏览方式：根据国家医学图书馆主题词表浏览和根据 MeSH2002 词表浏览。MeSH2002 词表浏览主页面如图 3-2 所示。

如图 3-3 所示，首页按字顺对主题词进行排列。选择一个主题词如 Abdominal Muscles 点击，进入图 3-3。

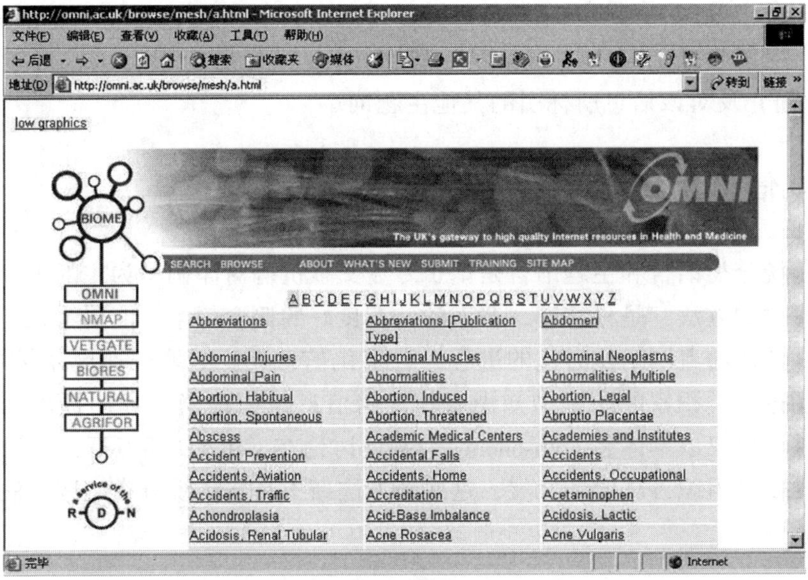

图 3-2　OMNI MeSH2002 浏览主页

(http：//omni. ac. uk/browse/mesh/a. html)

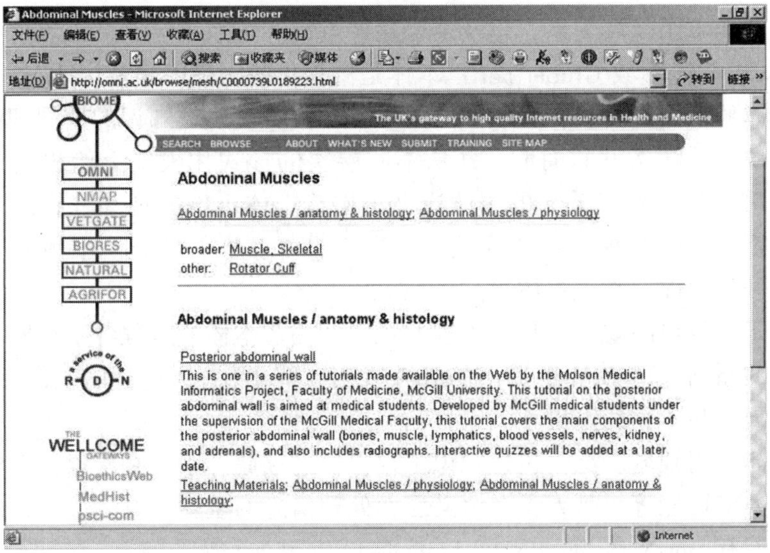

图 3-3　MeSH 主题词主页面

如图所示，OMNI 首先在该主题词下显示其参照系统，包括其上位主题词、下位主题词、相关主题词等。其下再列出收录在该主题词下的网络信息资源。对所收录的每一网络信息，列出其标题(标题上附有该资源网址链接)、简介及对该信息所标引的其他主题词。

3.4 信息组织方法的发展与应用

传统分类语言和主题语言是基于专业文献机构对印刷型为主的出版物进行有序化的方法，是科学的、严谨的、有良好的概念关系、能揭示人类知识结构。然而随着网络化时代的进程，数字化信息无论是增长速度还是总量，远远超过人类积累的印刷型知识载体，给信息组织检索与利用提出新的挑战。这里仅仅以本体和 Folksonomy 为例，讨论在 web2.0 环境下，在语义环境下，信息组织方法的新发展，这些新方法新工具与传统分类主题方法联系密切。

3.4.1 本体和本体库

3.4.1.1 本体

人工智能领域 Neches 等认为“本体(Ontology)定义了组成主题领域的词汇表的基本术语及其关系，以及结合这些术语和关系来定义词汇表外延的规则”。知识系统领域 Gruber 提出“本体是概念化的明确的规范说明”。

本体的目标是捕获相关领域的知识，提供对该领域知识的共同理解，确定该领域内共同认可的词汇，并从不同层次的形式化模式上给出这些词汇(术语)和词汇间相互关系的明确定义。构造本体可以实现某种程度的知识共享和重用，以及提高系统通信、互操作、可靠性的能力。本体有不同类型，如领域本体、常识本体等。

出于对各自问题域和具体工程的考虑，构造本体的过程各不相同，但遵循同样的原则，即 Gruber 提出的五条规则：清晰、一致、可扩展、编码偏好程度最小和本体约定最小。

本体应用领域广泛，包括知识工程，信息存储、索引和检索，自然语言处理，人工智能等，是人类在语义层面处理信息的重要工具之一。目前常用的本体库有 HowNet、WordNet、FrameNet、VerbNet 等。

3.4.1.2 WordNet

WordNet 是由 Princeton 大学的心理学家，语言学家和计算机工程师联合设计的一种基于认知语言学的英语词典。它不仅把单词以字母顺序排列，而且按照单词的意义组成一个“单词的网络”。

WordNet 中的每个词语可以有多个概念，每个概念能对应多个词，概念和概念之间存在联系，由此构成概念网络，每个节点对应具体的概念实体，节点之间按照概念关系组织。WordNet 的描述对象包含 compound、phrasal verb、collocation、idiomatic phrase、word，其中 word 是最基本的单位。WordNet 最显著的不同在于对词汇的划分。WordNet 中的单词有 4 种基本类型：动词、名词、形容词和副词。WordNet2.0 版本中，同义词集合有 115 424个，其中名词集合 79 685 个，涵盖常用英语名词词汇。

词形与概念之间的关系，同义词集合可以看做是表中的一行。若一列有多个元素，则一词多义。表 3-1 给出这种对应关系的示例。

表 3-1　**词形与概念对应关系（*F* 为词形，*M* 为概念）**

	F_1	F_2	F_3	……	F_n
M_1	$E(1,\ 1)$	$E(1,\ 2)$			
M_2		$E(2,\ 2)$	$E(2,\ 3)$		
……					
M_m					$E(m,\ n)$

WordNet 的语义关系中，最常见的是同义关系，还有反义关系、上下位关系和部分关系。

同义关系即 WordNet 中有多个词语的语义相同，这些词语互为同义词。在 WordNet 中，同义词关系相当于一种等价关系，等价关系具有传递性，所以 WordNet 中将这些同义词用概念关联起来组成 synset（同义词集合）。每个同义词集合一般都具有说明性注释。一个 synset 并不与某个词语等价，词语可能有多个含义，而一个 synset 只有一个含义。

反义关系即 WordNet 中两个词语的意思相反，例如，synset{升高，上升}和 synset{降低，下降}，升高和降低是一对反义关系，上升与下降是一对反义关系，但是升高与下降就并非一对反义关系。

上下位关系指概念节点之间的关系，由此概念产生了分层，越在高层的概念越抽象，下位词具有上位词的所有属性，并且增加自己的特有属性。WordNet 中的名词体系中的概念是通过上下位关系进行组织。

部分关系又称“整体-部分关系”，它不具有对称关系和传递性，表达概念间存在部分与整体关系。

关于 WordNet 的详细内容，参考 http：//wordnet. princeton. edu。

3.4.1.3 HowNet

知网(英文名称为 HowNet)是一个以汉语和英语的词语所代表的概念为描述对象，以揭示概念与概念之间以及概念所具有的属性之间的关系为基本内容的常识知识库。计算机化是知网的重要特色，将来可能是计算机的智能构件。

知网作为一个知识系统，是一个网而不是树。它反映概念的共性和个性，概念之间和概念的属性之间的各种关系。知网描述以下各种关系：

(a)上下位关系

(b)同义关系

(c)反义关系

(d)对义关系

(e)部件-整体关系

(f)属性-宿主关系

(g)材料-成品关系

(h)施事/经验者/关系主体-事件关系

(i)受事/内容/领属物等-事件关系

(j)工具-事件关系

(k)场所-事件关系

(l)时间-事件关系

(m)值-属性关系

(n)实体-值关系

(o)事件-角色关系

(p)相关关系

知网系统包括知网管理系统和中英双语知识词典，其规模主要取决于双语知识词典数据文件的大小，是在线、动态的。

知识词典是知网系统的基础文件。在这个文件中每一个词语的概念及其描述形成一个记录。每一种语言的每一个记录都主要包含 4 项内容：词语、词语例子、词语词性、概念定义。这里以“打”的两个义项为例，一个义项是“buy | 买”，另一个是“weave | 辫编”。

NO. =000001

W_C=打

G_C=V

E_C=~酱油，~张票，~饭，去~瓶酒，醋~来了

W_E=buy

G_E=V

E_E=

DEF=buy | 买

NO. =015492

W_C=打

G_C=V

E_C=~毛衣，~毛裤，~双毛袜子，~草鞋，~一条围巾，~麻绳，~条辫子

W_E=knit

G_E=V

E_E=

DEF=weave | 辫编

要判定的歧义语境是“我女儿给我打的那副手套哪去了”。通过对“手套”与“酱油”等的语义距离的计算以及跟“毛衣”等的语义距离的计算的比较，得到正确的歧义判定结果。

知网对概念的描述着力体现概念与概念和概念的属性与属性之间的相互关系。概念描述既有总的、一般性的描述，也有因不同类别的细节性描述。例如：

“救灾”	DEF=rescue	救助，StateIni=unfortunate	不幸
“扭亏为盈”	DEF=alter	改变，StateIni=InDebt	亏损，StateFin=earn	赚
“男士”	DEF=human	人，male	男
“拔河”	DEF=fact	事情，exercise	锻炼，sport	体育
“洗衣机”	DEF=tool	用具，* wash	洗涤，#clothing	衣物

关于知网的详细内容，参考 http：//www. keenage. com。

3. 4. 2 Folksonomy

Folksonomy 是由“Folks”和“Taxonomy”组合而来，Folks 在英文中是比较口语化的词，表示一群人，一伙人的意思。Taxonomy 则是指分类法，它是信息架构(Information Architecture)中一个重要部分。而“Folksonomy”是指“群众”自发性定义的平面型、非层级结构式标签分类。与 Folksonomy 相关的词有 collaborative tagging、social classification、social indexing 和 social tagging，中文术语包括“分众分类法”“通俗分类法”“大众分类法”“民众分类法”“大众标签”“社会化标签”等不同的翻译名称。

Folksonomy 源自 2004 年出现的"del. icio. us""Flickr"等 Web2. 0 网站，应用于非常多的信息分享环境，是信息组织、检索、推荐的一种方法。用户给网页、图片、视频、博客、播客、学术文章等信息内容设置标签，形成了 Folksonomy。标签可以解释为用户自发地、自由地用非控词汇给信息资源添加注释，通常是无结构的文本标签或关键词。由此，Folksonomy 包括用户、标签和资源三个根本要素，通过用户设置的标签，对信息资源进行组织、检索和推荐。

与传统的分类主题等信息组织方法相比，Folksonomy 的特点有如下几个方面：

①设置标签和理解标签比较容易，不需要掌握专业的信息组织方法；

②Folksonomy 中使用的词汇反映出用户的用词偏好；

③由于用户可以添加或移除标签，Folksonomy 是有弹性的；

④标签既有流行的内容，也有小众的冷门内容，使得用户可以在某些狭窄的话题领域浏览或发现内容；

⑤标签反映了用户的概念模式，而不掺杂文化、社会或政治偏见；

⑥相同兴趣的用户使用相同标签，能帮助形成网络社区；

⑦用户可以给同一个概念若干个标签，形成多维度的标签集合。

上述的优点也伴随产生一些问题。如过分简单地使用标签导致产生的标签太贫乏。由于人们天性排斥受控词汇，导致标签的含义模糊，过分个性化。标签系统缺乏有效机制处理同义词、反义词、近义词等概念关系，甚至对于错误拼写、缩写等字词问题缺乏控制。

针对 Folksonomy 产生的问题，相关研究在理论层面主要关注标签研究（标签主题、标签语义关联、标签检索、标签推荐）、用户标注行为研究、Folksonomy 评价研究；在技术层面主要体现在标签语义技术、标签检索技术和标签推荐技术三个领域。研究者均重视 Folksonomy 与传统信息组织方法的结合。

目前 Folksonomy 广泛应用于网络信息资源组织，不仅有 del. icio. us，Flickr，Tweet、豆瓣、天天网摘等社区类网站，各类图书馆资源网站，如上海图书馆的"上海年华"数字图书馆项目，还包括政府门户网站、企业、电子商务、教育、公益性机构等领域。

3.5 分类主题一体化的实例

在第2章和本章，我们分别讨论了分类法和主题法。信息组织发展到计算机化的今天，分类主题一体化是发展方向，也是自动标引、提高工作效率的重要方法。本节我们来讨论一个分类主题一体化的具体实例——中国分类主题词表。

《中国分类主题词表》是在《中图法》编委会的主持下，从1987年开始由全国40个图书情报单位共同参加编制，1994年出版的一部大型文献标引工具书。它是在《中图法》第3版(包括《资料法》第3版)和《汉语主题词表》的基础上，为实现分类主题一体化标引，为机器辅助标引、自动标引提供条件，降低标引难度，提高检索效率和标引工作效率，编制而成的分类检索语言和主题检索语言兼容互换的工具。

3.5.1 《中国分类主题词表》发展历程

2000年4月《中图法》第六届编委会成立，决定开始修订《中国分类主题词表》，并确立了《中国分类主题词表》修订的指导思想和原则。2001年5月在国家社科基金委员会批准立项为“数字信息资源组织工具的研发与应用”，《中国分类主题词表》第二版和电子版是该项目的主要研制成果，现已于2005年9月由北京图书馆出版社出版。

第一版于1994年出版，分2卷6册，收录分类法类目5万余个，主题词及主题词串21万余个，其中正式主题词101 376个。包括“分类号-主题词对应表”和“主题词-分类号对应表”两部分。

2005年出版的第2版和电子版，是以《中国分类主题词表》第1版编制规则和“主题词机读规范数据”、《中国图书馆分类法》第4版机读数据库为基础，以满足电子版功能为主，兼顾手工印刷版需求而编制的。

第2版对第1版全面系统地做了修订，增补新学科、新事物、新概念的主题词20 000余条，删除无使用频率的旧词包括修改为入口词的有12 000余条，增补自然语言形式的入口词共21 000余条，修改和完善主题词的参照关系，其中有属分关系或相关关系参照的主题词达77%，对《中图法》第四版类目做了部分修订和调整。共收录分类法类目52 992个，主题词110 837条，主题词串59 738条，入口词35 690条。

为了通过Web互联网更方便地为《中国图书馆分类法》《汉语主题词表》《中国分类主题词表》的广大用户提供各类信息资源的知识组织、知识检索、学科导航和实时更新的一个通用的数字型知识组织服务，《中国分类主题词表》Web 版应运而生，《中国分类主题词表》Web 版已于 2010 年 3 月 18 日通过国家图书馆验收，在国际互联网上正式发布。Web 版在第 2 版基础上已增补 7 000 多条学科主题、个人名称、地理名称、机构名称等概念款目，并更新了所有数据的关系系统。Web 版访问地址为：http：//cct.nlc.cn/，具体提供如下服务：

① 提供各类知识内容、主题词、分类号的在线浏览、互动显示和多途径检索服务。

② 为广大读者和参考咨询人员提供文献检索服务，可与多个 Web OPAC(联机公共检索目录)连接，提供文献信息内容的多库实时检索和学科导航服务。

③ 为分类标引用户提供利用分类号和主题词标引发送服务，把所需分类号或主题词快速发送到剪贴板中，供标引系统使用。

④ 为广大读者等各类用户提供评论注释服务，支持对知识款目、主题词、类目添加评注，方便用户建立个人书签，方便快速了解读者及用户使用信息，提高《中国分类主题词表》的数据质量。

⑤ 为图书馆业界提供《中国分类主题词表》第 2 版和数据实时更新服务，利用其网络更新系统、检索词统计系统和评注系统可实时更新数据。

3.5.2 《中国分类主题词表》Web 版功能

(1) Web 版主页面

主页面分上下两栏，上栏为《中国分类主题词表》检索途径、用户个人使用功能设置及管理；下栏分左右两栏，左栏为"《中图法》及与主题词对应表"即"分类号-主题词对应表"，右栏初始页面为"《中国分类主题词表》Web 版使用说明"，选定类目后，页面变为"《汉语主题词表》及与分类号对应表"，即"主题词-分类号对应表"。

如图 3-4 所示，Web 版主页面分五个区块。①区(检索工具栏)，②区(分类树框)，③区(分类款目框)，④区(主题词字顺列表)，⑤区(主题词款目框)，⑥区(分类号检索结果)，⑦区(主题词检索结果)。当输入检索词检索时，⑥区和⑦区显示检索结果，不检索时不显示。

(2)《中图法》与主题词对应表

左栏显示类目与主题词对应表，对应表由两部分组成：上栏为《中图法》分类树框(②区)，下面是类目及主题词对应的详细款目框(③区)，即分类款目框。

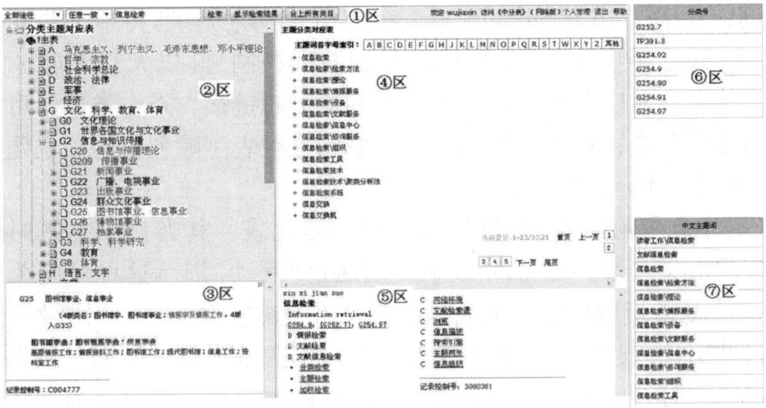

图 3-4 《中国分类主题词表》Web 版功能主页面

分类树框的作用是展示《中图法》分类体系的宏观结构，采用树视图显示整个分类等级体系。包括主表和通用复分表。主表根节点下的一级节点为《中图法》22 个大类。通用复分表根节点下的一级节点则为 8 个通用复分表。以此类推。所有类节点的组成元素从左向右依次为：展开/折叠节点符，类目的性质图标，类号和类名。除了点击展开/折叠符，还可以双击类节点、从款目框的超链接以及从其他部分定位的方式来展开和折叠类节点，达到显示各级类目的目的。

分类款目框用来显示分类体系的微观结构，包括类号、类名、类目注释以及类目对应和包含的主题词，横线下为本分类款目记录的控制号(以大写字母 C 开头)。点击类号，可定位到分类树该类目节点，点击主题词，可定位到该主题词款目。

(3)《汉语主题词表》与分类号对应表

右栏为“主题词-分类号对应表”。由两部分组成：上栏为主题词字顺列表(④区)，下栏为主题词款目框(⑤区)。

主题词字顺列表将主题词表的所有主题词按汉语拼音进行排列，所有非汉字开头的主题词排在末尾，通过点击或从其他部分定位可选择当前主题词。为了改善网络数据传输的速度，将所有主题词按首字的字母归到 26 个字母组中，以数字、字母或其他非汉字字符开头的主题词归到“其他”组下。点击本栏上方的字母列表浏览对应字头的主题词。还可以通过检索或从分类表定位主题词。

主题词款目框显示当前主题词的款目内容。包括：主题词汉语拼音、款目主题词、注释、主题词英译名、对应分类号、参照关系词(包括：代(用)、属、分、族、参)、主题词款目记录的控制号(以大写字母S开头)、评注等。其中，对应分类号和参照关系词均为超链接，点击类号，可定位到分类树该类目节点；点击主题词，可定位到主题表字顺列表的该主题词。

(4)类目与主题词的互动

《中国分类主题词表》是分类与主题一体化表，其类目和主题词概念存在着对应的语义关系。在Web版中，则通过"互动"展示这种对应关系。所谓"互动"，是指当用户在分类表或主题表中选中一个语义单位时，其对应结构会自动定位到与该选中的语义单元对应的关系类或关系词。相当于用户在印刷本同时打开多个表及多个相关页码并同时呈现在用户面前，从而为用户全面、准确掌握类或词的概念，迅速确定标引或检索用词提供了方便。

在分类表方面，当定位到一个分类号后，系统将按该分类号对应的第一个专指主题词定位主题表的该主题词；在主题表方面，当定位到一个主题词后，系统将按该主题词的第一个对应分类号定位分类表该分类节点。

(5)类目与主题词的检索

通过多种途径检索有关概念，快速定位到相应的分类或主题标识系统，是词表实现其"提供查找标引和检索所需概念，并通过显示相关语义网络帮助人们明确概念含义"本质作用不可或缺的基本功能。检索词表通过位于词表最上方的检索栏(①区)完成，检索栏包括"检索途径""匹配方式""检索词输入框"和"执行检索按钮"4个部分。

检索途径确定检索的范围，也称为检索入口点或检索点。Web版提供了10个检索途径：全部途径、分类途径、主题途径、类号、类名、类目注释、主题词、主题词英译名、主题词拼音、主题词注释等。

全部途径包括分类途径和主题途径。分类途径包括类号、类名、类目注释。主题途径包括主题词、主题词英译名、主题词拼音和主题词注释。比如，选择了分类检索途径，系统即视同要同时从类号、类名和类目注释等途径对输入的内容进行检索。一共有四种匹配方式：任意一致、完全一致、前方一致和后方一致。

选择了检索途径和匹配方式后，在他们右方的输入框输入要检索的内容，按"检索"按钮执行检索。如检索到记录，系统将检索结果显示在右侧的检索结果栏。单击结果条目，即可定位检索到的分类树对应类目节点或主题词列表的主题词条目。如图3-4所示，输入"信息检索"作为检索词，则得到⑥区的分类号列表和⑦区的主题词列表。

(6)用户评注

分类法、主题表是一个单位标引文献信息的依据，通常都记载着某馆使用分类法、主题词表的详细规定和特殊细节。《中国分类主题词表》Web 版设计了“评注”功能，用户可以随时加入必要的使用说明。

用户的“评注”可以分别加在分类款目和主题词款目上，成为特定用户对分类表和主题词表使用的特殊规定。用户如果需要加入“评注”，在分类或主题款目框中点击鼠标右键，选择弹出的快捷菜单的“添加评注”命令，即可在评注窗口的文本框中加入新的评注或修改以前的评注，如图 3-5 所示。保存后，在该分类或主题款目框显示新增的或编辑过的评注。点击右上角的“个人管理”，用户可以对自己所做过的所有分类或主题评注统一进行查看和编辑。

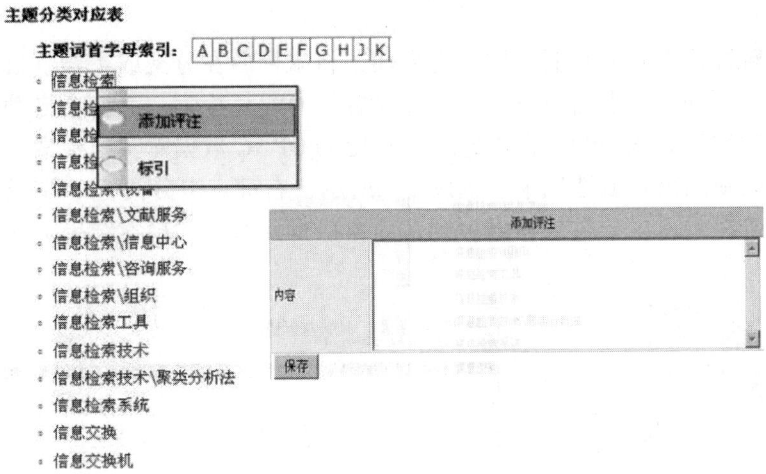

图 3-5　为主题词添加评注

(7)OPAC 检索

选择 Web 版主界面的“个人管理”，进入个人管理功能界面。单击左栏的“OPAC 列表”，系统将已有的 OPAC 检索式以表格方式提供，如图 3-6 所示。“OPAC 名称”指显示在分类或主题款目框右键菜单上的项目名称。“OPAC 地址”是系统用来加上分类号或主题词后检索的该 OPAC 数据库的检索式。“类型”表示这个 OPAC 检索式是由系统还是用户提供的。用户点击“操作”栏中的“加入首选”，既可将这个 OPAC 检索式加入到首选列表，所谓首选列表，就是显示在分类或主题款目框右键菜单中的项目。用户可以填写“OPAC名称”和“OPAC地址”，然后点击“增加”按钮，可添加自己需要的OPAC检索式。

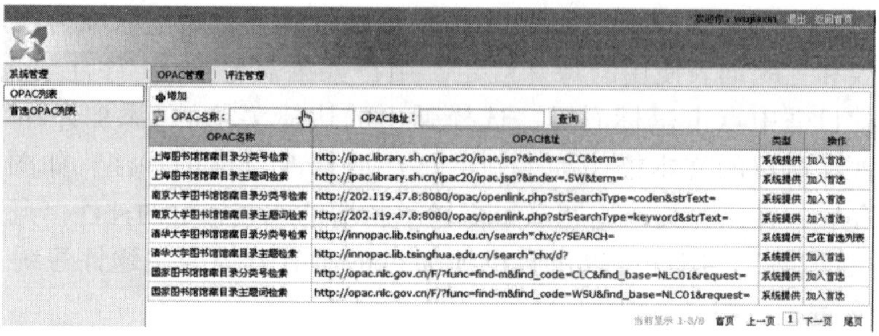

图3-6　OPAC管理界面

设置好首选OPAC后，回到主界面，将鼠标放在分类或主题款目框的分类号或主题词上，点击右键，选择你设置的OPAC检索，系统会自动将分类号或主题词加到该OPAC检索式，对选定的OPAC数据库实施检索，检索结果显示的新的窗口或选项卡。如图3-7所示，右键点击分类框F09经济思想史，单击馆藏目录分类号检索，则在新窗口得到右侧的检索结果页面。

图3-7　Web版OPAC检索功能

《中国分类主题词表》Web版的部分功能(标注、OPAC检索等)在IE内核的浏览器方能使用，用户应尽量使用IE7及以下版本的浏览器，另外Web版支持用户注册，非付费用户的功能使用是受限的，如分类树的类目层级不会显示全部级别。

习 题 三

1. 解释下列术语

主题法	标题	单元词	叙词
关键词法	后控制词表	入口词表	OCLC MeSH
叙词等级索引	叙词分类索引		

2. 列举标题语言的显著特点并分析其原理。

3. 比较字面组配和概念组配。

4. 叙词语言如何综合多种标引语言的原理和方法？叙词语言由此获得了哪些好的性能？

5. 简述叙词表的结构体系。

6. 试述《汉语主题词表》主题词参照系统的组成。

7. 评述关键词语言的性能并分析其原理。

8. 举例说明主题语言在文献数据库信息组织和检索中的应用。

9. 试通过搜索引擎的关键词检索实例说明关键词语言在网络信息资源组织中的应用。

10. 什么是本体？为什么要研究本体？

11. 简述分类主题一体化的意义。

4 置标语言工具

为了对实体信息有效管理，需要对实体特征进行具体描述、合理组织，方能支持快速检索和方便获取。描述实体信息的语言很多。本章首先介绍了标准通用标记语言(SGML)。由于SGML功能强大，因而描述比较繁琐、特别在因特网上使用不方便。于是人们引入了SGML的一个应用文档——超文本标记语言(HTML)。HTML简单易用，方便在因特网上传输，因而得到广泛利用。由于HTML是一个应用文档而不是SGML的子集，它丧失了SGML的大部分功能，其局限性相当明显。随着因特网应用的发展，人们推出了SGML的一个子集——可扩展的标记语言(XML)。它以SGML 20%的难易度却继承了SGML 80%的功能。因而，它是一种深受欢迎的描述语言。

随着移动互联网的迅速发展，HTML4已不适应当前的需要。为了跨平台兼容性更好、扩充网上绘画、浏览音频、视频数据的方便，WHATWG推出了HTML5。后来，W3C接纳了HTML5。本章具体讨论了这些标记语言的应用知识。

4.1 概述

信息组织的基本目标是对信息外在特征和内容特征加以描述，实现信息序化。计算机的普及，使得数字化文献越来越普遍，不管是一般的图书馆、档案馆、博物馆，还是企业、政府都进行了数字化工作；网络的蓬勃发展，更是让数字化文献在网络上快速传播和应用，不但常规的组织机构能够利用网络发布和收集文献，而且个人也能利用网络发布自己的文献。然而针对网络文献，同样存在组织和序化问题，在某种程度上，这一问题还更为突出和亟须解决。实现网络文献的有效组织，需要从文献的内容、结构和显示3个方面着手。

文献内容包含了文献所描述和表示的所有内容，是文献存在的根本所在。内容传递了作者的意图和想法，也是读者获取文献的目的。同样，在网络环境下，也需要提供简单、方便的机制来描述文献的内容，通过这样的机制，作者能够轻易地将自己的意图恰当地表示出来，而读者也能够快速地了解作者所表示的内容。另外，所提供的描述机制尽量是机器可读的，也就是说，是计算机能够理解和识别的，这是由于网络环境下，人们希望许多任务由计算机借助网络自动完成，例如能够按照指定的内容检索、收集文献，甚至自动处理文献。

文献结构是文献内容的组织形式，对于数字化文献来说，文献结构也是计算机的处理模型，直接决定了计算机对文献的处理方式。文献结构可以分为物理结构和逻辑结构。从外表上看，图书和期刊一般由卷、期、封面和连续的页面组成；文献的内页又由页边距、页眉、页脚和正文组成；在一些情况下，还可能有分栏；这些就构成了文献的物理结构。数字化文献同样以这种方式来编排文献，只是以电子化的方式存储在计算机上。文献的逻辑结构是指为了帮助读者阅读把文献分割为内容相关的若干个部分的逻辑元素，例如章、节、小节等。逻辑结构可细分为顺序结构、层次结构和链路结构。顺序结构是将所有的逻辑元素按照顺序排列，层次结构是将逻辑元素组织成树状结构，而链路结构是将参照关系添加到层次结构中。

除了文献结构和内容之外，还需要考虑文献内容如何显示，不同的逻辑元素如何区分。例如，一级标题、二级标题、三级标题的字体类型、颜色、大小需要不同设置，让整个文献更有层次感，便于读者阅读。同样，一些需要着重强调或者需要特殊处理的部分，也要在形式上加以区别对待。另外，对于一些内容，例如数学公式、化学分子式在表现形式上有独特的要求，在数字化环境下必须进行处理和规范。因此，文献的表现方式也是不可或缺的一个环节，在对数字化文献进行描述时，不仅要考虑其内容和结构，还需考虑其外在表现形式。

针对上述三个要求，人们提出了标记语言的方法。标记语言的基本思想是给文献需要加注部分置于不同类型和名称的标签，这些标签不仅能够标注文献的内容和结构，也能标注其表现形式。自提出以来，标记语言经历一系列的发展和变化，本章着重介绍了三类标记语言：标准通用标记语言 SGML、超文本标记语言 HTML 和可扩展标记语言 XML。SGML 以功能丰富而著称，但过于复杂；HTML 简单易用，是 Web 成功的基石，也是 SGML 的一个具体应用；而 XML 不仅灵活，而且功能足够强大，是 SGML

的一个子集。

4.2 SGML

4.2.1 SGML 简介

早在20世纪60年代，IBM就开始研究通用标记语言(GML，Generalized Markup Language)来描述文件及其格式。1978年，美国国家标准局(ANSI)将GML规范成SGML(Standard Generalized Markup Language，标准通用标记语言)标准。1986年，国际标准化组织(ISO)发布了SGML的正式文本——SGML ISO8879：1986，使SGML成为通用的描述各种电子文件的结构及内容的国际标准，为创建结构化、可交换的电子文件提供了依据。

SGML是一种电子文献的格式或描述文献的一种计算机语言。这里的“文献”不是仅含传统意义的文本文献，而是包括图像、文本、声频、视频、动画在内的一切电子格式的文档。SGML从两个层次——结构和内容来描述文献，其核心是文献类型定义DTD(Document Type Definition)。同时，SGML也是一种元语言，元语言是一套用来定义其他更专门性标记语言的通用规则，HTML即是由SGML定义、专门用于WWW上的标记语言。

SGML可以把来源不同的原始信息(如图形、文本、声音、动画、视频文件等各方面的资料)组装在同一个文件中，DTD可以自由地定义文件结构、给一个文件添加新的标记，以反映文件结构单元，并校验电子文件是否遵循在DTD中所定义的结构。这种标记不依赖于任何软件和硬件，因此SGML文件可以在彼此不兼容的系统间交换和共享，不会造成信息丢失。

标记分为两种：程序标记(Procedural Markup)和描述标记(Descriptive Markup)。程序标记用来描述文档显示的样式(如字体的大小、类型、字形、颜色等)，现在市场上出售的大多数字处理软件都内嵌有标记，而且这种标记几乎都是针对自己的软件产品而制定的。描述标记也称普通标记(Generic Markup)，用来描述文档中的语句的用途(如篇、章、节或者内容表等)，而不是描述语句所显示的样式。制定SGML的基本思想是把文档的内容与样式分开。

SGML规定了在文档中嵌入描述标记的标准格式，指定了描述文档结构的标准方法，这是SGML的精华。换句话说，你可使用SGML为你创作的每一种类型的文档设置层次结构模型，可以用“篇”“章”“节”“标题”等描述标记来标识文档结构中的文档元素。SGML是一个包含超文本链接的综合语言，在 Web 上使用的 HTML 格式是使用固定标签集的一种 SGML 文档。SGML 的主要特点是它的通用性与独立性。

通用性是指 SGML 可支持无数的文档结构类型，例如报告、技术手册、章节目录、设计规范、各种报告、信函和备忘录等。

独立性是指它与硬件、软件独立。SGML 可以创建与特定的软硬件无关的文档，因此很容易与使用不同计算机系统的用户交换文档。

4.2.2 SGML 原理

SGML 认为，一个典型的文档由结构、内容和样式三部分构成。结构是文档内容之间的顺序和相互关系；内容是文档信息本身，即原始信息；样式则确定内容如何显示。

(1)结构

为了描述文档的结构，SGML 定义了一个称为文献类型定义(DTD)的文件，它为组织文档的文档元素(例如章和章标题、节和主题等)提供了一个框架。此外，DTD 还为文档元素之间的相互关系制定了规则。例如，“章的标题必须是在章开始之后的第一个文档元素”，“每个列表至少要有两个项目”等。DTD 定义的这些规则可以确保文档的一致性。

(2)内容

包括信息名称(标题)、段落、项目列表和表格中的具体内容，具体的图形、声音、视频和动画等。确定内容在 DTD 结构中的位置的方法称为“加标签”，而创建 SGML 文档实际上就是围绕内容插入相应的标签。这些标签就是给结构中的每一部分的开始和结束做标记。

例如，给一个段落做标记：

<par>……</par>

<par>内容就是原始信息</par>

其中，<par>表示段落的开始，而</par>表示该段落的结束。它们是成对出现的。“<par>内容就是原始信息</par>”这个段落可看成一个文档元素，它可以嵌入在其他的文档元素中。

又如，特定文档结构中的标签可以嵌套：

<section>

<subhead>内容</subhead>

<par>内容是原始信息</par>

</section>

在创建 SGML 文档时，不需要从键盘上手工输入和检查这些标签，可由

软件自动生成。在使用生成 SGML 的工具软件时，很容易插入和检查这些标签。使用支持生成 SGML 的工具软件显示的内容如图 4-1 所示。

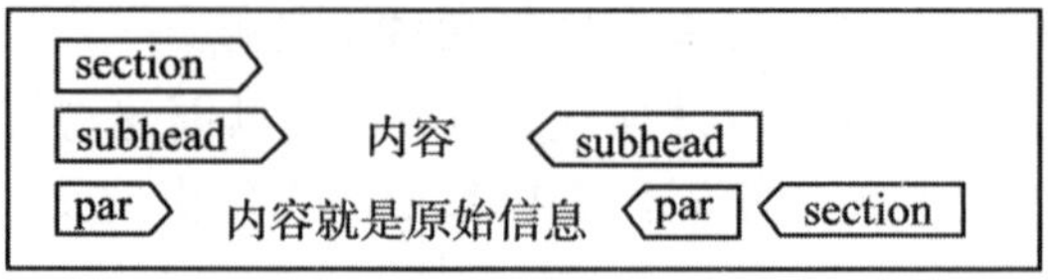

图 4-1　SGML 软件工具生成实例

(3)样式

SGML 本身定义的样式设置标准，即文档样式语义学和规范语言(DSSSL)。

一个 SGML 文档一般由三部分组成：SGML 声明、文档类型定义(DTD)及 SGML 文档实例。SGML 声明定义文档使用的语言集、参考语法规则、SGML 可选特性等；DTD 描述文档的结构模板、逻辑框架结构以及元素的属性等，它确定文档类别、规定文档结构规则、列出文档实例中所允许的全部元素及其次序；SGML 文档实例是文档内容的主要部分，由许多元素及元素的正文按 DTD 规定的框架结构组织而成。

4.2.3　SGML 应用

SGML 主要有以下几个方面的应用：

①电子出版：通过 SGML 增强电子文档的结构化处理、进行知识聚类，让创作人员更集中于内容的创作，提高作品的重复利用性、可移植性以及共享性。

②电子数据交换：政府和商务领域要求按照程序特定的格式处理、传递、存储电子数据，SGML 则是其中的结构化处理标准之一。

③图书馆领域：将 SGML 应用于图书馆自动化系统，不但符合国际标准，而且符合 WWW 网络的应用要求，不但能描述结构化的书目信息还可描述非结构化图、文、声、像及全文信息，而利用 SGML 描述 MARC 格式则可以降低信息丢失。

④其他应用：例如，超媒体和超文本文档、数据库、电子邮件、专家系统、交互式电子技术手册等。

SGML 不仅仅是一种电子文献的格式，更重要的是，它是一种有坚实理论基础的强大技术。简单说，它从结构和内容来描述文献。其应用的核心是对文献的结构进行描述，即所谓的文献类型定义(DTD)。DTD 规定了文献中一系列元素如标题、题名、作者、段、段标题等之间的关系。HTML 就是经简化的 SGML 的 DTD 的具体应用实现。所谓内容就是文献包含的实际信息。使用在 DTD 中声明的描述性标记对文献进行标记，就生成一个实际的 SGML 文档。

SGML 是一个极端精密复杂的系统，它规模庞大、功能丰富、充满各种选项。用它来标记文献以使文献信息不依赖于特定的软硬件，而且具有方便的可互操作性和格式的可转换功能，以适合多种应用或反复使用的目的。然而，由于 SGML 过于庞大和复杂，其并未得到十分广泛的应用。

具体而言，SGML 主要存在以下缺陷：①SGML 应用程序不易开发：SGML 庞大、复杂的选项虽然使其具有较高的灵活性，但也增加了应用程序的开发难度，即使是 SGML 工具的主要供应厂商 ArborText 也没有完全支持 SGML 标准，SGML 标准的很多选项很少被应用；②SGML 文件不易在 Web 上传播：由于 SGML 的庞大，全面实现 SGML 浏览器非常困难，即使最大限度地实现，使用起来也比较麻烦，而将 SGML 文件转换成 HTML 文件显示又会造成信息遗失，SGML 文中所标记的结构在转换成 HTML 文件后将无法继续存在，因此 SGML 难以普及；③缺乏厂商的支持：由于 SGML 过于复杂难以在 Web 上传播，当时主流的浏览器厂商 Microsoft 和 Netscape 就没有了支持 SGML 的意愿，只有少数厂商愿意投资开发 SGML 的相关应用程序，这从另一个方面限制了 SGML 的广泛普及。

4.3 HTML

4.3.1 HTML 简介

由于 SGML 过于繁复，许多可选特性 Web 开发不必要，难以应用。Internet 的广泛应用，需要人人都易上手的描述语言。作为 SGML 的一种应用，超文本标记语言(HTML，Hyper Text Markup Language)应运而生。

HTML 语言简单易用，它提供了一种文本结构和格式，使其能够在浏览器上呈现给访问它的用户。HTML 不同于一般的 ASCII 文件，是 ASCII 文件的一种增强版本。它在文件中加入了标签，使其可以显示各种各样的字体、图形以及闪烁效果，还增加了结构的标签，如头元素、列表和段落等，并且提供了链接到 Internet 上其他文档的超链接。HTML 成为 Web 上的通用语言，用它可以方便地制作网页、建立链接、构建网站。因此，它很快成为

Web 蓬勃发展的基石。

为了出版可在全球发行的信息，人们需要一种所有计算机都能理解的出版语言，现在 Web 使用的出版语言就是 HTML 语言。HTML 可用于多个方面，其主要功能如下：

(1)发布信息。出版联网文档，向全世界发布信息。这种文档可包含标题、文字、表格、列表、图像、动画、声音和影视文件等。

(2)获取信息。通过超链接可以检索和阅读联网文件。方便用户与因特网上任意网站链接，及时从网上获取各种信息。

(3)交流信息。设计交易单(Form)，实现交互，及时方便地交流信息。这是一种用来从读者处收集信息的 Web 文档，可以与远程服务单位做交易，实现电子商务的各种业务活动。例如，查找信息预约旅馆的房间、与电子商务网站链接、定购产品等。多数交易单至少有一个可供输入文本数据(例如名字或者搜索关键字)的文本域。很多较为精致复杂的表单还包括有用于切换选项的复选框、用于从几个选项中选择其一的单选按钮和执行任务(例如提交表单)的按钮。

W3C 于 1997 年 12 月 18 日，发布了 HTML 4.0 的第一个版本，并在 1998 年 4 月 24 日对其进行了修订。1999 年 12 月 24 日，推出了新版本 HTML 4.01。除了具备 HTML 以前版本(HTML3.2，HTML2.0)的文本、多媒体和超链接特性外，HTML4.01 支持更多的媒体选择、脚本语言、样式表，有更好的页面质量，文档更加易于访问、检索和使用。HTML 还在文档国际化方面做了巨大努力，致力于让 Web 在全球范围内广泛应用。HTML 是 SGML 的一个应用。HTML 使用预先定义好的标签描述网页中的元素。

一个 HTML 文档通常由文档头(head)、文档名称(title)、表格(table)、段落(paragraph)和列表(list)等成分构成。为了表达方便，我们把这些成分称为文档元素(element)，简称为元素，它们是文本文档的基本构件，并且使用超文本标记语言(HTML)规定的标签(tag)来标识这些元素。

HTML 标签由三部分组成：左尖括号“<”，“标签名称”和右尖括号“>”。左尖括号表示标签的开始，右尖括号表示标签的结束。标签通常是成对出现的，例如，<H1>与</H1>分别表示一级标题的开始标签和结束标签，“H1”是一级标签的名称。除了在结束标签名称前面加一个斜杠符号“/”之外，开始标签名称和结束标签名称都是相同的。HTML 中的部分标签将在后面解释。

某些元素还可以包含“属性”(attribute)。属性是指背景颜色、字体属性(大小、颜色、字体、对齐方式等)，它是包含在开始标签中的附加信息。

例如，<P ALIGN=LEFT>表示这段文字是左对齐的。你同样也可以指定图像的对齐属性(如图像在顶部、在底部或者在中间对齐)。

在 HTML 标签名称中，字母不分大小写。例如，<title>与<TITLE> 或者 <TiTlE>都是等效的。

4.3.2 基本标签与属性

HTML 标签和属性很多，为了逐步了解标签和属性的含义，我们先介绍 HTML 的基本标签和属性。

4.3.2.1 基本标签与 HTML 文档结构

(1) 基本标签：<HTML>、<HEAD>、<TITLE>、<BODY>、<Hn>、<PRE>

<HTML>

HTML 标签：告诉浏览器在<HTML> … </HTML>之间的文件是 HTML 文档。

<HEAD>

文档头标签：表明<HEAD> … </HEAD>之间包含的是 HTML 文档名称及相关信息。

<TITLE>

文档名称标签：告诉浏览器在<TITLE> … </TITLE>之间包含的是具体的 HTML 文档名称(字符数通常不超过 64)，需要在特定位置给予显示。

<BODY>

正文标签：表明<BODY> … </BODY>之间是正文部分，这是 HTML 文档最多、最主要的部分，它包含的是显示在浏览器窗口中的文档内容。

<Hn>

标题(Heading)标签：HTML 定义了 6 个等级的标题标签，其中 $n=1$，2，…6。<Hn> … </Hn>之间包含的是第 n 级标题。标题字随标号等级增大而变小。

<PRE>

预格式文本(Preformatted Text)标签：用于产生固定宽度的字符。在 <PRE> … </PRE> 之间的空格、新行、空行和表格与 HTML 源文档中的一致。

由此，我们可以列出 HTML 文档体系结构的基本框架如下：

```
<HTML>
<HEAD>
```

```
<TITLE>…</TITLE>
</HEAD>
<BODY>
<Hn>…</Hn>
<Pre>…</Pre>
……
</BODY>
</HTML>
```

这是一个 HTML 文档的基本框架。为了加深认识，我们先来看一个实际例子。

【例 4-1】基本标签的实例

这是从新浪网新闻频道(http：//news. sina. com. cn)下载的一篇关于“青藏铁路全线建成通车”的报道，对其简化后生成的 HTML 文档显示情况如图 4-2 所示。

下面列出图 4-2 相应的 HTML 文档：

```
<HTML>
  <HEAD>
    <TITLE>青藏铁路创造中国乃至世界多项铁路史纪录</TITLE>
  </HEAD>
<BODY>
    <h2><center>青藏铁路创造中国乃至世界多项铁路史纪录</center></h2>
    <center>http：//www. sina. com. cn2006 年 07 月 01 日 10:48 中国新闻网</center>
    <Pre>
    号称“世界屋脊”的青藏铁路今日全线开通试运营，并创造中国乃至世界多项铁路史上的纪录。
    青藏铁路从西宁至拉萨全长一千九百五十六公里，是世界上海拔最高、线路最长、气候条件最恶劣的高原铁路。
    在这世界高原最具挑战性的工程项目上，中国铁路建设者破解并攻克多年冻土、高寒缺氧和生态脆弱“三大难题”的严峻挑战。
    青藏铁路格尔木至拉萨段自二〇〇一年六月二十九日开工以来，铁道部根据由北向南，逐步推进，分段建设，分段铺轨的总体部署，二〇〇一年在格尔木至望昆段展开施工，在南山口建成世界最大的高原铁路铺架基地，冻
```

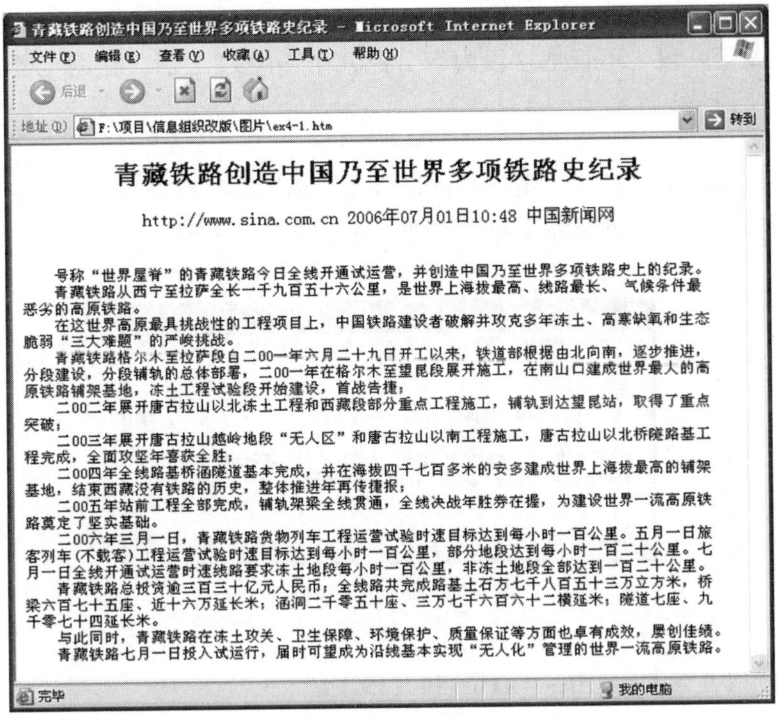

图 4-2　基本标签实例

土工程试验段开始建设，首战告捷；

二〇〇二年展开唐古拉山以北冻土工程和西藏段部分重点工程施工，铺轨到达望昆站，取得了重点突破；

二〇〇三年展开唐古拉山越岭地段“无人区”和唐古拉山以南工程施工，唐古拉山以北桥隧路基工程完成，全面攻坚年喜获全胜；

……

```
    </Pre>
</BODY>
</HTML>
```

(2)段落(Paragraph)标签：<P>

<P> … </P>之间包含的是一段文本信息。HTML 中没有使用硬换行(carriage return)来分段落，这是与字处理软件不同的。在 HTML 文档中，<P>和</P>之间不论有多少行，不论每一行有多长或者多短，也不论其间有多少个空格，浏览器都把它作为一个段落来处理。

【例 4-2】Web 浏览器忽略标签<P>和</P>之间的行数、空行和空字符。

```
<P>步入 HTML 世界，体验 HTML 风格，
    这是第一段。不管把这段内容分成几个“小段”之后，在浏览器上仍然
显示一个段落！
</P>
```

在源 HTML 文档中，虽然有硬换行，但浏览器只有遇到<P>标签之后才开始新的一行，在浏览器上将显示如图 4-3 所示的样式。

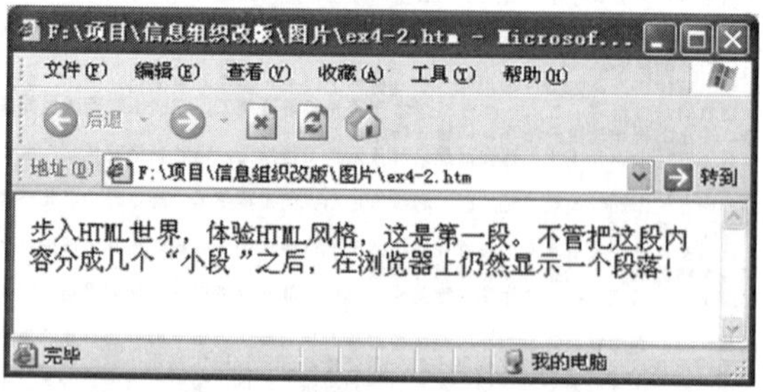

图 4-3　标签<P>的特性

(3)列表标签：<UL>、<OL>和<LI>

HTML 支持无编号列表和有序号列表，而且还可以在列表中嵌套列表。

<UL> … </UL>表示标签之间的列表项目是无编号列表(Unnumbered List)。

<OL> … </OL>表示标签之间的列表项目是有序号列表(Ordered List)。

<LI> 表示标签后面的内容是具体的列表项目(List Item)。

【例 4-3】在<UL> … </UL>之间的项目表示无编号。

```
<UL>
  <LI>信息管理学院
  <LI>商学院
  <LI>法学院
</UL>
```

在浏览器上将显示如图 4-4 所示的样式。

【例 4-4】嵌套列表：在无编号列表中嵌套有序号列表。

```
<UL>
  <LI>东北各省
    <OL>
```

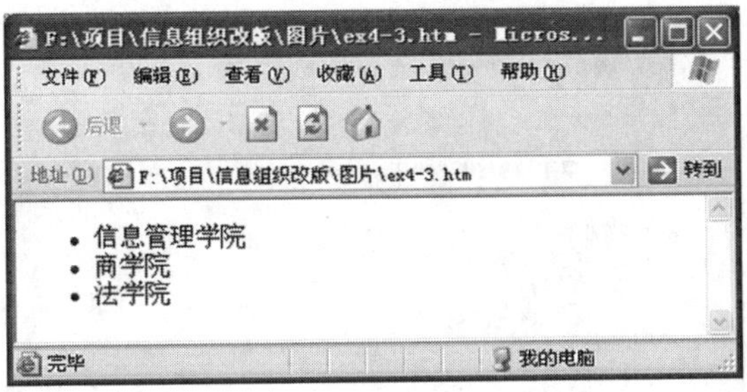

图 4-4　标签<UL>的特性

```
      <LI>黑龙江省
      <LI>吉林省
      <LI>辽宁省
    </OL>
  <LI>中南各省、区
    <OL>
      <LI>河南省
      <LI>湖北省
      <LI>湖南省
      <LI>广东省
      <LI>广西壮族自治区
      <LI>海南省
      <LI>…
    </OL>
</UL>
```

在浏览器上将显示如图 4-5 所示的样式。

(4)定义列表的标签：<DL>、<DT>和<DD>

①<DL>标签：表示定义列表(Definition Lists)

②<DT>标签：表示后面的项是定义术语(Definition Term)

③<DD>标签：表示后面的项是定义释义(Definition Definition)

【例 4-5】定义列表格式

```
<DL>
  <DT>SGML
    <DD>标准通用标记语言,Standart Generalized Markup Language 的缩写。
```

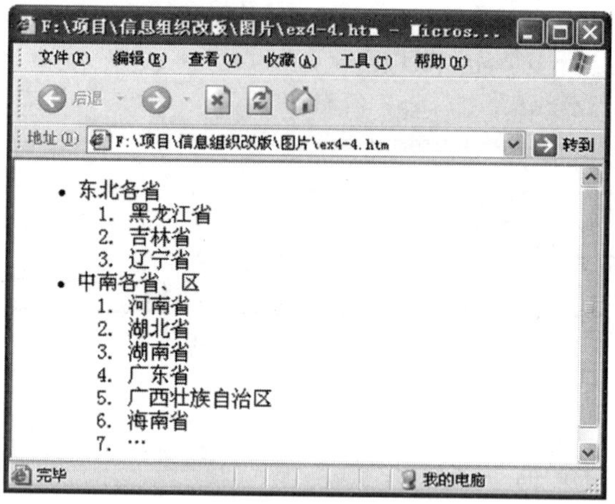

图 4-5 嵌套列表

<DT>HTML

<DD>超文本标记语言,Hypertext Markup Language 的缩写。

<DT>XML

<DD>可扩展标记语言,eXtensible Markup Language 的缩写。

</DL>

在浏览器上将显示如图 4-6 所示的样式。

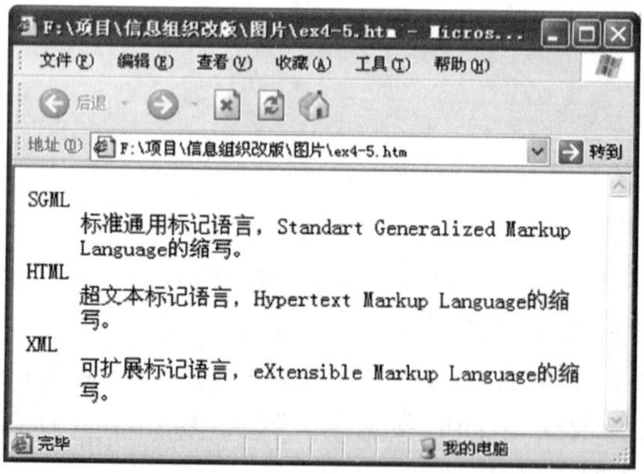

图 4-6 标签<DL>、<DT>和<DD>的特性

(5)强制换行标签：

强制换行/邮政地址标签(Forced Line Breaks/Postal Addresses)：使用
标签可强制文本换行，其好处是不在行与行之间增加空白行。

【例 4-6】强制换行

```
<HTML>
 <HEAD>
  <TITLE>《百家讲坛》栏目</TITLE>
 </HEAD>
 <BODY>
 中央电视台《百家讲坛》栏目<BR>
 周一至周日播出 时长 43 分钟 <BR>
 中午 12:45 首播 晚上 11:30、次日早上 6:40 重播 <BR>
 联系方式:<BR>
 地 址:北京市复兴路 11 号 <BR>
 中央电视台社教节目中心教育专题部《百家讲坛》栏目 <BR>
 邮 编:100859 <BR>
 网 址:http://www. cctv. com <BR>
 电 话:(010)63958933 <BR>
 传 真:(010)51916300 <BR>
 E-mail:bjjt @ cctv. com<BR>
 </BODY>
</HTML>
```

在浏览器上将显示如图 4-7 所示的样式。

(6)水平线(Horizontal Rule)标签：<HR>

它生成一条用于分割文档的水平线，其粗细和长短都可设置。

【例 4-7】水平线及位置标记

```
<BR>
<BR>
<HR SIZE=6 WIDTH="60%"  ALIGN=LEFT><BR>
<HR SIZE=6 WIDTH="60%"  ALIGN=CENTER><BR>
<HR SIZE=6 WIDTH="60%"  ALIGN=RIGHT><BR>
```

其中，ALIGN 为对齐属性：ALIGN = LEFT 表示左对齐，ALIGN = CENTER 表示居中对齐，ALIGN=RIGHT 表示右对齐。在浏览器上将显示如图 4-8 所示的样式，经过两个换行后，连续三个水平线。

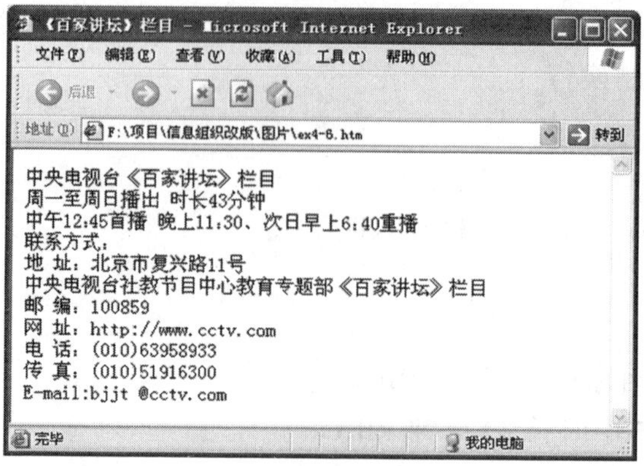

图 4-7　标签
的特性

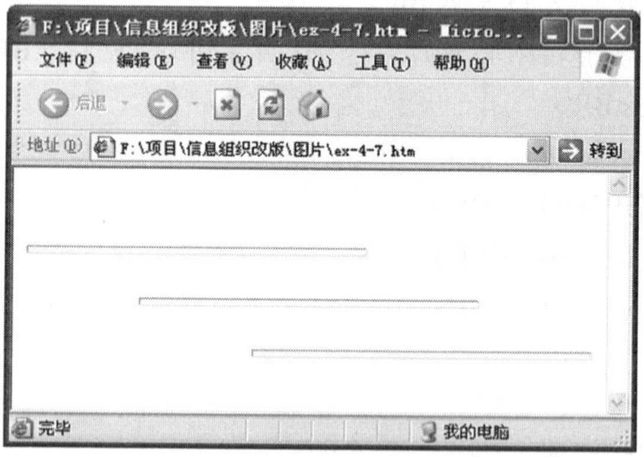

图 4-8　标签<HR>的特性

4.3.2.2　属性

上面我们已用到水平线的对齐属性 ALIGN，HTML 的许多标签都有属性(Attribute)。在标准通用标记语言 SGML 和 HTML 语言中，属性是指用来修改 HTML 标签之间的元素特性。例如，标签之间的元素的对齐方式、字体属性、图像的大小等。

【例 4-8】设置字体属性

```
<P>
    <FONT COLOR="#FF0000" SIZE="15">庆祝红军长征胜利 80 周年! </FONT>
</P>
```

这条语句表示“庆祝红军长征胜利 80 周年!”这几个字的颜色是红色，字号等于 15。在浏览器上将显示如图 4-9 所示的样式。

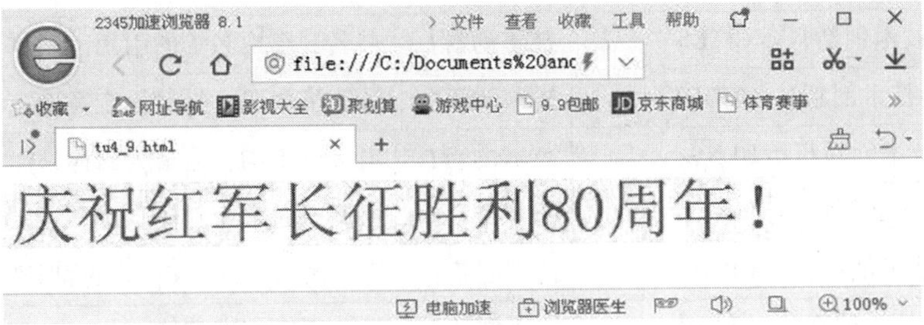

图 4-9　字体属性举例

4.3.3　字符样式

4.3.3.1　物理样式和逻辑样式

HTML 为单独的词或句子定义了两种样式：物理样式(Physical Style)和逻辑样式(Logical Styles)。物理样式说明标签之间的词句的特定外貌，而逻辑样式则按文本的意思显示词句的外貌。

表 4-1 和表 4-2 分别列出了部分物理样式和逻辑样式的标签功能。

表 4-1　**物 理 样 式**

标　签	显示样式	说　明
<B>知识创新！</B>	**知识创新！**	黑体
<I>知识创新！</I>	*知识创新！*	斜体
<U>知识创新！</U>	知识创新！	下划线
<TT>知识创新！</TT>	知识创新！	打字机字体
^{知识创新！}	知识创新！	上标
_{知识创新！}	知识创新！	下标
<S>知识创新！</S>	~~知识创新！~~	加删除线
<STRIKE>知识创新！</STRIKE>	~~知识创新！~~	加删除线

表 4-2　　　　**逻辑样式**

标　签	显示样式	主要用途
<BIG>技术创新！</BIG>	技术创新！	大字体
<CITE>技术创新！</CITE>	*技术创新！*	书名、影视名等的引用，斜体
<CODE>技术创新！</CODE>	技术创新！	计算机代码，显示固定宽度字体
<DFN>技术创新！</DFN>	*技术创新！*	定义一个词，通常为斜体
<EM>技术创新！</EM>	*技术创新！*	强调，通常为斜体
<KBD>技术创新！</KBD>	技术创新！	键盘输入，显示无格式的固定宽度字体
<SAMP>技术创新！</SAMP>	技术创新！	显示固定宽度字体
<SMALL>技术创新！</SMALL>	技术创新！	显示固定宽度字体
<STRONG>技术创新！</STRONG>	**技术创新！**	强调，显示黑体字符
<VAR>变量</VAR>	*变量*	变量，显示斜体字符

从这两张表中可以看到，在某些情况下，例如对于同样一个需要强调的词或者句子，使用物理样式标签和逻辑样式标签可以获得相同的显示效果。

【例 4-9】代数式和化学元素分子式显示，如图 4-10 所示。

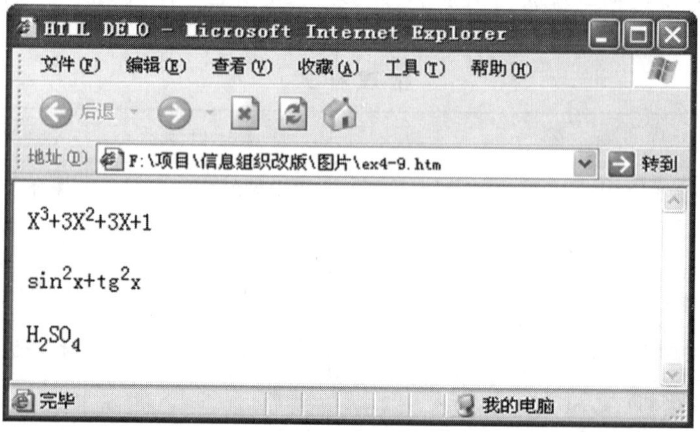

图 4-10　字符样式举例

其相应的 HTML 文档如下：

```
<html>
```

```
  <head>
    <title>HTML DEMO</title>
  </head>
  <body>
    <p>  X<sup>3</sup>+3X<sup>2</sup>+3X+1  </P>
    <p>  sin<sup>2</sup>x+tg<sup>2</sup>x  </p>
    <p>  H<sub>2</sub>SO<sub>4</sub>  </p>
  </body>
</html>
```

物理样式和逻辑样式可显示相同的效果，人们可以自由选用。为什么要如此繁琐地定义这两种样式标签？这是因为在SGML语言中“内容”和“内容的表达方法”是分开的，而HTML是SGML中的子集，同样也有这个特性。例如，SGML标记“HTML概要”为一级标题时，并没有指定一级标题中的“HTML概要”的字体大小(如三号字)和对齐方式(如居中)。这样做的好处是：如果想改变一级标题中的字体(如改为四号字体)和对齐方式(如改为左对齐)时，你所要做的仅仅是改变浏览器中的一级标题的定义。

物理样式和逻辑样式各有它们自己的特点。使用逻辑标签的优点是可强制文档中同一元素的类型的一致性。例如，标记某标题为<H1>比去记住一级标题的字号、对齐方式等要容易得多，这样就不容易记错，保证了一级标题的一致性；使用物理样式的好处是浏览器会严格遵照标记的样式显示文本，因此在不希望浏览器改变样式的情况下就应该使用物理格式。

4.3.3.2 转义字符串

转义字符串(Escape Sequence)也称字符实体(Character Entity)。在HTML中，定义转义字符串的原因有两个：第一个原因是像“<”和“>”这类符号已经用来表示HTML标签，因此就不能直接当做文本中的符号来使用。为了在HTML文档中使用这些符号，就需要定义它的转义字符串。当解释程序遇到这类字符串时就把它解释为真实的字符。在输入转义字符串时，要严格遵守字母大小写的规则。第二个原因是，有些字符在ASCII字符集中没有定义，因此需要使用转义字符串来表示。表4-3是其中的几个转义字符串。

表 4-3　　特殊字符

字符	十进制	转义字符
"	"	"
&	&	&
<	<	<
>	>	>
不断开空格(non-breaking space)		

表 4-4　　其他字符

字符	十进制	转义字符	字符	十进制	转义字符	字符	十进制	转义字符
?	¡	¡	Á	Á	Á	á	á	á
¢	¢	¢	Â	Â	ˆ	â	&#226	â
£	£	£	Ã	Ã	Ã	ã	ã	ã
¤	¤	¤	Ä	Ä	&Auml	ä	ä	ä
¥	¥	¥	Å	Å	˚	å	å	å
¦	¦	¦	Æ	Æ	Æ	æ	æ	æ
§	§	§	Ç	Ç	Ç	ç	ç	ç
¨	¨	¨	È	È	È	è	è	è
©	©	©	É	É	É	é	é	é
a	ª	ª	Ê	Ê	Ê	ê	ê	ê
?	«	«	Ë	Ë	Ë	ë	ë	ë
?	¬	¬	Ì	Ì	Ì	ì	ì	ì
\x7f			Í	Í	Í	í	í	í
®	®	®	Î	Î	Î	î	î	î
-	¯	¯	Ï	Ï	Ï	ï	ï	ï
°	°	°	Ð	Ð	Ð	ð	ð	&ieth;
±	±	±	Ñ	Ñ	Ñ	ñ	ñ	ñ
2	²	²	Ò	Ò	Ò	ò	ò	ò

续表

字符	十进制	转义字符	字符	十进制	转义字符	字符	十进制	转义字符
3	³	³	Ó	Ó	Ó	ó	ó	ó
′	´	´	Ô	Ô	Ô	ô	ô	ô
μ	µ	µ	Õ	Õ	Õ	õ	õ	õ
?	¶	¶	Ö	Ö	Ö	ö	ö	ö
·	·	·	×	×	×	÷	÷	÷
?	¸	¸	Ø	Ø	Ø	ø	ø	ø
1	¹	¹	Ù	Ù	Ù	ù	ù	ù
o	º	º	Ú	Ú	Ú	ú	ú	ú
?	»	»	Û	Û	Û	û	û	û
?	¼	¼	Ü	Ü	Ü	ü	ü	ü
?	½	½	Ý	Ý	Ý	ý	ý	ý
?	¾	¾	þ	Þ	Þ	þ	þ	þ
?	¿	¿	β	ß	ß	ÿ	ÿ	ÿ
À	À	À	à	à	à			

4.3.4 表格标签与属性

表格是 HTML 文档中的重要内容，经常需要设计。一张表格有许多表元素(table element)组成，例如表的名称(caption)、表行(table row)、列表标题(table header)、列表数据单元(table data cell)等。HTML 为表格规定了表元素标签和属性，它们分别在表 4-5 和表 4-6 中列出。

表 4-5　　　　**表元素标签**

表元素	说　明
<TABLE>…</TABLE>	定义表格。如果已设置表的边框(BORDER)属性，浏览器就可显示边框
<CAPTION>…</CAPTION>	定义表的名称(CAPTION)
<TR>…</TR>	定义表的行(Table Row)，可定义对齐属性

续表

表元素	说 明
<TH>…</TH>	定义列表标题(Table Header),通常为黑体字,居中对齐
<TD>…</TD>	定义列表数据(Table Data)单元

表 4-6　　**表元素属性**

属　性	说　明
ALIGN(LEFT,CENTER,RIGHT)	表单元的水平对齐方式
VALIGN(TOP,MIDDLE,BOTTOM)	表单元的垂直对齐方式
COLSPAN=n	表单元跨越的列数
ROWSPAN=n	表单元跨越的行数
NOWRAP	表单元中的文字无自动换行

在 HTML 的表格设计中，注意掌握下列要点：

①<TABLE> … </TABLE>必须要包含整个表的定义；

②在表格中的第一项是表的名称(CAPTION)，它是可有可无的；

③<TR> … </TR>标签定义的行的数目没有限制；

④在一行中，使用<TD> … </TD>或者<TH> … </TH>标签定义的数据单元数目也没有限制；

⑤表的每一个单元的属性可单独设置，因此表格的形式可以多种多样；

⑥数据单元中的内容可以是文字、数字，也可以是图标，或者是两者，而且还可以设置超级链接。

关于表格的标签与属性，我们先来看一个例子。下列 HTML 文档中有表格元素标签与属性的描述。

【例 4-10】表格对齐

```
<HTML>
<HEAD>
    <TITLE>表格对齐</TITLE>
</HEAD>
```

```
<TABLE border=2>
<TR>
  <TH></TH>
  <TH>左对齐</TH>
  <TH>居　中</TH>
  <TH>右对齐</TH>
</TR>
<TR>
  <TH>上<BR>对<BR>齐</TH>
  <TD ALIGN=left VALIGN=top>ABC</TD>
  <TD ALIGN=center VALIGN=top>ABC</TD>
  <TD ALIGN=right VALIGN=top>ABC</TD>
</TR>
<TR>
<TH>居<BR>　<BR>中</TH>
  <TD ALIGN=left VALIGN=middle>ABC</TD>
  <TD ALIGN=center VALIGN=middle>ABC</TD>
  <TD ALIGN=right VALIGN=middle>ABC</TD>
</TR>
<TR>
  <TH>下<BR>对<BR>齐</TH>
  <TD ALIGN=left VALIGN=bottom>ABC</TD>
  <TD ALIGN=center VALIGN=bottom>ABC</TD>
  <TD ALIGN=right VALIGN=bottom>ABC</TD>
</TR>
</TABLE>
</BODY>
</HTML>
```

该文档运行后如图 4-11 所示。

【例 4-11】二维表通用结构

一般的表格如下所示：

图 4-11　表格对齐示意图

```
<HTML>
  <HEAD>
    <TITLE>二维表通用结构</TITLE>
  </HEAD>
<BODY>
<TABLE BORDER="5">
  <!-- 表格定义开始 -->
    <CAPTION><H2>二维表通用结构</H2></CAPTION>
  <!-- 标题说明-->
  <TR>
    <!-- 列表标题定义开始-->
    <TH>第 1 列标题</TH>
    <TH>…</TH>
    <TH>第 n 列标题 </TH>
    <!--列表标题定义结束-->
  </TR>
  <TR>
```

```
      <!--第 1 行列表数据开始 -->
      <TD>第 1 行第 1 个单元的数据</TD>
      <TH>…</TH>
      <TD>第 1 行第 n 个单元的数据</TD>
      <!--第 1 行列表数据结束 -->
   </TR>
   <TR>
      <!--第 2 行列表数据开始 -->
      <TD>第 2 行第 1 个单元的数据</TD>
      <TH>…</TH>
      <TD>第 2 行第 n 个单元的数据</TD>
      <!--第 2 行列表数据结束 -->
   </TR>
   <TR>
      <!--第 n 行列表数据开始 -->
      <TD ALIGN="CENTER">…</TD>
      <TD ALIGN="CENTER">…</TD>
      <TD ALIGN="CENTER">…</TD>
      <!--第 n 行列表数据结束 -->
   </TR>
   <TR>
      <!-- 最后一行列表数据开始-->
      <TD>第 m 行第 1 个单元的数据 </TD>
      <TH>…</TH>
      <TD>第 m 行第 n 个单元的数据</TD>
      <!-- 最后一行列表数据结束 -->
   </TR>
   <!-- 表格定义结束 -->
</TABLE>
</BODY>
</HTML>
```

在本例中，<!--　-->为注释符号，内部文字起注释作用，浏览器并不会解析它，因此不会被显示出来。在浏览器上将显示如图 4-12 所示的样式。

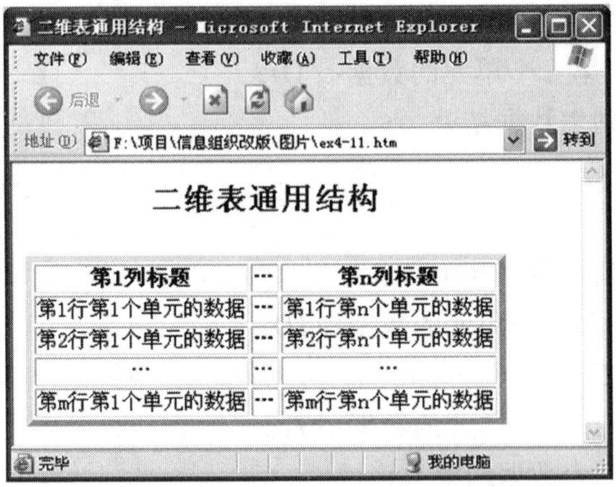

图 4-12　二维表标签和属性示意图

非二维结构的表格的情况较复杂，图 4-13 显示了一个例子。

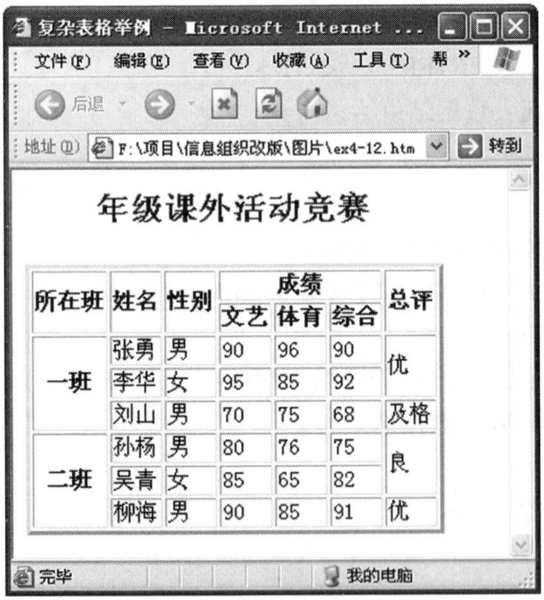

图 4-13　复杂表格实例

【例 4-12】复杂表格的实例

下面是年级举行的课外活动竞赛的成绩表。行、列都有组合项目，设计情况比二维表复杂。

图 4-13 所示表格对应的 HTML 文档如下：

```
<html>
  <head>
    <title>复杂表格举例</title>
  </head>
<body>
<table border=3>
  <caption><h2>年级课外活动竞赛</h2></caption>
  <tr>
    <th rowspan=2>所在班</th>
    <th rowspan=2>姓名</th>
    <th rowspan=2>性别</th>
    <th colspan=3>成绩</th>
    <th rowspan=2>总评</th>
  </tr>
  <tr>
    <th>文艺</th>
    <th>体育</th>
    <th>综合</th></tr>
  <tr>
    <th rowspan=3>一班</th>
    <td>张勇</td>
    <td>男</td>
    <td>90</td>
    <td>96</td>
    <td>90</td>
    <td rowspan=2>优</td>
  </tr>
  <tr>
```

```
    <td>李华</td>
    <td>女</td>
    <td>95</td>
    <td>85</td>
    <td>92</td>
  </tr>
  <tr>
    <td>刘山</td>
    <td>男</td>
    <td>70</td>
    <td>75</td>
    <td>68</td>
    <td>及格</td>
  </tr>
  <tr>
    <th rowspan=3>二班</th>
    <td>孙杨</td>
    <td>男</td>
    <td>80</td>
    <td>76</td>
    <td>75</td>
    <td rowspan=2>良</td>
  </tr>
  <tr>
    <td>吴青</td>
    <td>女</td>
    <td>85</td>
    <td>65</td>
    <td>82</td>
  </tr>
  <tr>
    <td>柳海</td>
    <td>男</td>
    <td>90</td>
```

```
    <td>85</td>
    <td>91</td>
    <td>优</td>
  </tr>
</table>
</body>
</html>
```

4.3.5 链接标记与属性

4.3.5.1 超链接的概念

超文本链接(Hypertext Link)通常简称为超链接(Hyperlink)，或者简称为链接(Link)。链接是 HTML 的一个最强大和最有价值的功能。链接是指文档中的元素或者图像与另一个文档、文档的一部分或者一幅图像链接在一起。在 HTML 中，简单的链接标签是<A>，也称为锚(Anchor)签。要把一个文件包含在你的文档中，它的基本语法是：

```
<A HREF="文件名">…</A>
或 <A HREF="URL">…</A>
```

其中，HREF 是 Hypertext Reference 的缩略词。如果文件名与所 Link 的 HTML 文档在同一目录下，则直接写文件名。若两者不在同一目录下，则必须在文件名前面写出它的完整路径。

【例 4-13】下面是一个使用 HTML 编辑器编辑的《HTML4.0 指南》文档，它的文件名是 zn. htm，存放在 C：\ temp 目录下。该文档包含有四个部分，每个部分用单独的一个文档来表示，分别是 HTML40P1. html，…，HTML40P4. html，而且都存放在 C：\ temp 目录下，《HTML4.0 指南》的文档如下所示：

```
<HTML>
  <HEAD>
    <TITLE>HTML4.0 指南</TITLE>
  </HEAD>
<BODY>
  <H2>HTML4.0 入门</H2>
  <A href="HTML40P1. html">第一部分</A>|
  <A href="HTML40P2. html">第二部分</A>|
  <A href="HTML40P3. html">第三部分</A>|
  <A href="HTML40P4. html">第四部分</A>
```

</BODY>
</HTML>

其中“<A href="HTML40P1. html">第一部分</A>”这一项可使“第一部分”链接到相同目录下的文档“HTML40P1. html”，其余类推。

在 Web 浏览器上显示文档时，通常用不同的颜色来区分有链接关系和没有链接关系的元素。在微软公司和其他一些公司开发的浏览器中，有链接关系的元素通常用蓝色和下划线表示。这个文档在浏览器上将显示如图 4-14 所示的样式。

图 4-14　超链接在页面上的样式

4.3.5.2　相对路径和绝对路径

文档路径分两种：相对路径与绝对路径。相对路径是指相对于当前工作路径的路径，而绝对路径是指一个完整的路径。如果一个文档在同一路径下，HTML 可以使用相对路径来链接该文档。这样比较简洁。否则只能使用绝对路径。

【例 4-14】在例 4-13 中，如果文档“HTML40P1. html”存放在目录 C：\temp \ html_sub 下，使用相对路径时可写成：

<A href="html_sub/HTML40P1. html">第一部分</A>

使用绝对路径时写成：

<A href="C：/temp/html_sub/HTML40P1. html">第一部分</A>

在网页设计中，需要明确以下三点：

①使用相对路径链接比使用绝对路径链接的运行效率会更高，移动一组文档时也更容易。

②UNIX 系统是区分大小写的，而 DOS 和 Mac OS 系统是不区分大小写

的。因此在编写 HTML 文档时，对文档的大小写要严格区分，否则 UNIX 系统上的浏览器无法找到该文档。

③路径名使用 UNIX 系统的标准句法。

为了进一步更熟悉地了解相对路径的用法，这里举一个较为复杂的例子。

【例 4-15】在图 4-15(上)所示的目录结构中，“C：\ temp \ 相对路径实例”目录有 4 个子目录和 1 个页面“index. htm”，其中，4 个子目录中分别有 1 个页面：“第一章 . htm”，“第二章 . htm”，“第三章 . htm”，及“第四章 . htm”。要求利用相对路径实现 Index 页面到各章页面的跳转，以及各个章节页面到 Index 页面及前后章的跳转。5 个页面的实现效果如图 4-15(下)、图 4-16、图 4-17 所示。

图 4-15　相对路径实例的目录结构(上)和 Index 页面(下)

Index. htm 文档如下：

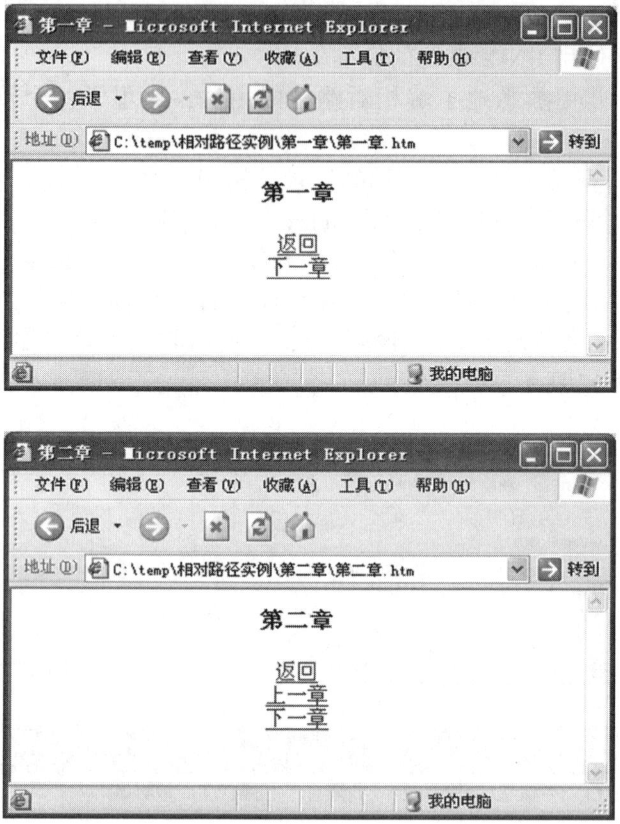

图 4-16 相对路径实例的第一章页面(上)和第二章页面(下)

```
<html>
  <head>
    <title>相对路径实例</title>
  </head>
<body>
  <center>
    <h2>相对路径实例</h2>
    <a href="第一章/第一章.htm">第一章</a><br>
    <a href="第二章/第二章.htm">第二章</a><br>
    <a href="第三章/第三章.htm">第三章</a><br>
    <a href="第四章/第四章.htm">第四章</a>
```

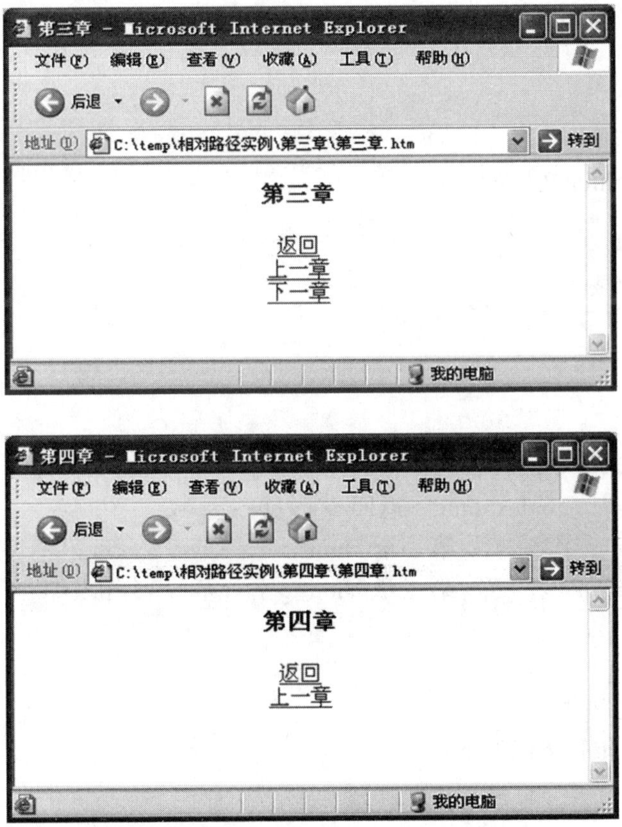

图 4-17　相对路径实例的第三章页面(上)和第四章页面(下)

```
    </center>
</body>
</html>
```

第一章.htm 文档如下：

```
<html>
  <head>
    <title>第一章</title>
  </head>
<body>
  <center>
    <h3>第一章</h3>
```

```
      <a href="../index. htm">返回</a><br>
      <a href="../第二章/第二章 . htm">下一章</a><br>
    </center>
</body>
</html>
```

第二章 . htm 文档如下：

```
<html>
  <head>
    <title>第二章</title>
  </head>
<body>
  <center>
    <h3>第二章</h3>
    <a href="../index. htm">返回</a><br>
    <a href="../第一章/第一章 . htm">上一章</a><br>
    <a href="../第三章/第三章 . htm">下一章</a><br>
  </center>
</body>
</html>
```

第三章 . htm 文档如下：

```
<html>
  <head>
    <title>第三章</title>
  </head>
<body>
  <center>
    <h3>第三章</h3>
    <a href="../index. htm">返回</a><br>
    <a href="../第二章/第二章 . htm">上一章</a><br>
    <a href="../第四章/第四章 . htm">下一章</a><br>
  </center>
</body>
</html>
```

第四章 . htm 文档如下：

```
<html>
```

```
  <head>
    <title>第四章</title>
  </head>
<body>
  <center>
    <h3>第四章</h3>
    <a href="../index.htm">返回</a><br>
    <a href="../第三章/第三章.htm">上一章</a><br>
  </center>
</body>
</html>
```

其中，“..”表示当前目录的上一级目录。

4.3.5.3 链接 URL

URL(Uniform Resource Locator)是识别 Internet 上任何一个文件地址或资源地址的标准表示法，称为统一资源地址。WWW 使用 URL 来指定在其他服务器上文档的位置。一个信息资源在网络上的 URL 地址通常由三个部分组成：

①请求服务的类型，它用来说明使用什么网络协议来存取资源，如 WWW 服务程序使用 HTTP(HyperText Transfer Protocol)协议，文件传送使用 FTP(File Transfer Protocol)协议，等等。

②网络上的主机名。

③服务器上的文件名。

例如，“http://www.xinhuanet.com/edu/jyxw.htm”，第一部分，冒号之前的“http”表示使用的网络协议是 HTTP；第二部分，双斜线(//)之后的“www.xinhuanet.com”表示存放信息的主机名，这是新华网的 Web 服务器；第三部分，第一个斜线后面的表示文件所在服务器上的目录(edu)和文件名(jyxw.htm)。这个地址告诉 Web 浏览器“使用 HTTP 协议，从名字为 www.xinhuanet.com 的服务器里、在 edu 目录下取回名为 jyxw.htm 的文件。

【例 4-16】在例 4-14 中，如果文档“HTML40P1.html ”不在同一台机器上，而是在 URL=http://www.edu.cn/kj/Lec01/下，就要使用 URL 绝对路径：

<A href = " http://www.edu.cn/kj/Lec01/HTML40P1.html" >第一部分</A>

4.3.5.4 链接文档内部

有些文档比较长，在文档内部之间往往需要建立相互链接。在这种情况下首先要对被链接的元素进行命名，也就是给它们进行编号，然后建立它们之间的链接关系。元素的命名或者编号使得你的文档更为清晰，便于阅读和修改。

【例 4-17】假设文档《HTML4.0 指南》分成 4 个部分，而且这 4 个部分都在同一个文档中，生成的页面如图 4-18 左图所示。

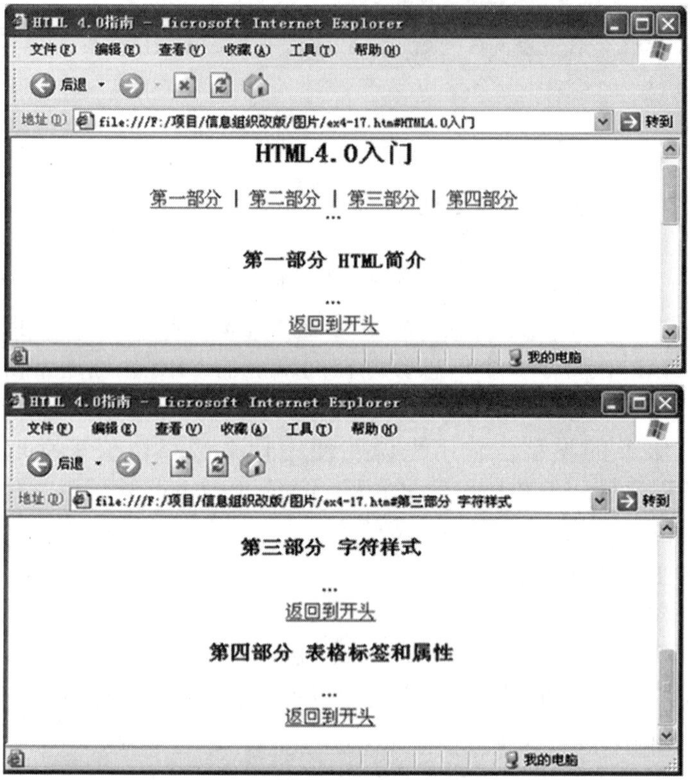

图 4-18　链接文档内部实例

当你点击“第三部分”时，浏览器就显示“第三部分 字符样式”的内容，如图 4-18 下图所示。当你点击“返回到开头”时就返回到“HTML4.0 入门”，即上图的效果。其他几个链接的设计也是如此。实现显示这个页面的 HTML 文档的源文件如下所示：

```
<HTML>
  <HEAD>
    <TITLE>HTML 4.0 指南</TITLE>
```

```
  </HEAD>
<BODY>
<CENTER>
  <H2><A NAME="HTML4.0 入门">HTML4.0 入门</A></H2>
  <A HREF="#第一部分 HTML 简介">第一部分</A>|
  <A HREF="#第二部分 HTML 标签和属性">第二部分</A>|
  <A HREF="#第三部分 字符样式">第三部分</A>|
  <A HREF="#第四部分 表格标签和属性">第四部分</A><BR>
  <H3><A NAME="第一部分 HTML 简介">第一部分 HTML 简介</A></H3>
  …<BR>
  <A HREF="#HTML4.0 入门">返回到开头</A>
  <H3>
  <A NAME="第二部分 HTML 标签和属性">第二部分 HTML 标签和属性</A>
  </H3>
  …<BR>
  <CENTER><A HREF="#HTML4.0 入门">返回到开头</A></CENTER>
  <H3 ALIGN="CENTER">
    <A NAME="第三部分 字符样式">第三部分 字符样式</A>
  </H3>
  …<BR>
  <A HREF="#HTML4.0 入门">返回到开头</A>
  <H3>
  <A NAME="第四部分 表格标签和属性">第四部分 表格标签和属性</A>
  </H3>
  …<BR>
  <A HREF="#HTML4.0 入门">返回到开头</A>
</CENTER>
</BODY>
</HTML>
```

4.3.5.5 链接电子邮件程序

在网页设计中，有些情况需要用户用 E-mail 返回信息，在 Web 页面上链接电子邮件程序需要使用“mailto”。使用 mailto 可以创建预先填入有电子邮件地址的表单，其中，电子邮件地址可以是作者的，也可以是第三者的，这样可鼓励读者给作者反馈信息，也便于读者与第三方联系。mailto 的语法结构如下：

<A HREF="mailto：userinfo@host">Name</A>

其中，“userinfo”是电子邮件地址的用户名，“host”是电子邮件服务器的主机名，“Name”应该是让人能容易理解的提示信息。

【**例 4-18**】在 HTML 文档中插入如下语句：

```
<P>如有什么要求请发电子邮件到
    <A HREF="mailto:office_lwzj@263.net">论文征集办公室</A>
</P>
```

这个文档在浏览器上将显示如图 4-19 所示的样式。

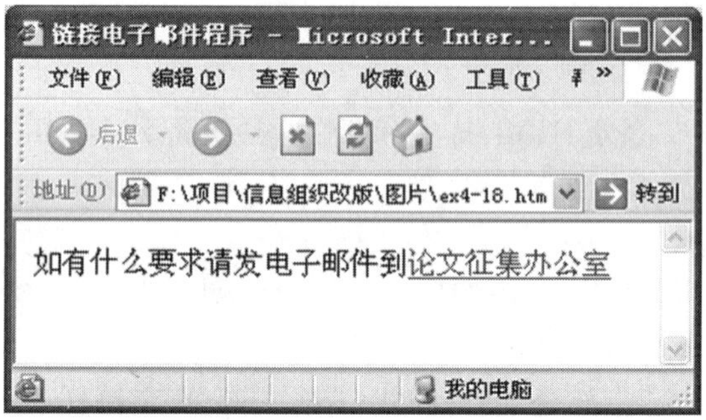

图 4-19　链接电子邮件程序举例

只要你用鼠标器点击它，就会调出电子邮件编辑器供你编写电子邮件，然后发送到 office_lwzj@263.net 信箱。

4.3.5.6　链接图像文件

图像也可以作为链接的目标文件，点击该链接时，则在页面中打开图像文件，供用户浏览。链接图像的语句：

<A HREF="图像文件路径及名称">图像说明</A>

【**例 4-19**】文档“ex4-19.htm”和图像文件“武汉大学樱花大道.jpg”在同一目录下，在文档中链接该图像，其中，文档内容如下：

```
<HTML>
  <HEAD>
    <TITLE>武汉大学樱花大道</TITLE>
  </HEAD>
  <BODY>
      <A HREF="武汉大学樱花大道.jpg">武汉大学樱花大道</A>
```

```
  </BODY>
</HTML>
```

运行这个文档效果如图 4-20 左图所示，点击链接则在页面中打开图像文件，如图 4-20 右图所示。

图 4-20　链接图像文件实例

4.3.5.7　链接声音文件

声音也可以作为链接的目标文件，点击该链接时，则调用声音播放工具打开声音文件，供用户欣赏。链接声音的语句：

```
<A HREF="声音文件路径及名称">声音说明</A>
```

【例 4-20】文档“ex4-20. htm”和声音文件“武汉大学校歌 . mp3”在同一目录下，在文档中链接该声音文件，其中，文档内容如下：

```
<HTML>
  <HEAD>
    <TITLE>武汉大学校歌</TITLE>
  </HEAD>
  <BODY>
    <A HREF="武汉大学校歌 . mp3">武汉大学校歌</A>
  </BODY>
</HTML>
```

运行这个文档效果如图 4-21 左图所示，点击链接时调用 Windows Media Player 播放声音文件，如图 4-21 右图所示。

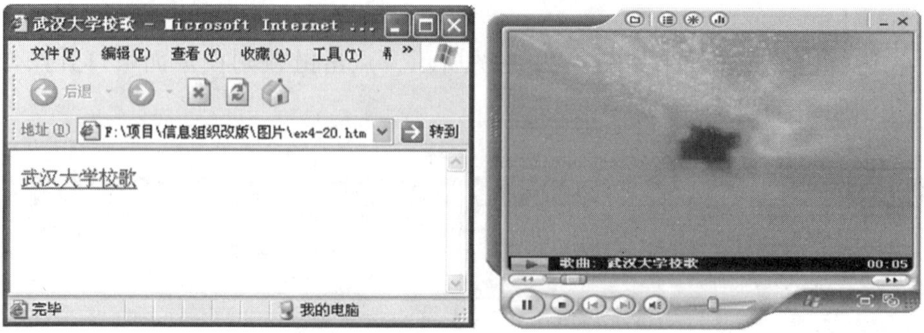

图 4-21 链接图像文件实例

4.3.5.8 链接视频文件

视频也可以作为链接的目标文件，点击该链接时，则调用视频播放工具打开视频文件，供用户欣赏。链接声音的语句：

<A HREF="视频文件路径及名称">视频说明</A>

【例 4-21】文档“ex4-20. htm”和视频文件“武汉大学樱花欣赏 . wmv”在同一目录下，在文档中链接该视频文件，其中，文档内容如下：

```
<HTML>
  <HEAD>
    <TITLE>武汉大学樱花欣赏</TITLE>
  </HEAD>
  <BODY>
    <A HREF="武汉大学樱花欣赏 . wmv">武汉大学樱花欣赏</A>
  </BODY>
</HTML>
```

运行这个文档效果如图 4-22 左图所示，点击链接时调用 Windows Media Player 播放视频文件，如图 4-22 右图所示。

4.3.6 多媒体页面

4.3.6.1 使用图像作页面背景

为了使网页美观、有层次，可以用图像设置为网页的背景，使用图像做网页背景的语法结构如下：

<BODY BACKGROUND="图像文件名">

做背景的图像不需要很大，浏览器会利用它的平铺(tiling)功能布满整

图 4-22　链接视频文件实例

个网页。

【例 4-22】设计网页的背景

```
<HTML>
  <HEAD>
    <TITLE>背景图</ TITLE>
  </HEAD>
  <BODY   BACKGROUND = "武汉大学鸟瞰图.jpg">
    <CENTER><H2>武汉大学鸟瞰</H2></CENTER>
  </BODY>
</HTML>
```

运行这个 HTML 文档，在 IE 浏览器上显示的背景如图 4-23 所示。

4.3.6.2　嵌入图像到页面

在网页设计中，可以直接将图像文件嵌入到网页中。由于与文本一切下载，并且在浏览器上表现为文本和图像显示在同一网页上，这种图像也称为内嵌图像。

在 HTML 文档中嵌入图像文件的格式如下：

<IMG SRC=ImageName> … </IMG>

其中，“ImageName”是图像文件的路径和名称；“<IMG SRC=”与“<A HREF=”的功能相同。

【例 4-23】文档“ex4-23.htm”和图像文件“国立武汉大学牌楼.jpg”在同一目录下，现将该图像嵌入到文档中，文档内容如下：

图 4-23　图像作页面背景举例

```
<HTML>
  <HEAD>
    <TITLE>国立武汉大学牌楼</TITLE>
  </HEAD>
  <BODY>
    <IMG SRC="国立武汉大学牌楼.jpg" WIDTH="250" HEIGHT="250"
    ALIGN="RIGHT">国立武汉大学牌楼</IMG>
  </BODY>
</HTML>
```

运行这个文档，效果如图 4-24 所示。

4.3.6.3　设置页面背景音乐

为了增强 Web 效果，可以在 HTML 文档中嵌入背景音乐，当打开 HTML 文档时就开始播放。嵌入背景音乐的基本语法结构如下：

<BGSOUND SRC = “声音文件路径及名称” LOOP = n >

LOOP 用以设置循环次数。若 loop =-1，则表示无限循环。

图 4-24　嵌入图像到文档实例

【**例 4-24**】将“武汉大学校歌 . mp3”作为文档“ex4-24. htm”的语句是：<BGSOUND SRC=“武汉大学校歌 . mp3” LOOP=6>

4.3.6.4　嵌入声音到页面

在网页设计中，可以直接将声音文件嵌入到网页中。将声音文件嵌入到文档中的语句：

<EMBED SRC="声音文件路径和名称" ></EMBED>

【**例 4-25**】文档“ex4-25. htm”和声音文件“武汉大学校歌 . mp3”在同一目录下，将声音文件嵌入到文档中，文档内容如下：

```
<HTML>
  <HEAD>
    <TITLE>武汉大学校歌</TITLE>
  </HEAD>
<BODY>
<EMBED SRC =" 武汉大学校歌 . mp3"  ALIGN =" right" >武汉大学校歌
</EMBED>
</BODY>
</HTML>
```

运行这个文档，效果如图 4-25 所示。

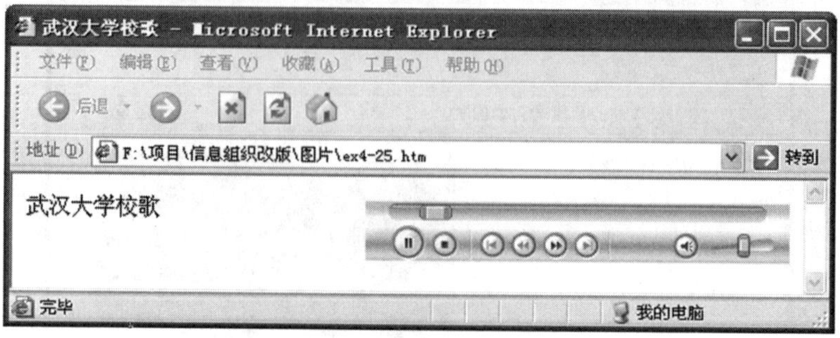

图 4-25 嵌入声音到文档实例

4.3.6.5 嵌入视频到页面

在页面设计中，也可以将视频嵌入到页面中，嵌入视频文件的语句：

<EMBED SRC="视频文件路径和名称" > </EMBED>

或<IMG DYNSRC="视频文件路径和名称"> </IMG>

【例 4-26】文档“ex4-26.htm”和视频文件“武汉大学樱花欣赏.wmv”在同一目录下，将视频文件嵌入到文档中，文档内容如下：

```
<HTML>
  <HEAD>
    <TITLE>武汉大学樱花欣赏</TITLE>
  </HEAD>
<BODY>
    ①<EMBED SRC="武汉大学樱花欣赏.wmv" HEIGHT="180" WIDTH=
"160"></EMBED>
    ②<IMG DYNSRC="武汉大学樱花欣赏.wmv" HEIGHT="180" WIDTH=
"160"></IMG>
    ③<IMG DYNSRC="武汉大学樱花欣赏.wmv" HEIGHT="180" WIDTH=
"160" START=MOUSEOVER></IMG>
</BODY>
</HTML>
```

运行这个文档，效果如图 4-26 所示。

其中，标号①、②、③所示的语句有着不同的功能含义。

语句①：打开 HTML 文档时显示带有播放控制按钮的图像，当按下播

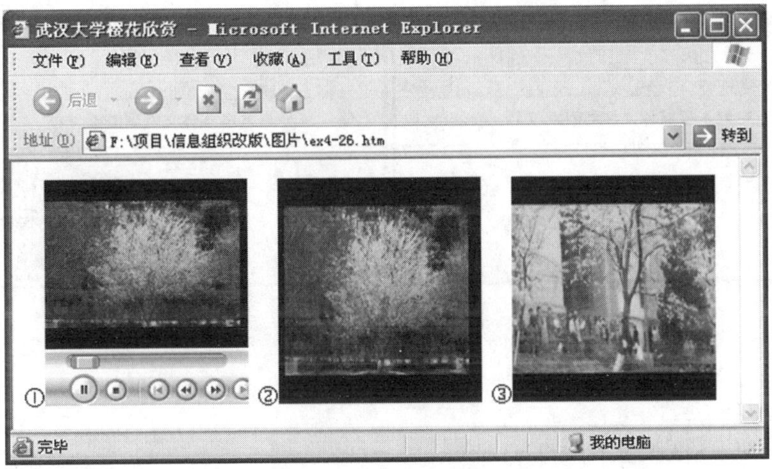

图 4-26 嵌入视频到文档实例

放按钮之后就开始播放，还有暂停等操作按钮。

语句②：打开 HTML 文档时显示不带播放控制按钮的图像，并马上开始播放直到播放完毕。

语句③：打开 HTML 文档时显示不带播放控制按钮的图像，当把鼠标放在图像上时开始播放直到播放完毕。当把鼠标放在图像上时又重新播放。

4.3.7 框架

在页面设计中，经常将浏览器窗口划分为几个部分，各个部分别装载不同的 HTML 文档，实现这一特性的是框架机制。每个 HTML 文档占据一个框架，而多个框架可以同时显示在同一个浏览器窗口中。框架通常的使用方法是在一个框架中放置目录，将目录款目对应的内容在另一个框架中显示，方便用户浏览。这里给出一个例子。

【例 4-27】将文档“ex4-23. htm”“ex4-25. htm”“ex4-26. htm”组织成图 4-27左图所示的形式，窗口上部显示提示信息，窗口左部提供一个链接目录分别链接到三个文档，窗口右部显示具体内容，如点击“嵌入图像到 HTML 文档”显示文档“ex4-23. htm”的内容，如图 4-27 右图所示。

实现上述效果，需要定义四个文档。

(1) 文档“ex4-27. htm”内容

```
<HTML>
```

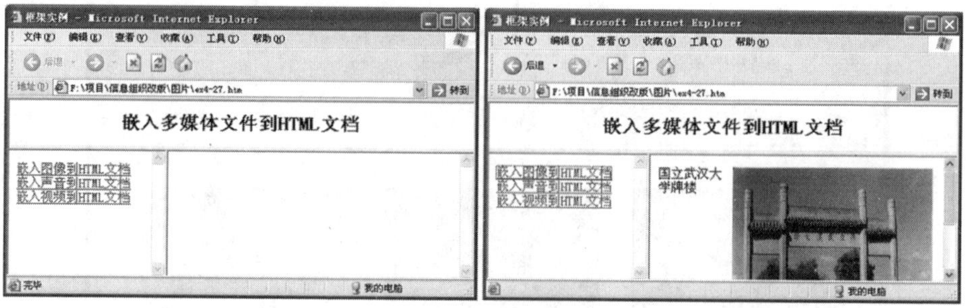

图 4-27　框架实例

```
  <HEAD>
    <TITLE>框架实例</TITLE>
  </HEAD>
<frameset rows="60, * " frameborder="yes" border="1" framespacing="2">
  <frame name="topframe" scrolling="no" src="up. htm">
  <frameset cols="200, * " frameborder="yes" border="1" framespacing="0">
    <frame name="leftframe" scrolling="yes" src="left. htm">
    <frame name="mainframe" scrolling="yes" src="right. htm">
  </frameset>
</frameset>
</HTML>
```

(2) 文档“up. htm”内容

```
<HTML>
  <HEAD>
    <TITLE>顶部窗口</TITLE>
  </HEAD>
<BODY>
    <CENTER><H2>嵌入多媒体文件到 HTML 文档</H2></CENTER>
</BODY>
</HTML>
```

(3) 文档“left. htm”内容

```
<HTML>
  <HEAD>
    <TITLE>左边窗口</TITLE>
```

```
  </HEAD>
<BODY>
    <A HREF="ex4-23.htm" TARGET="mainframe">嵌入图像到 HTML 文档</A><BR>
    <A HREF="ex4-25.htm" TARGET="mainframe">嵌入声音到 HTML 文档</A><BR>
    <A HREF="ex4-26.htm" TARGET="mainframe">嵌入视频到 HTML 文档</A>
</BODY>
</HTML>
```

(4)文档“right. htm”内容

```
<HTML>
  <HEAD>
    <TITLE>主窗口</TITLE>
  </HEAD>
  <BODY>
  </BODY>
</HTML>
```

4.3.8 表单

表单标签<FORM>：用来收集用户的信息，它可以包含让用户输入文本和选择项目的接口构件，例如文本域、按钮、复选框、单选按钮和选择列表。使用<FORM>标签时需要注意：

①表单中的所有构件必须在<FORM>…</FORM>之间定义；

②在表单中的每个接口构件必须和输入标签(<INPUT>)或者选择标签(<SELECTION>)一起定义。

【例 4-28】检查身份表单

```
<HTML>
  <HEAD>
    <TITLE>检查身份</TITLE>
  </HEAD>
<BODY>
  <center><h2>欢迎光临新科海书店</h2></center>
  <HR>
```

```
  <FORM>
      请输入您的姓名:
      <INPUT TYPE="text" name="name"></center><BR>
      请输入您的密码:
      <INPUT TYPE="password" NAME="password"><BR><BR>
      <INPUT type="submit" value="提交">
      <INPUT TYPE="reset" VALUE="重置">
  </FORM>
  <HR>
</BODY>
</HTML>
```

在浏览器上将显示如图 4-28 所示的样式。

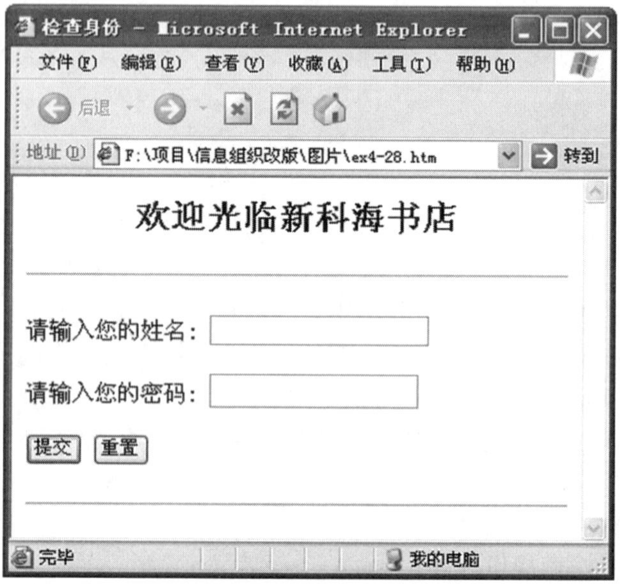

图 4-28　标签<FORM>的特性

【例 4-29】单选按钮表单

在浏览器上将显示如图 4-29 所示的样式。

图 4-29 的相应 HTML 文档如下:

```
<HTML>
```

图 4-29 单选按钮表单

```
  <HEAD>
    <TITLE>征求意见</title>
  </HEAD>
<body>
  <form>
    请在下列表中任选一项：
    <input type="radio" name="x1" value="同意">同意
    <input type="radio" name="x1" value="不同意">不同意
  </form>
</body>
</HTML>
```

【**例 4-30**】多选按钮表单

图 4-30 所显示的 5 个语种，可选择多项。

其 HTML 文档如下：

```
<HTML>
  <HEAD>
    <TITLE>多项选择</TITLE>
  </HEAD>
<body>
  <form>
    请在下列表中任选几项：<br>
    <input type="checkbox" name="x1" value="英语">英语
    <input type="checkbox" name="x2" value="法语">法语
```

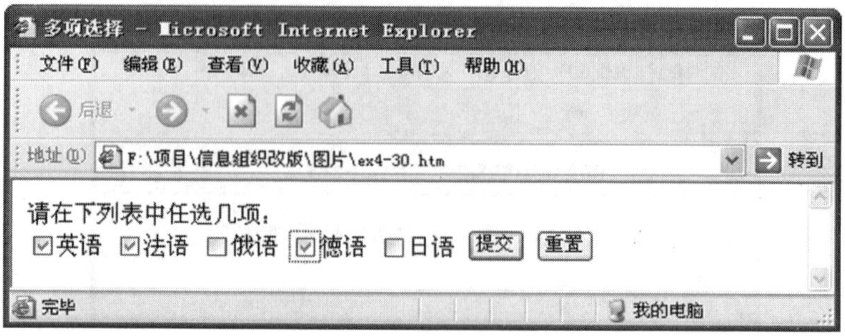

图 4-30　多选按钮表单

```
    <input type="checkbox"  name="x3"  value="俄语">俄语
    <input type="checkbox"  name="x4"  value="德语">德语
    <input type="checkbox"  name="x5"  value="日语">日语
    <input type="submit"  value="提交">
    <input type="reset"  value="重置">
  </form>
</body>
</html>
```

【例 4-31】下拉表单

下拉表单的设计有利于节省网页空间与接口简洁。同时又可容纳很多选择信息，在网络搜索引擎和电子商务网站设计时，经常用到。下面是检索点选择时设计的下拉表单。

```
<HTML>
  <HEAD>
    <TITLE>检索方法</TITLE>
  </HEAD>
<body>
  <form>
    请在下列表中选择检索点:<p>
    <select name=x1   size=2>
      <option>责任者
      <option>分类号
      <option>标题
```

```
      <option>关键词
      <option>出版者
      <option>出版年
    </select>
    <input type="submit"  value="提交">
    <input type="reset"  value="重置">
  </form>
</body>
</html>
```

该 HTML 文档在浏览器上显示如图 4-31 所示。

图 4-31　下拉表单

点击下拉表单中的上、下箭头，就可以在检索点(责任者、分类号、标题、关键词、出版者、出版年)中任意选择。

许多情况下，一个页面内面内通常包含多个不同类型的表单元素，例如为用户提供的注册表单，这时一般将表单放入表格中。

【例 4-32】给出一个注册信息表单实例，如图 4-32 所示。

图 4-32 对应的 HTML 文档内容如下：

```
<html>
  <head>
    <title>注册信息</title>
  </head>
<body>
```

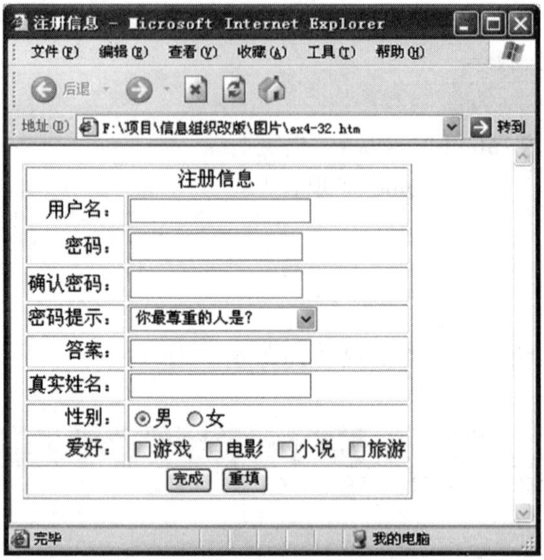

图 4-32　注册表单实例

```
<form>
  <table border=1>
    <tr>
      <td align=center colspan=2>注册信息</td>
    </tr>
    <tr>
      <td align=right>用户名:</td>
      <td><input type=text name=username></td>
    </tr>
    <tr>
      <td align=right>密码:</td>
      <td><input type=password name=pwd1></td>
    </tr>
    <tr>
      <td align=right>确认密码:</td>
      <td><input type=password name=pwd2></td>
    </tr>
```

```
<tr>
  <td align=right>密码提示:</td>
  <td>
    <select name=pwsques size=1>
        <option>你最尊重的人是?
        <option>你最爱读的书是?
        <option>你最喜欢的歌曲是?
        <option>你最想去的地方是?
    </select>
  </td>
</tr>
<tr>
  <td align=right>答案:</td>
  <td><input type=text name=pwsans></td>
</tr>
<tr>
  <td align=right>真实姓名:</td>
  <td><input type=text name=realname></td>
</tr>
<tr>
  <td align=right>性别:</td>
  <td>
    <input type=radio name=gender value=male checked>男
    <input type=radio name=gender value=female>女
  </td>
</tr>
<tr>
  <td align=right>爱好:</td>
  <td>
    <input type=checkbox name=love1 value=game>游戏
    <input type=checkbox name=love2 value=film>电影
    <input type=checkbox name=love3 value=fiction>小说
    <input type=checkbox name=love4 value=tour>旅游
  </td>
```

```
      </tr>
      <tr>
        <td align=center colspan=2>
        <input type=submit value=完成>
        <input type=reset value=重填>
        </td>
      </tr>
    </table>
  </form>
</body>
</html>
```

4.4 XML

4.4.1 XML 简介

4.4.1.1 XML 的诞生

由于 HTML 的简洁性、使其迅速推广应用。然而，随着 Web 应用的不断发展，HTML 的局限性就越来越明显。它仅是 SGML 的一种固定标签的应用文档且标签没有语义，而不是 SGML 的子集。由于其描述能力有限，没有 DTD 描述因而丧失了 SGML 的大部分功能。它定义了一套固定的复杂标签集，不能根据用户需求进行扩展。更重要的是它把数据和数据的表现形式混在一起，使数据和表现形式很难分开。

因而人们想开发一种能把数据和表现形式分开，用户能自主定义标签的体系框架，同时所提供的机制必须简单易学、便于使用和开发。这就需要开发下一代因特网的标准语言。1996 年，W3C(World Wide Web Consortium)着手开发 XML(eXtensible Markup Language)标准。这项新标准要求包括以下三条特征：

(1)可扩展性(eXtensibility)：开发人员能够根据实际应用而自主定义所需要的标签。

(2)结构化(Structured)：用户能定义信息对象的复杂结构，XML 语法能明确定义结构。

(3)有效性(Validation)：文档对于数据模型是有效的。

1996 年 11 月，在波士顿 SGML 年会上，新的数据描述语言——可扩展标记语言(XML)公布于世，并向 W3C 正式提案。XML 免除了 SGML 的繁琐但仍保持其威力，这使 SGML 的优秀品质能方便而直接地被用在 Web 开发上。

在社会需求的强烈推动下，1998 年 2 月 10 日 W3C 推出了 XML1.0 版本，从此 XML 诞生了。

4.4.1.2　XML 的特点

XML 从诞生之日起，就显示了其强大的生命力。它吸收了 HTML 简易性的优点、克服了其局限性，保留了 SGML 的关键功能和特性。它具备许多特点：

(1)灵活性与简洁性

XML 克服了 HTML 标签种类有限的固定模式、不能涉及深层次信息结构的局限性。提供了用户自主定义标签，深层次描述信息对象的框架。XML 经过精心设计，整个规范简单明了。它由若干规则组成，这些规则可用于创建标记语言，并能用一种常常称作解析程序的简明程序处理所有新创建的标记语言。XML 能创建一种任何人都能读出和写入的世界语，这种创建世界语的功能叫做统一性功能。如 XML 创建的标签总是成对出现，以及依靠称作统一代码的新的编码标准。

(2)开放性与可扩展性

XML 文档具有较高的可读性，并尽量保持与 SGML 的互换性。在市场上有许多成熟的软件可用来帮助编写、管理 XML，开放式标准 XML 的基础是经过验证的标准技术，并针对网络做最优化。众多业界顶尖公司，与 W3C 的工作组并肩合作，协助确保交互操作性，支持各式系统和浏览器上的开发人员、作者和使用者，以及改进 XML 标准。XML 解释器可以使用编程的方法来载入一个 XML 的文档，当这个文档被载入以后，用户就可以通过 XML 文件对象模型来获取和操纵整个文档的信息，加快了网络运行速度。

XML 继承 SGML 的 80%的功能，同时继承了 SGML 的元语言的特征。它既可以作为应用语言在 WWW 上直接利用，又可用于开发应用语言。

(3)实用性

XML 有严密但不复杂的规则，广泛的应用程序的可利用性。HTML 是 Web 上最简洁的数据表现方式，适用于一些数据结构不复杂、利用期较短的信息发布浏览，而 XML 适合具有较深的数据结构、需长期保存和再利用的信息。在 XML 中，可以声明定义无限量的一组标签。随着世界范围内的许多机构逐渐采用 XML 标准，将会有更多的相关功能出现。

(4)高效性

XML 克服了 HTML 精细编排不方便和全文检索的结果不精确的弱点，成为 SGML 的优秀子集。它以 20%的 SGML 难易度实现了其 80%的功能。

为了对 XML 的特性进行初步的了解，这里将例 4-6 所描述的信息用 XML 加以描述。

【例 4-33】《百家讲谈》栏目信息的 XML 描述：

```
<?xml version="1.0" encoding="UTF-8"?>
<栏目>
  <栏目名称>中央电视台《百家讲坛》栏目</栏目名称>
  <播出时间>周一至周日播出
  <时长>43 分钟</时长>
  <首播>中午 12:45</首播>
  <重播>晚上 11:30、次日早上 6:40</重播>
  </播出时间>
  <联系方式>
    <地址>北京市复兴路 11 号中央电视台社教节目中心教育专题部《百家讲坛》栏目</地址>
    <邮编>100859</邮编>
    <网址>http://www.cctv.com</网址>
    <电话>(010)63958933</电话>
    <传真>(010)51916300</传真>
    <E-mail>bjjt@cctv.com</E-mail>
  </联系方式>
</栏目>
```

在这个例子当中，使用了一系列具有意义的自定义标签，如<栏目><栏目名称><播出时间><时长><联系方式><地址>等。这些标签不是 XML 规定的而是自己定义的，具有明确的含义，便于人们阅读和理解。同时，这样也易于程序员选择所需要的信息和数据，利用简单的代码实现复杂的功能。因此，由于提供自定义标签的机制、结构化的存储，使其具有众多优势。

4.4.1.3 XML 的应用

XML 凭借其独特优势，在众多的领域得到了应用和支持，包括多媒体信息处理、科学研究、电子商务、数字图书馆等。

在 XML 出现之前，Web 中的图形文件有多种格式，如 bmp、jpg、gif 等。创作人员在页面上放置一幅图片会遇到许多问题，由于操作系统、浏览器、字体、分辨率等原因，设计好的布局有可能面目全非。SVG（Scalable Vector Graphics）的出现解决了这个问题。SVG由W3C制定，是采用XML来描述二维图形的语言。SVG可以构造三种类型的图形对象：矢量图形、位图图象和文字。图形对象可以被组化、样式化、变形和重新组合，包括图象嵌套、变形处理、剪辑路径、Alpha蒙板、滤镜特效和模板对象。而且SVG图形可以是动态的、可交互性的。

VoiceXML是由IBM、Lucent、Motorola、AT&T四家国际巨型公司于2000年提出的一种应用于语音浏览的标记语言，建立在XML基础之上，是语音浏览技术的核心。用于建立语音界面，相当于带语音功能的HTML。这个标准彻底使公用电话网、语音处理技术，以及互联网有机地结合为一体。VoiceXML标准的推出，对语音应用系统开发模式有着深远的影响。该标准的基本理念是使语音应用系统的开发技术和方法与开发Web网页所用的技术和方法一样，这就大大简化了语音应用系统的开发过程。

数学标记语言MathML（Mathematical Markup Language）是基于XML的标记语言，用来在Internet上书写数学符号和公式。MathML的提出解决了数学符号和公式的结构复杂且符号与符号之间存在多种逻辑关系的难题，满足了人们利用数学知识解决问题的需要。与MathML类似的一个应用是化学标记语言CML（Chemical Markup Language），用在浏览器上显示化学公式。

ebXML是联合国贸易促进和电子商务中心与结构化信息标准发展组织共同倡导、全球参与开发和使用的规范，试图建立一个基于XML的开放性电子商务信息交换框架。ebXML目的在于让电子商务简单、容易，无处不在，为B2B和B2C提供一个同样的开放标准以进行跨行业的商务交易，将各种商务词汇的结构和内容一起放进一个单一的规范，并提供从传统EDI标准到XML词汇表移植的途径。另外，ebXML支持多种书面语言并容纳国际贸易的通用规则。

数字图书馆的目的在于为用户提供便捷的信息获取、信息传递和信息服务，让用户在任何时候、任何地方都能方便地获取信息和知识，将XML引入数字图书馆领域可以显著提高服务质量。一方面，XML可以直接描述各种类型和格式信息资源，不仅能够描述文本，还可以描述图像、声音、视频等多媒体资源；另一方面，可以利用XML实现不同数据格式和标准体系之间的转换，例如实现DC与MARC之间的有效转换。

许多元数据方案都以XML作为方案的置标语言，如DC元数据、MARCXML、GILS等，XML成为表达各类元数据方案的语义及句法结构的首选，同时XML也成为传输和共享元数据资源库的基础。在元数据互操作上，XML 更是起到了基础性的作用，由于 XML 自身的优点，许多互操作方案和协议都是建立在 XML 基础之上的，如在进行元数据映射时常常采用元数据的 XML 表示，而元数据收割协议（OAI-PMH）也以 XML 作为协议响应的记录集，RDF 资源描述框架也是建立在 XML 基础上的，因此 XML 在网络信息资源的元数据组织上起到了至关重要的作用。我们会在信息资源描述与组织的元数据方案章节中对基于 XML 的方案、标准和协议做进一步的讨论。

4.4.1.4　XML 技术体系

核心 XML 标准提供了一系列规则以描述结构化的数据，提供文档类型定义，使用 XML 规范进行数据描述和存储。但 XML 保持数据存储与数据显示分离的规则，为了满足数据显示及其他应用包括处理、链接、定位等，围绕核心 XML 标准开发了一系列标准。我们将以 XML 为代表和基础的所有相关技术和标准称为 XML 技术体系，主要包括文档类型定义（DTD）、XML 模式（XML Schema）、XML 命名空间（XML Namespaces）、层叠样式表 CSS（Cascading Style Sheets）、可扩展样式表语言 XSL（eXtensible Stylesheet Language）、可扩展样式表语言转换 XSLT（XSL Transformations，XSL 转换）、XLink（XML Linking Language）、XPointer（XML Pointer Language）。

DTD 可以看做是一类 XML 文档的模板，用来定义文档的逻辑结构。它规定了 XML 文档中所使用的元素、实体、元素的属性、元素与实体之间的关系，使得数据交流与共享得以正常进行，验证了数据的有效性。XML 模式也是用来定义文档的逻辑结构，与 DTD 相比，提供了更多的数据类型和功能，而且 XML 模式本身也采用 XML 语法，不像 DTD 那样采用独特的非 XML 语法。另外，XML 模式还支持 XML 命名空间。

XML 命名空间是用 URI 区别的一组名称的集合，并且要求同一个集合中的名称不能重合。由于 URI 在网络上是唯一的，使用了命名空间机制的 XML 文档中的标签在网络上也是唯一的。也就是说，XML 命名空间区分了网络上不同的标签，即使一些标签在不同的应用或组织都被定义了，但由于它们处于不同的命名空间下，它们也是不同的。同时，命名空间机制的引入还方便了已经定义好的名称的复用，通过将外部定义好的名称引入当前文档来限制和检验文档的合法性，而不需要重新定义。因此，XML 命名空间不仅提供了严格的区分机制，也提供了方便的复用机制。

XML 文档本身仅保存了数据的内容和结构，如何显示就需要相应的机制来实现，这个机制就是样式表。通过将数据内容和数据显示分离，使得二者相互独立并能重复利用，体现了 XML 灵活性的特点。XML 为用户提供了两种样式表：CSS 和 XSL。CSS 是利用简单的规则控制元素内容在浏览器中的显示方式，最初用于 HTML 控制 HTML 元素的显示，自 XML 诞生以来，由于 XML 数据内容和数据显示分离的特性，CSS 与 XML 结合得更好。然而，由于 CSS 功能有限，W3C 制定了专门用于 XML 文档显示的样式表语言 XSL。本质上，XSL 与 CSS 具有相同的用途，但 XSL 的功能比 CSS 更为强大和完善。XSL 由两部分组成：XSLT 和格式化对象 FO(Formatting Object)。XSLT 是用来将原始 XML 文档结构转换成当前显示需要的结构。从而改变数据的顺序和组织、创建新元素。如内容表和索引表。FO 是指一组定义显示对象，如字体、颜色及版式描述等。在通常情况下，FO 用来描述打印输出，而 CSS 更多地用于 Web 浏览显示。XSL 不仅适用于数据显示，而且也可用 XSLT 将 XML 文档转换成不同的表现和结构。

为了使 XML 文件具有类似 HTML 超链接的功能，W3C 制定了 XLink 和 XPointer 两种标准。其中，XLink 规定了 XML 之间链接的规则(类似 HTML 的链接外部文件)，XPoiner 则规定了 XML 文档中不同位置间的链接规则(类似 HTML 的链接文档内部)。XLink 提供的链接功能远远超过 HTML，它可以是双向的，能够链接到文档中的任何位置，XLink 可以使任何元素成为链接而不只是<A>标签所标记的元素。XLink 分为两种：简单链接(Simple Link)和扩展链接(Extended Link)。简单链接的功能和 HTML 超链接的功能基本上一样。扩展链接则超出了 HTML 超链接的功能，例如其链接的对象可以一次设定多个。XPointer 不仅能够链接到特定文档的特定部分，而且可以引用特定文档中的特定元素，它可以制定一个范围或一个区域。也就是说，XPointer 提高了定位的精度，例如，通过 XPointer 计数功能，可以方便地指定各个元素和元素中的一部分文字，即特定的元素、特定的文字列。

XML 技术体系还包括 DOM(Document Object Model)、XPath(XML Path Language)、XQuery(XML Query Language)等，主要用于针对 XML 文档的编程和处理。由于 XML 技术体系相当庞大，这里难以作详细介绍。在本节后续的内容中，将着重介绍 XML 文档结构、XML 文档逻辑结构的定义以及 XML 文档显示三个问题。

4.4.2 XML 文档结构

4.4.2.1 一个 XML 实例

首先介绍一个简单的 XML 实例，用以说明 XML 的基本结构。

【例 4-34】用记事本新建一个文件，在其中输入以下内容：

```
<? xml version = "1.0" encoding = "UTF-8" standalone = "yes" ? >
<mytag>
```

我的标签!

</mytag>

输入完上述代码后，以 xml 为扩展名保存该文件，这里用“ex4-34. xml”。保存后，用浏览器打开这个文件，显示结果如图 4-33 所示。

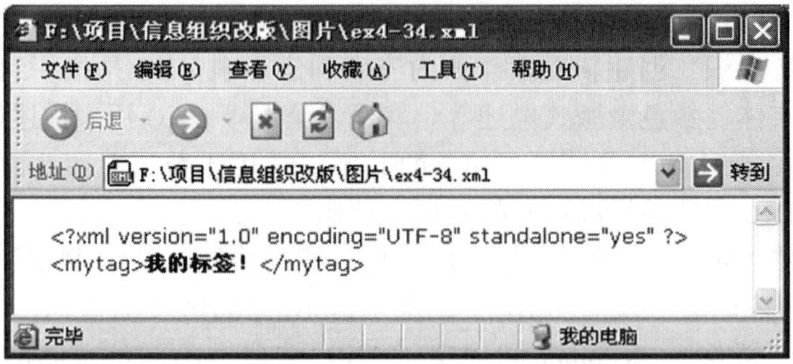

图 4-33　简单 XML 的浏览器显示结果

图 4-33 的显示结果与 XML 文档的一致，并没有做格式化处理，要实现 XML 文档的格式化处理、用一定的样式显示，需要使用样式表，本节后续部分将作详细介绍。下面先分析这个 XML 文档。

第一行是 XML 声明：<? xml version = " 1. 0" encoding = " UTF-8" standalone = " yes" ? >。这是一个 XML 处理命令，处理命令以“<?”开始，以“? >”结束。XML 文档都必须以 XML 声明开始，XML 声明中可以使用 version、encoding、standalone 三个属性。

(1) version 属性

version 属性用于指明 XML 文档所使用的版本，目前只有 XML1. 0 版，因此 version 属性的值只能是 1. 0，不能是 1 或其他值。要注意的是，每个 XML 文档都必须具有这个属性，即 version 属性是必不可少的，没有 version 属性的声明是无效的。

【例 4-35】 将“ex4-34. xml”中的 version 属性去掉。内容如下：

```
<? xml encoding = " UTF-8"  standalone = " yes"  ? >
<mytag>
    我的标签!
</mytag>
```

在浏览器中打开，显示结果如图 4-34 所示，可以看到根本无法显示文档的内容。

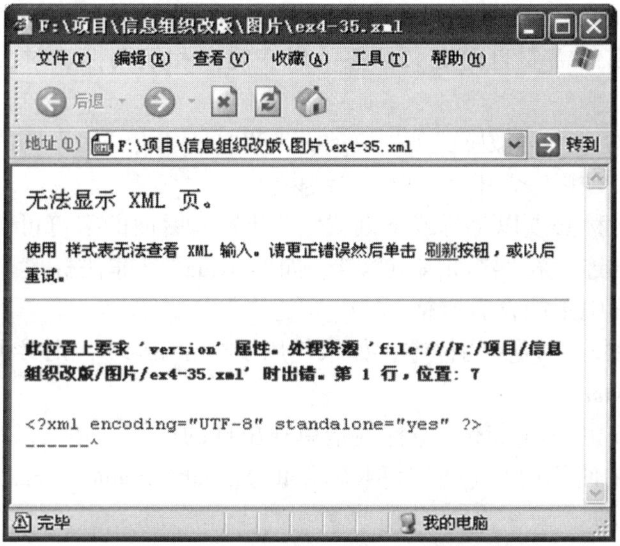

图 4-34　缺少 version 属性的显示结果

(2) encoding 属性

encoding 属性用于指明 XML 文档编码使用的字符集。如果没有指定该属性，则 XML 处理器以 Unicode 编码格式进行分析。目前存在多种语言编码集合，例如简体中文编码 GB2312、繁体中文 Big5。然而，为了让 XML 文档内容能够处理多语种而不出现乱码问题，一般将 encoding 属性设置为 UTF-8 或 UTF-16。

(3) standalone 属性

standalone 属性用于指明 XML 文档有没有使用外部标记声明，属性值为"yes"或"no"。如果 standalone 属性值为"yes"，表明这是一个独立的 XML 文档，这个文档不需要其他文档就可以单独使用，在其内部没有任何引用外部资源的命令；standalone 属性值为"no"，表明这不是一个独立的 XML 文档，在其内部应用了其他文档或资源，无法独立使用。

接下来的三行代码：

```
<mytag>
    我的标签！
</mytag>
```

组成了 mytag 元素，由三部分组成：开始标签"<mytag>"、元素内容

“我的标签!”以及结束标签“</mytag>”。这与 HTML 的元素定义形式类似，但<mytag>是自己定义的标签，而不是固定的标签。在 XML 中，用户可以根据自己的需要自由定义标签。但在定义和使用标签时，必须遵守以下规则：

①XML 对大小写敏感，如“<mytag>”和“<myTag>”是不同的标签。

②标签必须以“<”开始，以“>”结束。

③标签名称必须以字母或下划线“_”开始，后面的字符可以是字母、数字、下划线、连字符“-”和圆点“.”。如“-mytag”是非法标签名称。另外注意，标签名称中不能含有空格。

④XML 要求必须关闭标签，如果使用了“<mytag>”，则必须有相应的结束标签“</mytag>”。

⑤空标签也必须关闭。空标签指单独出现的标签，必须以“/>”结束。

⑥标签在使用时可以嵌套但不能重叠。如“<name><age></name></age>”是非法的。

元素还可以有属性，例如文档文档““ex4-34. xml””的 mytag 元素添加一个 language 属性，文档内容变为：

```
<? xml version="1.0" encoding="UTF-8" standalone="yes" ? >
<mytag language="中文">
    我的标签!
</mytag>
```

属性由属性名和属性值组成，如 language 属性的属性名“language”，属性值是“中文”。属性名是字符串，遵守与标签名称同样的命名规则：以字母或下划线开始，后面可以是字母、数字、下划线、连字符和圆点，但不能是空格。属性值也是字符串，其内容并没有做限制。需要注意的是属性值必须以引号括起来，可以是单引号，也可以是双引号。

4.4.2.2　XML 逻辑结构

一个 XML 文档由文档序言和文档实例两部分组成。文档序言提供了有关文档实例的解释信息，如 XML 的版本号、字符集、样式表和文档类型，包括 XML 声明、处理命令和文档类型声明等。文档实例在文档序言之后，它包含真正文档的数据，这些数据以元素形式的按照树形方式组织。从逻辑上讲，XML 将文档看成元素的集合，所有的元素遵照树形结构，有且仅有一个根元素，除了根元素之外每个元素都有且仅有一个父元素，除了叶子元素外每个元素都可以有一个或多个子元素。为了更为清晰地了解 XML 文档的逻辑结构，给出一个较为复杂的例子。

【例 4-36】电话号码本实例，文档具体内容如下：

```
<?xml version="1.0" encoding="UTF-8" standalone="yes"?>
<!--文档类型声明开始 -->
<! DOCTYPE 电话号码本 [
<! ELEMENT 电话号码本(电话号码+)>
<! ELEMENT 电话号码(姓名,办公室电话,住宅电话,手机号)>
<! ELEMENT 姓名(#PCDATA)>
<! ELEMENT 办公室电话(#PCDATA)>
<! ELEMENT 住宅电话(#PCDATA)>
<! ELEMENT 手机号(#PCDATA)>
]>
<!--文档类型声明结束 -->
<!--文档实例 -->
<电话号码本>
      <电话号码>
       <姓名>张晓东</姓名>
       <办公室电话>85316255</办公室电话>
       <住宅电话>85316147</住宅电话>
       <手机号>13971681010</手机号>
  </电话号码>
  <电话号码>
       <姓名>刘宜光</姓名>
       <办公室电话>85316834</办公室电话>
       <住宅电话>85316289</住宅电话>
       <手机号>13971683546</手机号>
  </电话号码>
</电话号码本>
```

在例 4-36 中，第一行同样是 XML 声明，这是每个 XML 文档必需的。

在第二行"<! -- 文档类型声明开始 -->"与"<! -- 文档类型声明结束 -->"行之间是文档类型声明部分，利用 DTD 的方式对文档实例中的内容结构进行了声明。关于 DTD 的详细介绍在后续内容中进行，这里先知道这部分是 DTD 声明。

另外，"<! -- 文档类型声明开始 -->"和"<! -- 文档类型声明结束 -->"是 XML 的注释部分，XML 注释以"<! --"开始，以"-->"结束。在它们之间的所有数据均被 XML 解析器忽略，主要用来对相应内容做解释和说明。需要注意的是，XML 注释不能出现在 XML 声明之前，XML 声明必须在文档的第一行。

在“<! -- 文档实例 -->”注释行之后是文档实例部分，其中，电话号码本是根元素，它包含一个子元素电话号码，但出现了两次；电话号码包含四个子元素：姓名，办公室电话，住宅电话，手机号；姓名，办公室电话，住宅电话，手机号四个元素是叶子元素，它们没有子元素。由此可见，XML 文档满足树结构的要求。

一个 XML 文档中可以没有文档类型声明部分，仅用 XML 声明和文档实例。因此可以把 XML 文档分为两种类型：①结构完整的 XML 文档，不包含文档类型声明部分；②合法的 XML 文档，包含文档类型声明部分。对于 XML 文档来说，至少是结构完整的，而一个结构完整的 XML 文档必须满足一定的规则，下面首先介绍结构完整的 XML 文档应满足的规则。

4.4.2.3　结构完整的 XML 文档

一个结构完整的 XML 文档必须满足以下八条规则：

- 文档必须以 XML 声明开始；
- 非空元素必须有开始标签和结束标签；
- 不包含内容的元素必须以“/>”结束；
- 一个文档必须有也只能有一个元素包含其他所有元素，这个元素称为根元素；
- 元素可以嵌套但不能重叠；
- 属性值必须加引号；
- 字符<和 & 只能用于开始标签和实体引用；
- 在文档中出现的实体引用只有五个：&、<、>、'和 "。

(1)文档必须以 XML 声明开始

任何一个独立的 XML 文档都必须以 XML 声明开始。在 XML 声明之前，不能出现任何内容，包括空格。图 4-35 显示了在 XML 声明之前出现空格的结果。同时，还要注意在“<? xml”中，也就是“<”“?”和“xml”之间也不能出现空格或其他字符。图 4-36 给出了在“<”和“? xml”之间出现空格的显示结果，图 4-37 在“<?”和“xml”之间出现空格的显示结果。

可以看到，在浏览器中无法正确显示 XML 文档，说明这个文档是非法的，因此在编辑 XML 文档时必须注意 XML 声明的书写规范。

(2)非空元素必须有开始标签和结束标签

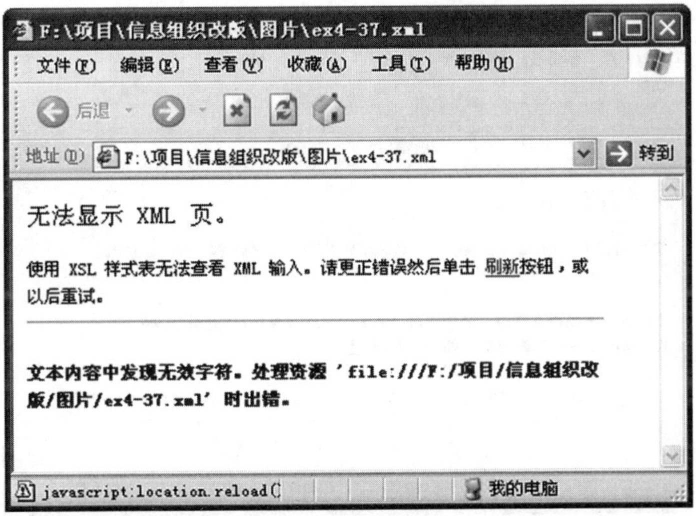

图 4-35 “<? xml”之前出现空格的显示结果

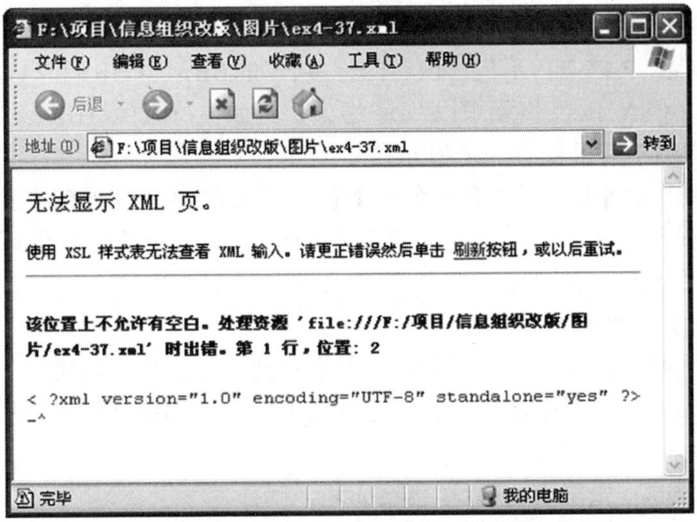

图 4-36 在“<”和“? xml”之间出现空格的显示结果

在 XML 文档中严格要求非空元素，即包含有内容的元素，必须有相应的结束标签，而不像 HTML 那样不做严格限制。在 XML 文档中如果缺少结束标签，则无法正确显示文档的内容，但会给出一个错误报告。

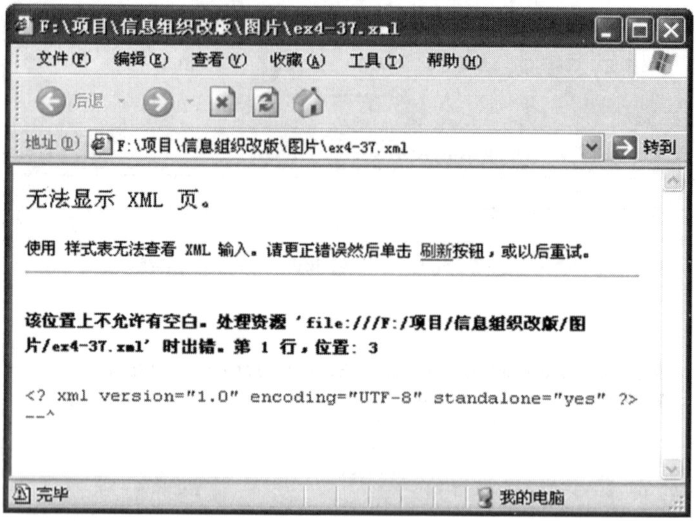

图 4-37　在“<?”和“xml”之间出现空格的显示结果

(3)用“/>”作结束空元素

在 HTML 文档中，不包含内容的标签，如
、<HR>和<IMG>不需要结束标签。但 XML 严格要求以“/>”结束。例如，
<HR/>和<IMG/>。

(4)文档中有且仅有一个根元素

在 XML 文档中，必须有一个元素包含了文档中其他所有的元素，这个元素称为根元素或者文档元素。注意，XML 声明、文档类型说明、处理命令、注释等不包含在根元素当中。

(5)元素不能重叠

一个元素可以包含其他元素，但元素不能重叠。也就是说，一个元素含有一个开始标签，就必须包含相对应的结束标签。例如下面的使用方法是正确的：

<person><name>张华</name></person>

而下面的使用方法是非法的：

<person><name>张华</person></name>

(6)属性值必须加引号

XML 要求所有的属性值必须加引号，即使属性值为空。如果属性值包含有单引号和双引号，使用实体引用 &apos；代替单引号，&quot；代替双引号。

(7)字符<和 & 的使用

XML 规定<用作标签的开始，& 用作实体引用的开始，其他的使用必须用 <；代替<，用 &；代替 &。

(8)只能使用的五个实体引用

在 XML 文档中，预定义的实体引用只有五个：&、<、>、&apos；和 &quot；分别代替：&、<、>、"和'。

满足以上八个规则的 XML 文档则是一个结构完整的 XML 文档，而使其成为一个合法的 XML 必须进行文档类型声明。

4.4.3 DTD

4.4.3.1 DTD 声明

DTD 的作用是为 XML 定义一套标签的使用标准。DTD 以"<! DOCUMENT 根元素名称 ["开始，以"]>"结束。DTD 通常处于 XML 声明和 XML 文档实例之间，在 DTD 中可以定义元素、属性和实体引用。

【例 4-37】为例 4-34 中的文档加入 DTD 声明，原来例子的内容如下：

```
<?xml version="1.0" encoding="UTF-8" standalone="yes" ?>
<mytag>
    我的标签!
</mytag>
```

加入 DTD 声明后的 XML 文档内容如下：

```
<?xml version="1.0" encoding="UTF-8" standalone="yes" ?>
<! DOCTYPE mytag [
<! ELEMENT mytag(#PCDATA)>
]>
<mytag>
    我的标签!
</mytag>
```

新加入的三行是文档类型声明，其中，<! ELEMENT mytag (#PCDATA)>是元素声明，这个文档只包含一个元素也是根元素 mytag。这个例子比较简单，事实上，DTD 能够声明复杂的文档类型，如例 4-36 给出的例子便较为复杂。接下来详细介绍利用 DTD 进行元素声明和属性声明的方法。

4.4.3.2 元素声明

元素声明的格式是：

<! ELEMENT 元素名 内容说明>

元素声明以<! ELEMENT 开始，后面紧接着是元素名和内容说明，内容说明可以使用关键字#PCDATA、EMPTY、ANY，也可以是子元素，还可以是混合内容。

(1)#PCDATA

#PCDATA 用于声明元素的内容是可解析的文本，即不能包含标签文本。也就是说，用#PCDATA 声明的元素不能再包含子元素，只能是文本内容。如例 4-36 中的 mytag 元素。

(2)EMPTY

EMPTY 用于声明空元素，例如：

<!ELEMENTBR EMPTY >

<!ELEMENTHR EMPTY >

<!ELEMENTIMG EMPTY >

依次声明了三个空元素 BR、HR、IMG，三个元素在文档中出现的形式：

<HR/>

<IMG/>

必须以/>结束。需要注意的是，虽然空元素的内容是空的，但并不表示它是可以省略的，它只是没有内容而已。另外，空元素还可以有属性。

(3)ANY

ANY 用于说明此处可以包含任何文本或子元素，即这里出现的内容不作限制。例如：

<!ELEMENT 任何内容 ANY >

ANY 用于一个元素的内容无法确定或者元素的类型无法确定的时候，常常用于测试。但 ANY 破坏了 DTD 的严格性，在最终的 DTD 中应避免使用。

(4)子元素

子元素的声明较为复杂，主要有以下 5 种类型：

①子元素列表。

声明子元素列表的形式是：

<! ELEMENT 元素名（元素列表)>

例如：

<! ELEMENT 电话号码（姓名，办公室电话，住宅电话，手机号)>

元素电话号码包含四个子元素：姓名、办公室电话、住宅电话、手机号。需要注意的是，子元素列表中的顺序确定了在文档实例中的顺序，如果顺序不一致，将是非法的。

例如，针对上述声明下面的文档内容是非法的：

```
<姓名>张晓东</姓名>
<住宅电话>85316147</住宅电话>
<办公室电话>85316255</办公室电话>
<手机号>13971681010</手机号>
```

②子元素个数。

可以在子元素后面加上一定的符号，用以指明子元素出现的次数。例如：

```
<! ELEMENT 电话号码本 (电话号码+)>
```

指明电话号码子元素至少出现一次。可以用来指明子元素出现次数的符号有：

- ?，允许零个或一个该元素
- *，允许零个或多个该元素
- +，允许一个或多个该元素

例如：

```
<! ELEMENT 电话号码(姓名,办公室电话?,住宅电话*,手机号+)>
```

表示办公室电话子元素最多出现一次但可以不出现，住宅电话可以出现多次但可以不出现，手机号则必须出现但可以是多次，姓名必须出现。则下面的文档内容是合法的：

```
<电话号码>
  <姓名>张晓东</姓名>
  <住宅电话>85316147</住宅电话>
  <住宅电话>85316177</住宅电话>
  <手机号>13971681010</手机号>
</电话号码>
```

③可选项。

“|”用来指定可以在一组子元素中选择一个，例如：

```
<! ELEMENT 电话号码(办公室电话|住宅电话|手机号)>
<! ELEMENT 办公室电话(#PCDATA)>
<! ELEMENT 住宅电话(#PCDATA)>
<! ELEMENT 手机号(#PCDATA)>
```

表示电话号码可以办公室电话、住宅电话和手机号中的一个而且只能是一个。例如，下面的文档内容是非法的：

```
<电话号码>
  <住宅电话>85316147</住宅电话>
  <手机号>13971681010</手机号>
</电话号码>
```

这是由于同时出现了住宅电话和手机号两个子元素。

④子元素分组。

可以利用“( )”对子元素进行分组，被括号分成一组的多个子元素可以看做一个独立的元素，继续与其他元素分组。通过分组，可以声明较为复杂的文档类型。例如：

```
<!ELEMENT 电话号码(姓名,((办公室电话|住宅电话),手机号),类型)>
<!ELEMENT 姓名(#PCDATA)>
<!ELEMENT 办公室电话(#PCDATA)>
<!ELEMENT 住宅电话(#PCDATA)>
<!ELEMENT 手机号(#PCDATA)>
<!ELEMENT 类型(#PCDATA)>
```

表示电话号码元素必须包含姓名、类型和手机号三个子元素，而办公室电话和住宅电话只能也必须出现一个。例如，下面文档内容是合法的：

```
<电话号码>
  <姓名>张晓东</姓名>
  <住宅电话>85316147</住宅电话>
  <手机号>13971683546</手机号>
  <类型>朋友</类型>
</电话号码>
```

(5)混合内容。

混合内容声明是指同时可以包含子元素和可解析的文本的声明。其声明语法是：

```
<!ELEMENT 父元素(#PCDATA|子元素 1|子元素 2…|子元素 n) * >
或<!ELEMENT 父元素(#PCDATA|子元素 1|子元素 2…|子元素 n)+>
```

表示父元素可以是可解析的文本、各个子元素的各种组合，也就是说，父元素是可解析的文本和 n 个子元素中任意一个或多个，并且它们出现的次数和顺序都没有规定。<!ELEMENT 电话号码(#PCDATA|电话)+>

表示电话号码可以是可解析的文本和电话子元素的各种组合，例如，下面文档内容是合法的：

```
<电话号码>
    住宅
    <电话>85316147</电话>
    办公室
    <电话>85316255</电话>
    手机
    <电话>13971681010</电话>
</电话号码>
```

在电话号码元素中分别出现了3次可解析的文本和3次子元素电话。

4.4.3.3 属性声明

属性声明的格式是：

```
<! ATTLIST 元素名 属性名 属性类型 缺省行为>
```

属性声明以“<！ ATTLIST”开始，以“>”结束，还必须包含元素名、属性名、属性类型以及缺省行为。

```
<?xml version="1.0" encoding="UTF-8" standalone="yes"?>
<! DOCTYPE mytag [
<! ELEMENT mytag(#PCDATA)>
<! ATTLIST mytag language CDATA #REQUIRED>
]>
<mytag language="中文">
    我的标签！
</mytag>
```

其中，第四行是属性声明，指定了 mytag 元素有一个属性 language，其类型是 CDATA，并且要求属性不能为空。属性声明的关键问题是属性类型和缺陷行为。

(1)缺省行为

属性的缺陷行为包含四种类型：

①#REQUIRED。

使用# REQUIRED 时，要求该元素必须设置相应属性的属性值，不能为空。

②# IMPLIED。

使用# IMPLIED 时，则该元素不一定要设置相应属性的属性值，即该属性可以为空。

③#FIXED。

#FIXED 和缺性值同时出现在声明中，用以指明该元素的相应属性有固定的属性值。该元素要么不出现该属性，如果出现必须是默认值。例如：

```
<! ATTLIST mytag language CDATA #FIXED "中文">
```

表示 mytag 的 language 属性有固定的属性值"中文"。

④缺性值。

使用特定字符串作为缺性值，该元素没有提供相应属性的属性值时，则使用缺性值。

(2)属性类型

DTD 常用的属性类型有 10 种，详见表 4-7。

表 4-7　**属性类型**

属性类型	含　义
CDATA	表示字符数据不是标签的文本
Enumerated	将属性可能的值列出，指定属性值时必须是其中的一个，即枚举类型
ID	该属性值必须与其他同类型的属性值不同，具有唯一性
IDREF	该属性值参考另一个被声明为 ID 类型的属性值
IDREFS	该属性值参考另外多个被声明为 ID 类型的属性值，之间用空格隔开
ENTITY	已声明的实体名
ENTITIES	已声明的多个实体名，之间用空格隔开
NMTOKEN	只能是由字母、数字、下划线、连字符、圆点和冒号所构成的字符串
NOTATION	已声明的注释名
NMTOKENS	已声明的多个注释名，之间用空格隔开

【例 4.38】这里给出一个复杂的例子：

```
<? xml version="1.0" encoding="UTF-8" standalone="yes"?>
<! DOCTYPE img [
<! ELEMENT img EMPTY>
<! ATTLIST img id ID #REQUIRED>
<! ATTLIST img src CDATA #REQUIRED>
<! ATTLIST img width CDATA #IMPLIED>
<! ATTLIST img height CDATA #IMPLIED>
```

```
<! ATTLIST img format(jpg|gif|bmp)"jpg">
]>
<img id="p1001" src="mypic.gif" format="gif"/>
```

该例子当中仅有一个元素 img 而且是空元素，但它有五个属性，其中 id 是 ID 类型且不能为空，src 是 CDATA 类型且不能为空，width 和 height 都是 CDATA 类型且可以为空，format 属性是枚举类型，只能是 jpg、gif、bmp 中的一个、缺省值是 jpg。在给出的文档实例中，没有包含两个可选属性。

4.4.3.4 在文档外部进行 DTD 声明

前面的例子都是将 DTD 放在 XML 文档中的序言部分，这样的 DTD 称为内部 DTD。事实上，DTD 也可以放在文档的外部，称为外部 DTD。外部 DTD 的引入使得人们可以共享通用的 DTD。使用外部 DTD 时，文档类型说明需要改变：

```
<! DOCTYPE 根元素名称 SYSTEM "外部 DTD 路径和名称">
```

SYSTEM 是一个关键字，后面接着是外部 DTD 的路径和名称，可以是 URL，在本地计算机上时，可以用绝对路径，也可以用相对路径。外部 DTD 以 dtd 作为扩展名，是一个独立的文件。

【例 4.39】将例 4-36 的内部 DTD 转换成外部 DTD 的形式。转换后生成两个文档："ex4-39.dtd"和"ex4-39.xml"。前者为外部 DTD 声明文件，后者是调用外部 DTD 的 XML 文档。注意两个文档在同一目录下。

"ex4-39.dtd"的内容如下：

```
<?xml version="1.0" encoding="UTF-8"?>
<! ELEMENT 电话号码本(电话号码+)>
<! ELEMENT 电话号码(姓名,办公室电话,住宅电话,手机号)>
<! ELEMENT 姓名(#PCDATA)>
<! ELEMENT 办公室电话(#PCDATA)>
<! ELEMENT 住宅电话(#PCDATA)>
<! ELEMENT 手机号(#PCDATA)>
```

"ex4-39.xml"的内容如下：

```
<?xml version="1.0" encoding="UTF-8" standalone="no"?>
<! DOCTYPE 电话号码本 SYSTEM "ex4-39.dtd">
<电话号码本>
  <电话号码>
    <姓名>张晓东</姓名>
    <办公室电话>85316255</办公室电话>
```

```
    <住宅电话>85316147</住宅电话>
    <手机号>13971681010</手机号>
  </电话号码>
  <电话号码>
    <姓名>刘宜光</姓名>
    <办公室电话>85316834</办公室电话>
    <住宅电话>85316289</住宅电话>
    <手机号>13971683546</手机号>
  </电话号码>
</电话号码本>
```

注意：standalone 属性是 no。

4.4.4 XML Schema

4.4.4.1 XML Schema 简介

DTD 是定义和描述 XML 文档类型的常用方法，它允许定义元素的结构和类型、属性类型和缺省行为等。DTD 相对简单，语法紧凑。然而，DTD 也有很多不足，它采用独有的非 XML 语法，不能轻易支持命名空间，提供的数据类型有限。随着应用的不断深入，开发更为有效的模式定义方案就显得越来越重要了，于是人们开发了 XML Schema 技术。它比 DTD 的功能更强大，而且更具灵活性。XML Schema 主要优点如下：

①XML Schema 本身是 XML 文档。它与 DTD 不同，不需要特定的语法，可以被解析和处理。

②XML Schema 提供一个可扩展的内容模型。DTD 的内容模型是固定的和不可扩展的，而 XML Schema 允许开发者创建用于描述数据模型的新元素和属性。

③XML Schema 比 DTD 支持更多的数据类型集合。

④XML Schema 支持命名空间。

【例 4-40】利用 XML Schema 定义例 4-34 中文档的定义，XML Schema 是独立的 XML 文档，其扩展名为 xsd。

ex4-40. xsd 的内容如下：

```
<?xml version="1.0" encoding="UTF-8"?>
<xsd:schema xmlns:xsd="http://www.w3.org/2001/XMLSchema">
    <xsd:element name="mytag" type="xsd:string"/>
</xsd:schema>
```

ex4-40. xml 的内容如下：

```
<? xml version="1.0" encoding="UTF-8"?>
<mytag xmlns:xsi="http://www.w3.org/2001/XMLSchema-instance"
xsi:noNamespaceSchemaLocation="ex4-40.xsd">
    我的标签!
</mytag>
```

这里使用 xsi：noNamespaceSchemaLocation 属性将模式映射到文档实例，该属性是根元素的属性。

XML Schema 的核心概念是数据类型，分为简单类型和复杂类型。其中，简单类型不能包含子元素或属性，而复杂类型才可能包含子元素或属性。也就是说，只要包含了子元素或属性就是复杂类型。

4.4.4.2 简单类型

(1)内置简单类型

XML Schema 标准中内置了 44 种简单类型，这些简单类型覆盖了常用的数据类型，如数字、字符串、日期等，详见表 4-8。

表 4-8 **XML Schema 内置简单类型**

类别	内置简单类型
数字	float、double、decimal、integer、long、int、short、byte、positiveInteger、nonPositiveInteger、negativeInteger、nonNegativeIntege、unsignedLong、unsignedInt、unsignedShort、unsignedByte
字符串和名称	string、normalizedString、token、Name、NCName、QName、language
日期	Duration、dateTime、date、time、gYear、gYearMonth、gMonth、gMonthDay、gDay
保留类型	ID、IDREF、IDREFS、ENTITY、ENTITIES、NMTOKEN、NMTOKENS、NOTATION
其他	boolean、hexBinary、base64Binary、anyURI

XML Schema 提供了丰富的数据类型，利用它可以详细定义数据的类型。例如：

```
<xsd:element name="author" type="xsd:string"/>
<xsd:element name="pub_date" type="xsd: date"/>
<xsd: element name="price" type="xsd: float"/>
```

定义了三个元素 author、pub_date 和 price，它们的类型分别是 string 类型、date 类型、float 类型，元素定义需要给出名称 name 和数据类型 type。与 DTD 比较而言，XML Schema 的数据更为丰富，如本例中 DTD 只能将三个元素声明为#PCDATA。

(2)限制简单类型

除了内置的简单类型，XML Schema 提供了限制机制，允许从内置简单类型派生新的简单类型。这种机制通过面(facet)来实现。利用面，可以指定值的范围、精度、长度，可以枚举一系列值。XML Schema 提供了 12 个面，详见表 4-9。

表 4-9　　**XML Schema 的限制机制**

面	含　义
enumeration(枚举)	提供一系列各不相同的有效值
fractionDigits(小数最大位数)	规定数字小数部分的最大位数
length(长度)	规定有效值的长度
maxExclusive(最大值)	规定数字的最大值，不包括临界值
maxInclusive(最大值)	规定数字的最大值，包括临界值
maxLength(最大长度)	规定有效值的最大长度
minExclusive(最小值)	规定数字的最小值，不包括临界值
minInclusive(最小值)	规定数字的最小值，包括临界值
minLength(最小长度)	规定有效值的最小长度
pattern(模式)	利用正则表达式规定有效值
totalDigits(最大位数)	规定数字的最大位数
whiteSpace(空白处理)	规定有效值的空白正规化处理

这里给出两个例子：

```
<xsd:element name="gene",type="GeneType"/>
<xsd:simpleType name="GeneType">
  <xsd:restriction base="xsd:string">
    <xsd:enumeration value="male"/>
    <xsd:enumeration value="female"/>
  </xsd:restriction>
```

```
<xsd:simpleType>
    和
<xsd:element name="score",type="ScoreType"/>
<xsd:simpleType name="ScoreType">
  <xsd:restriction base="xs:integer">
    <xsd:minInclusive value="0"/>
    <xsd: maxInclusive value="100"/>
  </xsd:restriction>
<xsd:simpleType>
```

第一个例子定义了元素 gene，其类型是派生于 string 类型的 GeneType 限制简单类型，使用了枚举面，限制 GeneType 类型的取值只能是 male 或 female，即 gene 元素的取值只能是 male 或 female。第二个例子定义了元素 score，其类型是派生于 integer 类型的 ScoreType 限制简单类型，使用了最小值和最大值面，限制 ScoreType 的取值只能在 1 至 100 之间，即 score 元素取值必须在 0 至 100 之间。

4.4.4.3 复杂类型

(1)子元素

XML Schema 提供了定义子元素的多种机制，可以完成复杂类型的定义。

- sequence，要求子元素按照指定的顺序出现
- choice，允许几个子元素中的任意一个出现
- all，允许所有子元素以任何顺序出现 0 或 1 次

例如：

```
<xsd:schema xmlns:xsd="http://www. w3. org/2001/XMLSchema">
    <xsd:element name="电话号码" type="电话号码类型"/>
    <xsd:complexType name="电话号码类型">
        <xsd:sequence>
        <xsd:element name="办公室电话" type="xsd:string"/>
        <xsd:element name="住宅电话" type="xsd:string"/>
        <xsd:element name="手机号" type="xsd:string"/>
        </xsd:sequence>
    </xsd:complexType>
</xsd:schema>
```

定义了复杂类型电话号码类型，它包含 3 个子元素，并且要求按照顺序

出现。针对上述模式，下面文档内容是合法的：

```
<电话号码>
<办公室电话>85316255</办公室电话>
<住宅电话>85316147</住宅电话>
<手机号>13971681010</手机号>
</电话号码>
```

如果改为：

```
<xsd:schema xmlns:xsd="http://www.w3.org/2001/XMLSchema">
    <xsd:element name="电话号码" type="电话号码类型"/>
    <xsd:complexType name="电话号码类型">
        <xsd:choice>
        <xsd:element name="办公室电话" type="xsd:string"/>
        <xsd:element name="住宅电话" type="xsd:string"/>
        <xsd:element name="手机号" type="xsd:string"/>
        </xsd:choice>
    </xsd:complexType>
</xsd:schema>
```

则表示 3 个子元素只能有一个出现。如果改为：

```
<xsd:schema xmlns:xsd="http://www.w3.org/2001/XMLSchema">
    <xsd:element name="电话号码" type="电话号码类型"/>
    <xsd:complexType name="电话号码类型">
        <xsd:all>
        <xsd:element name="办公室电话" type="xsd:string" minOccurs="0"/>
        <xsd:element name="住宅电话" type="xsd:string" minOccurs="0"/>
        <xsd:element name="手机号" type="xsd:string" minOccurs="0">
        </xsd:all>
    </xsd:complexType>
</xsd:schema>
```

表示三个子元素均可以出现或不出现，但出现最多只能 1 次。这里使用了属性 minOccurs 用以指定子元素最少出现的次数。与其对应的一个属性是 maxOccurs 用以指定子元素最多出现的次数。例如，可以将上面的例子改为：

```
<xsd:schema xmlns:xsd="http://www.w3.org/2001/XMLSchema">
    <xsd:element name="电话号码" type="电话号码类型"/>
```

```
    <xsd:complexType name="电话号码类型">
        <xsd:choice minOccurs="0" maxOccurs="unbounded">
        <xsd:element name="办公室电话" type="xsd:string" minOccurs="0"/>
        <xsd:element name="住宅电话" type="xsd:string" minOccurs="0"/>
        <xsd:element name="手机号" type="xsd:string" minOccurs="0"/>
        </xsd:choice>
    </xsd:complexType>
</xsd:schema>
```

表示三个子元素可以多次重复出现，unbounded 代表无限次。例如，下面的文档内容是合法的：

```
<电话号码>
  <办公室电话>85316255</办公室电话>
  <办公室电话>85316266</办公室电话>
  <手机号>13971681010</手机号>
</电话号码>
```

其中，办公室电话出现 2 次，而住宅电话没有出现。

(2)属性

在 XML Schema 中，包含属性的内容模型也是复杂类型，但属性本身肯定是简单类型，因为属性不可能含有子元素或属性。首先，给出一个例子：

```
<xsd:schema xmlns:xsd="http://www.w3.org/2001/XMLSchema">
    <xsd:element name="mytag" type="myType"/>
    <xsd:complexType name="myType">
        <xsd:attribute name="language" type="xsd:string"/>
    </xsd:complexType>
</xsd:schema>
```

定义了根元素 mytag 的一个属性 language，language 是 string 类型。则下面的文档内容是合法的：

```
<mytag language="中文"/>
```

注意，mytag 是空元素类型。另外，可以使用 attribute 的 use 属性设置该属性是否必须，可以使用 default 属性设置默认值，还可以使 fixed 属性设置固定值。例如，

```
<xsd:attribute name="language" type="xsd:string" fixed="中文" use="required"/>
```

表示 language 属性有固定值中文，而且是必需的，因此 language 属性的

值只能也必须是中文。最后给出一个较为复杂的例子。

【例 4-41】设计一个关于书集合的模式。文档实例内容如下：

```
<?xml version="1.0" encoding="UTF-8"?>
<catalog>
    <book id="1001">
    <author>邓小平</author>
    <title>邓小平文选 第一卷</title>
    <price>16.5</price>
    <publisher>人民出版社</publisher>
    <pub_date>1989-05-01</pub_date>
    <description>第一卷集中了邓小平在“文化大革命”以前28年中的重要
文章、讲话共39篇。其中30篇为第一次公开发表。文选收入抗日战争时期
的著作9篇，解放战争时期的著作7篇，国民经济恢复时期的著作6篇，到
中央工作后的著作17篇。
   </description>
</book>
<book id="1002">
    <author>邓小平</author>
    <title>邓小平文选 第二卷</title>
    <price>13.1</price>
    <publisher>人民出版社</publisher>
    <pub_date>1983-07-01</pub_date>
    <description>第二卷收入邓小平在1975—1982年中共十二大以前的讲
话、谈话共60篇。文选收入1975年的著作9篇，粉碎“四人帮”后的两年著
作17篇，十一届三中全会以后的讲话、谈话34篇。
    </description>
</book>
<book id="1003">
    <author>邓小平</author>
    <title>邓小平文选 第三卷</title>
    <price>13.4</price>
    <publisher>人民出版社</publisher>
    <pub_date>1993-10-01</pub_date>
    <description>第三卷收入邓小平1982—1992年的重要著作，共119篇。
```

很大一部分是第一次公开发表。曾经在《建设有中国特色的社会主义》(增订本)、《邓小平同志重要谈话(1987 年 2—7 月)》等小册子和报纸上发表过的著作，这次编入文选时，又作了文字整理，许多篇根据记录稿增补了重要内容。文选以《中国共产党第十二次全国代表大会开幕词 》作为开卷篇，以 1992 年 1 月 18 日—2 月 21 日《在武昌、深圳、珠海、上海等地的谈话要点》作为结束篇。

```
    </description>
</book>
</catalog>
```

根元素 catalog 包含一个可以重复多次的子元素 book，book 元素有 1 个属性 id 以及 6 个子元素 author、title、price、publisher、pub_date 和 description。对应的 XML Schema 文档内容：

```
<?xml version="1.0" encoding="UTF-8"?>
<xsd:schema xmlns:xsd="http://www.w3.org/2001/XMLSchema">
  <xsd:element name="catalog" type="CatalogData"/>
  <xsd:complexType name="CatalogData">
    <xsd:sequence>
      <xsd:element name="book" type="bookdata" minOccurs="0" maxOccurs=
"unbounded"/>
    </xsd:sequence>
  </xsd:complexType>
  <xsd:complexType name="bookdata">
    <xsd:sequence>
      <xsd:element name="author" type="xsd:string"/>
      <xsd:element name="title" type="xsd:string"/>
      <xsd:element name="price" type="xsd:float"/>
      <xsd:element name="publisher" type="xsd:string"/>
      <xsd:element name="pub_date" type="xsd: date"/>
      <xsd: element name="description" type="xsd: string"/>
    </xsd: sequence>
    <xsd: attribute name="id" type="xsd: string"/>
  </xsd: complexType>
</xsd: schema>
```

4.4.5 CSS

XML 文档本身只存储数据内容和结构，格式化显示需要样式表，样式表有两种类型 CSS 和 XSL。CSS 是一种非常简单、易懂的语言，其定义形式如下：

目标名称{
属性 1:属性值;
属性 n:属性值;
…
属性 n:属性值;}

其中，目标名称一般是需要格式化的元素名，属性包括字体属性、颜色熟悉、背景属性、文本属性、框属性、分类属性等。

【例 4.42】下面文档：

```
<?xml version="1.0" encoding="UTF-8"?>
<mytag>
我的标签!
</mytag>
```

在没有格式处理时，利用浏览器打开的效果如图 4-38 所示。

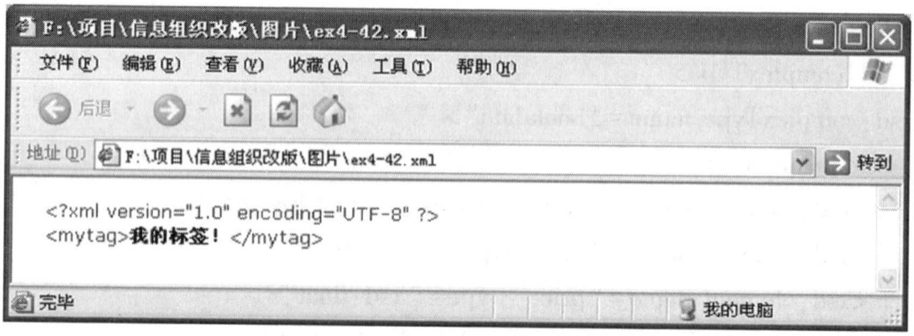

图 4-38 未作格式化处理的显示效果

现在，利用 CSS 对其进行格式化处理。利用 CSS 格式化 XML 文档需要以下步骤：

第一步，创建格式化 XML 文档的样式表 CSS。

第二步，将 CCS 应用于 XML 文档。

针对例 4-42 的文档创建样式表“ex4-42.css”，内容如下：

```
mytag{
font-family:黑体;
font-weight: bold;
font-size:48;}
```

设置了三个字体属性，font-family 设置字体类型、font-weight 设置字体粗细、font-size 设置字号，这里分别设置为黑体、加粗和 60。接下来，将 ex4-42. css 应用于上述文档，相应的语法是：

```
<? xml-stylesheet href="CSS 文件路径和名称" type="text/css"? >
```

把这句处理命令置于 XML 声明之后，例如上述文档变为：

```
<? xml version="1.0" encoding="UTF-8"? >
<? xml-stylesheet href="ex4-42. css" type="text/css"? >
<mytag>
    我的标签！
</mytag>
```

此时，用浏览器打开的效果如图 4-39 所示，可以看到进行了格式化处理，显示内容不再是 XML 文档原来内容。

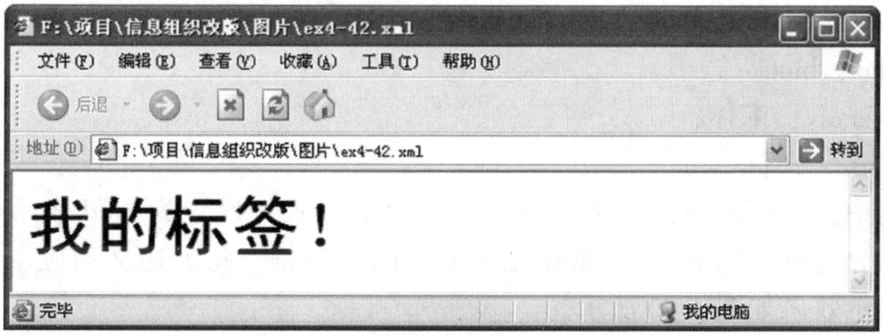

图 4-39　格式化处理后的显示效果。

【例 4-43】为例 4-41 的文档定义以下 CSS 样式表：

```
author{
  display:inline;
  font-family:黑体;
  font-weight: bold;
  font-size: 28;}
title{
```

```
  display:inline;
  font-family:黑体;
  font-weight: bold;
  font-size: 28;}
price{
  display:block;
  font-family:宋体;
  font-sytle:italic
  font-size: 20;}
publisher{
  display:inline;
  font-family:宋体;
  font-size: 20;}
pub_date{
  display: inline;
  font-family: 宋体;
  font-size: 20;}
description{
  display: block;
  font-family: 宋体;
  font-size: 16;}
```

其中，display 属性用于设置元素的显示方式，设置为 bold 表示在元素前后加分行符，inline 表示删除元素前后的分行符。将上述文档应用于文档后，显示效果如图 4-40 所示。

4.4.6 XSL

XSL 提供比 CSS 更为强大的功能，XSL 本身是 XML 的一个应用，XML 由两部分组成：利用 XSLT 转换和显示部分。利用 XSL 格式化 XML 文档有两个基本步骤：

第一步，创建 XLS 样式表文件。

第二步，将 XSL 应用到 XML 文档。

其中，应用部分的语法与 CSS 类似：

```
<? xml-stylesheet href="XSL 文件路径和名称" type="text/xsl"? >
```

唯一的区别是 type 属性改为 text/xsl。首先，给出一个例子：

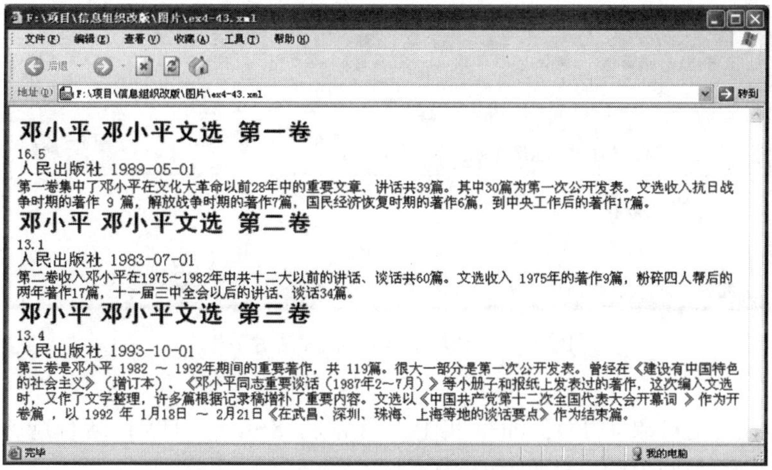

图 4-40　例 4-41 的格式化显示

【例 4-44】利用 XSL 格式化文档 ex4-34. xml。创建的以下 XSL 文件：

```
<?xml version="1.0" encoding="UTF-8"?>
<xsl:stylesheet version="1.0" xmlns:xsl="http://www.w3.org/TR/WD-xsl">
<xsl:template match="/">
<xsl:value-of select="mytag"/>
</xsl:template>
</xsl:stylesheet>
```

XSL 文档的根元素是 xsl：stylesheet，每个 XSL 文档必须包含一个以上的 xsl：template 元素，用以给特定元素定义输出模板，其中 match 属性用来指定从 XML 文档中的那个元素开始提取内容，“/”代表根元素，xsl：value-of 用于从 select 属性指定的元素中提取内容。将其应用到该文档，文档内容变为：

```
<?xml version="1.0" encoding="UTF-8"?>
<?xml-stylesheet href="ex4-44.xsl" type="text/xsl"?>
<mytag>
  我的标签!
</mytag>
```

用浏览器打开的显示效果如图 4-41 所示。

由图 4-41 可知，利用 XSL 处理后，浏览器不再是文档的原始内容。但是，这个例子并没有作格式化显示处理，仅提取了 XML 文档的内容。XSL

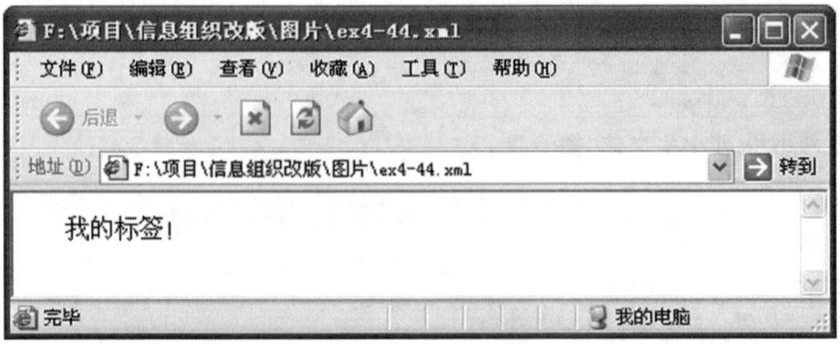

图 4-41 利用 XSL 处理后显示结果

提供的格式化对象是 FO，而事实上，常常将 XSL 与 HTML 结合起来使用。例如，将例 4-44 中的 xsl 文档改为：

```
<?xml version="1.0" encoding="UTF-8"?>
<xsl:stylesheet version="1.0" xmlns:xsl="http://www.w3.org/TR/WD-xsl">
  <xsl:template match="/">
    <html>
        <head><title>我的标签</title></head>
        <body>
        <font size="10"><b><i><xsl:value-of select="mytag"/></i>
</b></font>
        </body>
    </html>
  </xsl:template>
</xsl:stylesheet>
```

将 mygag 元素的内容放到一个 HTML 框架内，用浏览打开的效果如图 4-42 所示。

由图 4-42 可知，mytag 元素利用了 HTML 提供了样式，通过将其内容置于 HTML 标签中，完成了格式化显示。XSL 本身功能强大，这里给出一个复杂的例子。

【例 4-45】为例 4-41 的文档定义以下 XSL 样式表：

```
<?xml version="1.0" encoding="UTF-8"?>
<xsl:stylesheet version="1.0" xmlns:xsl="http://www.w3.org/TR/WD-xsl">
  <xsl:template match="/">
  <xsl:for-each select="catalog/book">
    <html>
```

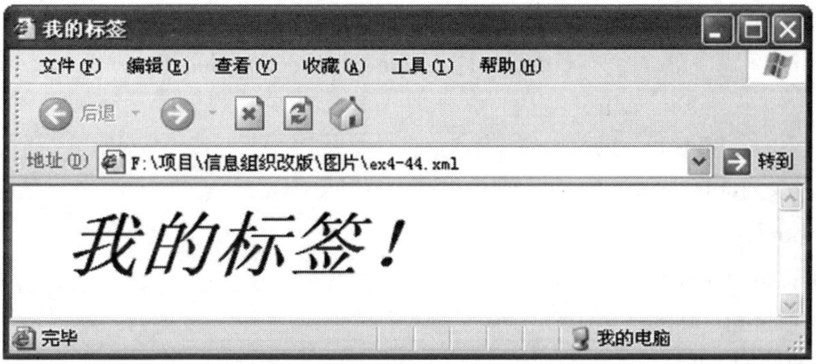

图 4-42　将 XSL 与 HTML 结合处理的显示结果

```
<head><title>邓小平文选</title></head>
<body>
<table border="1">
        <tr>
            <th width="10%">作者</th>
            <td><xsl:value-of select="author"/></td>
        </tr>
        <tr>
            <th width="10%">书名</th>
            <td><xsl:value-of select="title"/></td>
        </tr>
        <tr>
            <th width="10%">价格</th>
            <td><xsl:value-of select="price"/></td>
        </tr>
        <tr>
            <th width="10%">出版社</th>
            <td><xsl:value-of select="publisher"/></td>
        </tr>
        <tr>
            <th width="10%">出版日期</th>
            <td><xsl:value-of select="pub_date"/></td>
        </tr>
        <tr>
```

```
                    <th width="10%">简介</th>
                    <td><xsl:value-of select="description"/></td>
                </tr>
        </table>
        </body>
    </html>
  </xsl:for-each>
  </xsl:template>
</xsl:stylesheet>
```

将其应用到该文档后，用浏览器打开后结果如图 4-43 所示。

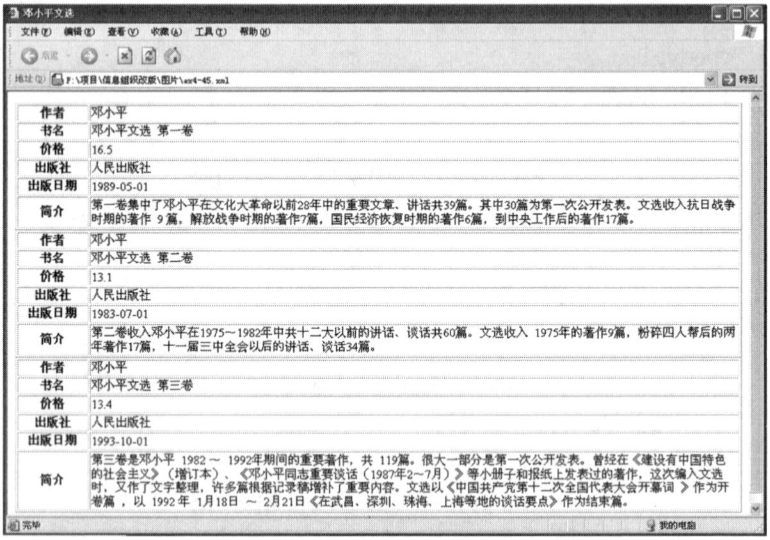

图 4-43　利用 XSL 格式化显示例 4-41 的结果

由图 4-43 可知，XML 文档内容放在了表格里面，其中<xsl:for-each select="catalog/book">表示从 XML 中提取所有的 book 元素。

4.5　HTML5 及其应用

W3C 组织在 1999 年 12 月发布的 HTML4.01 版本后，就停止了对 HTML 的修订。为了推动 Web 标准化运动的发展，一些公司联合起来成立了 WHATWG（Web Hypertext Application Technology Working Group，Web 超文本

应用技术工作组）的组织。WHATWG 致力于 Web 表单和应用程序，而 W3C（World Wide Web Consortium，万维网联盟）专注于 XHTML2.0。在 2006 年，双方决定进行合作，来创建一个新版本的 HTML 即 HTML5。

HTML5 草案的前身名为 Web Applications 1.0，于 2004 年被 WHATWG 提出，并在 2007 年被 W3C 接纳，并成立了新的 HTML 工作团队。2008 年 1 月 22 日，W3C 公布了 HTML 5 的第一份正式草案。2012 年 12 月 17 日，W3C 宣布 HTML5 规范已经正式定稿。2013 年 5 月 6 日，HTML 5.1 正式草案公布。2014 年 10 月 29 日，经过 8 年的艰辛努力，W3C 宣布 HTML5 标准规范最终制定完成并已公开发布。目前主流浏览器都已支持 HTML5，移动互联网环境下，HTML5 的应用越来越广泛并将逐渐替代 1999 年发布的 HTML4.01。

HTML5 在 HTML4.01 的基础上，作了如下修订：

①增加了用于绘画的 canvas 元素。

②增加了用于媒体回放的 video 和 audio 元素。

③对本地离线存储提供了更好的支持。

④增加了新的结构元素。

⑤增加了新的表单控件。

⑥移除了部分 HTML4.01 中的元素。

⑦完全支持 CSS3。

4.5.1 HTML5 新增结构元素

为了满足新的需求，HTML5 添加了许多结构元素（详见表 4-10）。其中 article、section、header、footer、nav 等元素为常用的结构元素。

表 4-10 **HTML5 新增结构元素**

元素标签	描述
<article>	定义页面独立的内容区域。
<aside>	定义页面的侧边栏内容。
<bdi>	允许设置一段文本，使其脱离其父元素的文本方向设置。
<figure>	规定独立的流内容（图像、图表、照片、代码等）。
<figcaption>	定义 <figure> 元素的标题。
<footer>	定义 section 或 document 的页脚。
<header>	定义了文档的头部区域。

续表

元素标签	描　述
<mark>	定义带有记号的文本。
<meter>	定义度量衡。仅用于已知最大和最小值的度量。
<nav>	定义导航链接的部分。
<progress>	定义任何类型的任务的进度。
<ruby>	定义 ruby 注释(中文注音或字符)。
<rt>	定义字符(中文注音或字符)的解释或发音。
<rp>	在 ruby 注释中使用，定义不支持 ruby 元素的浏览器所显示的内容。
<section>	定义文档中的节(section、区段)。
<time>	定义日期或时间。
<wbr>	规定在文本中的何处适合添加换行符。

(1) article 元素

article 元素规定独立的自包含内容。article 包含的内容应有其自身的意义，并独立于网页的其余部分，article 元素可以被用于论坛帖子、报纸文章、博客条目、用户评论等内容。article 实例如表 4-11。

表 4-11　**article 元素实例**

```
<article>
  <h1>article 标题</h1>
  <p>此处为 article 段落内容。</p>
</article>
```

article 标题
此处为 article 段落内容。

(2) section 元素

section 标签定义文档中的节(section、区段)。比如章节、页眉、页脚或文档中的其他部分。section 实例如表 4-12。该实例中 article 元素代表一本书，section 元素对应图书的每章内容和参考文献，包括标题元素 h3 和内容段落 p。

表 4-12　　section 元素实例

```
<article class="book">
 <section class="chapter">
  <h3>第一章 信息组织引论</h3>
  <p>本章内容介绍信息组织的概念、理论方法、技术基础和研究的主要内容。</p>
 </section>
 <section class="chapter">
  <h3>第二章 分类语言</h3>
  <p>本章内容介绍分类语言的沿革、原理与体系结构和具体实例</p>
 </section>
 <section class="appendix">
  <h3>参考文献</h3>
  <p>此处列出本书的参考文献。</p>
 </section>
</article>
```

第一章　信息组织引论
本章内容介绍信息组织的概念、理论方法、技术基础和研究的主要内容。
第二章　分类语言
本章内容介绍分类语言的沿革、原理与体系结构和具体实例
参考文献
此处列出本书的参考文献。

(3)header 元素

header 元素为其父元素提供初始介绍信息，起到开篇介绍(页眉)的作用。如果其父元素为整个网页文档，其介绍信息就是全局的，如果其父元素为 article 元素或 section 元素，则其介绍信息仅限于 article 元素或 section 元素。

(4)footer 元素

header 元素为其父元素提供结尾介绍信息，起到结尾总结(页脚)的作用。如果其父元素为整个网页文档，其介绍信息就是全局的，如果其父元素为 article 元素或 section 元素，则其介绍信息仅限于 article 元素或 section 元素。

表 4-13 中，article 包括了 header 和 footer 元素，header 包括了图书的基本介绍信息，footer 包括了图书版权信息，与每章 section 内容一起，构成了

article 图书内容。

表 4-13　　**header 和 footer 元素实例**

```
<article class="book">
<header>
<h1>信息组织</h1>
<p>本书介绍信息组织的新理论、新方法、新技术。</p>
</header>
 <section class="chapter">
  <h3>第一章 信息组织引论</h3>
  <p>本章内容介绍信息组织的概念、理论方法、技术基础和研究的主要内容。</p>
 </section>
 <section class="chapter">
  <h3>第二章 分类语言</h3>
  <p>本章内容介绍分类语言的沿革、原理与体系结构和具体实例</p>
 </section>
<footer>
<h1>版权信息</h1>
<p>本书版权归武汉大学出版社所有。</p>
</footer>
</article>
```

信息组织
本章介绍信息组织的新理论、新方法、新技术。
第一章　信息组织引论
本章内容介绍信息组织的概念、理论方法、技术基础和研究的主要内容。
第二章　分类语言
本章内容介绍分类语言的沿革、原理与体系结构和具体实例
版权信息
本书版权归武汉大学出版社所有。

(5) nav 元素

nav 元素起导航作用，nav 元素包括了指向其他网页或本网页其他内容的一组链接。表 4-14 中，body 元素中包括了 nav 元素作为导航栏，具体的 3 个导航链接放入 ul 列表元素中。

表 4-14　　　　**nav 元素实例**

```
<body>
<nav>
  <h1>导航栏</h1>
  <ul>
    <li><a href="articles.html">文章列表</a></li>
    <li><a href="today.html">今日新闻</a></li>
    <li><a href="hot.html">热点新闻</a></li>
  </ul>
</nav>
</body>
```

导航栏

- 文章列表
- 今日新闻
- 热点新闻

（6）aside 元素

aside 元素代表与当前文档内容相关但又不是其主要部分。例如，可以将网页中的广告或当前文章的相关导航链接放入 aside 元素中。在页面展示上，aside 元素常常位于侧边栏。表 4-15 中，一篇“北京游记”的文章中提到了“故宫”，就将“故宫”的信息纳入到了 aside 元素中。

表 4-15　　　　**aside 元素实例**

```
<body>
<h1>北京游记</h1>
<p>这个假期我去北京旅游，印象最深刻的就是故宫、颐和园和长城……</p>
<aside>
<h4>故宫</h4>
故宫博物院建立于 1925 年，是在明朝、清朝两代皇宫及其收藏的基础上建立起来的
</aside>
</body>
```

北京游记

这个假期我去北京旅游，印象最深刻的就是故宫、颐和园和长城……

故宫

故宫博物院建立于 1925 年，是在明朝、清朝两代皇宫及其收藏的基础上建立起来的

(7) figure 元素

figure 元素规定独立的流内容(图像、图表、照片、代码等)。figure 元素的内容应该与主内容相关，但如果被删除，则不应对文档流产生影响。figure 元素中可以应用 figcaption 元素为 figure 添加标题。表 4-16 的实例中，网页主体为介绍上海卢浦大桥的内容，配了一张内嵌在 figure 元素中的图片，并用 figcaption 元素为图片添加了标题。

表 4-16　　**figure 元素实例**

```
<body>
<p>上海卢浦大桥是当今世界第一钢结构拱桥，是世界上跨度最大的拱形桥。它也是世界上首座完全采用焊接工艺连接的大型拱桥。</p>
<figure>
  <figcaption>黄浦江上的卢浦大桥，2010 年 10 月拍摄</figcaption>
  <img src="/i/shanghai_lupu_bridge.jpg" width="350" height="234" />
</figure>
</body>
```

上海卢浦大桥是当今世界第一钢结构拱桥，是世界上跨度最大的拱表桥。它也是世界上首座完全采用焊接工艺连接的大型拱桥。

黄浦江上的卢浦大桥，2010 年 10 月拍摄

4.5.2　HTML5 表单

为满足数据输入的需求，HTML5 在 HTML4.01 基础上，为 input 元素添加了新的类型，增加了多个表单元素和表单属性。

(1) 新增的 input 类型

HTML5 拥有多个新的表单输入类型。这些新特性提供了更好的输入控制和验证。新增的 input 输入类型包括：email、url、range、date、time、 search、tel 和 color。

①email 类型。

email 类型用于验证 e-mail 的格式，当提交表单时会自动验证 E-mail 域的值。表 4-17 例子中，输入错误，提交时会提示输入错误。

表 4-17 **E-mail 类型实例**

E-mail：<input type="email" name="user_email" />

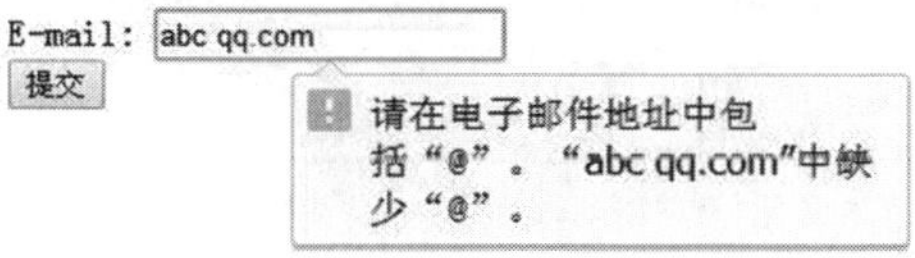

②url 类型。

url 类型用于验证 URL 地址的格式，当提交表单时会自动验证 url 域的值。表 4-18 例子中，由于网址输入错误，提交时弹出提示。

表 4-18 **url 类型实例**

主页：<input type="url" name="user_url" />

③number 类型。

number 类型根据你的设置提供选择数字的功能，min 属性设置最小值、max 属性设置最大值，value 属性设置当前值，step 属性设定每次增长的值。表 4-19 例子中，由于输入值 15 高于 max 属性设置的值，弹出提示框。

表 4-19 **number 类型实例**

数值：<input type="number" name="points" min="1" max="10" />

④range 类型。

range 类型用于输入一定范围内数字值，以一个滑块的形式展现，min 属性设置最小值、max 属性设置最大值，value 属性设置当前值，如果没有设置，则其默认值的范围是 1~100，如表 4-20 所示。

表 4-20　　**range 类型实例**

取值范围：<input type="range" name="points" min="1" max="10" />
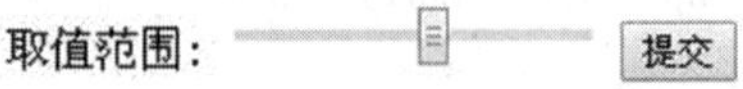

⑤date 类型。

date 类型用于输入日期(年月日)，点击输入控件中的下箭头按钮，可从弹出的日期面板里选择日期，如表 4-21 所示。

表 4-21　　**date 类型实例**

日期：<input type="date" name="user_date" />

⑥time 类型。

time 类型用于输入时间(小时—分钟)，直接输入时间值或点击上下箭头选取时间均可，如表 4-22 所示。

表 4-22　　**time 类型实例**

时间：<input type="time" name="user_time" />
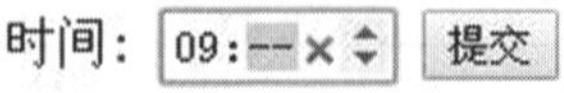

⑦search 类型。

search 类型用于搜索域，比如站点搜索或百度搜索，表 4-23 例子的表单中，通过 search 类型的 input 元素输入搜索词，赋值给 wd 变量，然后点击搜索按钮即可以范围百度搜索结果。

表 4-23　**search 类型实例**

```
<form action="https://www.baidu.com/s" method="get">
<label>百度：<input type="search" name="wd"></label>
<input type="submit" value="搜索">
</form>
```

⑧tel 类型。

用于验证输入的是否是电话格式的内容，其外观和 text 类型一致，如表 4-24 所示。

表 4-24　**tel 实例类型**

```
电话：<input type="tel" name="user_telephone" />
```

⑨color 类型。

color 类型提供一个颜色拾取器，供用户选择颜色，并将用户选择的颜色填充到此元素中。如表 4-25，点击颜色框，弹出颜色拾取器，选择需要的颜色。

（2）新增的表单元素

①datalist 元素。

datalist 元素规定输入域的选项列表。列表是通过 datalist 内的 option 元素创建的。如需把 datalist 数据绑定到输入域，需要用输入域的 list 属性引用 datalist 的 id。在表 4-26 例子中，类型为 url 的 input 输入域，通过 list 属性绑定了 datalist（id 属性值“url_list”）。点击向下箭头，就会显示 datalist 中的链接列表。

表 4-25 **color 类型实例**

```
颜色：<input type="color" name="user_color" />
```

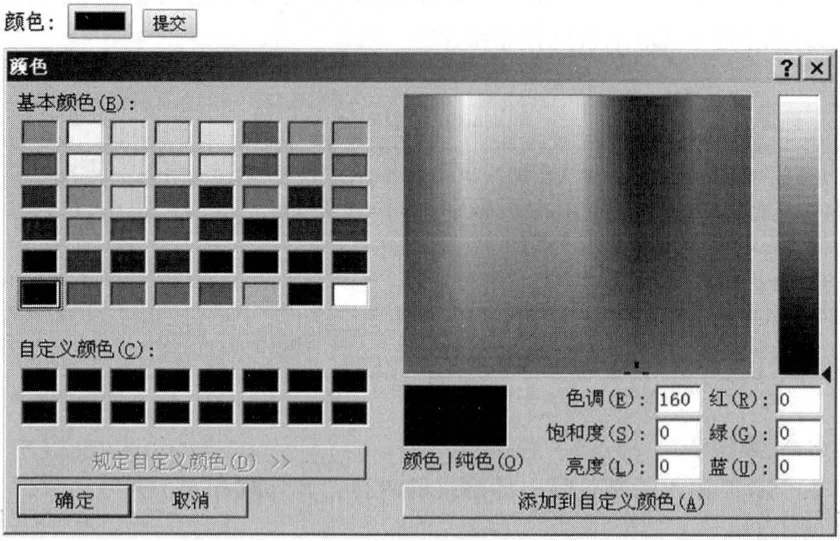

表 4-26 **datalist 实例**

```
导航链接：<input type="url" list="url_list" name="link" />
<datalist id="url_list">
        <option label="W3School" value="http://www.w3school.com.cn" />
            <option label="Google" value="http://www.google.com" />
            <option label="Microsoft" value="http://www.microsoft.com" />
</datalist>
```

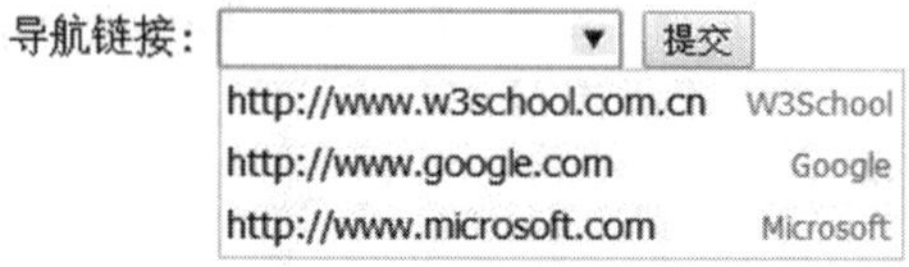

②progress 元素。

progress 元素定义的进度信息。常被用于显示 JavaScript 中耗费时间的函数的进度。如表 4-27 例子所示，当前进度为 85%(value 属性的取值)，最大值为 100(max 属性的取值)。

表 4-27　　**progress 实例**

下载进度：<progress value="85" max="100"></progress>

③meter 元素。

meter 元素定义已知范围或分数值内的标量测量，也被称为 gauge(尺度)，例如：磁盘用量、查询结果的相关性、考试及格率等。meter 元素以条状图形式展示。表 4-28 例子所示，两个 meter 元素分别显示了 3/10 和 0. 6 的条状图。

表 4-28　　**meter 元素实例**

<p>显示度量值：</p> <meter value="3" min="0" max="10">3/10</meter> <meter value="0. 6">60%</meter>

④keygen 元素。

keygen 元素规定用于表单的密钥对生成器字段。当提交表单时，私钥存储在本地，公钥发送到服务器。表 4-29 例子所示，可以选择高强度和中等强度加密，提交后服务器会收到变量名为 security，采用 RSA 算法加密的字符串。

表 4-29　　**keygen 实例**

加密：<keygen name="security" />

⑤output 元素。

output 元素定义不同类型的输出，比如脚本的输出。表 4-30 例子所示，form 的 oninput 属性中的脚本定义了：如果用户输入，就将 id 为“a”的 input 元素取值和 id 为“b”的 input 元素取值相加，并赋值给 name 为 x 的 output 元素。output 元素的 for 属性定义了计算中设计的两个变量 a 和 b。图中显示 a 取值为 56，b 取值为 51 时的输出。

表 4-30 **output 实例**

```
<form oninput="x. value=parseInt(a. value)+parseInt(b. value)">
<input type="range"  id="a"  value="50">+
<input type="number"  id="b"  value="50">=
<output name="x"  for="a b"></output>
</form>
```

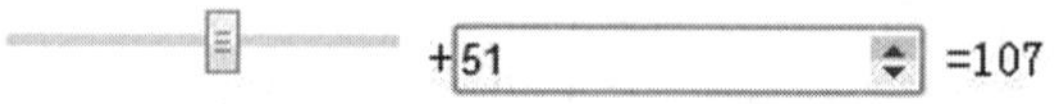

4.5.3 HTML5 音频与视频

(1)audio 元素

为了不安装各类插件直接在网页上播放音频，HTML5 提供了 audio 元素直接播放音频。目前 audio 元素支持 Ogg、MP3、Wav 三种格式的音频文件。video 元素包含的属性如表 4-31 所示。

表 4-31 **audio 元素属性**

属性	取值	描　述
autoplay	autoplay	如果出现该属性，则音频在就绪后马上播放。
controls	controls	如果出现该属性，则向用户显示控件，比如播放按钮。
loop	loop	如果出现该属性，则每当音频结束时重新开始播放。
preload	preload	如果出现该属性，则音频在页面加载时进行加载，并预备播放。如果使用 "autoplay"，则忽略该属性。
src	url	要播放的音频的 URL。

表 4-32 例子中，音频文件路径 src 为“/i/song. mp3”的 video 元素，显示播放控件(controls 属性)，同时自动播放音频(autoplay 属性)并循环播放(loop 属性)。

表 4-32　　**audio 实例**

```
<audio controls="controls" src="/i/song. mp3" loop="loop" autoplay="autoplay">
</audio>
```

(2) video 元素

在网页上播放视频往往要通过安装各类插件(如 flash 插件)，这在移动互联网环境下十分不方便，于是 HTML5 规定了一种通过 video 元素来包含视频的标准方法，支持 HTML5 的浏览器上，无须安装任何插件，即可播放视频。目前 video 元素支持 Ogg、MPEG4、WebM 三种视频格式。video 元素包含的属性如表 4-33 所示。

表 4-33　　**video 元素属性**

属性	取值	描　述
autoplay	autoplay	如果出现该属性，则视频在就绪后马上播放。
controls	controls	如果出现该属性，则向用户显示控件，比如播放按钮。
height	pixels	设置视频播放器的高度。
loop	loop	如果出现该属性，则当媒介文件完成播放后再次开始播放。
preload	preload	如果出现该属性，则视频在页面加载时进行加载，并预备播放。如果使用 "autoplay"，则忽略该属性。
src	url	要播放的视频的 URL。
width	pixels	设置视频播放器的宽度。

表 4-34 例子中，路径 src 为“/i/movie. ogg”的 video 元素，高 height 240 像素，宽 width 320 像素，同时在视频下面显示播放控件。

表 4-34 **video 实例**

```
<video src="/i/movie.ogg"  width="320" height="240" controls="controls" >
</video>
```

4.5.4 HTML5 画布与 SVG

(1) canvas 画布元素

HTML5 提供了 canvas(画布)元素，使用 JavaScript 在网页上绘制图形。画布是一个矩形区域，JavaScript 可以控制其每一像素。canvas 拥有多种绘制路径、矩形、圆形、字符以及添加图像的方法。

为了能绘制画布，首先要在 HTML5 页面添加 canvas 元素，规定元素的 id、宽度和高度，如下例所示设置画布名称 id 为 myCanvas，宽度 200 像素，高度 100 像素。

```
<canvas id="myCanvas" width="200" height="100"></canvas>
```

canvas 元素本身是没有绘图能力的。所有的绘制工作必须在 JavaScript 内部完成。如表 4-35 例子所示，在宽 200 像素，高 100 像素的 myCanvas 画布上，通过 style 属性设置了画布边框宽度和颜色，并通过下面的 JavaScript 脚本在画布上绘制了一个红色的圆。

表 4-35 **canvas 实例**

```
<canvas id="myCanvas" width="200" height="100" style="border: 1px solid
black;"></canvas>
<script type="text/javascript">
    var c=document.getElementById("myCanvas");
```

续表

```
    var cxt=c. getContext( "2d" ) ;
    cxt. fillStyle = "#FF0000" ;
    cxt. beginPath( ) ;
    cxt. arc(70, 18, 15, 0, Math. PI * 2, true) ;
    cxt. closePath( ) ;
    cxt. fill( ) ;
</script>
```

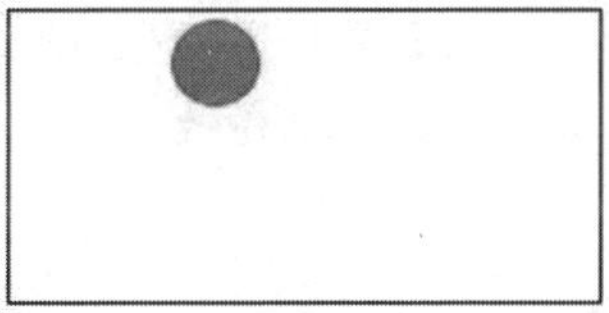

(2)HTML5 支持内联 SVG

SVG 可伸缩矢量图形(Scalable Vector Graphics)使用 XML 格式定义图形，SVG 图像在放大或改变尺寸的情况下其图形质量不会有损失，同时 SVG 也是万维网联盟的标准。HTML5 支持内联 SVG，即 SVG 的 XML 脚本内嵌在 HTML5 网页中，通过 SVG 元素，即可在 HTML5 页面显示矢量图形。

如表 4-36 例子所示，页面内嵌了 svg 元素对应的图形，高度 height = 190，并通过 polygon 元素设置了多边形，通过 style 元素设置了外观样式(红色填充、蓝色笔触、3 像素粗细)。

表 4-36　**svg 实例**

```
<body>
<svg xmlns = "http: //www. w3. org/2000/svg"  version = "1. 1"  height = "190" >
    <polygon points = "100, 10 40, 180 190, 60 10, 60 160, 180"
    style = "fill: red; stroke: blue; stroke-width: 3;" />
</svg>
</body>
```

4.6 JSON

JSON(JavaScript Object Notation，JavaScript 对象表示法)是一种轻量级的数据交换格式。它是基于 JavaScript 语言的一个子集。JSON 独立于具体的编程语言，通用性强，使用了类似于 C 语言家族的语法习惯(包括 C、C++、C#、Java、JavaScript、Perl、Python 等)。这些特性使 JSON 成为理想的数据交换语言，易于阅读和编写，也易于机器解析和生成。用 JSON 进行数据交换由于数据冗余度低，因此可以提升网络传输速率，某些情况下，采用 JSON 进行数据交换相比 XML 更加简单高效。

4.6.1 JSON 语法规则

JSON 语法是 JavaScript 对象表示语法的子集。在表示数据方面，JSON 需要表示数据的“取值”、“对象”和“数组”，语法如下：

①数据保存在键值对“键：值”中；

②多个数据用逗号“,”分隔；

③用花括号“{ }”保存对象；

④用方括号“[ ]”保存数组。

下面的 JSON 对象为 3 条数据构成的图书对象，整体用花括号包含，每条数据采用键值对方式表示，并用逗号隔开。

```
{
"书名" : "信息组织",
"出版年份" : 2015,
"出版社" : "武汉大学出版社"
}
```

4.6.2 JSON 取值

JSON 中,”键：值”用来表示数据，其中键用双引号括起来，值则包括 6 种类型：

(1)数字(整数或浮点数)

如 "年龄"：23 ,"价格"：14.5 ，数字取值不加双引号。

(2)字符串(在双引号中)

如 "姓名":"王小明"，字符串取值用双引号包含。

(3)逻辑值(true 或 false)

如“合格”：true，“计算完毕”：false，逻辑值不加双引号。
(4)对象(在花括号{}中)
(5)数组(在方括号[]中)
(6)null(空值)
如"返回值"：null，空值 null 不加双引号。

4.6.3 JSON 对象

对象是一个无序的“键：值”集合。
①一个对象以“{”开始，“}”结束。
②每个“键”和“值”用“:”(冒号)分隔；
③多个“键：值”之间使用“,”(逗号)分隔。
对象实例：学生对象(包含三个数据)

```
{
"姓名" ："李明"，
"年龄" ：20，
"籍贯" ："北京"
}
```

该例中，一个 JSON 学生对象包括了姓名、年龄、籍贯三个数据。

4.6.4 JSON 数组

数组是值(value)的有序集合。
①一个数组以“[”开始，以“]”结束。
②值之间使用“,”(逗号)分隔。
数组实例：学生数组(包含三个学生对象)

```
{
    "学生"：[
        {"姓名"："李明","年龄"：23},
        {"姓名"："王磊","年龄"：24},
        {"姓名"："张林","年龄"：22}
    ]
}
```

该例中，一个 JSON 学生对象包括了一个数组，这个数组由 3 条学生信息对象构成。

4.6.5 JSON 应用实例

可以通过 JavaScript 直接操控 JSON 数据，表 4-37 例子中，将一个 JSON 数组赋值给了 JavaScript 变量 students，然后调用 document. getElementById( ) 函数，为代表学生姓名和年龄的 2 个 span 元素赋值，赋值采用的是 students 数组的第 2 条学生数据(王磊，24)。

表 4-37　　**JavaScript 调用 JSON 实例**

```
<html>
<body>
<h2>JSON 应用实例</h3>
<p>
姓名：<span id="student_name"></span>,
年龄：<span id="student_age"></span>
</p>
<script type="text/javascript">
var students = [
{ "姓名":"李明" ,"年龄": 23 },
{ "姓名":"王磊" ,"年龄": 24 },
{ "姓名":"张林" ,"年龄": 22 }
];
document. getElementById("student_name"). innerHTML=students[1]. 姓名;
document. getElementById("student_age"). innerHTML=students[1]. 年龄;
</script>
</body>
</html>
```

JSON 应用实例
姓名：王磊，年龄：24

习　题　四

1. SGML 有哪些特点？它用什么方法实现描述电子文献的国际标准？
2. 简述 SGML 的工作原理。
3. HTML 的主要用途是什么？

4. 简述 HTML 文档的结构。
5. 列表有哪几类？如何实现不同的列表描述？
6. 如何实现定义列表格式？
7. 如何设置字符的属性？水平线与图像的属性如何描述？
8. 字符样式有几种？如何定义字符样式？
9. 表格的标签与属性有哪些？如何实现特定要求表格的描述？
10. 表单有哪几种？它们如何定义？
11. 超文本链接的基本方法有哪些？如何实现超链接？
12. 什么是绝对路径，什么是相对路径，它们有什么区别？
13. 在 HTML 文档中如何链接 E-mail 程序？
14. 怎么设置页面的背景图片和背景音乐？
15. 怎么将图片、声音、视频链接到页面？
16. 怎么将图片、声音、视频嵌入到页面中？
17. 什么是框架，它有什么作用？
18. 简述 XML 与 SGML、HTML 的关系。
19. 为什么要开发 XML？它有哪些特点？
20. XML 有哪些典型应用？
21. 什么是 XML 技术体系，它主要包括哪些内容？
22. 什么叫合法的 XML 文档，它要满足哪些原则？
23. 什么叫结构完整的 XML 文档，它与合法的 XML 文档有什么不同？
24. 什么是 XML 声明，常设置哪些属性？
25. 怎么用 DTD 声明元素？
26. 怎么用 DTD 声明属性？
27. 什么是外部 DTD 声明，它与内部 DTD 声明有什么区别？
28. XML Schema 与 DTD 相比，有哪些优势？
29. XML Schema 中简单类型和复杂类型有什么区别，分别怎么定义？
30. 什么是 CSS，怎么用它格式化显示 XML 文档？
31. 什么是 XSL，怎么将其与 HTML 结合格式化显示 XML 文档？
32. 为什么要研究 HTML5？如何利用 HTML5 元素在网页上绘图？试举例说明。
33. 如何利用 HTNL5 元素在网页上播放音频和视频信息？

5 信息资源描述的元数据方案

元数据的诞生与发展促进了信息资源的描述与组织。本章综述了元数据的分类及其结构，重点讨论了都柏林核心（DC）元数据与复杂元数据方案（MARC）。同时，研究了其他元数据方案及互操作协议。

5.1 元数据概述

5.1.1 元数据的由来

信息数字化技术、多媒体技术以及互联网技术的综合发展使人类共享信息资源成为可能。而随着 WWW 的不断发展，网络信息资源的指数级增长，一个问题随之而来：用户如何在浩瀚的信息海洋中找到真正所需的信息？资源发现成为 Internet 应用的瓶颈与焦点。人们希望通过某种资源描述的工具，促进信息资源描述、组织、共享、发现与利用。

在信息资源的主导类型已由印刷型转变为数字型的现实背景下，元数据的研究更是具有现实意义的课题。现有的一些提供给专业人员的、较为复杂并被结构化的元数据标准和方案，如 MARC、GILS（Government Information Locator Service）、TEI（Text Encoding Initiative）header，它们虽然能够满足较高的查准率，但却是面向专业人员的，在数据加工标引上费时费力。对于普通用户，难以理解和使用，因此采用这类元数据方案，对海量的网络信息资源进行描述和标引是不现实的。

各种网络搜索引擎的蓬勃发展虽然曾在一定程度上促进了资源发现，然而现实并非如我们所预想的那么简单：搜索引擎虽然对许多资源有自动索引功能，支持基于网页全文的关键字检索，但由于没有使用适当的术语进行标引，导致精确度不能满足要求，经常出现答非所问的检索结果。这是当前Internet信息检索中格外突出的问题。

数字化资源飞速增长与传统的、复杂的数据描述和标引方法的矛盾，搜索引擎查全率高与查准率低之间的矛盾，需要通过相对简单有效的资源描述方法来解决。元数据就是在这样的背景下产生的，人们期望通过元数据描述和组织Internet信息资源，使之弥补传统的复杂描述方法的缺陷并提高信息检索的查准率，满足各类用户的信息需求。

元数据这个术语，最早出现于计算机科学领域，而传统的图书馆卡片、图书的版权说明都是元数据的表现形式，是在“元数据”这一术语出现之前就一直被使用着的。

5.1.2 元数据的定义

元数据是关于数据的数据(data about data)，同时也是结构化的数据。它对信息资源进行描述和解释，促进信息资源的检索、管理和利用。元数据可以为各种形态的信息资源提供规范的描述方案和检索工具，为分布的、由多种信息资源组成的信息系统(如数字图书馆)提供整合的工具和纽带。

元数据描述的对象涵盖了各类信息资源，既可以是数字化资源也可以是非数字化资源，如一本书、一个网页或一个电子期刊等，都可以用元数据进行描述。元数据可以出现在：①数据内部(如一个网页中包含的Title和Keywords标签)；②独立于数据(如MARC记录与图书是分开存放的)；③伴随着数据(如数字图像文件中的文件大小、分辨率信息)。另外，元数据也是数据，因此它本身也可以是被描述的对象。

5.1.3 元数据的功能

元数据作为描述信息资源的工具，具有如下功能：

(1)支持资源发现(Resources Discovery)

这主要体现在元数据支持通过多种方式检索信息(如可通过标题、作者等多种属性进行检索)；可以识别信息资源，并根据元数据内容对信息资源进行聚类，方便用户浏览；可以区分不同的信息资源；可以定位具体的信息资源。

(2)组织数字信息资源(Digital Resources)

采用元数据可以对各类数字信息资源进行组织，通过对网页、电子期刊、电子图书进行元数据描述，形成元数据数据库，达到对各类数字信息资源组织的目的。

(3)支持资源的互操作(Interoperability)

元数据是对信息资源的描述，它不仅方便用户理解，还可以很容易地通过机器(计算机程序)进行处理，这就提升了资源的互操作性。尤其是许多元数据方案采用 XML 进行表示，并且可以通过各类元数据之间的映射，解决资源互操作的问题。

(4)支持数字识别(Digital Identification)

元数据往往包含资源的唯一标识(如 URL 和 DOI：Digital Object Identifier)，因此可以通过元数据识别具体的信息资源。

(5)支持存档和保存(Archiving and Preservation)

元数据不仅要满足信息资源用户的信息需求，还要利于资源的存档和保存。通过记录信息资源的格式、产生、变化等方面的信息，保证资源的持续可访问性，而不会因时间的流逝、资源存储硬件和软件的变化而丢失、毁坏或无法访问。

5.2 元数据的分类

元数据作为描述资源的数据，其具有多方面的特征，可以从多个角度对其进行分类，常用的分类依据有：按功能分类、按复杂程度分类、按资源类型分类。

5.2.1 按元数据的功能分类

从元数据所扮演的功能的不同，可以将其分为五类：

(1)管理性元数据(Administrative Metadata)

主要用于资源的管理，它涉及资源创建的时间和方式、资源获取权限的控制、资源版本控制、资源数字化的选择标准等。

(2)描述性元数据(Descriptive Metadata)

它从用户角度出发，通过对信息资源的描述方便用户发现和鉴别资源，它主要描述信息资源的主题和内容特征，常用的元素如：标题、摘要、作者、关键字等。

(3)技术性元数据(Technical Metadata)

它从系统角度出发，是与系统功能相关的信息及其行为模式。它包括硬件和软件文档，资源的数字化信息(格式、压缩比等)，系统响应时间的记录，许可和安全数据(如密码和加密密钥)等。

(4)保存性元数据(Preservation Metadata)

它是与信息资源保存管理相关的元数据，典型的例子有：资源的物理状态描述文档，有关保存资源物理版本和数字化版本的文档，数据的更新和迁移信息。

(5)使用性元数据(Use Metadata)

它涉及信息资源利用的级别和类型特征，包括资源的展出记录、用户使用情况记录、资源复用和多版本信息等。

除了上述分类法，还可根据功能不同将元数据分为：描述性(Intellectural Metadata)、结构性(Structural Metadata)、存取控制性(Access Control Metadata)和评价性元数据(Critical Metadata)。其中描述性元数据与上文含义类似，此处不再重复；结构性元数据主要描述信息资源的内部结构特征，如图书的各章节是如何组织起来的，论文集的论文是如何按序组织的；存取控制性元数据来描述数字化信息资源能够被利用的基本条件和期限，以及这些资源的知识产权特征和使用权限；评价性元数据描述和管理数据在信息评价体系中的位置。

5.2.2 按元数据复杂程度分类

不同的元数据在结构的复杂程度上是不同的，有些元数据很简单如DC元数据，有些则很复杂，如MARC。英国UKOLN(The UK Office for Library and Information Networking，图书馆与信息网络办公室)的DESIRE(Development of a European Service for Information on Research and Education，面向研究与教育的欧洲信息服务发展)项目的研究成果把元数据划分为三个级别，如表5-1所示。

表5-1 **元数据的级别**

描述	级别		
	一级	二级	三级
记录	简单格式	结构化格式	复杂格式
特征	专用 全文索引	成为逐渐形成的标准结构化字段	已成为国际标准 详细标识
实例	Lycos Alta vista Yahoo 等	Dublin Core RFC 1807 LDIF 等	MARC ISO 2709 TEI 等

其中，一级采用简单的记录格式。目前，因特网上很多搜索引擎均采用

这种格式，它们用全文抽取关键词的方法，建立关键词和分类索引，支持分类检索和主题检索(如第 2 章和第 3 章所述)。例如，Google 已与世界 80 多亿个网页相连，它的主题索引与分类索引是对这 80 多亿个网页资源的索引。

二级为结构化的格式，结构的复杂程度低，如 DC 元数据和 LDIF 元数据，它们的结构相对简单，便于普及与理解，是面向各类用户的元数据方案。

三级为复杂格式，元数据结构较复杂，需要有一定的专业知识才能理解，是面向特定领域的专业人员的，但在特定领域中发挥重大作用，并成为行业标准或国际标准，如 MARC 在图书馆领域的应用。

5.2.3 按描述的资源类型分类

元数据被应用于各个领域，有的元数据较为通用，可以应用于许多领域，描述各种类型的信息资源，如 DC 元数据；有的则是面向特定领域的，描述特定类型的信息资源，如 MARC。因此可以按照元数据所描述的资源类别对其进行分类，如表 5-2 所示。

表 5-2　**不同类型的信息资源及其元数据**

资源类型/应用领域	元数据方案
网络资源	Dublin Core、IAFA Template、CDF、Web Collections
文献资料	MARC(with 856 Field), Dublic Core
人文科学	TEI Header
社会科学数据集	ICPSR SGML Codebook
博物馆与艺术作品	CIMI、CDWA、RLG REACH Element Set、VRA Core
政府信息	GILS
地理空间信息	FGDC/CSDGM
数字图像	MOA2 metadata、CDL metadata、Open Archives Format、VRA Core、NISO/CLIR/RLG Technical Metadata for Images
档案库与资源集合	EAD
技术报告	RFC 1807
连续图像	MPEG-7

5.3 元数据的结构

元数据方案定义了元数据的结构及内容，通常元数据方案的总体结构可以分为三个层次：内容结构(Content Structure)、句法结构(Syntax Structure)、语义结构(Semantic Structure)。

(1)内容结构

内容结构定义元数据的构成元素，可包括：描述性元素、技术性元素、管理性元素、结构性元素。这些构成元素要满足元数据的功能需求，因此往往与元数据的功能相对应。这些元素可以自己定义，也可以从相关标准中选取，当某个元素来自于某个外部的标准时，要在内容结构中对此进行说明，例如 MARC 记录所依据的 ISBD 标准，EAD 所参照的 ISAD(G)，ICPSR 所依据的 ICPSR Data Preparation Manual 等，都要标出引用的位置。

(2)句法结构

句法结构定义元数据的格式及其描述方式，例如元素的分区分段组织、元素选取使用规则、元素描述方法(例如 Dublin Core 采用 ISO/IEC 11179 标准)、元素结构描述方法(例如 MARC 记录结构、SGML 结构、XML 结构)、结构语句描述语言(例如 EBNF Notation)等。有时句法结构需要标明元数据是与所描述的数据对象捆绑在一起，还是作为单独数据存在但以一定形式与数据对象链接。句法结构还要描述与相关标准、DTD 结构和 Namespace 等的链接关系。

(3)语义结构

语义结构定义元素的具体描述方法，体现元数据的语义特征。例如描述元素时所采用的标准、遵循的描述规范或自定义的描述要求。

有些元数据方案本身定义了语义结构，有些则由应用该元数据方案的具体单位规定语义结构。例如 Dublin Core 建议日期元素采用 ISO 8601、资源类型采用 Dublin Core Types、数据格式可采用 MIME、识别号采用 URL 或 DOI 或 ISBN。

下文将按照元数据的复杂程度及应用领域，分别介绍简单的元数据：DC 元数据以及复杂的元数据格式 MARC，并介绍其他一些重要的元数据格式。

5.4 都柏林核心元数据

5.4.1 DC 概述

都柏林核心(Dublin Core，简称 DC)，其研究是一项跨国家、跨学科的研究活动，根本目的在于促进资源发现，已在国际上形成了一定规模，该研究组织由 OCLC(美国联机图书馆中心)发起并组织，吸引了全世界图书馆界、计算机网络和数字图书馆研究、目录学等多学科的专家。

对 DC 元数据的最初研究可以追溯到 1994 年 10 月在芝加哥召开的 WWW 会议。此后自 1995 年起，平均每年召开一至两次 DC 正式研讨会，至今已举办过 8 次，各次会议均有不同的研究重点，由浅入深、由泛到专地对 DC 理论及应用问题进行探讨，这些会议对 DC 的发展起到了至关重要的作用。下面就各次研讨会，对 DC 的产生及其发展历史作具体介绍，以此来了解 DC 理论研究概貌和取得的系列成果。各次会议的内容及形成的重要成果，请见本章附录“都柏林核心元数据系列研究成果”，各次会议的基本情况如表 5-3 所示：

表 5-3　**DC 系列会议的基本情况**

研讨会	会议时间	会议地点
DC-1	1995 年 3 月 1—3 日	美国 俄亥俄州，都柏林
DC-2	1996 年 4 月 1—3 日	英国 华瑞克大学
DC-3	1996 年 9 月 24—25 日	美国 俄亥俄州，都柏林
DC-4	1997 年 3 月 3—5 日	澳大利亚 堪培拉
DC-5	1997 年 10 月 6—8 日	芬兰 赫尔辛基
DC-6	1998 年 11 月 2—4 日	美国 华盛顿特区
DC-7	1999 年 10 月 25—27 日	德国 法兰克福
DC-8	2000 年 10 月 4—6 日	加拿大 渥太华
DC2001	2001 年 10 月 22—26 日	日本 东京
DC2002	2002 年 10 月 13—17 日	意大利 佛罗伦萨

续表

研讨会	会议时间	会议地点
DC2003	2003年9月28日—10月2日	美国 西雅图
DC2004	2004年10月11—14日	中国 上海
DC2005	2005年9月12—15日	西班牙 马德里
DC2006	2006年10月3—6日	墨西哥 科利马
DC2007	2007年8月27—31日	新加坡 新加坡
DC2008	2008年9月24—26日	德国 柏林
DC2009	2009年10月11—17日	韩国 首尔
DC2010	2010年10月20—22日	美国 匹兹堡
DC2011	2011年9月21—23日	荷兰 海牙
DC2012	2012年9月3—7日	马来西亚 古箐
DC2013	2013年9月2—6日	葡萄牙 里斯本
DC2014	2014年10月8—11日	美国 德州，奥斯汀
DC2015	2015年9月1—4日	巴西 圣保罗
DC2016	2016年10月13—16日	丹麦 哥本哈根

5.4.2 都柏林核心元素定义

都柏林核心元数据元素集的新定义于1999年7月2日推出，版本为1.1。Dublin Core的核心元素集参考描述如表5-4所示。

表5-4　**都柏林核心元素定义**

元素	名字	标识	定义	注释
Title	资源名	Title	赋予资源的名称	一般而言，这一名称指的是资源对象的正式公开的名称
Creator	创建者	Creator	创建资源内容的主要责任者	创建者的实例包括一个个人，一个组织或一个服务。一般而言，用创建者的名字来标识这一条目

续表

元素	名字	标识	定义	注释
Subject	主题和关键词	Subject	有关资源内容的主题描述	一般而言，一个主题和关键词通常采用描述资源内容的关键词，短语或分类号。推荐主题和关键词最好是取自于一个受控词表或是一个规范的分类体系
Description	说明	Description	对资源内容的说明	说明元素可以包括但不限于以下部分：文摘，目录，对以图形来表示内容的一个参照或者一个有关内容的自由文本描述
Publisher	出版者	Publisher	使资源成为可以取得和利用状态的责任者	出版者的实例包括一个个人，一个组织，或一种服务。一般而言，用出版者的名字来标识这一条目
Contributor	其他责任者	Contributor	对资源内容创建作出贡献的其他责任者	其他责任者的实例包括一个个人，一个组织或一个服务。一般而言，用其他责任者的名字来标识这一条目
Date	日期	Date	与资源本身生命周期中的一个事件相关的日期	一般而言，日期应与资源的创建或出版日期相关。建议采用的日期格式应符合 ISO 8601 [W3CDTF]规范，并使用 YYYY-MM-DD 的格式
Type	类型	Type	有关资源内容的特征和类型	资源类型包括描述资源内容的分类范畴，功能，特性或集合层次的术语。建议采用来自于受控词表中的值(比如都柏林核资源类型工作草案[DCT1])。描述资源的物理或数字化表现形式，请使用格式(FORMAT)元素

续表

元 素	名 字	标 识	定 义	注　　释
Format	形式	Format	资源的物理或数字化的表现形	一般而言，形式可以包括资源的媒体形式或尺寸。形式元素可以用来决定对资源进行操作或显示所需的软件和硬件。例如有关大小及时长的标注。建议采用来自于受控词表中的值(例如，因特网媒体类型表[MIME]定义了计算机媒体的格式)
Identifier	资源标识符	Identifier	在给定的文本环境中对资源的参照引用	建议对资源的标识采用一个符合正式标识体系的字串及数字组合。例如正式的标识体系包括统一资源标识符(URI)，资源定位符(URL)，数字对象标识符(DOI)和国际标准书号(ISBN)
Source	来源	Source	对一个资源的参照，而当前资源是源自这一参照资源	当前资源可能部分或全部源自来源所标识的资源。建议对这一资源的标识采用一个符合正式标识系统的字串及数字组合
Language	语种	Language	描述资源知识内容的语种	建议本元素的值采用 RFC 1766 中所定义的语种代码规范，此标准定义了一个 2 个英文字母的语言代码(取自于 ISO 639 标准)，作为一个可选项，也可以在其后加上一个 2 个英文字母的国家代码(取自于 ISO 3166 标准)。例如，en 为英语，fr 为法语，或者使用 en-uk 表述为英国英语
Relation	关联	Relation	对相关资源的参照	建议对关联的标识采用一个符合正式标识体系的字串及数字组合

续表

元素	名字	标识	定义	注　释
Coverage	覆盖范围	Coverage	资源内容所涉及的外延与覆盖范围	典型的覆盖范围包括空间位置描述(一个地名或地理坐标)、时间段描述(一个时间标识，日期或一个日期范围)，或者权限描述(比如命名的授权实体)。推荐覆盖范围最好是取自于一个受控词表(例如地名词库[TGN])，并应尽可能地使用由数字表示的坐标或日期区间来描述地名与时间段
Rights	权限管理	Rights	有关资源本身所有的或被赋予的权限信息	一般而言，权限管理元素应包括一个对资源的权限管理声明，或者是对提供这一信息的服务的参照。权限管理一般包括知识产权(IPR)，版权或其他各种各样的产权。如果没有权限管理元素的标注，不可以对与资源相关的上述或其他权利的情况作出任何假定

DC分为两类：基本DC和限定DC。上表是对基本DC的15元素的定义。而限定DC的元素有较多的扩充。

在DC应用中，仅仅使用15个元素的描述似乎过于简单，自研究之初人们便认识到大多数的应用都需要一定的机制来精确限定元数据元素及其值，原因如下：

- 增强语义的专指性。使用特定领域的受控词表或分类方法(例如DDC)有助于增加描述的精确度。指明某主题描述词出自何处，这样才有可能利用有关浏览结构或知识结构。
- 指明编码规则。指明正式的编码标准可避免出现含糊不清的词义。
- 定义正式的子结构。很多情况下某元素的值是一个复合值，这样的赋值实际上就需要一种复合结构，因此需要一种定义子结构的机制——限定词。
- 权限控制。很多结构化的权威记录都由相应的机构管理、维护，它们为某人、某组织、某地名提供唯一确认的值。

DC 的初衷即是一个简单的用户可扩展的元数据体系，因此必须提供一种能够可供扩展描述的方法，以增强在不同的体系之间的互操作能力。目前广泛应用并正式确定的限定词有语种描述(LANG)、模式体系(SCHEME)和属性类型(TYPE)等。

语种描述(LANG)这一限定词指定了元素值描述字段的语言，而不是资源本身的语言。由于网络上的多语种问题越来越突出，这个限定词也变得越来越重要。迄今为止，英语被假定为是网络上的语言，但这一现象正在改变，确定资源本身和资源描述的语言问题变得极为重要。

模式体系(SCHEME)这一限定词指定了解释给定元素的上下文环境，通常参见至某外部定义的体系或已认可标准。如一个 SUBJECT 字段可以是一个体系限定为 LCSH(Library of Congress Subject Heading)的数据。从另一种角度理解，为使被限定元素能更好地使用，SCHEME 限定词能对应用软件或应用人提供一个处理线索。在某些情况下，SCHEME 限定词可忽略，它的忽略不影响有关信息的理解；然而在其他情况下 SCHEME 标识符对字段的使用、日期的翻译都非常重要，不可或缺。

属性类型(TYPE)/子元素名(Sub-element Name)这个限定词指定了给定字段的一个方面，它的用途是缩小字段的语义范围。它同样可被看做是一个子元素名，TYPE 限定词修正的是元素的名称，而不是元素字段的内容。TYPE 是 DC 中争论最大的限定词。在明确定义可接受的类型以及怎样定义上有一些逻辑困难。在某种意义上，它不是一个限定词，而是元素名本身的一个层次性的子集。

5.4.3 DC 的应用

经过多年的研究发展，DC 能较好地解决网络资源的发现、控制和管理问题，并且对于现在的数字图书馆研究也很有意义。因此现在研究及采纳 DC 的各种项目已遍及美洲、欧洲、大洋洲、亚洲等地，涉及社会学、政府、图书馆、教育、商业、科学研究等多个领域，DC 已被翻译成了泰、日、德、法、葡、丹麦、挪威、芬兰、瑞典等几十种语言。芬兰、丹麦已选用 DC 作为电子资源的官方描述方式。1998 年 9 月，因特网工程任务组(IETF)也正式接受了 DC 这一网络资源的描述方式，将其作为一个正式标准予以发布(RFC2413)。可见，DC 是一种十分具有前景的元数据格式。

下面就多媒体对象的 DC 描述，来看用 DC 描述网络信息资源对象十分方便。为了节省篇幅，我们直接用 RDF/XML 元数据框架来叙述。对照第 4

章中的描述程序，由于这里调用了 DC 标准模式，因而节省了 DTD 的大段描述。

程序清单 5-1(IO_Image-x55. xml)

```
<? xml version = "1. 0"  encoding = "GB2312" ? >
<rdf:RDF
  xmlns:rdf = "http://www. w3c. org/1999/02/22-synax-ns#"
  xmlns:dc = "http://purl. org/metadata/dublin-core#"
  xmlns:dced = "http://purl. org/metadata/dced-v1#" >
  <rdf:Description ID = "041120-A-2" >
       <dc:title>神舟五号发射成功</dc:title>
       <dc:creator>新华社 </dc:creator>
       <dc:subject>中国飞天梦圆</dc:subject>
       <dc:publisher>新华网</dc:publisher>
       <dc:date>2003. 10. 16</dc:date>
       <dc:language>chi</dc:language>
       <dc:description>神舟 5 号于 2003 年 10 月 15 日在酒泉航天中心发射
成功 . </dc:description>
       <dc:relation>http://news. xinhuanet. com/audio/2003-10/21/</dc:relation>
       <dc:source>http://www. xinhuanet. com. cn/</dc:source>
       <dc:coverage>神舟 5 号   中国飞天   千年飞天梦</dc:coverage>
       <dc:type>图片</dc:type>
       <dc:format>jpeg</dc:format>
<dc:identifier>xinsrc_f33e66a1a94d48aeb853bc2f953d20d2. jpg</dc:identifier>
       <dc:right>新华网</dc:right>
       <dc:contributor>新华社</dc:contributor>
       <dced:audience>teacher</dced:audience>
       <dced:level>5</dced:level>
  </rdf:Description>
</rdf:RDF>
```

运行程序 IO_Image-x55. xml 后的情况如图 5-1 所示。

同样，对视频信息对象的描述如程序清单 5-2(IO_Video-x23. xml)所述，DC 元数据仍用 RDF/XML 框架来实现。运行 IO_Video-x23. xml 的情况如图 5-2 所示。

程序清单 5-2(IO_Video-x23. xml)

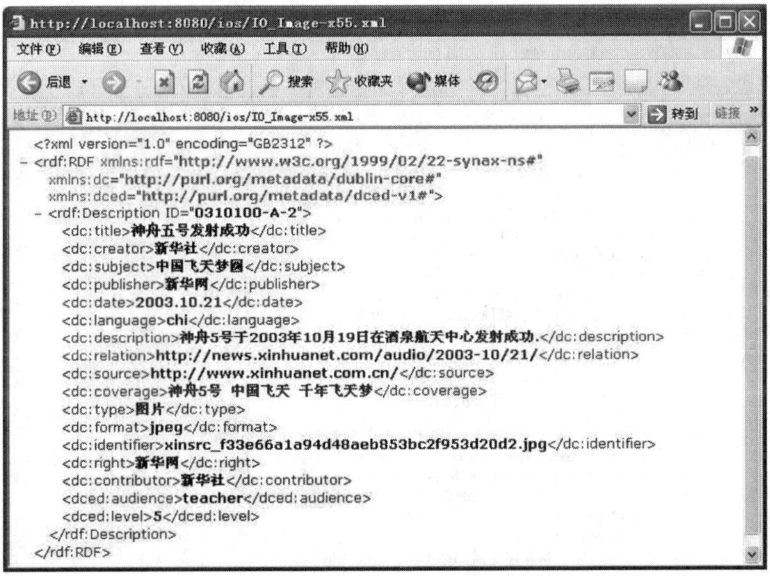

```
<?xml version="1.0" encoding="GB2312" ?>
- <rdf:RDF xmlns:rdf="http://www.w3c.org/1999/02/22-synax-ns#"
    xmlns:dc="http://purl.org/metadata/dublin-core#"
    xmlns:dced="http://purl.org/metadata/dced-v1#">
  - <rdf:Description ID="0310100-A-2">
      <dc:title>神舟五号发射成功</dc:title>
      <dc:creator>新华社</dc:creator>
      <dc:subject>中国飞天梦圆</dc:subject>
      <dc:publisher>新华网</dc:publisher>
      <dc:date>2003.10.21</dc:date>
      <dc:language>chi</dc:language>
      <dc:description>神舟5号于2003年10月19日在酒泉航天中心发射成功.</dc:description>
      <dc:relation>http://news.xinhuanet.com/audio/2003-10/21/</dc:relation>
      <dc:source>http://www.xinhuanet.com.cn/</dc:source>
      <dc:coverage>神舟5号 中国飞天 千年飞天梦</dc:coverage>
      <dc:type>图片</dc:type>
      <dc:format>jpeg</dc:format>
      <dc:identifier>xinsrc_f33e66a1a94d48aeb853bc2f953d20d2.jpg</dc:identifier>
      <dc:right>新华网</dc:right>
      <dc:contributor>新华社</dc:contributor>
      <dced:audience>teacher</dced:audience>
      <dced:level>5</dced:level>
    </rdf:Description>
  </rdf:RDF>
```

图 5-1 DC 用 RDF/XML 对图片的描述

```
<?xml version="1.0" encoding="GB2312"?>
<rdf:RDF
   xmlns:rdf="http://www.w3c.org/1999/02/22-synax-ns#"
   xmlns:dc="http://purl.org/metadata/dublin-core#"
   xmlns:dced="http://purl.org/metadata/dced-v1#">
   <rdf:Description ID="0210100-A-23">
      <dc:title>我爱你中国</dc:title>
      <dc:creator>田震 </dc:creator>
      <dc:creator>吴周豪</dc:creator>
      <dc:creator>武汉大学合唱团</dc:creator>
      <dc:subject>爱国歌曲</dc:subject>
      <dc:publisher>CCTV</dc:publisher>
      <dc:publisher>HBTV</dc:publisher>
      <dc:date>2001.10.10</dc:date>
      <dc:language>chi</dc:language>
      <dc:description>纪念辛亥革命90周年大型广场文艺晚会</dc:description>
```

图 5-2　DC 对视频对象的描述

<dc:relation>http://www.cctv.com.cn/</dc:relation>

<dc:source>http://loclhost/ios/</dc:source>

<dc:coverage>爱国教育　文艺晚会　革命歌曲</dc:coverage>

<dc:type>视频</dc:type>

<dc:format>mpeg</dc:format>

<dc:identifier>23_我爱你中国.mpg</dc:identifier>

<dc:right>CCTV</dc:right>

<dc:contributor>武汉大学</dc:contributor>

<dc:contributor>瞿琮</dc:contributor>

<dc:contributor>郑秋枫</dc:contributor>

<dced:audience>teacher</dced:audience>

<dced:level>3</dced:level>

</rdf:Description>
</rdf:RDF>

5.5 复杂元数据方案 MARC

复杂元数据以 MARC 为代表，它是专业级的信息组织方案。用 MARC 格式建立文献数据库的方法已有 30 多年历史。在数据库的建设中，人们制定了一些标准。MARC 计划不仅发展早，而且影响深远。ISO 2709 标准是根据 MARC 经验制定的重要国际标准。GB 2901 是我国的国家标准。它与 ISO 2709 有着直接关系。随着形势发展和科技进步，人们采用两种方式：MARC21(2709)和 MARC21(XML)描述信息对象、建设数据库。

5.5.1 MARC 概述

MARC 是机器可读目录的简称。它是美国国会图书馆提出的著名的机读目录发展计划，于 1964—1968 年研制，1969 年正式发行 MARC 磁带。目前大多数国家都是 MARC 的用户。我国 1979 年开始订购 MARC，收藏于北京图书馆。

MARC 发展计划的思想在 20 世纪 50 年代末和 60 年代初形成。正式命名为 MARC 计划是在 1965 年年底。参加这项发展计划的有哈佛大学、国家农业图书馆、华盛顿州立图书馆、耶鲁大学等 16 个成员馆或单位。

MARC 计划第一阶段的主要任务是研制数据转换、文档维护和 MARC 分发，提出 MARC 数据利用、评价报告。经过 3 个月的努力，产生了 MARC Ⅰ格式的数据。经过试用与修改，又产生了 MARC Ⅱ格式。MARC Ⅱ格式是目前使用的各种机读目录格式的母本，1969 年美国开始向在全国范围内发行 MARCII 格式书目磁带，并将 MARCII 格式称为 USMARC。1968 年出版了 MARC 试验计划报告书，总结了研制 MARC 的经验，介绍和推荐了 MARC Ⅱ格式和 MARC 字符集。

任何标准想要得到世界的认可，必须自始至终得到世界大多数国家的参与。MARC 的研制和推广应用，始终都是国际合作的产物。

认识到世界范围共享书目记录的重要性，美国国会图书馆和英国国家书目公司除将 MARC Ⅱ格式申请定为各自国家的标准外，还在 1969 年将该格式提交给国际标准化组织(ISO)，建议确定为国际标准。

美国和英国的 MARC 计划以及这两个国家的标准协会和国际标准化组织对标准的研究，为许多国家创造了一种气氛，推动了它们自己国家的 MARC 计划(如澳大利亚、加拿大、丹麦、法国、原联邦德国、意大利、日本、挪威、瑞典和拉丁美洲的一些国家)。同时，除国会图书馆和英国国家书目公司之外，还有许多组织采用或推荐采用 MARC 格式结构。如世界科技情报系统(UNISIST)、国际劳动组织、物理电工计算机和控制情报服务部(INSPEC)、国际原子能委员会等都先后采用了这一格式标准。

作为信息交换的一种工具，MARC 格式结构在美国已被三个国家图书馆(国会图书馆、国家医学图书馆和国家农业图书馆)、美国图书馆协会(ALA)、研究图书馆协会(ARL)、科学技术情报委员会(COSATI)、教育资源情报中心(ERIC)、科学情报服务中心协会(ASZDIC)和其他机构所采用。MARC 格式结构在 1971 年被确定为美国国家标准。根据 MARC 经验而起草的《文献工作——文献目录信息交换用磁带格式》1973 年被 ISO 审定为国际标准，即著名的 ISO2709-1973(E)。

5.5.2 MARC21(2709)

根据美国国会图书馆网站于 2000 年 1 月 21 日公布的资料《MARC 21 CONCISE FORMAT FOR BIBLIOGRAPHIC DATA》(1999 English Edition)。MARC 21 用目录地址方法组织数据，每条 MARC 记录分为四个区：头标区、目次区、数据区和记录结束符(如图 5-3 所示)。

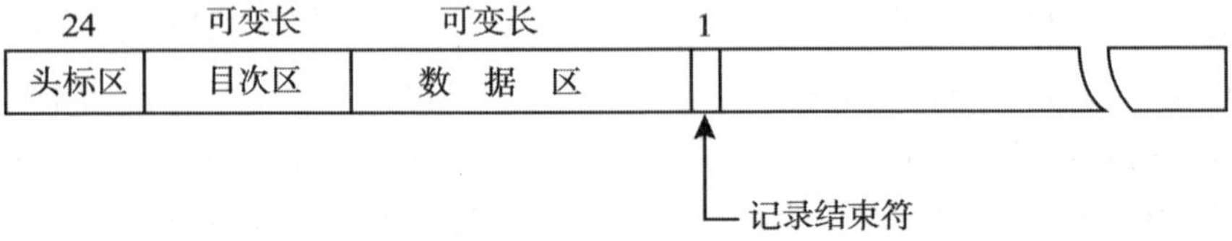

图 5-3 MARC 记录格式

(1)头标区

头标区为固定长(字符位 00~23)。提供整个数据记录的控制信息。同时，留有适当的字符供用户选用。其内容布局如下：

00~04 逻辑记录长度 (Logical record length)

05 记录状态 (Record status)

06 记录类型 (Type of record)

07 数据种类 (Kind of data)

08~09 未定义的字符位 (Undefined character positions)

10 指示符计数 (Indicator count)

11 子字段代码计数 (Subfield code count)

12~16 数据基地址 (Base address of data)

17~19 未定义字符位 (Undefined character positions)

20 字段长度的长度 (Length of the length-of-field portion)

21 起始字符位的长度 (Length of the starting-character-position portion)

22 实施定义的长度 (Length of the implenmentation-defined portion)

23 未定义款目变换字符位 (Undefined entry map character position)

(2)目次区

为可变长，它是对记录里数据字段和可变长控制的索引。每个可变长字段有 12 个字符位描述该字段的目次。12 个字节索引内容的布局如下：

00~02 字段标识(tag)

它由三位数字组成,其取值范围是 001~999。

Control Fields 001-006

Control Field 007

Control Field 008

Number and Code Fields(01X-04X)

Classification and Call Number Fields(05X-08X)

Main Entry Fields(1XX)

Title and Title-Related Fields(20X-24X)

Edition,Imprint,Etc. Fields(25X-28X)

Physical Description,Etc. Fields(3XX)

Series Statement Fields(4XX)

Note Fields: Part 1(50X-535)

Note Fields: Part 2(536-58X)

Subject Access Fields(6XX)

Added Entry Fields(70X-75X)

Linking Entry Fields(76X-78X)

Series Added Entry Fields(80X-840)

Holdings,Location,Alternate Graphs,Etc. Fields(841-88X)

Control Subfields

03~06 字段长度(field length)

07~11 起始字符位(starting character position)

(3)数据区

存放数据，实施可变格式可变长记录的存储方案，根据目次来组织。

(4)记录结束符

它是单字节，为 ISO 646 的字符 IS_3。

为了增强对 MARC21 的感性认识，下面来看一个具体例子。从人们阅读习惯设计，下列数据是一条 MARC21 记录的字段数据加工列表。

000 01142cam 2200301 a 4500

001 92005291

003 DLC

005 19930521155141.9

008 920219s1993 caua j 000 0 eng

010 |**a** 92005291

020 |**a**0152038655 :|**c**$ 15.95

040 |**a**DLC|**c**DLC|**d**DLC

042 |**a**lcac

050 00|**a**PS3537.A618|**b**A88 1993

082 00|**a**811/.52|**2**20

100 1 |**a**Sandburg, Carl,|**d**1878-1967.

245 10|**a**Arithmetic /|**c**Carl Sandburg ; illustrated as an anamorphic adventure by Ted Rand.

250 |**a**1st ed.

260 |**a**San Diego :|**b**Harcourt Brace Jovanovich,|**c**c1993.

300 |**a**1 v. (unpaged) :|**b**ill. (some col.) ;|**c**26 cm.

500 |**a**One Mylar sheet included in pocket.

520 |**a**A poem about numbers and their characteristics. Features anamorphic, or distorted, drawings which can be restored to normal by viewing from a particular angle or by viewing the image's reflection in the provided Mylar cone.

650 0 | **a**Arithmetic | **x**Juvenile poetry.

650 0 | **a**Children's poetry, American.

650 1 | **a**Arithmetic | **x**Poetry.

650 1 | **a**American poetry.

650 1 | **a**Visual perception.

700 1 | **a**Rand, Ted, | **e**ill.

而生成上述列表的 MARC21 格式的磁盘数据如图 5-4 所示。

01142cam 2200301 a4500
001001300000003000400013005001700017008004100034010001700075020002500092040001800117
042000900135050002600144082001600170100003200186245008600218250001200304260005200316
300004900368500004000417520022800457650003300685650003300718650002400751650002100775
650002300796700002100819- 92005291 -DLC- 19930521155141. 9- 920219s1993 caua j
000 0 eng - a 92005291 - a0152038655 ;c$15. 95- aDLCcDLCdDLC- alcac-00-
aPS3537. A618bA88 1993-00a811/. 52220- 1 aSandburg, Carl, d1878- 1967. - 10aArithmetic /cCarl
Sandburg ;illustrated as an anamorphic adventure by Ted Rand. - a1st ed. - aSan Diego :bHarcourt
Brace Jovanovich, cc1993. - a1 v. (unpaged) :bill. (some col.) ;c26 cm. - aOne Mylar sheet included in
pocket. - aA poem about numbers and their characteristics. Features anamorphic, or distorted, drawings
which can be restored to normal by viewing from a particular angle or by viewing the image's reflection in
the provided Mylar cone. - 0aArithmeticxJuvenile poetry. - 0aChildren's poetry, American. - 1aArithmetic-
xPoetry. - 1aAmerican poetry. - 1aVisual perception. - 1 aRand, Ted, eill. -

图 5-4 一条 MARC21 记录

为了适应因特网发展的需要，MARC 21 格式中的 856 字段对网上电子资源的定位和存取进行了规范。在 856 字段中，资源的存取方法和定位均可重复描述。例如：

- 存取方法

0—E-mail 通过电子邮件传输协议(MAILTP)存取

1—FTP 通过文件传输协议存取

2—Telnet 通过远程登录存取

3—Dail-up 通过电话线拨号存取

4—HTTP 通过超文本传输协议存取电子资源

7— 专用于子字段 $2 里的方法。

- 联系

它包含一个值，标识856字段里电子信息资源之间的联系。子字段$3用于提供非一比一关系的有关信息。例如：

0—表示资源

1—表示资源的版本

2—表示相关资源

子字段代码：

$a—主机名

$b—存取号(Internet协议数字地址)

$c—压缩信息

$d—路径

$f—电子资源文件名

$g—统一资源名(URN)

⋮

$o—操作系统

$s—文件尺寸(file size)

$u—统一资源地址(URL)

例如：

856　##$gurn:doi:10. 1000/100

856　0#$umailto:ejap@ phil. indiana. edu $iejap subscription

856　1#$u ftp://path. net/pub/docs/urn2urc. ps

856　2#$utelnet://pucc. princeton. edu $nPrinceton University,Princeton,N. J.

856　3#$alocis. loc. gov $b140. 147. 254. 3 $mlconline@ loc. gov $t3270 $tline mode(e. g. ,vt100)$vM-F 06:00-21:30USA EST,Sat. 08:30-17:00 USA EST,Sun. 13:00-17:00 USA EST

856　40 $u http://jefferson. village. virginia. edu/pmc/contents. all. html

856　4#$uhttp://hdl. handle. net/loc. test/gotthome $gurn:hdl. loc. test/gotthome

856　7#$3b&w film neg. $ddag $f3d01926 $2file

856　42$3Finding aid $u http://lcweb2. loc. gov/ammem/ead/jackson. sgm

856　41$u http://www. jstor. org/journals/0277903x. html

856　40$uhttp://www. cdc. gov/ncidod/EID/eid. htm $qtext/html

856　1#$uftp://harvarda. harvard. edu $kguest

856　42$3French version $u http://www. cgiar. org/ifpri/reports/0297rpt/0297-ft. htm

856　42$3Essays from annual reports $u http://woodrow. mpls. frb. fed. us/ index. html

856　1#$uftp://wuarchive. wustl. edu/mirrors/info-mac/ut il/color-system-icons. hqx $s16874 bytes

856　2#$utelnet://maine. maine. edu $nUniversity of Maine $t3270

856　1#$uftp://wuarchive. wustl. edu/mirrors2/win3/games /atmoids. zip $cdecompress with PKUNZIP. exe $xcannot verify because of transfer difficulty

856　4#$zPart of the Ovid Mental Health Collection(MHC).Follow instructions on MedMenu page for Ovid login. $u http://info. med. yale. edu/medmenu/-info%5Fcbc. html

856　40$u http://www. ref. oclc. org:2000 $zAddress for accessing the journal using authorization number and password through OCLC FirstSearch Electronic Collections Online.

856　2#$aanthrax. micro. umn. edu $b128. 101. 95. 23

856　1#$amaine. maine. edu $cMust be decompressed with PKUNZIP $fresource. zip

856　0#$akentvm. bitnet $facadlist file1 $facadlist file2 $facadlist file3

856　0#$auicvm. bitnet $fAN2 $hListserv

856　2#$amadlab. sprl. umich. edu $nUniversity of Michigan Weather Underground $p3000

856　10 $zFTP access to PostScript version includes groups of article files with. pdf extension $aftp. cdc. gov $d/pub/EIS/vol * no * /adobe $f * .pdf $lanonymous $qapplication/pdf

5. 5. 3　MARC21(XML)

长期以来，人们利用 MARC21(2709)格式进行数据交换与资源共享取得了很大成绩。但 MARC21(2709)毕竟是专业人员的专用格式。对图 5-2 所显示的数据记录一般用户很难看懂。为了使普通用户便于阅读和理解，LC 推出了 MARC21(XML)格式。图 5-5 显示了 MARC21 多种格式的转换思路和实现方法。

对照图 5-4 的数据我们给出 MARC21(XML)的描述方法。程序清单 5-3(e61. xml)列出了具体内容。

程序清单 5-1(e61. xml)

```
<?xml version="1.0" encoding="UTF-8"?>
<collection xmlns="http://www.loc.gov/MARC21/slim">
  <record>
    <leader>01142cam 2200301 a 4500</leader>
```

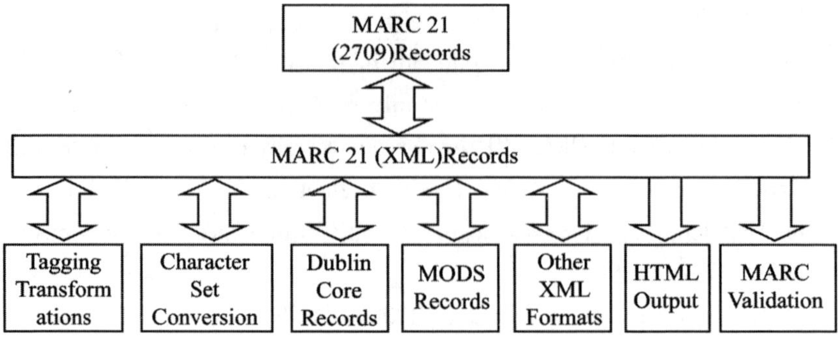

图 5-5　MARC21(2709)与 MARC21(XML)记录的转换


```
<controlfield tag="001">   92005291 </controlfield>
<controlfield tag="003">DLC</controlfield>
<controlfield tag="005">19930521155141.9</controlfield>
<controlfield tag="008">920219s1993    caua   j 000 0 eng </controlfield>
<datafield tag="010" ind1=" " ind2=" ">
  <subfield code="a">92005291 </subfield>
</datafield>
<datafield tag="020" ind1=" " ind2=" ">
  <subfield code="a">0152038655 :</subfield>
  <subfield code="c">$15.95</subfield>
</datafield>
<datafield tag="040" ind1=" " ind2=" ">
  <subfield code="a">DLC</subfield>
  <subfield code="c">DLC</subfield>
  <subfield code="d">DLC</subfield>
</datafield>
<datafield tag="042" ind1=" " ind2=" ">
  <subfield code="a">lcac</subfield>
</datafield>
<datafield tag="050" ind1="0" ind2="0">
  <subfield code="a">PS3537.A618</subfield>
  <subfield code="b">A88 1993</subfield>
</datafield>
```

```
<datafield tag="082" ind1="0" ind2="0">
  <subfield code="a">811/.52</subfield>
  <subfield code="2">20</subfield>
</datafield>
<datafield tag="100" ind1="1" ind2=" ">
  <subfield code="a">Sandburg,Carl,</subfield>
  <subfield code="d">1878-1967.</subfield>
</datafield>
<datafield tag="245" ind1="1" ind2="0">
  <subfield code="a">Arithmctic /</subfield>
  <subfield code="c">Carl Sandburg ;illustrated as……</subfield>
</datafield>
<datafield tag="250" ind1=" " ind2=" ">
  <subfield code="a">1st ed.</subfield>
</datafield>
<datafield tag="260" ind1=" " ind2=" ">
  <subfield code="a">San Diego :</subfield>
  <subfield code="b">Harcourt Brace Jovanovich,</subfield>
  <subfield code="c">c1993.</subfield>
</datafield>
<datafield tag="300" ind1=" " ind2=" ">
  <subfield code="a">1 v. (unpaged):</subfield>
  <subfield code="b">ill. (some col.);</subfield>
  <subfield code="c">26 cm.</subfield>
</datafield>
<datafield tag="500" ind1=" " ind2=" ">
  <subfield code="a">One Mylar sheet included in pocket.</subfield>
</datafield>
<datafield tag="520" ind1=" " ind2=" ">
  <subfield code="a">A poem about numbers and their characteristics. Features anamorphic,or distorted,drawings which can be restored to normal by viewing from a particular angle or by viewing the image's reflection in the provided Mylar cone.</subfield>
</datafield>
<datafield tag="650" ind1=" " ind2="0">
```

```
        <subfield code="a">Arithmetic</subfield>
        <subfield code="x">Juvenile poetry. </subfield>
      </datafield>
      <datafield tag="650"  ind1=" "  ind2="0">
        <subfield code="a">Children's poetry, American. </subfield>
      </datafield>
      <datafield tag="650"  ind1=" "  ind2="1">
        <subfield code="a">Arithmetic</subfield>
        <subfield code="x">Poetry. </subfield>
      </datafield>
      <datafield tag="650"  ind1=" "  ind2="1">
        <subfield code="a">American poetry. </subfield>
      </datafield>
      <datafield tag="650"  ind1=" "  ind2="1">
        <subfield code="a">Visual perception. </subfield>
      </datafield>
      <datafield tag="700"  ind1="1"  ind2=" ">
        <subfield code="a">Rand, Ted, </subfield>
        <subfield code="e">ill. </subfield>
      </datafield>
    </record>
</collection>
```

当然，MARC21(XML)的描述还是比较麻烦，若用DC元数据描述，如程序清单5-4(e62. xml)所示，显现出非常简洁、方便。

程序清单5-4(e62. xml)

```
<?xml version='1. 0' ?>
  <dc xmlns="http://purl. org/dc/elements/1. 1/">
  <title>Arithmetic</title>
  <creator>
       Sandburg, Carl, 1878-1967.
  </creator>
  <creator>
       Rand, Ted,   ill.
  </creator>
  <type/>
```

```
  <publisher>San Diego :Harcourt Brace Jovanovich,</publisher>
  <date>c1993. </date>
  <language>eng</language>
  <description>A poem about numbers and their characteristics. Features anamorphic,or
     distorted,drawings which can be restored to normal by viewing from a particular
     angle or by viewing the image's reflection in the provided Mylar cone.
  </description>
  <description>One Mylar sheet included in pocket. </description>
  <subject>Arithmetic</subject>
  <subject>Children's poetry,American. </subject>
  <subject>Arithmetic</subject>
  <subject>American poetry. </subject>
  <subject>Visual perception. </subject>
</dc>
```

5.5.4 ISO 2709 与 GB 2901

文献信息数字化可方便地提供实际应用。为了做到数据共享，必须将文献数据生成标准化的文档。没有文献数据的标准化，就没有文献管理的自动化。ISO 2709，即《文献工作——文献目录信息交换用磁带格式》是在 MARC Ⅱ格式的基础上产生的。参考这一国际标准，我国于 1982 年制定了相应的国家标准，即《文献目录信息交换用磁带格式》(GB2901-82)。文献数据的标准化，就是参照有关的国际标准和国家标准，生成符合标准的文献数据文档。

5.5.4.1 国际标准 ISO 2709

磁带上文献目录信息交换格式(ISO 2709)是一种通用的机器格式要求。它定义的文献目录记录的一般结构如图 5-6 所示，更详细的结构见图 5-7。它包含供文献目录域使用的四种变通结构。

图 5-6　一般结构

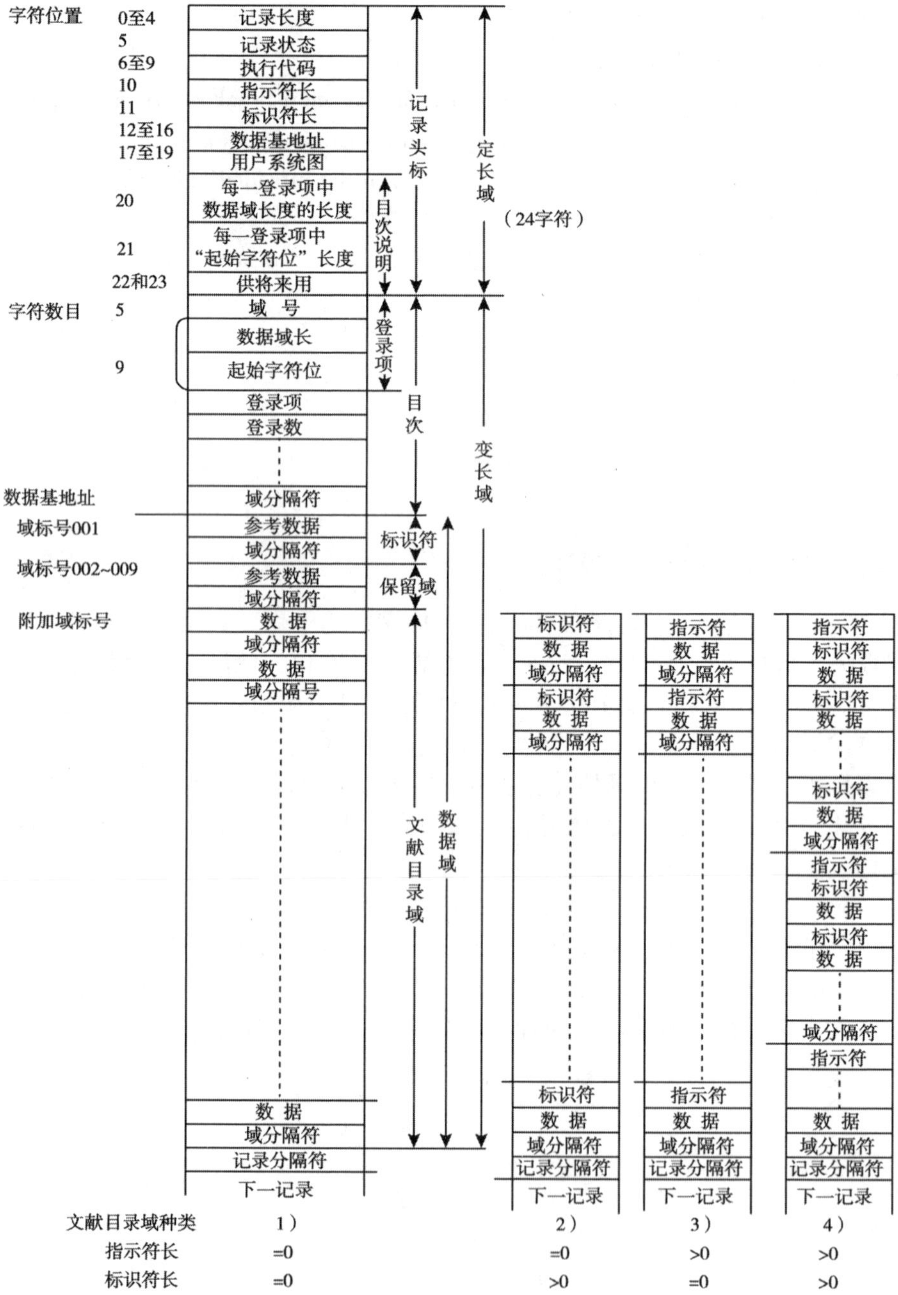

图 5-7　ISO 2709 的详细结构

- 记录头标

图 5-6 所示的记录头标为固定长部分，它共含 24 字节。其信息内容及布局如下：

(1)长度(字符位置 0~4)

它是记录中字符的个数，包括记录头标和记录分隔符。用 5 位十进制数表示。若不足 5 位时，左边用零充满。根据实际需要，逻辑记录必须分块存取，块长通常为 2048 字节。

(2)记录状态(字符位置 5)

它是单一字符，用 N 或 C 等字母，描述该记录是新的或修改过的。

(3)执行代码(字符位置 6~9)这些代码可表示记录类型(图书、期刊、文章、地图、画等)和文献目录级别(分析的、专题的和连续出版物的等)。

(4)指示符长(字符位置 10)

它是一个十进制数，给出指示符字符位置的数目。若不用指示符，则指示符长置零。

(5)标识符长(字符位置 11)

它是一个十进制数字，给出标识符字符位数。该标识符的第一个字符或仅有的一个字符必须总是 ISO646 的 IS_1。若没有使用标识符，则标识符长置零。

(6)数据基地址(字符位置 12~16)

它是 5 位十进制数字。若有效数字不满 5 位时，则向右对齐，左边用零充满。数据基地址等于记录头标、目次和在目次尾部的域分隔符的总字符数。

(7)用户用信息(字符位置 17~19)

(8)目次安排(字符位置 20~21)

字符位置 20 为一个十进制数字，等于在目次内每一登录项的“数据字段长度”部分的字符长度。

字符位置 21 也是一个十进制数字，它是目次内每一个登录项的“起始字符位”部分的字符长度。

以上这两个十进制数的和应为 9。

头标中最后两位(字符位置 22~23)字符现空着未用，供系统将来扩充时使用。

- 目次

目次由不同数目的登录项组成，每一个登录项都与它们各自的数据字段相对应。

每个目次登录项由三个部分组成：

(1)字段号：三个字符。根据标准里的规定，每个字段都有唯一的字段标号。

(2)数据字段的长度。

(3)数据字段的起始位置。

数据字段长度和数据字段起始位置的总长度是 9 个字符，因而每个目次登录项的长度共有 12 个字符。

- 数据区

数据区中存有三种类型的字段：记录标识字段(字段号 001)、保留字段(需要时字段号为 002~009)和文献目录字段(需要时字段号 010~999)。

每一个文献目录字段都包含一个指示符(任意的)，标识符(任意的)、数据和字段分隔符。指示符和标识符的存在和长度都由记录头标中定义，而且在记录的每一个文献目录字段中必须一致地加以使用。

记录中的每一个文献目录字段必须按照下列变通情况之一构成(如图 5-7 所示)。

(1)数据——在这种情况下，记录头标内的指示符长度和标识符长度置零。

(2)标识符和数据——在这种情况下，记录头标内的指示符长度置零，而标识符长度置 1 或大于 1。

(3)指示符和数据——在这种情况下，记录头标内的指示符长度置 1 或大于 1，而标示符的长度置零。

(4)指示符、标识符和数据——在这种情况下，记录头标内指示符和标识符的长度置 1 或大于 1。

- 录分隔符为 ISO646 的字符 IS_3。

5.5.4.2　国家标准 GB2901

文献目录信息交换用磁带格式(GB 2901-82)是我国于 1982 年 2 月 13 日发布的国家标准。1983 年 1 月 1 日实施。1992 年，国家技术监督局公布了代替版本 GB/T 2901-92，1992 年 4 月 13 日批准，1992 年 12 月 1 日实施。GB 2901 格式主要参考 ISO 2709(第 2 版)而编制的。它与 ISO 2709 兼容，但也有不少新的描述和规定。

5.5.5　CNMARC

我国于 1979 年起开始引进美国 MARC，加以研究。1988 年起北京图书馆开始研制 CNMARC，并于 1989 年底发行书目文献记录的数据磁带和软盘。

CNMARC 是中国机读目录(China Machine-Readable Catalogue)的缩写，是我国通用的机读目录通讯格式。CNMARC 是用于中国国家书目机构同其他国家书目机构以及中国国内图书馆与情报部门之间，以标准的计算机可读形式交换书目信息。它是依据 UNIMARC 以及我国出版物的一些特殊情况和规则的新变化而编制的。UNIMARC 是国际图书馆联合会为了进一步协调、促进国际交流，统一各国机读目录格式，在 MARCII(USMARC)基础上制订的“国际机读目录通信格式”。CNMARC 基本上译自 UNIMARC，只是根据我们的国情设计一些地方字段，如 091 统一书刊号；092 订购号和 905 馆藏字段等。

CNMARC 研制于 20 世纪 70 年代。1979 年成立了全国信息与文献标准化技术委员会，成立北京地区机读目录研制小组；1982 年，中国标准总局公布了参照 ISO 2709 制定的国家标准《文献目录信息交换用磁带格式》(GB2901-82)，为中文 MARC 格式的标准化奠定了基础；1986 年 UNIMARC 中译本面世，在此基础上，根据我国实际情况，编制《中国机读目录通讯格式》讨论稿，1992 年 2 月正式出版《中国机读目录通讯格式》，即 CNMARC。CNMARC 格式为我国机读目录实现标准化、与国际接轨，从数据结构方面提供了保障。

与 UNIMARC 相比，新版的(2004 年版)CNMARC 中，在字段上删除了 UNIMARC 中 012、626、670 等国内不适用的字段，并根据 UNIMARC 关于“字段标识符中含有‘9’的字段为本国或也使用”的编排原则，增加了 091、092、094、191、192、193、194、393、690、692、696 字段，以适应中文文献特点和符合中文文献编目规则要求。由于 UNIMARC 在历次修订中补充了若干字段，因此 CNMARC 中也相应增加了 013、015、016、017、035、072、073、140、141、193、194、316、317、318、334、393、481、482、518、608、616、660、696、716、730、830、850、856、886 共计 29 个字段。

采用 CNMARC 著录图书采用如表 5-5 所示的格式。

表 5-5 **CNMARC 图书著录格式**

标识块	指示符	文字数据
头标区	无标识字段号、指示符、子字段标识符，定长 24 个字符	
001	记录标识号：无指示符、子字段标识符，本字段数据为 12 个字符长	

续表

标识块	指示符	文字数据
010		@ aISBN 号 @ b 装订方式 @ d 获得方式和/或定价 @ z 错误的 ISBN 号
100		@ a 通用处理数据，定长 36 个字符
101	0	@ a 正文语种 @ b 中间语种 @ c 原作语种
102		@ a 出版或制作国 @ b 出版地区
105		@ a 图书编码数据
106		@ a 文字资料代码—物理形态标志
200	1	@ a 正题名 @ b 一般资料标识 @ c 另一作者的正题名 @ d 并列题名 @ e 副题名及其他说明题名的文字 @ f 第一责任者 @ g 其他责任者 @ h 分册(辑)号 @ i 分册(辑)名 @ v 卷册号标识 @ z 并列题名语种 @ A 正题名汉语拼音 @ E 副题名、其他说明题名文字的汉语拼音 @ F 第一责任者的汉语拼音 @ I 分册(辑)名的汉语拼音
205		@ a 版本说明
210		@ a 出版、发行地 @ c 出版、发行者名称 @ d 出版、发行日期

续表

标识块	指示符	文字数据
215		@a 类型标识和文献的数量及单位 @c 其他形态细节 @d 尺寸或开本 @e 附件
225		@a 正丛编题名 @d 并列丛编题名 @e 丛编副题名及其他信息 @f 丛编责任者 @h 分册(辑)号 @i 分册(辑)题名
300		@a 一般附注内容
327		@a 内容附注内容
410	用来连接本著录实体所从属的丛编的有关数据，设子字段@1	
606		@a 主标目 @x 主题复分 @y 地区复分 @z 年代复分
690		@a 分类号 @v 版次
701	0 或 1	@a 人名—等同责任者款目要素 @b 名称的其他部分(不包括款目要素) @4 著作责任 @A 款目要素汉语拼音
702	0 或 1	@a 人名—次要责任者款目要素 @b 名称的其他部分(不包括款目要素) @4 著作责任 @A 款目要素汉语拼音
711	0 或 1	@a 团体名称—等同责任者款目要素 @4 著作责任 @A 款目要素汉语拼音

续表

标识块	指示符	文字数据
712	0 或 1	@a 团体名称—次要责任者款目要素 @4 著作责任 @A 款目要素汉语拼音
801		@a 国家代码 @b 机构名称代码 @c 处理日期

5.6 其他元数据

前面我们已讨论了简单的元数据格式 DC 和复杂的元数据格式 MARC，下面我们就其他一些重要的元数据方案和标准进行阐述，分别是 METS、MODS、GILS、EAD、PICS、CDF 和 MCF，它们被广泛的应用在不同领域的信息资源描述与组织之中。

5.6.1 METS

METS(Metadata Encoding and Transmission Standard，元数据编码和传输标准)是用来将数字图书馆中与数字对象相关的描述性元数据、管理性元数据和结构性元数据进行编码的个标准，它采用 W3C(wor1d Wide Web Consortium)的 XMI Schema 表示。该标准由美国数字图书馆联盟 DLF(Digital Library Federation)开发，由美国国会图书馆的网络发展和 MARC 标准办公室负责维护。

METS 标准来源于 MOA II(Making of America II)项目，该项目由美国数字图书馆联盟 DI F 主持开发，在搜集、整理美国南北战争以前的美国历史上的珍贵书籍、手稿等资料，并提供相关的检索服务的基础上，探索出一种对数字对象的描述性元数据，管理性元数据和结构性元数据与原始内容一起编码的封装标准。METS 则致力于在 MOA II 基础上提供一种元数据编码的 XML 文档格式，对数字图书馆保存系统中的数字对象管理和交换用的元数据进行编码。

METS 文档采用 XML 表示，主要包括 7 个部分内容：METS 文件头(metsHdr)，描述性元数据(dmdSec)，管理性元数据(amdSec)，文件组(fileSec)，结构图(structMap)，结构链接(StructLink)，行为机制

(behaviorSec)。

(1)METS 头部分(METS Header)：METS 头包含了描述 METS 文档自身的元数据，比如创建者、编辑者等。

(2)描述性元数据(Descriptive Metadata)：描述性元数据，可以指向该 METS 文档外部的描述性元数据(例如，一条 MARC 记录)，也可以在该 METS 文档内部嵌入描述性元数据。

(3)管理性元数据(Administrative Metadata)：管理性元数据提供的信息如：文件是如何创建和保存的、关于知识产权、关于该数字对象原始资源的元数据、构成该数字对象的文件的起源信息(比如，文件的主体和派生关系，迁移和转换信息)。与描述性元数据一样，管理性元数据既可以位于 METS 文档外部，也可以被编码在文档内部。

(4)文件组(File Section)：数字对象是由若干内容文件构成的，这些文件要全部列在文件组中。<file> 元素可以被<fileGrp>元素划分成组，以便按照对象版本加以细分。

(5)结构图(Structural Map)：结构图是 METS 文档的核心。它勾勒了数字对象的层次结构，并将结构中的元素与内容文件和元数据关联起来。

(6)结构链接(Structural Links)：METS 的结构链接节，允许 METS 作者把结构图层次节点之间存在的超链接记录下来，特别适于用 METS 存档 Web 站点。

(7)行为(Behavior)：行为部分用于将可执行代码与 METS 对象内容相关联。行为部分的每一个行为(behavior)，有接口定义元素(interface definition element)，也有机制元素(mechanism element)。前者明确了一组行为的抽象定义，并用特定的行为节(behavior sector)表示，后者则标识了在接口定义中已被抽象定义的若干行为所对应的可执行代码模块。

采用 METS 可以对多种数据对象进行描述和编码，如图像、文献记录、PDF 文档、音乐文件等，METS 对各类数字对象的描述实例请见下面的链接：

http：//www. loc. gov/standards/mets/mets-examples. html

5.6.2 MODS

MODS(Metadata Object Description Schema，元数据对象描述模式)，是美国国会图书馆为使 MARC 标准在数字资源组织中发挥更大作用，在立足现实的基础上扬弃传统、面向未来而开发的一种新的文献编目元数据。MODS 以 MARC21 的元素和语义为基础，从 MARC21 中抽取元素，用 XML

模式语言进行语法表示，在对模式中的元素定义时，没有采用 MARC 域的数字标记的方式，而是采用文本语言的方式，定义元素名称，增强了可读性。MODS 标准目前已经被美国国家信息标准化组织(NISO)通过。MODS 的第一版 MODS 1.0 颁布于 2002 年 6 月，目前最新的版本是 2015 年 6 月公布的 MODS3.6 版。

(1)MODS 的 20 个顶级元素

在 MODS 模式定义中，包含 20 个顶级元素，如图 5-8 所示，包含了元素名称(文本字符串)和元素类型，表 5-6 给出了每个顶级元素的具体含义。

```
<xsd:element name="titleInfo" type="titleInfoType" />
<xsd:element name="name" type="nameType" />
<xsd:element name="typeOfResource" type="typeOfResourceType" />
<xsd:element name="genre" type="genreType" />
<xsd:element name="originInfo" type="originInfoType" />
<xsd:element name="language" type="languageType" />
<xsd:element name="physicalDescription" type="physicalDescriptionType" />
<xsd:element name="abstract" type="abstractType" />
<xsd:element name="tableOfContents" type="tableOfContentsType" />
<xsd:element name="targetAudience" type="targetAudienceType" />
<xsd:element name="note" type="noteType" />
<xsd:element name="subject" type="subjectType" />
<xsd:element name="classification" type="classificationType" />
<xsd:element name="relatedItem" type="relatedItemType" />
<xsd:element name="identifier" type="identifierType" />
<xsd:element name="location" type="locationType" />
<xsd:element name="accessCondition" type="accessConditionType" />
<xsd:element name="part" type="partType" />
<xsd:element name="extension" type="extensionType" />
<xsd:element name="recordInfo" type="recordInfoType" />
```

图 5-8　MODS 的顶级元素

表 5-6　**MODS 的顶级元素**

titleInfo(题名信息)	note(注释)
name(名称)	subject(主题)
type of resource(资源类型)	classification(分类)
genre(体裁形式)	relatedItem(相关文献)
originInfo(来源信息)	identifier(标识符)
language(语言)	location(馆藏位置)
physical description(载体形态描述)	accessCondition(检索环境)
abstract(摘要)	part(部分)

续表

table of contents(目次)	extension(扩展)
target audience(读者)	recordInfo(记录信息)

顶级元素还可包含子元素和属性，以 title Info 为例，它所含的子元素、属性及属性值如下所示：

子元素：title；subTitle；partNumber；partName；nonSort

属性：ID；xlink；lang；xml：lang；script；transliteration；type（可选属性值：abbreviated，translated，alternative，uniform）；authority；displayLabel

MODS 的模式定义详见：http：//www. loc. gov/standards/mods/v3/mods-3-3. xsd

(2)MODS 的特点

MODS 元素的语义继承自 MARC，但并不是一一对应，通过对 MARC 域进行重新组合，形成了 MODS 的元素定义(如将几个 MARD 的域合并，形成一个 MODS 元素)。MODS 具有如下特点：

- MODS 的语义要比 DC 元数据更丰富；
- 比 MARC21(XML)更贴近用户，更易于被用户接受；
- MODS 比 MARC 格式简单。

由于上述特点，MODS 可以由 MARCXML 生成，方法是将 MARCXML 中的域映射为 MODS 的对应元素。

5.6.3 EAD

EAD 是美国档案界开发的元数据编码标准，目标是像 MARC 对于图书类资源一样，为档案资源及特殊文献资源提供一个元数据标准，方便档案馆、博物馆等机构对档案类、特殊文献集以及手稿文献集等馆藏资源进行标引、存储、维护、检索和利用。

EAD 的研制起始于 1993 年美国加州大学伯克利分校图书馆的 Berkeley Finding Aid Project(BFAP)伯克利检索工具项目，如今已经在世界各地的档案馆和博物馆中得到了广泛的应用。目前 EAD 的维护机构是美国档案学会和美国国会图书馆的网络发展与 MARC 标准办公室。EAD 的发展经历了如下过程：

(1)1993 年至 1995 年：EAD 前身 Berkeley Finding Aid Project(BFAP)伯克利检索工具项目。

(2)1995 年 7 月：更名为 Encoded Archival Description (EAD)。

(3)1996 年 2 月至 9 月：陆续完成 alpha、beta 版的 EAD DTD。

(4)1998 年 8 月：出版 1.0 版本的 EAD DTD、Tag Library。

(5) 2001 年 2 月：出版 EAD 应用规范(Application Guidelines for Version 1.0)。

(6)2003：出版 EAD 2002 版(EAD DTD、Tag Library、EAD Schema)。

(7)由 2003 年至今(2009)，EAD 并未推出新版。

EAD 最初采用 SGML 编码，从 1998 年起，EAD1.0 开始同时使用 XML 和 SGML 进行编码，用 DTD 对 EAD 标准中的元素及组成方式进行描述，而在最新版的 EAD2002 中，开始使用 XML Schema 规范 EAD 标准。EAD 标准借鉴了国际档案描述标准 ISAD(G)中的元素和描述机制，强调资源的等级结构以及元数据信息在层次间的继承关系。EAD 首先对最上层集合进行整体描述，然后描述第二层、第三层，直到最底层。在对每层进行描述时，只描述本层特定的信息，继承上层的描述信息，并不重复上层已著录的信息。

EAD DTD 的最高层包括 3 个部分：eadheader(类似于 METS 的文件头)，frontmatter(出版信息)和 archdesc(档案描述信息)。

archdesc 包括几个高层描述性元素，每个元素又包括多个子元素。archdesc 最重要的高层描述性元素是 did(data item description)，它的功能是帮助用户确定资源是不是用户所需的以及资源的重要性。did 包括：题名、创建日期、创建者、馆藏地点、创作者介绍、文摘等；dsc 元素是关于资源组成部分的，它由多个资源块(Chunks)组成，它包含一个 c 元素(Chunks)，以及标有序号的容器(container)元素 c01、c02、……c 元素的子元素可以是 c 元素本身，可以无限的嵌套下去，而 c01 可以包含 c02，c02 可以包含 c03，反之不可，通过这种方式，可以对档案资源库进行划分，形成一个个子块；archdesc 其他的高层元素是关于管理性信息的，例如：资源的使用期限、相关资源等。除了可以提供标准的信息描述，EAD 可以通过链接指向外部的资源或资源描述。

图 5-9 为 eadheader 元素范例。eadheader 元素包含 eadid、filedesc、profiledesc 子元素。EAD 标准的详细内容请见其官方网站：http://www.loc.gov/ead/

图 5-10 为 archdesc 的 did 元素示例。

图 5-11 为 dsc 元素示例。

```xml
<eadheader audience="internal" countryencoding="iso3166-1"
dateencoding="iso8601" langencoding="iso639-2b"
relatedencoding="DC" repositoryencoding="iso15511"
scriptencoding="iso15924">
   <eadid countrycode="us" identifier="bachrach_lf" mainagencycode="NSyU">bachrach_lf</eadid>
   <filedesc>
      <titlestmt>
         <titleproper encodinganalog="Title">Louis Fabian Bachrach Papers</titleproper>
         <subtitle>An inventory of his papers at Blank University</subtitle>
         <author encodinganalog="Creator">Mary Smith</author>
      </titlestmt>
      <publicationstmt>
         <publisher encodinganalog="Publisher">Blank University</publisher>
         <date encodinganalog="Date" normal="1981">1981</date>
      </publicationstmt>
   </filedesc>
   <profiledesc>
      <creation>John Jones
         <date normal="2006-09-13">13 Sep 2006</date>
      </creation>
      <langusage>
         <language encodinganalog="Language" langcode="eng">English</language>
      </langusage>
   </profiledesc>
</eadheader>
```

图 5-9　eadheader 元素示例

```xml
<archdesc level="collection" type="inventory" relatedencoding="MARC21">
   <did>
      <head>Overview of the Collection</head>
      <repository encodinganalog="852$a" label="Repository: ">Blank University</repository>
      <origination label="Creator: ">
         <persname encodinganalog="100">Brightman, Samuel C. 1911-1992</persname>
      </origination>
      <unittitle encodinganalog="245$a" label="Title: ">Samuel C. Brightman Papers</unittitle>
      <unitdate encodinganalog="245$f" label="Inclusive Dates: ">1932-1992</unitdate>
      <physdesc encodinganalog="300$a" label="Quantity: ">
         <extent>6 linear ft.</extent>
      </physdesc>
      <abstract encodinganalog="520$a" label="Abstract: ">
         Papers of the American journalist including some war correspondence,
         political and political humor writings, and adult education material
      </abstract>
      <unitid encodinganalog="099" label="Identification: ">2458163</unitid>
      <langmaterial label="Language: " encodinganalog="546">
         <language langcode="eng">English</language>
      </langmaterial>
   </did>
```

图 5-10　did 元素示例

5.6.4　GILS

GILS(Government/Global Information Locator Service)政府信息定位服务，是一种支持公众查询、获取和使用政府公开信息资源(包括电子信息资源)的开放环境下的分布式信息资源及利用体系，是政府信息资源元数据方案的典型代表。GILS 最早由美国政府提出并实施，现已在加拿大、澳大利亚等国得到应用。

美国 GILS 的发展是在公众对政府信息的需求、联邦政府及信息技术的

```
<dsc type="combined"><head>Inventory</head>
  <c01>
    <did>
      <unittitle>Correspondence</unittitle>
    </did>
    <c02>
      <did>
        <unittitle>Adams, Martha</unittitle>
        <unitdate normal="1962/1967">1962-1967</unitdate>
        <container type="box">1</container>
        <container type="folder">1</container>
      </did>
    </c02>
    ...etc
  </c01>
  <c01>
    <did>
      <unittitle>Writings</unittitle>
    </did>
    <c02>
      <did>
        <unittitle>Short stories</unittitle>
        <unitdate normal="1959/1979">1959-1979</unitdate>
        <container type="box">5</container>
        <container type="folder">1-9</container>
      </did>
    </c02>
  </c01>
</dsc>
```

图 5-11　dsc 元素示例

共同推动下完成的。GILS 始于美国 20 世纪 90 年代初期的研究项目“联邦政府信息识别与描述详细目录/定位系统”，1994 年 12 月美国商务部将 GILS 计划作为联邦政府信息处理标准予以颁发，1995 年初美国管理与预算局发布了“OBM Bulletin 95”，将 GILS 作为美国政府信息基础设施的核心组成部分进行建设，并要求联邦政府各机构在 1996 年 1 月 31 日前开始 GILS 系统的建设。

1995 年美国国会的“文书工作简化法案”(Paperwork Reduction Act)明确地以法律形式要求各联邦机构用 GILS 组织各类面向公众的政府信息，从而确立了 GILS 在政府信息工作中的任务和作用。世界其他一些国家，如加拿大、澳大利亚，以及政府间组织(如七国集团环境与自然资源管理项目)，也从 1995 年起开始利用 G1LS 推动政府信息的共享和利用。

从信息资源组织的角度看，GILS 体系是分布式信息资源目录的集合。它的基本构建要素是这些目录中对具体资源进行描述的元数据，即 GILS 定位记录(GILS Locator Record)。它是一组相关数据元素的集合，用来描述信息资源的内容、位置、服务方式、存取方法等信息。

在 GILS 应用纲要第 2 版中(Application profile for the GILS), GILS 定位记录由 28 个核心元素组成，并可含有应用系统自定义元素或与具体应用系统相容的其他 Z39.50 属性规范中定义的元素，其核心元素又可分为必备项和可选项两类。GILS 还赋予机构根据职能情况自定义栏位的自由，但在信息交换时只能遵循核心栏位。其 28 核心元素如表 5-7 所示，其中标星号(*)的为必备元素：

表 5-7 **GILS 核心元素**

*题名(Title)	贡献者(Contributor)
*出版日期(Date of Publication)	空间域(Spatial Domain)
*创始者(Originator)	使用限制(Use Constraints)
*控制标识符(Control Identifier)	机构项目(Agency Program)
*记录源(Record Source)	原始控制标识符(Original Control Identifier)
*资源语言(Language of Resource)	记录审查日期(Record Review Date)
*记录语言(Language of Record)	规范主题索引(Controlled Subject Index)
*获取方式(Availability)	方法(Methodology)
*最后修改日期(Date of Last Modification)	补充信息(Supplemental Information)
摘要(Abstract)	出版地(Place of Publication)
数据来源(Sources of Data)	非规范主题词(Subject Terms Uncontrolled)
联系方式(Point of Contact)	存取限制(Access Constraints)
参照(Cross Reference)	目的(Purpose)
时限(Time Period)	目录号(Schedule Number)

5.6.5 PICS

Internet 信息资源浩如烟海，为了对其内容进行有效选择和实现过滤机制，于是人们就研究新的元数据标准。1995 年 8 月，一些 Internet 上的主要团体聚集在一起制定了这样一个规范：Internet 内容选择平台(the Plateform for Internet Content Selection，缩写为 PICS)。它是由 W3C (WWW Consortium)组织开发的一个描述 Internet 资源的 metadata 标准。

人们想让用户能够非常方便地找到最适合自己需要的内容；同时防止将

那些被认为是不适宜的或用户不想要的内容传递给用户，特别是未成年的用户。RDF 最初提出就是为了配合 W3C 提出的 PICS(因特网内容选择平台)规范。PICS 是由服务器向客户机传递 Web 内容等级的一种机制，比如说某一网页是否包含有色情、暴力的内容。不同的机构可以按自己的价值标准将 Web 内容进行分级，这样用户就可以很容易的通过设置浏览器将某些网页过滤掉。RDF 设计的一个要求就是可以表达 PICS 能表达的所有内容，以使得可以自动地将 PICS 标签翻译成 RDF 的标识，而不损失任何信息，这样做的好处就是可以用 RDF 来进行数据的交换。

为了进行内容选择，必须引入内容分类定级机制。这是 PICS 最为显著的功能。不同的组织可以根据他们的目的及价值取向，对 Internet 上的资源进行分类定级。一些用户，例如家长们，可以设置他们的浏览器，将那些不符合他们规范的内容过滤掉。现在的许多第三方内容分类定级机构利用 PICS 来对某个站内容的及时性和技术精确度进行评分。对于一般用户来讲，这是快速、高效获取所需信息的最佳方法。

PICS 的成员认为个人、团体及事业单位都应当有权方便地享用最大限度的内容选择产品和各种各样的分类定级系统。同时，他们也必须参与这个系统的实施。设计出了一系列的标准，并从以下几个方面促进 PICS 功能的实现。

(1)信息生产者自我分类定级。让内容提供者自愿地对他们创建和发布的内容进行分类及定级。

(2)信息服务者客观分类定级。许多具有独立的分类定级机构可以对他人发布的内容进行分类，这些机构可以自由设计他们的定级标准，而且对于同一个内容，不同的分类定级机构可以将它划分到不同的分类级别下。

(3)信息使用者利用它进行定级。能够使家长及教师根据各种各样的分类定级情况，对孩子的信息获取情况进行控制。

PICS 成员相信，一个组合了以上几个特性的开放的分类定级平台保证了 Internet 内容的多样性，它既可以使用户对所要浏览的内容进行控制，获取用户所需信息，又可以有效防止用户不感兴趣的信息流入。这样，提高了服务质量，避免“信息污染”给人们带来的麻烦。

5.6.6 CDF

1997 年 3 月，微软公司提出了一项 metadata 规范：频道定义格式(Channel Definition Format，缩写为 CDF)。CDF 是 IT 界的第一个应用于 Web 推技术的频道框架。

CDF 使用 XML，将 XML 应用嵌入 HTML。更确切地说，它是将 HTML 从一种 Web“页面”描述语言，扩展成为一个应用于频道站点的 Web 站点描述语言。它使用一种非常简易的语法，对其频道内容进行描述。在一对〈CHANNEL〉和〈/CHANNEL〉包括的频道内容中，包括了多个〈ITEM〉元素，每一个〈ITEM〉描述了每一个 HTML 页面的最后修改日期、标题、摘要及作者的情况。当浏览者接入到这个频道之后，这些 metadata 数据就会展现出来。

使用过 CDF 的用户认为，CDF 是一种比较好的频道语言。CDF 开发者还在进一步研究，使它成为一个功能更强、灵活性更好的工具。

5.6.7 MCF

1997 年 6 月，Netscape 公司向 W3C 提交了一个新的元数据方案：元内容框架(Meta Content Framework 缩写为 MCF)。MCF 力求实现一种“单一的数据模式和相应的互换格式”的元数据框架。在 MCF 中，data 和 metadata 不作明显区分，人们以同样的方式来利用它们(data 和 metadata)。为了共享多种数据结构、语法和词表，MCF 提供了一个“通用数据模式及词表”的框架。它能在一定程度上使用和管理各种 metadata 数据。因此，其兼容性和包容性好，并允许动态地扩展新的数据类型。

MCF 采用对象、属性类型、属性值的形式描述 Metadata 数据，并允许重复使用对象与属性，这种嵌套关系描述了复杂的文件层次结构。MCF 系统的适用面很广，除了 Web 页面外，还可以描述站点、频道、图像、人、场所、文件等。例如，在电子商务中，交换相关的商业(如，价格、存货信息、送货日期等)信息，为人们提供高质量的服务。

5.7 元数据互操作

5.7.1 元数据互操作的背景

在元数据领域，出现了许多元数据方案和标准。使得不同的应用领域(甚至同一领域)往往存在多种元数据标准，当在用不同元数据格式描述的资源体系间进行资源检索、浏览和利用时，就存在元数据互操作问题。

元数据的互操作就是采用了不同的元数据方案的系统之间相互传输、共享和利用元数据的能力。这种能力既包括系统软件、硬件的互操作能力，也包括元数据的数据格式、内容和语义的互操作能力。此处我们不考虑系统硬件和软件平台的异构性，主要从元数据的角度看互操作的问题。

在分布式信息环境中众多的元数据标准和元数据方案不断出现，它们都在特定领域得到了不同程度的应用。元数据应用的多样性为资源共享带来了障碍，一方面不同类型的信息资源倾向于采用特定的元数据方案，另一方面用户又希望通过统一接口获取满足需求的各类信息资源。元数据的多样性和信息资源需求接口单一性，使元数据的互操作显得格外重要。通过元数据的互操作，能够达到：

(1)支持跨系统的整合检索

通过元数据的互操作，可以使用户通过一个检索接口，检索不同系统的元数据内容，实现跨系统的整合检索。

(2)支持跨系统的信息组合

通过元数据互操作，可以将采用了不同的元数据整合为具有统一格式的元数据仓库，并在此基础上提供服务。

(3)支持跨系统的服务集成

元数据互操作使不同系统间可以提供元数据检索和利用服务，并通过互操作将这些服务加以集成，提供给用户使用。

5.7.2 元数据互操作的层次

由于元数据方案的制订涉及元数据的内容结构、语义结构和句法结构，因此元数据的互操作也是具有层次的。

不同的元数据方案在如下层面上具有差异性：

(1)语义差别。在不同的元数据体系间，没有绝对的对应关系。有时是元数据语义不同，有时则根本没有可对应的元数据。如 GILS 中的作者(Author)元素，对应 DC 中的 Creator，但后者的意义更宽泛，而 MARC 中的作者项规定得更加具体。EAD 中也有作者元数据项，但却是用来记录 EAD 元数据记录的作者，而不是 EAD 所描述的资源集合的作者。

(2)句法差别。即使元素语义完全相同，如果句法(描述规则)不同，数据也会以不同形式记录。例如，在确定日期的值时，采用不同的描述方法“年-月-日”和“月-日-年”，就会形成不同的元素描述。另外不同应用领域，在为元素赋值时，往往遵从各自的描述规范，规范的不同也导致元素取值的差异性。

(3)结构差别。在 DC 元数据方案中，DC 元素是单层结构，相对简单，而在 EAD 元数据中，则可以支持层层嵌套的结构，结构的复杂程度导致了不同元数据方案在结构上的差别。

这些差异性说明元数据互操作是具有层次的，张晓林将元数据互操作分为6个结构层面：底层的交换格式的互操作；标记格式的互操作；元素内容结构的互操作；元素语义的互操作；编码规则的互操作；最上层的数据内容的互操作。

由于底层交换格式涉及了通信协议和传输介质，不属于元数据的范畴，可以将元数据的互操作集中为：语义互操作、语法互操作和结构互操作。

(1)语义互操作

语义互操作是指在元数据的共享和通信过程中，共享和通信的双方能够理解元数据的语义，如理解元素表达的含义，在语义层面上达成一致。为了实现语义互操作，往往需要进行元数据映射(Metadata Mapping)，元数据映射就是为一种元数据格式的元素和修饰词在另一种元数据格式里找到有相同功能或含义的元素和修饰词，元数据映射可以解决几种格式间的统一检索。一个适合第一种元数据格式的检索式，通过映射关系，可以自动转换为适合第二种格式的检索式，在第二种数据库里检索。

元数据映射有多种方式：1对1映射，1对多映射，多对多映射和中心映射模式。其中1对1映射是指映射过程只涉及两种元数据方案，如DC与MARC的映射；1对多是指将多种不同的元数据格式映射到1种元数据格式，由于DC元数据的通用性，现在许多元数据方案都可以采用特定的映射程序映射为DC元数据方案；多对多映射是指当互操作过程中涉及多个元数据方案时，为任意的两个元数据方案编制映射程序，实现互操作，这种方式较为复杂，因为要实现大量的映射程序；为了解决元数据多对多映射的缺陷，可以采用中心映射模式，该模式选取一种中介性质的元数据方案，作为元数据映射的中介节点，其他元数据都映射到中介元数据方案，因此对每个元数据方案而言，只需编制一个映射到中介元数据的映射程序即可。图5-12显示了不同的元数据映射方式。

在进行元数据映射时，还要考虑映射的方向，由于元数据元素定义的不同，使得有时元数据方案X中的元素A不能直接映射为元数据中方案Y中的元素B，如元素A表达的外延要比B的外延大，那么就不能直接将A映射到B，但B元素的内容则都可以映射到A。

图5-13显示了不同元数据方案中不同元素A和B在表达的语义范围上的关系。

从图中可以发现，不同元数据方案中的相关元素A与B存在4种范围关系，分别为相等关系，即在语义上二者完全一致，A包含B，即A比B要宽泛，B包含A，即B要比A宽泛，A与B相交，及二者存在交集。在上述

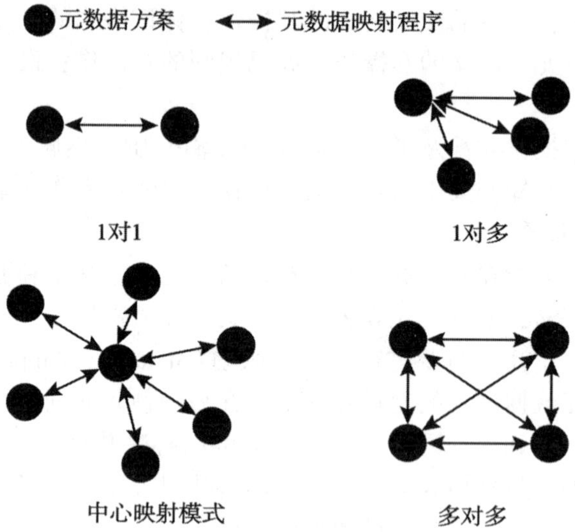

图 5-12　元数据映射模式

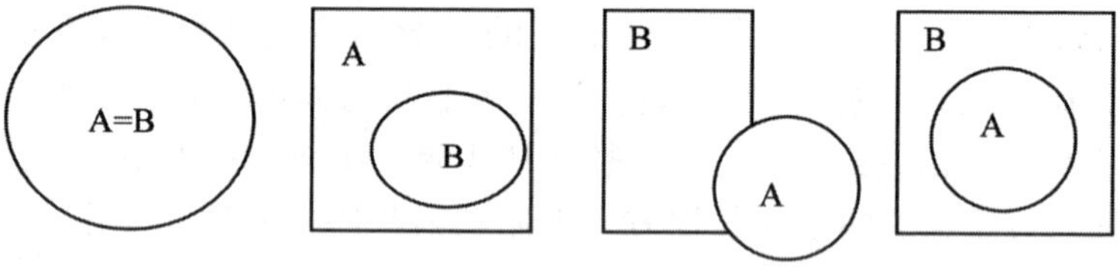

图 5-13　不同元数据方案的元素对应关系

四种关系中，A=B 可以进行双向映射，而 A 包含 B 则只能将 B 映射到 A，B 包含 A 只能将 A 映射到 B，A 与 B 相交则无法直接利用映射程序进行互操作。

(2)语法互操作

基于扩展标记语言的 XML 的应用从语法意义上使各类元数据标准的互通成为可能。许多元数据方案和标准都以 XML 作为描述其语义与语法规则的元语言，采用 DTD 和 Schema 定义元数据的规则、命名域、元素的标签定义以及编码规则。DTD 和 Schema 我们已在前面章节讲述过，它们都可以定义对 XML 文档进行描述和约束，但相比而言，Schema 功能更强，支持多种数据类型的定义，而且其本身也是基于 XML 的具有自描述性。

XML 由于自身的特点，使得它成为元数据互操作的基础，为各种互操作模式提供语法支持。

(3)结构互操作

在元数据互操作方面，还有一种基于语义与结构特性的互操作思想，就是通过建立一个标准的资源描述框架解决元数据互操作问题。用这个框架来描述所有的元数据格式，这样只要能够解析这个标准描述框架，就能解读相应的元数据格式。

RDF(The Resource Description Framework)资源描述框架就是这样一个描述资源特征及资源间的关系的框架，利用它可以实现各种元数据之间的互操作。在 RDF 中，资源(Resource)是所有在 Web 上被命名、具有 URI(Unified Resource Identifier 统一资源描述符)的对象(如网页、XML 文档中的元素等)。描述(Description)是对资源属性(Property)的一个陈述(Statement)，以表明资源的特性或者资源之间的联系。框架(Framework)是与被描述资源无关的通用模型，以包容和管理资源的多样性、不一致性和重复性。RDF 是在 W3C 的倡导下，由一些 metadata 团体(包括 Dublin Core，PICS，Digital signatures 等)和一些著名公司与研究机构(如 IBM，Microsoft，Netscape，OCLC 及 University of Michigan 等)集思广益，制定出的符合多种需要的、功能强而灵活的结构，来支持 Internet 及 WWW 上的 metadata。RDF 给出了 Web 数据集成的元数据解决方案。

RDF 认同"metadata 是 data"的观点，并以 XML (eXtensible Markup Language) 语言作为它的宿主语法，来推动 Internet 数据的开发。

RDF 就是定义了一种通用的框架，即资源—属性—值的三元组，以不变应万变，来描述 Web 上的各种资源。

在本章 DC 应用中的程序清单(5-1)中，就采用 RDF 对 DC 元数据进行了描述，描述片段如下：

```
<rdf:RDF xmlns:rdf="http://www.w3c.org/1999/02/22-synax-ns#"
        xmlns:dc="http://purl.org/metadata/dublin-core#"
        xmlns:dced="http://purl.org/metadata/dced-v1#">
```

这 3 行描述中，第 1 行指定了 rdf 命名空间的具体地址，第 2 行定义了 DC 命名空间来源的网址，第 3 行指定了都柏林核心教育元数据的命名空间地址。

在程序清单(5-1)中，紧接着这三个语句的后面是一个 RDF 描述框架：

```
<rdf:Description ID="……">
……
</rdf:Description>
```

在这个框架中包含了 DC 和 DCEd 的一批元素。从实例中可知：RDF 有两大关键技术——URI 和 XML。URI 是 Web 资源的唯一标识，它是统一资源定位符 URL 的超集，除了网页以外，它还可以标识页面上的元素、书籍、电视等资源，甚至可以标识某一个人。在 RDF 中，资源无所不在，资源的属性是资源，属性的值可以是资源，甚至一个陈述也可以是资源，也就是说，所有这些都可以用 URI 标识，可以再用 RDF 来描述。XML 作为一种通用的文件格式定义了 RDF 的表示语法，这样就可以方便用 XML 来交换 RDF 数据。

另外，词汇集对描述资源对象是至关重要的。RDF 只定义了用于描述资源的框架，它并没有定义用哪些元数据来描述资源。这正是其高明之处。因为显然描述不同资源的元数据是不同的，而如果要定义一种元数据集，包括所有种类的资源，这在目前还是不现实的，不但工作量巨大，而且即使定义出这样的元数据集，能不能被大家采纳还是个问题。因为对于图书馆这样已经用元数据描述其资源的系统，要放弃原来的元数据集采用一种新的元数据集，其工作量是很大的。RDF 采用的是另外一种方法，即它允许任何人定义元数据来描述特定的资源，由于资源的属性不止一种，因此实际上一般是定义一个元数据集，这在 RDF 中被称作词汇集(Vocabulary)，词汇集也是一种资源，可以用 URI 来唯一标识，这样，在用 RDF 描述资源的时候，可以使用各种词汇集，只要用 URI 指明它们即可，如我们在上面指出的 DC 和 DCEd 词汇集等。

5.7.3 元数据互操作协议

除了采用元数据映射、RDF 框架等方式实现互操作外，为了支持更大范围的应用层面的元数据互操作，出现了协议层面的元数据互操作方案，即“互操作协议”，Z39.50 和 OAI-PMH 是其中应用最广的互操作协议。

5.7.3.1 Z39.50

Z39.50 是严格基于 ISO 的 OSI(开放系统互联)参考模型的应用层协议，它是美国国家标准(American National Standard Information Retrieval Application Service Definition and Protocol Specification for Open System Interconnection，面向开放系统互连的标准信息检索应用服务定义和协议规范)。Z39.50 协议由美国国会图书馆维护和管理。它被广泛应用于图书馆环境，常被用来整合图书馆系统和个人书目参考软件中。馆际书目检索常常采用 Z39.50 协议实现。Z39.50 协议始于 70 年代，分别在 1988 年、1992 年、1995 年和 2003 年进行了修订，现在最新版本为 2003 版。

Z39.50 旨在实现信息系统的开放互联，由于各信息系统分别采用各自的数据库软件，数据的描述格式、访问方式等都各不相同。因此必须从用户角度定义一个通用的抽象模型，通过将各个系统的具体实现映射到该抽象模型上，使不同的系统在相互理解的、标准的通信平台上进行交互，满足互操作的需要。在支持互操作方面，Z39.50 最关键的部分是实现了信息查询和提取过程的标准化协议，规定了完善的语法，以及协议支持的信息资源的元数据格式(15 种属性集)。每个属性集由一套属性类型+属性组成。属性集的规定是使用 Z39.50 协议获得不同资源库彼此的元数据信息，实现语义互操作的基础。

Z39.50 采用了客户机/服务器的架构方式，主要定义了所需提供的服务和应用层数据包格式两方面的内容。信息服务包括 11 项内容：初始化、搜索、获取、删除结果集、访问控制、记账、排序、浏览、解释、扩展服务、终止等。

采用 Z39.50 协议，用户可以向 Z39.50 客户端(Client)程序提交信息请求，该请求会通过客户端向多个数据库服务器，用户无需关心每个数据库的检索过程，最后客户端再将每个数据库的查询结果汇总之后反馈给用户。这个过程有些类似于元搜索引擎，但不同的是，客户端检索的不是具体的搜索引擎，是采用特定的查询请求格式发送请求，而反馈的查询结果也是符合相应规范的集合，而非各搜索引擎反馈的 HTML 页面。

Z39.50 的信息检索过程如图 5-14 所示，通过对用户搜索请求的转换，客户端将符合协议规范的检索请求发送给服务器端，再转换为各个具体数据库的检索指令，生成的结果集再转换为符合协议规范的结果格式，发送给客户端，最终经过转换反馈给用户。

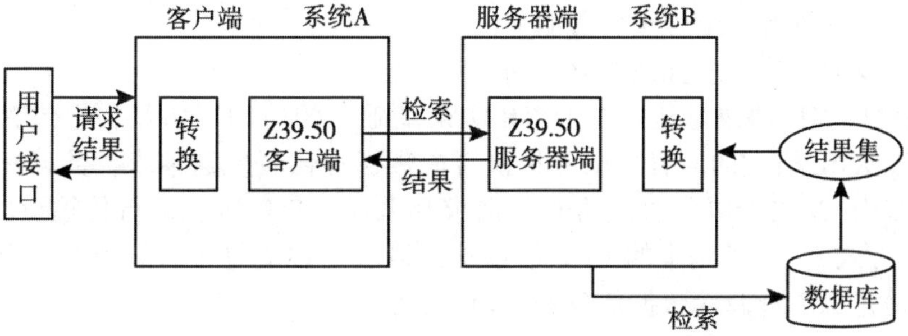

图 5-14　Z39.50 的检索模型

通过 Z39.50 协议，可以支持各类不同资源库的元数据互操作，进而方便资源发现。如图 5-15 所示，不同资源库的元数据通过不同的信息检索系统管理，系统之间无法实现互操作，但可以将每个检索系统都采用统一的协议接口与 Z39.50 中的服务器端相连，而多个服务器端又可以和单一的 Z39.50 客户端相连，这样用户就可以通过访问客户端，检索各类资源库的元数据，实现元数据互操作与资源发现。

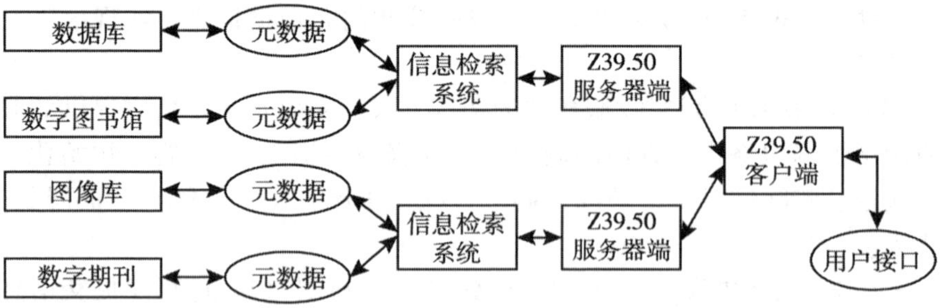

图 5-15　Z39.50 的元数据互操作及资源发现

5.7.3.2　OAI-PMH

OAI-PMH 协议(Open Archives Initiative - Protocol for Metadata Harvesting)，OAI-PMH 协议使用元数据收割模式，它的目标是提供和促进独立于应用的互操作框架，这一框架能被在网上从事信息发布的各类机构所采纳。这一框架的结果是从逻辑功能上将两类参与者区分开来：一类是数据提供者(Data Provider)，另一类是服务提供者(Service Provider/harvester)。前者支持 OAI-PMH 协议，以协议规定的方式发布元数据；后者向前者构建的系统发送 OAI-PMH 协议请求，获取数据提供者提供的元数据加以存储，这样丰富了原有的资源，增强了资源服务能力。

协议的工作方式如图 5-16 所示。

OAI-PMH 协议是建立在 HTTP 协议基础上的应用层协议，它包含六组请求和 XML 格式的应答，服务提供者向数据提供者发送请求，数据提供者则以 XML 方式予以应答。所有的请求都采用 HTTP 协议进行传输(GET 或 POST 方式)。除了基本的 URL 信息外，请求中必须包含参数列表。应答返回的是包含了资源元数据信息的 XML 文档。

其中，六组请求包括：

(1)GetRecord：从数据提供方的资源库(repository)里检索一条元数据记录。

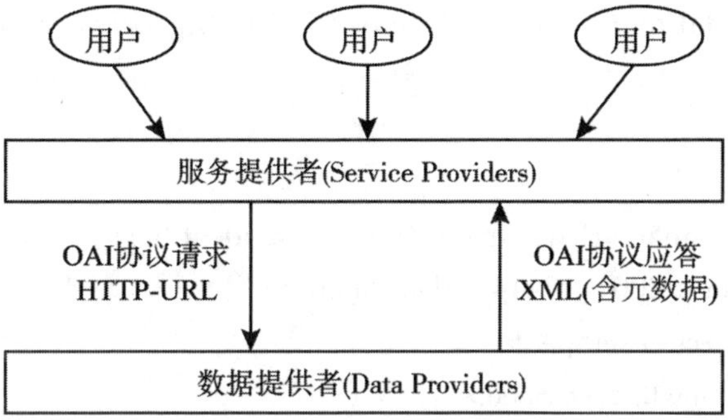

图 5-16　OAI-PMH 协议工作方式

(2)Identify：检索数据提供方的资源库的基本信息，如资源库的名称和URL 地址等。

(3)ListIdentifiers：返回元数据记录的头(Header)信息，不返回整个元数据记录的信息。

(4)ListMetadataFormats：列出资源库支持的元数据格式。

(5)ListRecords：返回多条元数据记录。

(6)ListSets：返回资源库的集合结构。

每个请求被当做请求动词来看待，以 GetRecord 为例，如果要从数据提供者 arXiv. org 中的资源库的“oai：arXiv. org：cs/0112017”位置，获取一条 DC 格式的元数据记录，该请求的 URL 内容就为：

http：//arXiv. org/oai2？verb = GetRecord&identifier = oai：arXiv. org：cs/0112017&metadataPrefix = oai_dc

该请求中 verb 代表请求的类型“GetRecord”，identifier 是请求的元数据的标识符，metadataPrefix 是元数据的前缀，从中可以看出该元数据类型为 DC 元数据。

下面的 XML 文档则为响应的 XML 文档，其中包含了头信息和记录内容。

```
<?xml version="1.0" encoding="UTF-8"?>
<OAI-PMH xmlns="http://www.openarchives.org/OAI/2.0/"
        xmlns:xsi="http://www.w3.org/2001/XMLSchema-instance"
        xsi:schemaLocation="http://www.openarchives.org/OAI/2.0/
        http://www.openarchives.org/OAI/2.0/OAI-PMH.xsd">
  <responseDate>2002-02-08T08:55:46Z</responseDate>
```

```
  <request verb="GetRecord" identifier="oai:arXiv.org:cs/0112017"
         metadataPrefix="oai_dc">http://arXiv.org/oai2</request>
  <GetRecord>
   <record>
    <header>
      <identifier>oai:arXiv.org:cs/0112017</identifier>
      <datestamp>2001-12-14</datestamp>
      <setSpec>cs</setSpec>
      <setSpec>math</setSpec>
    </header>
    <metadata>
      <oai_dc:dc
         xmlns:oai_dc="http://www.openarchives.org/OAI/2.0/oai_dc/"
         xmlns:dc="http://purl.org/dc/elements/1.1/"
         xmlns:xsi="http://www.w3.org/2001/XMLSchema-instance"
xsi:schemaLocation="http://www.openarchives.org/OAI/2.0/oai_dc/
         http://www.openarchives.org/OAI/2.0/oai_dc.xsd">
         <dc:title>Using Structural Metadata to Localize Experience of
                Digital Content</dc:title>
         <dc:creator>Dushay,Naomi</dc:creator>
         <dc:subject>Digital Libraries</dc:subject>
         <dc:description>With the increasing technical……
         </dc:description>
         <dc:description>Comment: 23 pages including 2 appendices,
             8 figures</dc:description>
         <dc:date>2001-12-14</dc:date>
      </oai_dc:dc>
    </metadata>
   </record>
 </GetRecord>
</OAI-PMH>
```

Z39.50 和 OAI-PMH 都可以支持元数据的互操作、资源发现和资源检索，但两者也有明显的不同，这主要体现在：

(1)Z39.50 无需在本地存储资源的元数据信息。它可以将请求发送出去并由各个资源库返回结果，这一方面节省了客户端的存储空间，但也降低了检索的效率，检索的速度主要取决于各个资源库的检索速度和传输速度。OAI-PMH 作为元数据收割(采集)协议，必须从各个数据提供者收割数据并进行存储，用户检索时只是对收割后形成的资源库的检索，因此在检索效率只取决于本地资源库的检索效率，即使远程的资源库不能提供服务，用户依然可以查找所需资源。

(2)从协议的实现复杂度上来看，OAI-PMH 要比 Z39. 50 实现起来容易。Z39. 50 协议对系统的软硬件环境要求较高，而 OAI-PMH 则相对简单，只需遵循协议规定的请求和响应内容即可。

在后续章节信息组织的广泛应用中，将对 OAI-PMH 在数字图书馆中的应用作进一步阐述。

近几年来，面向新世纪的信息管理技术有很大发展，以信息为主题的各门学科联合攻关，共同开展信息资源描述——元数据的深入研究，为信息技术的进一步应用提供有效可靠的理论方法，促进信息资源的组织、控制和开发，以适应全球网络化信息需求。

本章我们已专门讨论了元数据方案，第 7 章则论述信息组织的数据库方法，而在第 8 章将论述网络信息资源组织的工具——搜索引擎。

习　题　五

1. 什么是元数据？为什么要研究元数据？
2. 元数据的功能有哪些？
3. 元数据可以如何分类？
4. 简述 Dublin Core 元数据研究的系列成果。
5. DC 的基本元素有哪些？
6. 为什么还要研究限定的 DC 元素？
7. 为什么要研究 PICS 元数据？它有什么特殊功能？
8. 简述 EAD、MODS、METS 和 GILS 的特点和基本内容。
9. 简述 MCF、CMF 的特点。
10. 什么是元数据互操作，互操作的层次和方法有哪些？
11. 什么是 RDF？RDF 在元数据互操作中的作用有哪些？
12. 简述 Z39. 50 协议的基本内容。
13. 简述 OAI-PMH 的目标及其在互操作中的作用。

附录：都柏林核心元数据系列研究成果

DC 这个国际研究组织主要通过协作开展研究。它建立网站、及时交流研究动态，开展多项专题研究；并频繁地召开学术会议，总结研究成果。每次会议都取得了研究成果，不断把研究引向深入。下面将系统介绍各次学术会议情况和取得的系列研究成果。

DC-1

1995 年 3 月 1—3 日，第一届元数据研讨会由联机图书馆中心(OCLC)和美国超级计算应用中心(NCSA)主办，在美国俄亥俄州的 Dublin 召开。52 名来自图书馆界、档案界、人文学界和地理学界，以及来自 Internet 标准的制定，Z39.50 和通用标记语言标准(SGML)集团的代表参加了会议。本次会议的目的主要是认识当前的一般性的问题，以及主要涉及者可能会采取的解决方法，并就提出一个描述网络上的电子资源的核心元数据元素集达成共识。

由于因特网上所包含的信息要比以往的专业摘要人员、索引人员和编目者所用的方法及系统管理的信息多得多，因此一个可行的获得数字资源的元数据的方法是：让作者和信息提供者无须经过对现有标准的特别培训，就能自己来描述资源。实现这一目标的重要一步，也是本次研讨会的主要任务就是明确定义一个描述网络数字资源的简单元素集。

由于资源描述的广泛性以及复杂性使商讨的范围受到了限制，会议决定从两方面进行限制。一方面核心元素集元素必须与资源发现有关，而其他涉及成本、档案及版权的信息，都不列在讨论范围之内：因为资源发现是元数据最直接、切实发挥作用的方面，而且也是无论什么主题、无论对象内部多么复杂都必须解决的方面。另一方面将描述的目标资源限定为文件类对象：因为现在网络上的绝大部分信息对象都被看做是“文件”，即 DLO(Document-Like Object)至今仍是因特网上的资源主流，而元数据记录是用来直接帮助发现因特网上的资源的；并且适用于 DLO 的任何处理方法都能被扩展到其他类型的资源；此外缩小最初的研究范围，在这一挑战性课题上取得进展的可能性将大大增加。因此提出的一套元数据元素集旨在描述支持数字文件资源的发现的基本特性。即会议目标主要是为了定义一个能被全球所理解接受的小的元数据元素集，它能允许作者和信息提供者自己来描述自己的工作，并能改善资源发现工具之间的互操作性。但是核心元素并不能满足特殊用户团体需要的对象描述，因此需要慎重考虑元素集的扩展机制问题。

这届研讨会最主要的成果是设定了一个包含 13 个元素的都柏林核心元素集：Dublin Core(或简称为都柏林核心 DC)。都柏林核心是在网络环境(如因特网)中，帮助发现文件类对象所需要的最小元数据元素集。而它的结构句法问题则作为一个实施细节没有进行详细说明。这一成果为进一步发展描述数字资源的元数据元素的定义作出了奠基性工作。

DC-1 所定义的 13 个元素如下：Subject(主题)、Title(题名)、Author(作者)、Publisher(出版者)、OtherAgent(相关责任者)、Date(出版日期)、ObjectType(对象类型)、Form(格式) Identifier(标识)、Relation(关联)、Source(来源)、Language(语种)、Coverage(覆盖范围)。事实上，这十三个元素在以后的 DC 发展中从名称到内容都有了很大的变化，因此，这里仅作简要介绍。

会议还指出了指导元数据发展的原则：内在性(intrinsicality)、可扩展性(extensibility)、句法独立性(syntax independence)、可选择性(optionality)、可重复性(repeatability)及可修改性(modifiability)；并确定了将来的发展方向：扩展对象类型，扩大功能范围，建立标准的扩展机制，继续优化已有成果。

DC-2

第二届元数据研讨会是由英国图书情报网络办(UKOLN)和 OCLC 组织的，它于 1996 年 4 月 1—3 日在英国的 Warwick 召开。它旨在扩大第一届 OCLC/NCSA 元数据研讨会的影响。此次会议出席的人员有计算机专家，文本标识人员和图书馆专家；还有美国数字图书馆倡议项目的代表，英国电子图书馆项目，以及欧洲和澳大利亚图书馆方面的代表；另外还有如 MARC 这样的标准制定团体及一些公司的代表。

会议的目标之一是明确成功应用诸如 DC 这样的一个简单 INTERNET 资源描述格式尚存在哪些障碍，大家认为需要在下述四个方面获得实质性进展：定义应用语法；开发用户指南；明确扩展机制；定义一个可兼容多种不同元数据的框架。这次会议的最主要的成果既是后来被称为“Warwick 框架”的元数据结构的概念基础。促成 Warwick 框架形成的主要原因是：不同的组织产生不同的资源描述模型，没有一个单一的资源描述格式能够满足所有的需求，因此成功的网络资源描述结构必定要能兼容这种多样性。

Warwick 框架是一种用于不同的元数据包的集成和互换的结构，它为集成和匹配元数据集提供了更大的可能性，从而能够合理地实现现有的及将来出现的描述模型。一个元数据包既是一个用于特定目的的元数据对象，诸如一个 DC 记录、一个 MARC 记录等。这样的不同数据包可能有很多，甚至在内容及来源上都是不同的，因此需要一个集成这些不同的元数据包的概念容器。由此 Warwick 框架即是这样的一种容器——包形的结构。这一结构具有下述特征：

(1)模块化，可包含不同类型的元数据对象；

(2)扩展性，可纳入新的元数据类型；

(3)分布式，可参引外部的元数据对象；

(4)嵌套性，可将元数据对象视为具有与之联系的元数据结构的信息内容。

数据包既是具有类型的对象，主要有三类：

(1)原始型(即元数据集)，此即为包含实际元数据的数据包，例如 DC 记录、MARC 记录等。潜在的一个问题是客户机及代理要能识别和处理这么多元数据集的语义以及在新的元数据集引入后要能适应新的元数据类型。早期的 Warwick 框架应用可能将纳入一些广为人知的元数据，而进一步的应用则可能就要求进行类型登记。

(2)间接型，此即为参引至某外部对象的数据包，这种参引可能是使用明确的 URL，而目标指向有三种情况：第一，是一级对象，故可能有其自己的元数据及有关获取信息；第二，也可能同时被其他容器间接参引；第三，还可能是参引它的另外的服务器。

(3)容器型，此即为本身就是一个容器的数据包。

一个 Warwick 框容器的实例如图 5-17 所示：

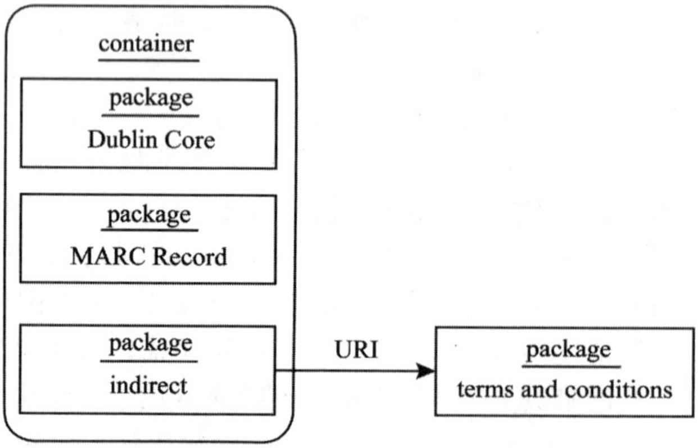

图 5-17　一个 Warwick 框容器的实例

Warwick 框架具有两个方面的重要性。首先，它提供了一个广阔的定义和使用各类元数据的结构框架。其次，把 Warwick 框架作为一个环境，它能允许有特定目的的元数据集开发者对自己的工作进行限制和集中，使其他对元数据感兴趣的团体能独立地在满足自己特定需要上取得进展。值得一提的是，Warwick 框架和 Meta Content 框架，后来共同成为了资源描述框架 RDF（Resource Description Framework）发展的核心。RDF 是在 W3C 的主持下开发的，它是对结构化的元数据进行编码、交换和再运用的一个基础结构。RDF 能允许在一定的语义、句法和结构中进行元数据之间的交互性操作。RDF 为基于网络的元数据，包括超出在资源内嵌入描述性的元数据的各种元数据联合模型提供了一个灵活的句法结构基础。

DC-3

1996 年 9 月 24—25 日，由网络信息联盟（CNI）和 OCLC 在美国的俄亥俄州的 Dublin 组织了第三届元数据研讨会。会议专门围绕在网络环境中描述图像和图像数据库的问题进行了讨论。与会专家来自计算机学、图书馆学、联机信息服务、地理信息系统、博物馆和档案控制、医学图像和其他领域，共同探讨网络图像资源的描述问题。其目的在于促进描述、发现和组织网络图像和图像数据库资源的标准和协议的发展。

现在在因特网上的数字图像，包括从图画和建筑图到 CAT 扫描图，从 X 光片到星球地表图和天文对象图。本次研讨会主要集中讨论了静止的图像，如图片、幻灯片和图解。而动态的图像，如电影，录像之类都不在考虑之列；另外也不包括文本对象的图像，如传真页面等。DC 将确定符合所有学科的对图像和基于图像之应用的普遍需要，如艺术，建筑，机械工程，医学，生命及社会学。

第三次的研讨会达成了一种共识，认为 DC 在 Warwick 框架中，可作为一个在网络环境中用于图像发现的简单的资源描述模型基础。

- 图像到底有什么不同之处？

在第一届的元数据研讨会上定义的 DC 最初是用来描述 DLO 的。现在为了描述网络上的数字图像，有必要把 DC 做一些修改，以使它能适应图像描述的要求。那么，图像与 DLO 到底有什么不同呢？

首先，文本材料能被索引，这通常能简化或使描述的工作部分自动化，而图像的大部分描述元素则是在这些内容之外的，图像的编码策略要严格得多。其次，图像的编码方式对于图像的使用分外重要。尽管对于文本文件同样如此，但因为文本文件的表现形式要更少一些，所以即使缺乏相应的阅读程序，也可勉强使用。最后，检索图像对于时间与带宽的要求通常都是很高的。

随着因特网上复杂图像的运用越来越多，元数据将在图像的发现和选择方面发挥越来越重要的作用。表示这些图像所必须的信息包括：种类(位图，矢量，视频)、格式(TIFF，GIF，JFIF，PICT，PCD，EPS，CGM，TGA等)、压缩方法和比例(JPEG，LZW，QuickTime)、维数、动态范围、色彩查找图表和相关尺度(CMYK，RGB等)。

充分捕捉这些信息，并对它们进行编码与DC最初的设计目的之一——简单形成了冲突。如果DC能有效地被用于图像领域中，它就必须确定一个可扩展的机制，来支持如前所述的图片所需的更丰富的描述符的编码。

- DC元素的修订

在第三次元数据会议中对DC的几个元素进行了修改，以使它们不至于太以文本为中心。另外还在原来十三个元素的基础上又新增加了两个元素：Description和Rights。

描述Description与Subject现在成为了两个独立的元素，因为图像专家认为它们对于图像来说是两个截然不同的概念。这样，Subject将包括关键字，控制词条和正式分类指定标准。而Description则用于图像方面的描述性文字或内容描述，并包括文本文件下的摘要。

权限管理字段Rights被认为是一个核心描述记录的必要组成部分。它对于图像描述极其重要，因此如果不包括这一元素将阻碍DC在图像领域的广泛应用。这一元素的取值可能有：空值，无再使用限制，URI或其他指针。由此看来不同的元数据之间的最初设计的功能界限最终不断模糊。

DC-4

1997年3月3—5日，在OCLC，分布式系统技术中心(DSTC)和澳大利亚国家图书馆(NLA)主持下第四届元数据会议在澳大利亚首都堪培拉召开。65位参加者是来自4大洲12个国家的数字图书馆研究人员、INTERNET网络专家、目录学专家及图书馆学学者。

- 最小主义学派和结构语言学派

本次会议最直接的结果就是产生了两大学派：最小主义学派和结构语言学派。如果说这两大学派所持观点彼此不同，相互排斥，则把问题过于简单化了。事实上它们是同一个连续统一体的两极：

最小主义学派指出DC的最主要特征是它的简约性。这种简约性对创造元数据(如由未经专门编目培训的作者)和利用工具(如并不能利用详细的限定词或编码方法的索引引擎)来使用元数据是非常重要的。为达到在各团体间的语义互操作性必须有一个在各种情况下所蕴涵意义都相同的简单核心元素。附加的限定词能明确、修正并详细说明元素的含义。由于这些将在不同的时间由不同的团体以不同的方式来完成，因此在元素的语义方面也许会出现变化，这在一定程度上会导致语义互操作性的丧失。

结构语言学派认为对元素正式的扩展或限制方法，因为满足了特定团体的需要而使元数据变得更有效，因此他们为了追求这种更大的灵活性，而宁可在一定程度上接受上述语义变化的危险。

- 堪培拉限定词

DC-4 在给出现行的元数据模型(如图 5-18 所示)的基础上正式确定了附加的 DC 限定词(堪培拉限定词)，它们是语言描述(LANG)、模式体系(SCHEME)和属性类型(TYPE)。

语种描述(LANG)这一限定词指定了元素值的描述字段的语言，而不是资源本身的语言。由于网络上的多语种问题越来越突出，这个限定词也变得越来越重要。迄今为止，英语被假定为是网络上的语言，但这一现象正在改变，确定资源本身和资源描述的语言问题变得极为重要。

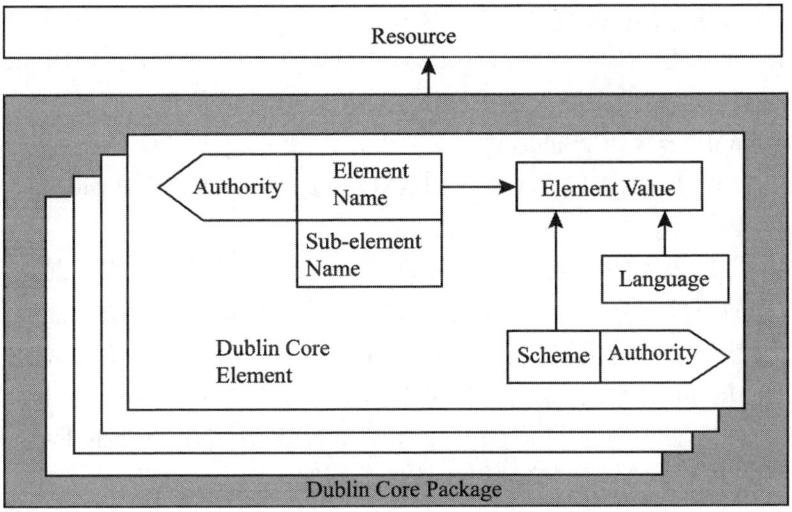

图 5-18　现行的元数据模型

模式体系(SCHEME)这一限定词指定了解释给定元素的上下文环境，通常参见至某外部定义的体系或已认可标准。如一个 SUBJECT 字段可以是一个体系限定为 LCSH(Library of Congress Subject Heading)的数据。从另一种角度理解，为使被限定元素能更好地使用，SCHEME 限定词能对应用软件或应用人提供一个处理线索。在某些情况下，SCHEME 限定词可忽略，它的忽略不影响有关信息的理解；然而在其他情况下 SCHEME 标识符对字段的使用、日期的翻译都非常重要，不可或缺。

属性类型(TYPE)/子元素名(Sub-element Name)这个限定词指定了给定字段的一个方面。它的用途是缩小字段的语义范围。它同样可被看做一个子元素名，TYPE 限定词修正的是元素的名称，而不是元素字段的内容。TYPE 是 DC 中争论最大的限定词。在明确定义可接受的类型以及怎样定义上有一些逻辑困难。在某种意义上，它不是一个限定词，而是元素名本身的一个层次性的子集。

- HTML 2.0 中的堪培拉限定词应用

1996 年 5 月 W3C 分布式索引和查询专题组得出了一个未限定元数据的应用规则。这个规则指定了一个在 HTML2.0 中嵌入简单的元数据的方法(并对元数据模式体系所采用的参考应用提供链接)。迄今已有一些模型采用了这一规定，并把它进一步扩展以支持带有限定词的元数据。限定词的增加使语法问题变得更复杂了。有两种方法可在 HTML2.0 中嵌入堪培拉限定词，每种都各有其优缺点。

第一种方法：Content 超载法，即在 HTML2.0 的句法中，使用 META 标签在 CONTENT 属性中嵌入 SCHEME、LANGUAGE 的信息。例如：

```
<META NAME = "DC.Subject"
CONTENT = "(SCHEME=LCSH) (LANG=en) Computer Cataloging of Network
Resources">
```

这一方法最大的缺点是把 Content 字段和限定词信息造成了混乱，而嵌入元数据的原因部分是为了使机器更容易识别，因此这种方法不能成为最佳方法。当然一个好的机器代理能对 Content 属性智能分词并有效使用(或忽略)SCHEME 和 LANG 标识符，但把这当成标准方式显然是不切实际的。

第二种方法：附加特征法，在 META 标签中应用额外的非正式属性(SCHEME 和 LANG)更明确的表达信息。例如：

```
<META NAME = "DC.Subject" SCHEME = "LCSH" LANG = "en"
CONTENT = "Computer Cataloging of Network Resources">
```

这里的附加属性虽然不会引起很大的麻烦，但可能会被网络上大多数的软件代理所忽略，而有些代理服务器也不会认可这类 HTML，编辑软件对此的态度也不很明确，并且还将存在一些潜在的问题。

早期的限定 DC 元数据的应用需要从这些优点和缺点中进行选择。但随着网络体系结构的发展，这些问题最终将得到解决。值得说明的是实际上上述限定属性在随后的 HTML 的发展中都已成为正式属性词，因此第二种描述方法成为 DC 嵌入在 HTML 中的常用描述方法。

DC-5

1997 年 10 月，来自 4 大洲 16 个国家的 70 位各类资源描述组织的成员参加了在芬兰首都赫尔辛基召开的第五次元数据会议。会议主要研究成果如下：

- Finnish Finish

一直以来 DC 的大多数元素都得到了广泛的无争议的接受，但是其中在几个元素的含义和使用上仍然存在着分歧，在会议及有关邮件列表上的讨论使它们的定义得到了更明确的确认。本次会议上主要讨论了日期、覆盖范围和关联这三个元素。

日期(Date)这个元素自研究之初就存在问题。在资源的生命周期中有很多重要的日期。经过讨论，代表们认为日期的原始含义应该是：一个与资源创造或可获取性有关的日期。尽管很多人认为这个概念仍很模糊，但是限定的 DC 元素应用中的各种日期类型的详细说明，也许可以起到补充作用。

覆盖范围(Coverage)元素的情况也是如此。该元素所包含的内容在第一次会议上就展开了激烈的辩论。最后它可被理解为资源知识内容的时空特征，其范围所包括的资源可以是从以图像显示的地理参考(geographically-referenced)数据到天文测量数据集。关于覆盖范围元素的应用目的最后也达成了共识：即为了支持资源的空间参考(spatially-referenced)。用覆盖范围来确定一个时间段也是被允许的，但这与 DC 中的日期(Date)元素是不同的。另外，将来在覆盖范围中将加入更复杂的限定体系方案，它们都是按不同团体的需要而设定的，如一些邮政代码体系、人体基因体系或一个天体物理体系等。

关联元素和 1∶1 原则(Relation and the 1∶1 Principle)。即使是在传统的书目参考中，相关文献间的复杂关系也很难进行一致的说明。在电子领域，由于其中充斥着更多的变量和翻译，因此使这个问题变得更复杂了。对于那些从别的资源中抽取出的本身也有自己的元数据的资源来说，要提供一个连贯一致的元数据描述就更困难了。而这对于图书馆和博物馆来说却是一个基本要求。这个问题在赫尔辛基也成了一个讨论的重点。讨论的结果是最后得出一个 1∶1 原则——即每个资源都要有一个独立的元数据描述，而每一个元数据描述所包含的元素必须对应与一个单独的资源。关联元素即为这种连贯一致的连接提供了一个合理的方式。用关联把元数据和资源连接起来的这种方式，对其他元素的应用同样有用，而其副作用在现实应用中还没完全被推测出来。一种关系的说明必须包括三个组成部分。首先，是基础资源本身的确认(它是在元数据的 Identifier 标识符中确认的，因此无须在关联元素中出现)；其次，是目标资源的标识符；最后，必须有一个已命名的关联来连接它们。

未限定 DC 元素的语义讨论在赫尔辛基完成了(即 Finnish Finish)。Finnish Finish 将成为第一个 DC 正式标准的基础，并为它的广泛应用提供支持。未限定 DC 包括 15 个元素(或它们的子集)，这 15 个元素不含子元素，命名域或其他限定词。尽管随着应用的深入，最佳的实践标准也将有所发展，但未限定 DC 的语义还是稳定的。

应用限定 DC 在未来一段时间里还将继续只是一种实验性的尝试。另外还存在着很多悬而未决的问题，如怎样最好的处理扩充问题，怎样调用体系和子元素限定词，以及怎样在互操作性和更强的描述能力之间取得平衡。这些问题的解决将从应用模型的进一步发展和在解决现实世界问题的实施项目的实际经验中找到答案。

- 子元素问题

随着未限定 DC 工作的结束，对于限定词的说明有一种实质的要求。添加额外的子元素(并使它们正式化)已成为一种共识，这在一些项目应用中已经有所表现，用子结构(substructure)来支持体系方案(scheme)限定词，可望成为提高 DC 精确度的一种方式。DC-5 在子元素问题和使用限制 DC 元数据支持更丰富词义所需的计划方案方面取得了实质性的进展。

- 一个正式的 DC 数据模型

DC 元素集和在 W3C 资助下发展起来的 RDF 框架彼此受益于对方。DC 为 RDF 提供了语义支持，而 RDF 则证明了一个 DC 元数据数据模型基础的重要性。尽管正式的 DC 数据模型工作没在这次会议上完成，但已明确需要致力于解决下述问题——一个把 DC 元素(尤其是更复杂的、用体系方案加以限定的版本)用一个合理的语法加以表达的最好方法，这样才能适应基于网络应用的飞速发展所带来的挑战。

在赫尔辛基，RDF 的结构问题同样取得了很大进展，它有望成为一个更强大的支持所有元数据的结构。随着这一网络基础结构的重要组成部分的成熟，它将逐步完善网络元数据应用的解决方案。在 HTML2.0 中嵌入元数据，以及支持 HTML4.0 的更复杂的元数据仍是可行和有用的。然而，RDF 模型不仅可以嵌入元数据，还能支持更重要更复杂的元数据模型。

RDF 的进展将继续促进 DC 数据模型的发展。使数据模型正式化将有利于解决现在 DC 团体中的很多问题，包括 1∶1 原则的执行，子结构(体系方案和子元素)的一致表示，以及体系方案和子元素的注册问题。

此外本次会议还对 Z39. 50 及标准化问题进行了讨论。值得一提的是最后 IETF(Internet Engineering Task Force 因特网工程任务组)的 RFC2413 文件正式承认了 Dublin Core 在网络信息描述中的地位。

DC-6

第六次元数据会议于 1998 年 11 月 2—4 日，在美国的华盛顿特区举行，101 位来自 4 大洲 16 个国家的资源描述专家参加了会议。与前几次会议不同，DC-6 的重心没有放在问题的解决上，而是明确尚未解决的问题并分配给相应的正式专题组加以解决。会议由此产生了 1999 年工作计划，计划所涉及的内容十分广泛，包括 DC 的正规化、DC 的标准化、DC 在 HTML 中的编码、DC 的限定、DC 与其他资源描述方案之间的互操作性、RDF 及其国际化等问题。

- DC 的限定机制

自研究之初人们便认识到大多数的应用都需要一定的机制来精确限定元数据元素及其值，原因如下：

(1)增强语义的专指性。使用特定领域的受控词表或分类方法(例如杜威十进制分类法 DDC)有助于增加描述的精确度。指明某主题描述词出自何处，这样才有可能利用有关浏览结构或知识结构。

(2)指明编码规则。指明正式的编码标准可避免出现含糊不清的词义。

(3)定义正式的子结构。很多情况下某元素的值是一个复合值，这样的赋值实际上就需要一种复合结构，因此需要一种定义子结构的机制——限定词。

(4)权限控制。很多结构化的权威记录都由相应的机构管理、维护，它们为某人、组织、地名提供唯一确认的值。

建议应用尽可能地使用已存在的外部标准体系(例如 DDC)，这样即可以充分利用已有的投资，又可以提高互操作性。有关限定词的研究已在进行中，计划将在 1999 年 10 月于德国法兰克福举行的第七次研讨会上完成。

DC 数据模型问题也确定为一个研究重点。若把元数据描述看做语法表达问题，数据模型则是规定其结构和语法。元数据描述有从简到繁的不同详细程度。最简单的情况现在已能直接以嵌入 HTML 的形式表达，而对更复杂的描述形式进行标准化是 DC 数据模型专题组当前的目标，目的是保证应用间使用元数据的一致性以提高学科间的互操作性。

- DC 与其他元数据研究的合作

本次会议最具意义的事件之一是其他元数据组织代表(包括 DOI、INDECS、GLIS、IMS)的参加。这些研究与 DC 既有相同点也有不同点，但大家都得益于这次合作。

RDF 已于 1999 年 2 月成为 W3C 的推荐标准。随着 RDF 工具及系统的普及，部分关于元数据互操作的结构和语法规则将成为 WEB 基础结构中不可缺少的重要组成，即支持元数据创建和管理的功能都将被集成至一般的应用软件。尽管 RDF 有助于协调不同的元数据格式，但仍然有必要对数据模型的通用方面作出规定。

这种协调体现在 DC 数据模型与 INDES 项目的首例合作上。INDES 是一项为支持电子商务知识产权管理而进行的共用功能元数据的研究项目。两者的合作并不意味着各自研究中心的改变、同一，但基本数据模型的协调可以支持互操作性和一些相同功能组件的重用。

- DC2. 0

会上及会后的有关讨论指出需要对现有的 DC 元数据结构进行改变，争议主要集中在 Creator/Contributor/Publisher、Source/Relation、Date 几个元素上。有关研究尚在进行之中，如经证明合理有效可能被纳入一项将成为 DC2. 0 新的提议。DC 究竟如何发展尚无定论，但有关原则已取得共识：

(1) DC1. 0 作为一个网络资源发现的基本构件已获得广泛认可，OCLC 将在保持它的稳定性的同时保证它能适应 Web 元数据的快速变化。

(2) 任何 DC 数据模型的变化要几乎不对用户造成影响。

(3) 目前已有多种形式应用 DC 元数据，包括 HTML、XML、RDF，可将这些应用视作可以多种形式表达的 DC 语义视图。

DC-7

第七次研讨会于 1999 年 10 月 25—27 日在德国法兰克福举行，125 位与会专家来自 5 大洲 27 个国家的更广泛的研究领域，可以通过站点 http://www. ddb. de/了解会议有关情况。会议的主要议题是 DC 的限定问题，代理 Agents、引用 Citation、权限管理 Right、题名 Title 等专题组取得了实质性成果。

- 代理 Agents

该专题组的建立始于对元素 Creator/Contributor/Publisher 的争议。经讨论决定，在确认性信息与描述性信息存在冲突的情况下，只使用前者，而提供到后者的链接。

(1) Agents 的类型有 4 种：个人 Person、组织 Corporate、会议 Conference、工具 Instrument。

(2) Agents 的确认性构成有：名字 Name、组织 Affiliation（只适用于个人)、生卒时间 Date Range(只适用于个人)、管辖范围 Jurisdiction(只适用于组织)。

(3)Agents 链接通过 URI 连接至描述性信息。

• 引用 Citation

这一专题组着重考虑了使用期刊中文章的元数据问题。以《Journal of Information Science》第 47 卷第 1 期中某文 XXX 为例，可通如下元数据描述：

DC. Title = XXX

DC. Identifer = 1097-4571(199601)47：1<37::AID>-ASI4>3.0.CO，2-3

DC. Relation = " IsPartOf" Journal of Information Science，Volume 47：1，37-41

专题组讨论集中于：是否需要限定词 Edition/Version/Release 表达版本信息；Relation 中信息是否需要结构化，是否需要包括年月、页码等信息；是否已有体系方案对期刊结构进行描述，如果没有需要在 DC 中加以反映。这些讨论还影响到处其他专题组(如 Type、Identifer、Date、Description)的研究：Type 中有必要加入一值 text/article 或 text/journal article；Identifer 中有必要加入一限定词 Citation；Date 中的出版时间需要明确；Title 或 Description 中使用 Release 限定词表达版本信息。则上例描述如下：

DC. Title = XXX

DC. Type = text/article 或 text/journal article

DC. Identifer. Citation = Journal of Information Science，Volume 47：1，37-41

DC. Relation = " IsPartOf"

DC. Title. Release = 2nd Ed 或 DC. Description. Release = 2nd Ed

• 权限管理 Right

这一元素值可是：自然语言文本、URL 地址或使用模式 DCL1(即可取值为无获取/使用限制；无获取限制/有使用限制；有获取/使用限制)。

• 题名 Title

现有应用中使用很多不同的限定词，如 Main、Subtitle、Series、Alernative/Alernate、Abbreviation/Abbreviated/short、Release。在总结上述限定词使用的基础上决定：

DC. Title 包括主、子标题；

DC. Title. Alernative 包括简略题名及翻译题名；

Seties 不予采用；

DC. Title. Release 中简单表明版本信息。

上述专题组的工作于 2000 年 1 月总结完成。同时本次会议还对 2000 年研究活动的开展作了计划安排：

- 完成限定语义的工作。于 12 月 8 日提交最终提议。
- 确立多语种登记原型。主要包括元素、限定词、多语种、功能定义、用户接口、应用接口、特定领域的辅助元素等要素。
- 确定定义及指南文件构成。前者包括参考模型、语义定义、语法定义；后者包括用户指南、问答表、词汇表、以用户为中心的站点分析。
- 继续与其他元数据研究合作。
- 进行 DC 在特定领域的研究。例如教育、图书馆、政府、科学研究等部门、领域。
- 形成新的专题组提议。包括 DC-Right，DC-Registry，DC-Authorities。

而关于下一次会议的时间、地点及形式均尚未决定。

DC-8

第八次 DC 专题学术讨论会于 2000 年 10 月 4—6 日在加拿大的渥太华举行。会议由加拿大国家图书馆(NLC)、IFLA 和 OCLC 主持。本次会议的主要目的是为了加强各个(Dublin)工作组的实验、交流和分享各种实验的实施经验，促进 DC 支持各异质元数据系统之间交互操作性。

会议共分 7 个(①DC-Citation，②DC-Education，③DC-Libraries，④DC-Registry，⑤Using Dublin Core，⑥DC-Government，⑦Research)工作组，各工作组广泛、深入地交流了研究进展，讨论了 2000—2001 年的工作计划。

DC-8 大会对 DC 元数据语法与限定、结构化元数据等专题作了专题报告；为 DC 的广泛应用做了开拓性的工作。并确定 DC-9 于 2001 年 10 月在日本东京召开。

DC-2001

从 1995 年来，都柏林核心 workshop 系列会议提供了一个国际的、跨学科元数据发展论坛。DC-2001，即 2001 年都柏林核心及元数据应用国际研讨会(第 9 次会议)于 2001 年 10 月 22—26 日在日本东京举行。它是一个广泛的元数据领域的国际会议。DC-2001 是 DC Workshop series 第一次在亚洲举行，也是第一次有研讨会和培训项目(tutorial track)的安排。其主要议题有：提供一个讨论进一步发展都柏林核心及相关元数据技术标准的论坛；提供一个论坛，以便提出及交换关于元数据及其应用的新思想，且不仅限于都柏林核心，提供关于元数据应用的创新、管理、使用的指导。会议鼓励发展中国家的参加，组织者将邀请发展中国家的一些代表参加研讨会和 Workshop。会议论文包括研究论文、研究成果或实践总结。

DC-2001 研讨会项目(Conference track)(10 月 24—26 日)的主题包括:元数据的概念模型;元数据应用的系统与工具;元数据应用:案例分析、调查统计;基于元数据的新颖的活动;元数据互操作;各种元数据技术标准的相互关系。

DC-2001 Workshop track (10 月 22—24 日):将技术会议作为都柏林核心及元数据初步工作的特色。workshop track 的议程是 DCMI(Dublin Core Metadata Initiative)工作组发展的一部分。

DC-2001 提供基于 Web 的机器可识别的数据,不仅是出版商与科研团体的需要而且也有广泛的商业需求。由于使用了像都柏林核心及元数据元素集这样的可共享的元数据词汇,在语义 Web 上从各种各样的服务中发现资源变得越来越方便。

DC-2002

2002 年都柏林核心及元数据应用国际研讨会于 2002 年 10 月 13—17 日在意大利的佛罗伦萨举行。电子社区的元数据:汇集多样性(e-Communities)(Diversity and Convergence)为会议特色。

DC-2002 研讨会讨论的领域包括:电子政务、搜索引擎和元数据、教育元数据:增进交流、知识管理、电子商务与 Intranet 中使用 DC 元数据、语义 Web:标准分类体系、索引、元数据和本体的作用,元数据互操作:工具与协议,文化遗产元数据等。

会议提供培训项目与学习活动,目的在于向参加者介绍并指导他们掌握为 DC 核心元数据的用户、开发商、及实现者选择有趣、重要的课题。

DC-2003

DC-2003 都柏林核心元数据国际研讨会于 2003 年 9 月 28—10 月 2 日在美国的西雅图召开,中心议题是社区支持的讨论与实践——元数据研究与应用。

DC-2003 将为与会者提供一个平台。研究人员及决策人员可充分交流关于元数据在资源发现、检索、管理和使用上的发展。研讨会论文谈论领域包括:概念模型和基本原则、全球化和本地化、社区或区域元数据(行政、地理、统计等)、企业元数据、元数据注册与注册服务、元数据系统与标准规范及其互操作、搜索引擎与元数据、元数据应用的系统与工具等。

DC-2003 包括研讨会、工作会议和培训(Conference, Workshop, and Tutorial tracks)。研讨会有原创文章和应用论文。论文涉及的范围不限于都柏林核心元数据元素集,还有所有的其他应用领域的元数据方案。

DC-2004

DC2004 元数据年会于 2004 年 10 月 11—14 日在上海举行。本次会议名称为“都柏林核心及元数据应用国际研讨会”，是继 2001 年东京、2002 年佛罗伦萨、2003 年西雅图之后的第四次系列会议，有近百位国际元数据领域的专家出席。这次会议的主题是多文化和多语种环境下的元数据。DC2004 已正式录用大会论文 33 篇。会议进行了大会交流和培训讲座等议程，会议内容不仅涉及 DC 元数据的研究和应用，而且包括广泛的相关主题：如，元数据的标准规范及其互操作；元数据的全球化、本地化和跨语种问题；元数据的概念模型；元数据仓储与元数据获取；元数据注册与注册服务；元数据应用的系统与工具；企业信息系统中元数据的应用；元数据在教育信息、电子政务和地理信息方面的应用进展；搜索引擎与元数据；元数据与文化遗产的永久保存；元数据与语义 Web 和知识本体；元数据与知识管理；元数据应用：案例分析、调查统计及其他。这是 DC 第一次在我国举办的系列会议。国际元数据盛会对我国在该领域的研究和应用产生了积极影响。

DC-2005

2005 都柏林核心元数据国际会议（DC-2005）于该年 9 月 12—15 日在西班牙首都马德里召开，与会代表来自 33 个国家和地区共计 214 名。会议的主题是 Vocabulary in Practice，显示了 DC 专注于语义以及推进应用的工作重心，会议入选论文 34 篇。

DC-2006

DC-2006 于 2006 年 10 月 3—6 日在墨西哥 Colima 大学召开（http：//www. ucol. mx/index-i. php），此次会议的主题是“知识与学习元数据”。大会报告就本体与控制词表（Ontologies and controlled vocabularies）、元数据应用（Implementation）、资源集合描述（Collection Description）等主题进行了探讨。

DC-2007

DC2007，2007 年 8 月 27—31 日在新加坡举办，会议以“元数据应用纲要：理论与实践”为主题，该主题主要通过探讨在不同领域开发、实施和部署元数据应用纲要过程中，所面临的概念、理论和实践问题。此次会议形成了都柏林核心应用纲要的“新加坡框架”。

新加坡框架是设计元数据应用的框架，用来提高元数据的互操作性，同时通过该框架提高元数据应用设计文档的可重用性。新加坡框架定义了一系列描述组件，方便应用设计文档的编制和应用纲要的形成，定义了这些描述组件与特定应用领域模型及语义万维网的基础标准之间的关系。新加坡框架为检验元数据应用纲要（Application Profiles）文档完备性奠定了基础，为鉴别应用纲要是否遵循万维网结构标准(相关规范)提供了依据。

根据新加坡框架的定义，一个 DC 元数据应用纲要由一系列文档集合构成，形成了下列描述组件：

(1)功能需求（必备）

DC 应用纲要的功能需求定义了应用纲要需要支持的设计功能，以及其他一些功能需求。功能需求是评价应用纲要内部一致性的基础，并且为特定需求提供应用指南。

(2)领域模型（必备）

领域模型定义了应用纲要所描述的基本实体概念以及概念之间的关系。领域模型的目的就是要定义应用纲要的基本范围。领域模型既可以用文本描述，也可以采用像 UML 这样更为规范的方法进行描述。

(3)描述集合纲要（DSP）（必备）

描述集合纲要(Description Set Profile，缩写为 DSP)定义了一个合法的描述应用纲要实例的元数据记录集合。目前描述集合纲要(DSP)由 DCMI 的 DC 架构工作组来做进一步的制订，并且已进入 DCMI 工作组草案推出进程中。在 DCMI 抽象模型的基础上，DC 描述集合纲要的设计目标是提供一种简单的约束元数据记录描述的语言。一个描述集合纲要(DSP)定义了：根据应用纲要的要求，哪些资源是可被描述的，要使用哪些属性来描述，以及采用何种方式来关联属性值。

(4)应用指南（可选）

这个可选的应用指南描述了应用纲要是如何被应用的，以及各个属性是如何在应用环境中具体应用等。

(5)编码句法指南(可选)

如果应用纲要需要特定的句法或句法指南的话，则通过编码句法指南进行描述。图 5-19 展示了新加坡框架的体系结构。

DC-2008

2008 年 9 月 24—26 日，DC2008 会议在德国柏林柏林召开，会议的主题为“元数据与语义技术和社会性应用”，会议主题中主要分为元数据与语义技术的结合，以及元数据的社会性应用两个主要方面，体现了元数据与语义技术(Semantic Web)和社会化趋势(Web2.0)的结合。前者包括各种基于语义的元数据提取、存储和建模方法，以及基于语义 Web 各种应用，后者则以社会性计算为核心，包括分众分类法、Wiki、Blog 等的应用，当然还包括各种元数据的创新应用及趋势。

会议论文集包括如下五个方面的研究成果：

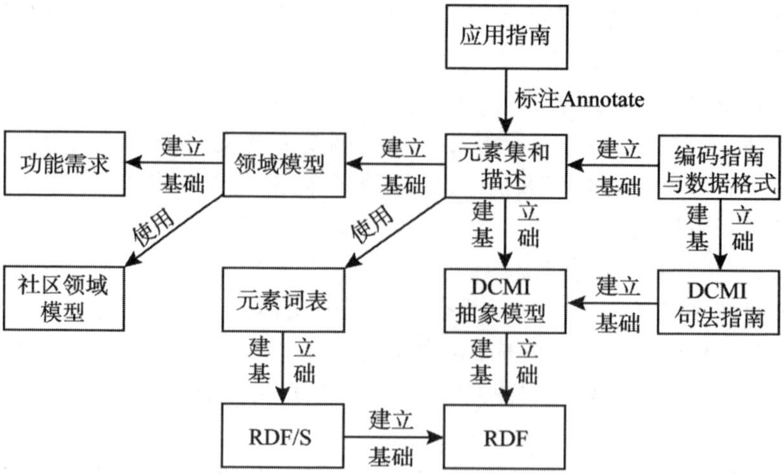

图 5-19 新加坡框架的体系结构

(1)元数据：创新和新动向；

(2)语义整合，链接和知识组织方法；

(3)元数据创建：方法、应用纲要和模型；

(4)元数据质量；

(5)标签以及社会网络中的元数据。

DC2009

2009 年度的“都柏林核心(DC)与元数据应用国际研讨会”于 10 月 11—17 日在韩国首尔举行，会议主题为“关联数据语义互操作”(Semantic Interoperation of Linked Data)，希望通过对语义万维网技术的研究和讨论，特别是研究如何迎接关联数据所引发的技术和社会层面的挑战，为 DCMI 制定能更好地服务于万维网语义描述的标准规范找到对策。

本次研讨会在以下几个方面取得了成果：一是在对“关联数据”进一步认识的基础上，对于 DC 核心元数据在关联数据中的作用达成了基本共识，二是对于 DC 数据应用纲要(AP)如何帮助用户实现其具体应用有了更多的对策；三是对于 DC 以外的一些元数据方案和编码体系，如 LOM、RDA 和 SKOS 等做了更深入的研究；四是“DC 元数据互操作层次模型”的发布。

DC2010

2010 年的“都柏林核心(DC)与元数据应用国际研讨会”于 10 月 20—22 日在美国宾夕法尼亚州的匹兹堡市举行。本次会议主题为“使元数据更好地工作：庆祝 DC15 年”，为探讨 DC 如何更好地发展提供了更为开放的平台。DCMI 在 2010 年度的关注重点是在关联数据的理论与试验以及语义网方面，以及如何利用关联数据实现从文档万维网到数据万维网的转换。围绕着这个主题，在 DCMI 术语和词表管理、DC 抽象模型、其他元数据方案、模型及编码体系(如 LOM、FRBR、RDA、SKOS)等各个方面探讨如何更好地描述网络资源以更有效地管理和发现它们。

DC2011

2011 年度的“都柏林核心(DC)与元数据应用国际研讨会”于 9 月 21—23 日在荷兰海牙举行。本次会议的主题是“元数据协同：桥接描述语言(Metadata Harmonization：Bridging Languages of Descrirption)”，主要聚焦于不同元数据方案的交融交汇，重点探讨描述语言设计的理论和实践问题，以及探讨不同的元数据方案之间的相互融合所需要解决的语言问题。现在，DC 元数据规范并没有很大的变化，但其应用环境却发生了非常大的变化，无论是关联数据还是搜索引擎都极大地改变了资源发现的传统生态。15 个元素所组成的 DC 元数据词表本身不会有太大的变化，但其在关联数据等语义万维网或更广泛的网络环境中有着广阔的应用天地，在元数据溯源(Provenance)、元数据匹配(Alignment)以及元数据协同(Harmonization)方面都大有可为。

DC2012

2012 年 9 月 3—7 日，都柏林核心元数据组织(Dublin Core Metadata Initiative，DCMI)的年度大会在马来西亚的古菁举行，这正好是 DCMI 第 20 次年会。本届年会的主题是“面向全球性挑战的元数据”(Metadata for Meeting Global Challenges)。本次会议的交流发言共分 5 场，其主题分别是开放链接数据(Linked Open Data)、元数据信任(Trust)、科学数据(Scientific Data)、元数据转换(Transformation)、文化遗产(Cultural Heritage)。

DCMI 这一年一项重要的工作是将 DC 术语集以关联数据的形式发布。DCMI 在其术语网站上以 RDFa 的形式发布所有术语的符合关联数据发布规范的 RDF 描述。以关联数据的方式发 DCMI 的元数据方案，将扩大 DC 在语义网领域的应用范围和应用效率。这也意味着 DCMI 在关联数据的应用领域坚实地跨出了一大步。

DC2013

本次年会在葡萄牙的里斯本召开，主题为“linking to future，连接未来”，会议汇集了元数据领域的研究者和参与者，讨论了元数据及描述性词汇的维护、保管和持久性问题。当今对信息内容的描述和表征的需求广泛地存在于文化遗产、科学数据、电子政务、金融和商业等领域。因此，元数据的维护和管理是至关重要的，确保信息长期可用性的重要问题，能够让信息更好地发挥其法律、文化和经济价值。

DC2014

本次年会在美国德克萨斯州奥斯汀市召开，主题为“元数据融合交叉：联通文化记忆的孤岛”。为了能够方便地获取美术馆、图书馆、档案馆、博物馆等机构存储的各类文化资源和科学资源，元数据是实现这一目标的基础，但在理论和实践方面，这几类机构对于资源的组织和描述又有巨大的不同，面临当今“文化遗产数据彻底开放利用”的大趋势和内在需求，需要通过通用的元数据工具作为桥梁连接人文科学和自然科学。这次会议就是去探讨元数据作为一种工具，它在将数据资源、文化资源等一个个数据孤岛联通起来，形成一个统一的文化记忆的过程中所起的作用和各种可能性。

DC2015

此次年会在巴西圣保罗举行。为了能对各个学科的资源（自然科学、人文科学）提供统一的访问途径，结构化的元数据是非常必要的。现在设计人员设计的各类元数据一方面促进了资源发现，但另一方面也隔离了资源发现。就像标注为英语的元数据就把中文用户排除在外，因为他们不会用英语。有一种内在的动力，需要我们去打破这种元数据设计和资源发现的障碍，使得各类资源可以被纳入一个全球范围的资源库，使资源得到更广泛的利用。现在出现了大规模集成的资源平台如欧洲文化图书馆（Europeana）、美国数字公共图书馆（DPLA），也出现了像关联数据 Linked Data 和 schema. org 这样的技术方案和机制，促进全球化资源的共享、关联和利用。为此本次会议的主题定为“元数据：文化、科学与数字人文资源的一站式访问”。

DC2016

此次年会在丹麦哥本哈根举行。会议旨在广泛获取元数据设计、实施等方面的创新和最佳的实践，DCMI 提出其“第一目标”是促进元数据互操作和协调。本次会议为 DCMI 领域及相关领域的研究和工作人员、学生、公立和私人机构提供了沟通和分享本年度研究发现的机会。此次年会研究的主题包括：

（1）理论、方法和最佳实践

（2）概念、模型与框架

（3）应用纲要

（4）跨（领域、语言、时间、结构）的元数据互操作

（5）领域元数据（科学领域、教育领域、政府领域等）

(6)面向大数据和流数据的元数据
(7)社会化标注、众包和用户参与式元数据构建
(8)知识组织系统(本体、叙词表、大众分类法等)
(9)关联数据与语义网
(10)本体设计与开发

6 信息组织的数据库方法

在长期实践中，数据库以其独特的优点表明了它是信息资源组织与共享最佳的方法。数据库技术从诞生至今已过不惑之年。它经历了第一代数据库(层次式数据库与网状数据库)应用的成功和第二代数据库(关系数据库)的辉煌，目前，第三代数据库(面向对象数据库)正处于快速发展时期。

第一代数据库的成功，完全凭数据库技术的优势而取代了文件系统一统天下的局面。

第二代数据库的辉煌得益于关系数据库的优越性。它采用二维结构的数据模型，以集合论、谓词演算等数学理论为基础，存储时化整为零、使用时积零为整。关系数据库的标准语言——结构式查询语言 SQL(Structured Query Language)操作简便、易于理解，深受广大用户欢迎。数据库技术的应用由专家型发展为大众型，因而创造了不朽的业绩。

第三代数据库迅速发展，面向对象的数据库系统是第三代数据库系统。它不仅能管理常规数据，而且能管理绚丽多姿的现实世界中的各种信息。多媒体数据库系统就是一个实例。

随着信息量的剧增、数据类型日益复杂，传统的数据库管理显得力不从心。因而催生了各种 NoSQL 数据库的出现，使之成为传统数据库的重要补充。

6.1 数据库组织方法概述

6.1.1 数据库组织方式的特点

与文件系统相比，采用数据库方式进行信息组织，具有如下几个显著特点：

(1)数据共享(data sharing)

数据共享是建立数据库的主要目标之一。文件系统阶段中计算机文件是面向单一应用的，应用不同，文件就不同，因此不同应用之间无法共享数据。而数据库是为多用户、多应用目的建立的，尤其是分布式数据库的诞生，更加使得数据库可以向位于不同地理位置、不同的应用以及不同的用户服务，实现最大程度的数据共享，这样可以降低系统开发成本，并有利于促进社会信息化和信息社会化。

(2)数据独立性(data independence)

数据独立性是指数据与应用之间可以相互独立的特性，它包括物理数据独立性和逻辑数据独立性。所谓逻辑数据独立性是指局部逻辑数据结构与整体逻辑数据结构之间的独立性；而物理数据独立性是指应用程序对存储结构与存取方法的独立性。数据库采用三级模式和两级映像的方式，解决了数据独立性的问题。其中三级模式为：外模式、概念模式和内模式，外模式是符合用户需求的一层，涉及用户对数据的需求和观察数据的方法；概念模式是数据库全部信息内容的描述，是所有用户的整体数据视图，代表了数据库的全局逻辑数据结构；内模式是对数据物理结构和存储结构的描述。两级映象为：外模式/概念模式映像，概念模式/内模式映像。前者使得在添加新的数据项扩充整体逻辑数据结构(概念模式)时，不必修改外模式，因此无需修改相应的应用程序；后者保证在数据库的物理存储结构和存取方法(模式)发生变化时，不影响逻辑数据结构。

(3)最小冗余性(redundancy)

由于数据库可由多个用户共享，它必须集成各类用户所需的数据，将各个性质不同的数据文件集成为一个统一体。对于数据文件中的各种冗余数据库提供了去除冗余的方法(如关系模式规范化)，把数据冗余限制在尽可能小的范围内。

(4)安全性(security)

数据库可以为多个用户和多种应用实现数据共享，在共享中存在安全和保密的问题。必须对数据的共享范围进行严格控制，只允许有合法使用权限的用户访问允许他存取的数据。与数据的安全相关的是数据保密问题，即合法用户合法地访问到机密数据后能否对这些数据保密。在保证安全性方面，可以采用多种方法进行：①用户识别与鉴定，就是通过对用户的操作码、口令等进行识别，鉴定是否为合法用户；②存取控制，它规定了用户可以对哪些数据进行何种数据操作，通过权限的授予和回收的方式，进行数据的存取控制；③定义视图，通过为不同用户定义不同的视图，可以控制用户的数据存取范围，将用户无权存取的数据隐藏起来，达到一定程度的安全保护；④审计追踪，通过日志文件的方式，将用户对数据库的操作行为加以记录，并可以从中发现用户的非法存取行为；⑤数据加密，通过数据本身加密的方式，使得非法用户即使获取了数据，也由于没有解密方法，而无法得到数据的实际内容。

(5)完整性(integrity)

数据库的完整性是指数据的正确性、有效性和一致性，防止数据库存在不符合语义的数据和错误的输入与输出。为了保证完整性，数据库管理系统要为数据库添加完整性约束条件，根据约束条件在用户进行数据存取时进行完整性检查。

(6)可恢复性(recovery)

硬件、软件故障和人为原因(操作失误、恶意攻击等)都可能使数据库遭到破坏。数据库提供了多种恢复策略，保证数据库的数据可以从错误状态恢复到某种逻辑一致的状态。

6.1.2 信息资源数据库的分类

信息资源数据库的分类角度有许多种，此处选取常用的分类标准进行阐释，分别按照：信息组织的级次、数据库存储数据内容的类型以及数据的结构化程度进行分类探讨。

6.1.2.1 按照信息组织的级次分

数据库的分类可以根据不同的标准进行。如果按照提供信息的级次来分，可以将数据库分为两大类：参考数据库(reference database)和源数据库(source database)。

(1)参考数据库

参考数据库是指引用户到某个信息源以获得原文或其他细节的一类数据库。它包括书目数据库(bibliographic database)和指南数据库(referral database)两种。

书目数据库的书目数据包含文摘、题录等书目数据，有时又称为二次文献数据库。书目数据库中的数据来源于各种不同的一次文献，是经过加工和提炼的数据。书目数据库的记录格式较为固定(如MARC记录)，在联机检索和光盘检索中，有许多书目数据库，可以满足用户回溯检索和定题检索的需要。

指南数据库也称指示性数据库，它存储关于某些机构、人物、出版物、项目、程序、活动等对象的简要描述，指引用户从其他有关信息源获取更详细的信息。产品目录、机构名录、科研项目等数据库均属于此类。

(2)源数据库

源数据库是指能直接提供原始资料或具体数据的数据库，用户不必再查阅其他信息源。它可以分为：

①数值数据库，是一种专门提供以数值方式表示的数据的源数据库，如统计数据库、财务数据库等。

②文本—数值数据库，是一种能同时提供文本信息和数值数据的源数据库，如企业信息数据库、产品数据库等。

③全文数据库，是一种存储文献全文或其中主要部分的源数据库，如法律法规全文库、期刊全文库等。

④术语数据库，是一种专门存储名词术语信息、词语信息以及术语工作和语言规范工作成果的源数据库，如名词术语信息库、各种电子化辞书等。

⑤图像数据库，是一种用来存储各种图像或图形信息及有关文字说明资料的源数据库，主要应用于建筑、设计、广告、产品、图片或照片等资料类型的计算机存储与检索。

⑥多媒体数据库，是一种存储音频、视频信息的数据库，如音乐、影片信息库等。

除上述几种类型的数据库外，还有能同时存储多种不同类型数据的数据库，即混合型数据库。

6.1.2.2 按照信息内容类型分

按照数据库中存储的信息内容的类型分，可以分为文献数据库、数值数据库、事实数据库和多媒体数据库。

(1)文献数据库

文献数据库主要用于存储文本信息：包括图书、期刊、专利、科技报告、法律法规等文献载体。根据信息处理的层级，又可将文献数据库分为：一次文献数据库(如全文数据库)、二次文献数据库(书目数据库)和三次文献库。全文数据库存储了文献的全文信息，可以支持文献全文的检索和利用，同时可以实现文献全文内容的共享；而书目数据库是对各个一次文献信息进行提炼和组织，采用各类元数据方案(如 MARC 和 DC 元数据)描述一次文献信息，形成各种书目数据库。如果书目数据库中包含指向文献全文电子版的链接，则可以实现文献全文的共享，如果文献全文未被数字化，则会指向具体的物质载体，如馆藏书架上的书籍。因此二次文献数据库可以方便文献信息的组织和检索，但要实现文献信息的共享，则必须进行文献全文的数字化。

(2)事实数据库

事实数据库描述的不是文献信息，它提供的是关于各类型事物的实体性信息，如机构、人物、产品、年代、地理位置、事件等，每个条目都是对一个事实确切、完整的描述。事实型数据库种类繁多，按信息内容划分有：人物数据库、机构名录数据库、产品或商品信息数据库、投资指南库、基金指南库、商标指南库、技术标准库等。

(3)数值数据库

数值数据库是一种以自然数值形式表示、计算机可读的数据集合。数值具有型和值之分，常用的数值类型如常用的整型、实型、复数型等。数值本身代表了某种量，是对现实世界的事物和现象及其相互关系量化描述。数值数据库中的数据可分为微数据和宏数据两类。微数据描述的是个体或事件的信息，而宏数据是综合统计数据。数值数据库在科学计算、天文日历与气象预报、地质勘探、数值分析、各类统计计算和经济管理等方面都有广泛的应用，气象数据库、地理信息数据库、物价数据库、证券数据库等是数值数据库的典型例子。

(4)多媒体数据库

多媒体信息包括图形、图像、动画、音频、视频以及与之相关的文本信息。其特点是以多种表现形式表达信息内容。多媒体信息具有信息载体多样、交互性较强、实时性要求高和数据量大的特点。

多媒体数据库是多媒体技术与数据库技术结合的产物，它要为不同媒体提供存储、组织、检索利用等功能模块。多媒体数据库的内容包括：媒体对象本身、媒体语义信息、媒体内容信息。媒体语义信息主要以文本方式将媒介表达的语义信息进行表示，可以采用分类法和主题法对其进行分类和主题标引，并通过特定媒体的元数据方案加以组织，媒体内容信息则主要通过特征提取算法，从媒体对象本身(如图像的像素矩阵)抽取内容特征(如图像的颜色、形状和纹理特征)，并以特征向量的形式存储在数据库中。

除了上述四类数据库外，某些数据库应用是多种信息的集合，如新闻数据库，其不仅要进行元数据组织形成书目信息，还要提供全文信息，同时还要对新闻中涉及的人、机构进行提取和表示，对新闻中包含的图像、视频和音频也要进行管理。因此这个数据库要将上述 4 类数据库的实现方式进行组合，以满足需求。对于这类数据库，可以称为混合数据库。

6.1.2.3 按照信息的结构化程度分

按照信息内容的结构化程度分，可以将数据库分为结构化数据库、半结构化数据库和无结构数据库。

结构化数据库对应传统数据库。这些数据库存储的数据是完全结构化的。半结构化数据库主要用于存储半结构化的数据。与结构化数据相比，半结构化数据具有如下特点：

(1)隐含的模式信息

以 XML 为例，一个 XML 文档就是典型的半结构化数据，它本身既包含模式(标签及其结构)，又包含数据，模式信息隐含在数据之中。这种特性使得其具有“自描述”特征，即数据文件本身既包含数据，又包含了描述数据的模式信息，是结构与数据的统一体。

图 6-1 展示了一个存储公司项目信息的 XML 文档，从中可以发现信息的结构模式(非叶子节点)和数据内容(叶子节点)以树状结构进行了组织。

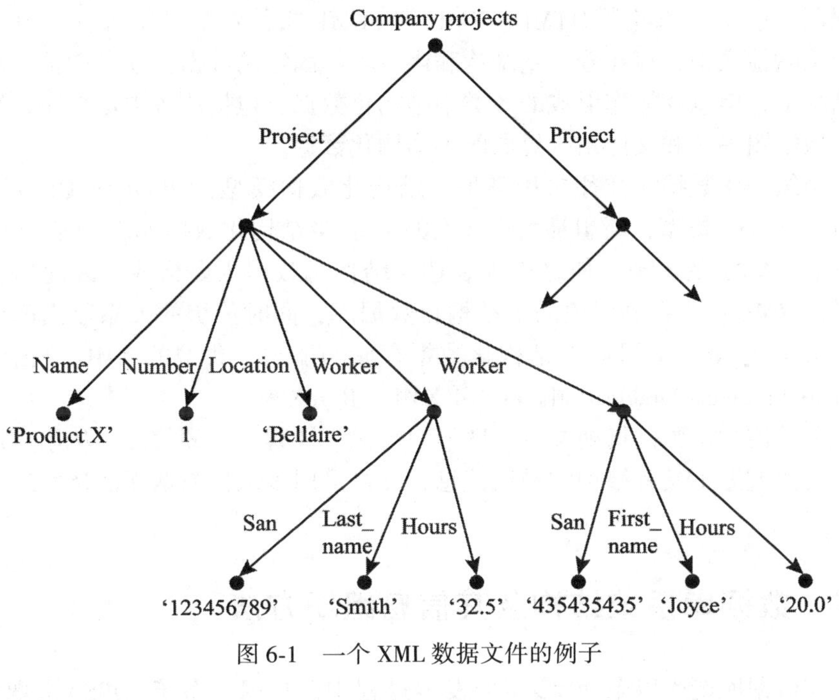

图 6-1　一个 XML 数据文件的例子

(2)不规则的结构

与结构化数据不同，半结构化数据的数据结构是不规则的，同类数据可以具有不同的模式定义(如可以具有额外的属性信息)。而传统的关系模式则具有确定的模式信息，所有信息记录必须遵循同样的数据结构。

(3)模式信息量大、变化快

许多半结构化数据的模式定义包含大量信息，如 XML 中大量的标签及其属性，而模式本身也根据需要不断变化。

(4)先有数据，后有模式

许多情况下，半结构化数据不是先有模式，而是先有数据，后有模式。

(5)非强制性

半结构化数据的模式不对数据结构进行强制性约束，只描述数据的结构信息；同时模式没有严格的类型约束。

(6)不完全性

由于非结构化数据描述的对象是复杂的和多变的，因此无法对其全部特征进行描述，所以半结构化数据是只描述数据部分结构的非精确模式。

半结构化数据主要来源有三个方面：①Web 上对数据存储无严格的模式限制的信息，如各类 HTML、XML 和 SGML 文件；②电子邮件、电子商务、文献检索中，存在着大量结构和内容均不固定的数据；③异构信息源集成情况下，信息互操作形成的各类半结构化数据，包括从各类数据库、知识库、数字图书馆和文件系统提取的半结构化数据。

半结构化数据库往往采用某种半结构化数据模型，如 OEM(Object Exchange Model)模型，斯坦福大学开发的 Lord 半结构化数据库就是基于 OEM 模型的。XML 的出现，使之成为表达半结构化数据主要格式，因此出现了大量以 XML 作为存储对象的半结构化数据库，同时传统的关系数据库也开发了 XML 引擎以增强对半结构化数据存储的能力。典型的 XML 数据库有 Apache Xindice、Oracle Berkeley DB XML、BaseX 等。

无结构数据则是指纯文本、图形、图像、视频、音频信息。从用户角度看，这些数据不具有结构和描述信息，往往采用多媒体数据库的技术进行管理。

6.2 数据库系统结构及其信息组织方法

在数据库诞生以来 40 多年的发展过程中，数据库系统(DBS)出现了 5 种系统结构：单用户数据库系统、主从式数据库系统、分布式数据库系统、C/S 结构数据库系统和 B/S 结构数据库系统。

6.2.1 单用户数据库系统的信息组织方法

20 世纪 60 年代末至 70 年代初，首先出现的是单用户数据库系统。其数据库管理系统(DBMS)和数据库应用程序、三级模式、两级映像和数据均在一台计算机上。由于没有网络支撑环境，因而数据共享的范围受到了限制。

单用户数据库系统是数据库应用的初级阶段。在这个时期，数据库的信息内容多数为文献型数据。例如，图书馆编目系统所建的书目数据库都是馆藏目录数据。最有影响的目录数据库是美国国会图书馆研制和发行的 MARC 数据库。而情报服务中心所建的数据库开始多为文献题录库、文摘库。国际上有名的文献情报服务中心生产的二次文献库很多，如：美国化学文摘社的化学文摘(CA)数据库、美国医学图书馆的医学文摘(MEDLINE)数据库、英国物理电工与计算机情报服务部生产的 INSPEC 数据库等。

为了叙述方便，我们仅以 INSPEC 为例来讨论数据库的信息组织方法。

INSPEC 数据库主要收集世界范围的物理、电气、电工、计算机与控制、信息技术等方面的文献。INSPEC 所收录的文献来自全世界各地出版的 4100 多种期刊上的论文和一些会议论文、图书、技术报告及部分专利信息。它分为 A、B、C、D 四辑。

A 辑　为物理专辑，包括声学、理论物理、环境科学、材料科学、原子物理和热力学。

B 辑　为电气电工，包括电路及元件、微波技术、广播电视、信号处理与远程通信。

C 辑　为计算机与控制，包括人工智能、控制理论与技术、神经(网络)计算与量子计算。

D 辑　为信息技术，包括商务、银行与保险、传真、办公自动化和电视会议。

所有记录都用 INSPEC 分类号和主题词标引，建有一定数目的主题索引。

自 1969 年以来，INSPEC 数据库建立了自己的风格，它的信息组织方法是用复杂格式的元数据来描述信息对象。例如，INSPEC 数据库信息组织的一条样本记录(字段名与字段值)如下。

Accession number:
　　INSPEC 6713181
Doc Type:　　Journal Paper
Title:　　E-commerce-moving from p-forms to e-forms
Authors:　　Gingrande, A.
Journal:　　e-doc vol. 1, no. 3 p. 29-34

Publisher: Highbury House Communications
Date: July-Aug. 2000
Country of Publication: UK
ISSN: 1470-4900 CODEN: EDOCFC
SICI: 1470-4900(200007/08)1:3L. 29:CMFF;1-1
Language: English
Treatment: Practical
Abstract: The use of the electronic form (e-form) is evolving as it did in the corporate LAN environment. In doing so, it is following the development of the Internet from the transaction platform stage to the e-process stage. In the e-form, the Internet browser served as thelow cost, client software, enabling the Internet to become the e-commerce platform and consumer interface for buying and selling goods and services. In the e-process, the Internet is transforming the business process itself, making the customer an integral part of it rather than simply an observer. Web-based e-forms are used to involve customer, employees and business partners in the business process that underlies whatever business transaction is taking place.

Mistakes can be instantly corrected; a consumer can get immediate answers to his or her enquires. (0 Refs.)
Classification: D2140 (Marketing, retailing and distribution); D2050E (Banking 2050E); D2080 (Information services and database systems); D5020 (Computer networks and intercomputer communications)
Thesaurus: electronic commerce; information technology; Internet
Free Terms: electronic form; electronic process; e-commerce; electronic commerce; Internet; business transaction
Copyright: Copyright 2000, IEE.

为了信息组织与检索方便，信息字段一般用缩写表示。例如：

Labels/description

AN	Accession number	索取号
TI	Title	标题
AU	Author(s)	作者
	or	或

IN	Author affiliation	参加者
SO	Source	来源
CD	Coden	CODEN 号
RN	Report number or ISSN	ISSN 报告号
PP	Patent number	专利号
AV	Availability	提供者
YR	Year of publication	出版年
LG	Language of publication	出版语言
PT	Publication type	出版类型
TC	Treatment code	
AB	Abstract	文摘
DE	Descriptors	描述
ID	Identifiers	标识
CC	Classification codes	分类号
CI	Chemical indexing	化学索引
NI	Numerical indexing	数字索引
CP	Copyright	版权
DO	Digital object identifier	数字对象标识

以上是 INSPEC 信息组织与存储的情况，在信息检索与利用时，系统于常规方式向用户提供(显示与打印)。图 6-2 显示了一条记录的输出情况。

这样组织起来的数据记录的集合就构成了数据库的主文档(Master File, MF)。为了支持多途径的快速检索，必须建立一批倒排档(Inverted File, IF)和倒排档索引(Inverted File Index, IX)。IF 与 IX 是同时生成的数据库文件，根据数据库设计时检索点的确定，则对数据库的 MF 进行相关字段的抽词、排序、归并、装配倒排档 IF，并同时生成倒排档索引文件 IXs。如果主文档 MF 规模大，还必须建立主文档索引(MX)。这样，MF、MX、IF、IX 就组织了一个数据库。

6.2.2 主从式数据库系统的信息组织方法

由于计算机技术与通信技术的发展，洲际间数据通信商业化运行为远程信息资源共享提供了平台。主从式数据库系统应运而生。它将信息资源组织在一台计算机上，而使用数据库的检索终端分布在各大洲。最典型的是国际联机情报检索系统，例如，Dialog 系统、ORBIT 系统、ESA/IRS 系统就是其

图 6-2　INSPEC 数据记录

中的代表。这些系统的数据库有一百多个至几百个，都存放在总部的主机上，而检索终端可安装在世界各地，通过通信线路与该系统连接、检索数据库、共享信息资源。

主从式数据库系统是在单用户数据库系统的基础上发展起来的，信息资源都组织在各个数据库里。例如，Dialog 系统就有 600 多个数据库（数据库目录的一部分如图 6-3 所示）。在这 600 多个数据库中，除了文献型数据库外，还有大量的事实数据库和数值数据库。这些数据库尽管信息内容不同，信息结构各异，但它们都有相似的结构。除主文档（MF）外，还有主文档索引（MX）若干个倒排档 IF，和多个倒排档索引（IXs），为了提高查准率和查全率，不少数据库还有自己相应的词档（RT），其通用结构如图 6-4 所示。

主从式数据库系统的信息组织方法是信息资源（数据库）集中存放在主机上，数据库管理系统和应用软件也存放在主机上。远程终端的查询请求通过主机运行后返回结果给用户。这样，数据库访问、命中结果的编辑输出、通信管理全在主机的控制下完成，这样的组织方法的特点是：①信息资源集中存放、方便管理、更新容易、软件相应要简洁一些。②主机负担过重、投资大、用户的通信费用负担重。这样，就为系统发展和推广应用带来了障碍。

HUMN CAB HEALTH
IAPV Incidence and Prevalence Database (IPD)
ICAC ICC Full-text Company Reports and Accounts Datasheets
ICCD ICC British Directors Database
ICDI ICC British Company Directory
ICFF ICC British Company Financial Datasheets
ICKN ICC Key Note Market Analysis
IDPT The Independent
IMID Institute of Management International Databases
IMLA Marketletter Database
IMMU Immunoclones
IMRI International Market Research Information
INCO Gale Group Company Intelligence
INDY Gale Group Trade & Industry Database
INFO ABI/INFORM
INSP INSPEC
INVE INVESTEXT Broker Reports
IOWA IDIS Drug File
IPAB International Pharmaceutical Abstracts

图 6-3　Dialog 数据库目录的一部分

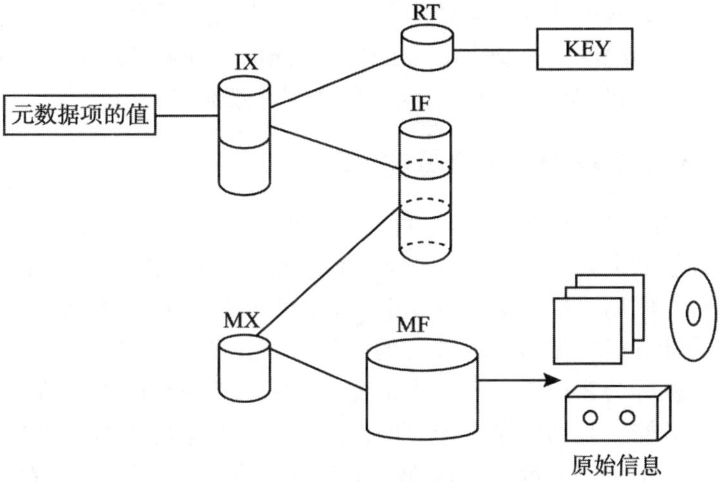

图 6-4　主从式数据库系统通用结构

这种主从式数据库系统克服了时间、空间的限制，但由于通信费用高，实际上它将一般用户拒之门外。

6.2.3 分布式数据库系统的信息组织方法

单用户数据库系统和主从式数据库系统都是集中式数据库。每个数据库的数据均存放在一台计算机上，集中存储、集中管理与维护，技术水平要求不高。

随着网络通信技术的发展，网上不同计算机上的资源共享成为可能。分布结构的数据库系统应运而生。它的数据分散存储在计算机网络中的多台计算机(不同的物理位置)上，而这些分散存放的数据在逻辑上又是统一的集成体。分布式数据库系统是计算机技术和网络技术发展的必然产物。根据用户群的布局，将信息资源分片处理；这些数据片分存于网络中的多台节点机上。存放的原则是靠近用户群就近存放。它是分布式信息处理系统中一种较理想、符合实际需要的技术。系统中每个节点既可以独立处理（数据库中）本地数据，执行局部应用，又可以同时存取和处理多个异地(数据库中的)数据，执行全局应用。分布式数据库系统特别适合地理分散的跨国公司和实体组织对数据库应用的需要。其系统成本低，可靠性好，数据共享性强，利用率高。由于节点多，扩充性好，因而深受用户欢迎。

上述三种结构的数据库系统的节点机均为通用计算机，它们既执行应用程序，又执行 DBMS。随着计算机工作站功能的增强和广泛应用，数据库系统也提高到客户机/服务器(C/S)结构的数据库系统阶段。

6.2.4 C/S 数据库系统的信息组织方法

客户机/服务器(C/S)数据库系统有效地克服了前三种系统的处理速度和效率不理想的弱点，它把 DBMS 功能和应用分开。网络中某个(些)节点上的计算机专门用于执行 DBMS 功能、管理数据库，称为数据库服务器；而其他节点的计算机安装 DBMS 外围的应用开发工具，支持用户的应用程序，这些的节点机称为客户机。数据库系统运行时，客户机的用户请求从网上传到数据库服务器，数据库服务器立即处理后，将结果传回给客户机。由于它只传结果，而不是整个数据，从而大大减少了网络的压力，提高了系统性能、吞吐量和负载能力。C/S 结构的数据库系统是一个开放式系统。客户机与服务器一般都可以在不同的计算机系统上运行，支持不同的数据库应用开发工具，可移植性好，因而发展很快。

6.2.5 B/S 数据库系统的信息组织方法

因特网的迅猛发展，为数据库的广泛应用营造了良好环境，Web 数据库应运而生。Web 数据库融 Web 技术和数据库技术为一体，它是一种基于 Internet 应用的新型数据库。实际上，Web 数据库是浏览器/服务器(B/S)结构的数据库。其体系结构如图 6-5 所示。

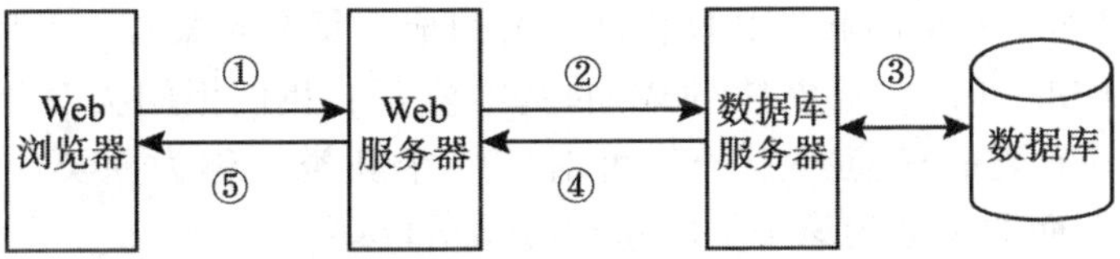

图 6-5　Web 数据库系统使用示意图

①用户通过浏览器(Borrows)操作数据库，浏览器运行 HTML 文档，通过 HTTP 协议与 Web 服务器交换信息。②Web 服务器与数据库服务器的交流需要专用接口技术。从目前的发展情况看，这一技术经历了 CGI 技术、WebAPI 技术、ASP 技术、Java/JDBC 技术等发展阶段。Web 服务器与 DB 服务器交流信息，传递用户对数据库的操作命令。③DB 服务器根据指令完成对数据库的操作，并得到结果。④数据库服务器将运行结果反馈给 Web 服务器。⑤Web 服务器将结果转换成 HTML 文档格式，传回浏览器显示给用户。这就是 Web 数据库的操作过程。用户在因特网的任一台浏览器上均可使用 Web 数据库。

Web 数据库的信息组织可以是传统的数据库(如，关系数据库)组织，也可以是扩展的非结构化的信息组织。

6.2.6　数据模型的扩展

一般来说，数据库的核心问题就是数据模型。随着数据库系统的发展，系统结构的变迁，其数据模型也相应发展。

第一代数据库系统(层次式 DBS 和网状 DBS)按照图论的观点，数据模型是一个连通的有向图。由于第一代数据库系统的数据模型用图表示，非常复杂，一般用户很难接受，因而人们称它为专家型用户的数据库系统。

第二代数据库(关系数据库)的数据模型用二维表描述，若干个相互关联的二维表的集合就构成了一个关系数据库模型。关系模型的数据结构简单、易理解、方便操作，深受广大用户欢迎。人们把关系数据库也称为大众数据库。由于它有坚实的理论基础，其标准语言 SQL 操作简便、高效，得到了广泛的应用，因而创造了辉煌的业绩。

第三代数据模型是面向对象的模型(OOM)，其核心概念是对象。对象是对信息世界中实体的模拟，实体的各种特征用属性(attribute)来刻画。但它与传统模型有所不同，一个对象属性值又可以为另一对象，这种嵌套结构可以构造出任意复杂的对象。在OOM中，实体的行为用一组方法(method)或操作(operation)表示，并把它们与描述实体结构的属性封装为一个整体，即对象。显然，对象由属性和操作两部分组成。每个对象有一个唯一性标识OID(Object Identity)，对象是OOM的基本要素。我们把同类对象抽象为类(class)，一个类的任意一个子集可对应一个新类，称为原类的一个子类(subclass)，而原类称为该子类的超类(superclass)。

对象的唯一性(对象标识OID)、封装性(encasulation)、子类对超类的继承性(inheritance)是面向对象模型的最基本特征。面向对象模型是一种复杂的模型方法。

三代数据库的数据都是完全结构化的数据。对于多媒体(如，声音、图像、视频文件)数据是无结构数据。而Web上的数据介于完全结构化数据与完全无结构数据之间，则为半结构化数据(semistructured data)。

6.3 半结构化数据库系统

从广义数据库的研究角度来看，Web网站上的信息也可以看做一个更大、更复杂的数据库。Web上的每一个站点就是一个数据源，每个数据源的结构不一样，这就构成了一个巨大的异构数据库环境。如何将这些异构数据源进行集成，向用户提供一个统一的视图，方便用户利用这些数据，就是半结构化数据库系统所要解决的理论与实践问题。

半结构化数据库系统可以分为数据集成子系统和数据发布子系统等模块。

6.3.1 数据集成子系统

数据集成子系统的功能是从各种数据源处收集数据并且给上层应用提供一个单一的、一致的关系数据库接口。实际上，XML就是一个半结构数据模型。数据集成子系统有包裹器、映射器、抽象器3个基本组成模块。

包裹器(wrappers)：包裹器与数据源打交道并使分散的数据成为一些类似于关系数据库的表的集合。包裹器是用源描述语言(SDL，Source Description Language)来表示原始数据的。SDL是Junglee公司开发的一种专门用于描述数据源行为的人工语言。简单的几行SDL语句就能捕获大多数复杂的Web站点的结构，包括那些页面是动态生成的站点。同时SDL还能在超链接的页面之间捕获关系并把这些关系体现在半结构化数据库的表中。使用包裹器，任何数据源可以使用 SQL 语句进行查询。

映射器(mapper)：包裹器形成的关系数据表可能具有不同的模式和词汇。例如，一些包裹器以公里为单位输出距离，而另一些包裹器则用英里或海里输出距离。在映射器里需要以公里为单位输出。这样，Mapper 可作属性名称和数据的转换。这些转换需求体现为映射规则的集合，并用映射描述语言(MDL, Map Description Language)来给出变换规则集。MDL 可简明的描述非常强大的数据转换方式，包括模式和词汇的转换，从一些表中把数据集成起来，基于其他的字段创建表的新字段以及简化数据和格式化转化形式等。

抽象器(Extractor)：数据集成往往要从非结构化的文本数据中抽象其半结构化信息。例如，有一个报纸 Web 站，列出了一些售房信息，利用半结构化数据库，我们希望获得具有某些特征的表格，如卧室的数目、价格、地理位置和附近的学校、医院、超市及治安情况等。然而，报纸上的售房广告往往是不加区分的文本块。由此需要一种提取结构化数据的方法。抽象规则就是描述怎样从文本中提取所需的信息，用抽象描述语言（EDL, Extract Description Language)描述的抽象规则，以把文本处理和语言学分析相结合，发送抽象出的接近完美的特征。

6.3.2 数据发布子系统

上面所讲的数据集成子系统是半结构化数据库系统的建立，而数据发布子系统是半结构化数据库系统的服务。数据发布子系统利用发布规则安排数据获取、数据转换和数据传播，即数据发布子系统要安排各种数据集成任务——包裹、映射和抽象，并以规定的间隔周期发布集成后的数据表(IDTs)。一张集成数据表 IDT 是由数据集成子系统从某数据源中集成的数据的一个快速映像，包括数据表和图像这样的多媒体对象。IDT 能直接投入实际应用，或被发送到网络上，或用于增加和周期性更新由集成化的数据组成的一个数据仓库。

6.4 多媒体数据库

数据库不仅要提供文字、图表信息，而且要提供图形(graph)、声音(audio)、图像(image)、视频（video)信息；这种实现了图像、文本(text)、声音一体化管理和服务的数据库称为多媒体数据库。它开辟了数据库技术的新阶段。

6.4.1 多媒体数据库的关键技术

多媒体数据库的建立与利用有许多关键技术，既有硬件方面的技术要求，又有软件方面的技术要求。

(1)多媒体计算机系统

在硬件方面主要是要特定的计算机系统和网络环境。其计算机系统对CPU的速度、内存和外存空间有较高要求，还必须配置声卡、视卡、声音和图像的输入、处理、输出的相关设备等。而网络环境要求宽带高速通信网。在软件技术方面不仅要求有多媒体操作系统、多媒体数据库管理系统和应用软件的支持，而且需要先进的模型方法和实用的数据压缩技术。

(2)多媒体数据库数据模型

多媒体数据模型是研究多媒体数据库的关键技术之一。现在流行的有多种模型方法。

①面向对象（OO— Object Oriented）的数据模型。

OOM是多媒体数据库的理想模型，它是一个有向无环图。目前已从研究原型走向了产品，显示了它的强大生命力和广阔的应用前景。由于它的理论研究和应用开发中有诸多的问题需要妥善解决，因而目前仍处于发展阶段。

②超媒体(Hypermedia)模型。

从本质上讲，超媒体模型等价于一种语义网络加上浏览机制。在超媒体模型中，节点是信息的基本单位，可以存放文字、图形、声音、视频信息，在信息组织方面，则是通过链把节点连接成一个网状结构。

③非第一范式(NF^2- Non First Normal Form）模型。

NF^2是一种扩充的关系模型。它不仅可以扩展数据类型，而且允许某属性是一种嵌套关系，定义该属性的类型为NESTED，可以以该属性为表名，定义嵌套的子关系。在应用研究中，我们采用扩充关系数据库的模型方法。将常规数据用关系数据库的常规字段实现，而对多媒体数据用通用字段(general)表示，它可以存放可变长的视频、声频、文本信息。general字段实际上是用指针引向相应路径与文件的实现方法。

(3)数据压缩技术

多媒体的数据量大是多媒体数据的特点之一。为了使多媒体信息实时处理达到实用化水平，必须对多媒体数据进行有效压缩。压缩过程是采样、量化、编码与压缩。

采样(sampling)是按周期性的时间(或空间)间隔或任意的时间(或空间)间隔取某一连续变量值的过程。

量化(quantize)是把本来没有量概念的事物转化为数量。量化是数字化的必要步骤。

编码就是将各采样点特征量化等级变换成一个 n 位的二进制数串。这个 n 位二进制数就是相应采样点的编码。

多媒体原始信息很多是模拟连续信息，经过采样、量化、编码后转换为离散的数字化信息。由于原始数据量大，一般采用压缩编码，用于传输和存储，而使用多媒体数据时进行解码还原数据。

其中，内部码编码器与内部码解码器是压缩算法与逆运算。随着多媒体技术及其应用的发展，人们研究了许多压缩方法。例如，针对统计冗余进行数据压缩的预测编码(predictive coding)和变换编码(transform coding)。根据信息熵原理而进行数据压缩的哈夫曼编码(huffman coding)、行程编码(RLC)和算术编码等。后来，人们又提出了第二代编码方法，如，结构编码(structure coding)和基于知识的编码(knowledge-based coding)等。

6.4.2 多媒体数据库的设计、建立与利用

多媒体数据库的设计与建立，其原理与方法和常规数据库相似。只是在数据类型和建模方法方面进行了扩充。例如，ORACLE9i DBMS 利用大二进制对象数据类型在一个字段中可以存放 4GB 的多媒体数据。这样，对音频、视频信息的管理就像文本信息管理那样方便。

多媒体数据库中所含的数据内容可以分为如下几类：

(1)多媒体数据对象本身。多媒体数据库应该存储媒体对象的原始数据，如一段音频、视频，一幅图像等。

(2)多媒体数据的语义信息。主要存储多媒体数据的语义信息，如一幅图片的中包含的人、反映的事件、表达的含义等。这些信息往往以文本的形式进行存储。当媒体数据来自于 Web 时，往往将媒体对象周围的文字信息作为语义信息加以存储。

(3)多媒体数据的格式信息。存储多媒体数据的存储格式(jpg、tiff、mp3)、压缩率、分辨率、采样率等。这些信息是多媒体数据的固有属性，可以通过媒体读取程序获取此类信息。

(4)多媒体数据的内容特征。这主要指多媒体数据的本身提取的内容特征，如图像媒体的颜色、形状、纹理特征，这些特征可以采用特定的多媒体特征提取技术加以提取，并以特征库的方式加以存储。

上述四类信息中，对多媒体数据对象本身的存取需要采用特定的多媒体数据库模型(如上文提到的面向对象模型)，而语义、格式和内容特征信息的存取则可以采用传统的数据库即可。

为了获取多媒体数据的内容特征，需要采用一定的特征提取方法。以图像内容特征提取为例，为了提取颜色、形状和纹理特征，首先要定义特征向量，如 18 维的色度向量(表达颜色特征)；然后通过特征提取算法，从多媒体对象中提取出特征向量，再将其存储到特征数据库中。图 6-6 显示了颜色特征提取过程，采用颜色特征提取算法，得到颜色向量，然后将颜色向量存储到特征数据库中。

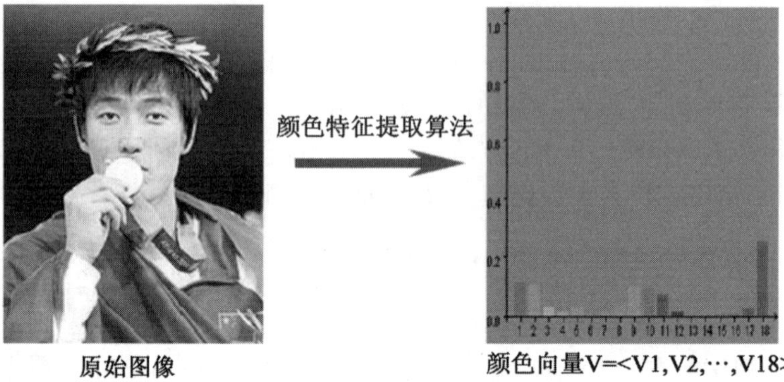

图 6-6　图像颜色特征提取

多媒体数据的检索是多媒体数据库利用的主要方式，根据多媒体数据库存储的数据内容，可以将其分为基于语义的多媒体数据检索和基于内容的多媒体数据检索，前者主要从语义类信息中检索多媒体数据，后者则主要通过检索多媒体特征库达到内容检索的目的。图 6-7 展示了典型的多媒体数据库组织和检索结构，原始多媒体数据通过多媒体处理系统和多媒体数据库管理系统将媒体对象进行存储；通过特征提取功能模块提取媒体的语义信息、格式信息、内容特征；用户接口接收用户的检索需求，交由检索引擎分别对媒体数据库、格式数据库、语义数据库和内容特征库进行检索并返回结果给用户。

多媒体数据库的应用十分广泛，上至天文、下至地理，包括人类各种活动的方方面面。当前，它在数字图书馆、电子商务、电子政务、远程教育、数字博物馆与艺术画廊、专业培训与家庭娱乐等广泛应用将在第 9 章继续讨论。

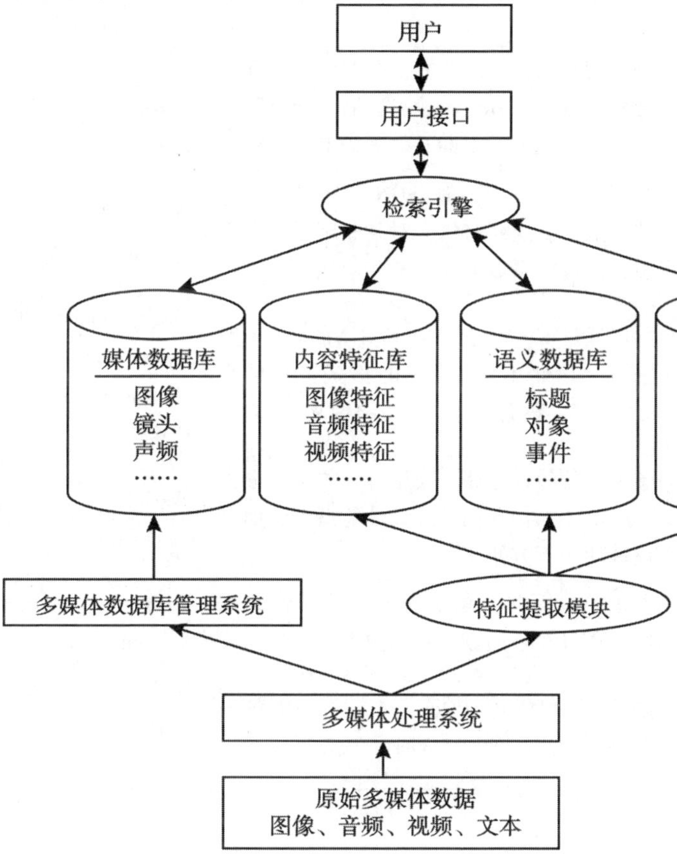

图 6-7　多媒体数据组织与检索系统体系结构

6.5　NoSQL 数据库及其广泛应用

NoSQL(Not Only SQL)，意即"不仅仅是 SQL"，NoSQL 数据库泛指非关系型的数据库，是一项全新的数据库革命性运动。传统的关系数据库在应付 Web2.0 网站，特别是超大规模和高并发的 SNS 类型的 Web2.0 纯动态网站已经显得力不从心，暴露了很多难以克服的问题，而非关系型的数据库则由于其本身的特点得到了非常迅速的发展。

NoSQL 根据采用数据模型的不同，可以分为六类，如表 6-1 所示。

表 6-1 **NoSQL 数据库类型、特点及典型数据库**

类型	特　点	典型数据库
列存储	是按列存储数据的。方便存储结构化和半结构化数据，方便做数据压缩，针对某一列或者某几列的查询有较大的 IO 优势	Hbase Cassandra Hypertable
文档存储	文档存储一般用类似 JSON 的格式存储文档型数据。这样有机会对某些字段建立索引，实现关系数据库的某些功能	MongoDB CouchDB
键值(Key/Value)存储	可以通过 Key 快速查询到其 Value。一般来说，存储不管 Balue 的格式，照单全收。Redis 数据库包含了更多的功能	Tokyo Cabinet / Tyrant Berkeley DB MemcacheDB Redis
图(Graph)存储	图关系的最佳存储。使用传统关系数据库来解决图结构存储会导致性能低下，而且设计使用不方便	Neo4 J FlockDB
对象存储	通过类似面向对象语言的语法操作数据库，通过对象的方式存取数据	db4o Versant
XML 数据库	高效的存储 XML 数据，并支持 XML 的内部查询语法，比如 XQuery，Xpath	Berkeley BD XML BaseX

6.5.1 关系型数据库与 NoSQL 数据库比较

随着数据库规模和对数据库响应速度的要求的提升，传统关系型数据库在某些场景下显得力不从心，因此催生了各种 NoSQL 数据库的出现，这些数据库并非完全替换原有的关系数据库，而是在特定类型的数据管理方面，在存储结构和响应性能上做出了较大的优化，成为关系型数据库的有力补充。

关系型数据库更适于表达结构化数据，而 NoSQL 数据库则主要针对半结构化和非结构化数据进行存储和管理；关系型数据库能支持复杂的查询，NoSQL 数据库则基于其采用的数据模型，提供键值索引查询、列查询，无法提供复杂的查询；但在海量数据的查询响应速度上，NoSQL 的优势尽显，其特殊的存储和索引结构能快速返回所需数据，大大优于关系型数据库(二者比较见表 6-2)；另外在大规模数据环境下数据库扩展方面，NoSQL 数据库也更加容易；在查询接口上，NoSQL 都采用特定的查询接口，并没有类似 SQL 的统一的查询语言的出现。

表 6-2　**关系型数据库与 NoSQL 数据库比较**

项目	关系型数据库	NoSQL 数据库
数据模型	结构化数据	结构化数据/半结构化数据 非结构化数据
支持查询的类型	复杂查询	键值索引查询、单个列查询，不能支持多列复杂查询
大数据量响应速度	慢	快
大数据环境下扩展能力	弱	强
对大数据的支持能力	弱	强
查询接口	SQL	无标准接口，采用特定接口
海量数据的 IO 性能（写入读取）	低	高
支持事务处理	支持	不支持

由于 NoSQL 数据库本身的一些特点，它特别适于存储如下类型的数据。

（1）要存储 BLOB 大字段数据

可选择 Key/Value 数据库。它可以存储网页或者复杂对象，后者在关系数据库中要用 join 才能获取，代价高昂。这样还可以降低延迟。

（2）多变的数据类型

数据不规整，列数不固定，复杂的数据结构情况下，考虑采用文档数据库、Key/Value 数据库和列型数据库，它们的数据类型都比较灵活。

（3）大数据场景

大数据场景下数据规模不断增长，但是访问不频繁的数据可以使用列型数据库，因为它的数据存储在一个分布式文件系统上，很容易扩展。

（4）大规模社会网络

如果构建大规模社会网络应用，则可以使用图数据库或 Redis 这样的键值数据库，其可以灵活存储网络关系并实现快速更新和读取。

6.5.2　MongoDB

MongoDB 是一个基于分布式文件存储的开源数据库系统，用 C++语言编写，在 NoSQL 数据库阵营中属于文档型数据库。MongoDB 在高负载的情况下，可以扩展添加更多的数据库节点，保证服务器性能。

MongoDB 将数据存储为一个文档，其数据结构由键值(key =>value)对组成，字段值可以包含其他文档，数组及文档数组。

(1)文档格式 BSON

MongoDB 文档采用 BSON 格式存储，BSON 是在 MongoDB 中用来存储数据和网络数据交换的一种类 JSON 的二进制形式的存储格式，简称 Binary JSON，相比 JSON 而言，BSON 支持更多、更复杂的数据类型，比如日期 Date 和二进制数据 Binary data 等类型，BSON 也兼有很多优点，轻量型、可遍历性、高效性。MongoDB 使用 BSON 这种数据结构转化为文档(Document)，是因为其 schema-free(模式自由)的特性，无需定义任何结构，可以同时存储不同结构的文档。

与 JSON 类似，对 BSON 键值中的取值可以是 BSON 对象或数组。

如果将一篇博文看做一篇文档，则其 BSON 表示如下。这个 BSON 文本表示了标题为北京游记的一篇博文，包括了文档标题 title、发布日期 publish_date、博文内容 body、作者 author(取值为一个 BSON 对象)、博文评论 comments(取值为一个对象数组)。

例：一篇博文文档 BSON

```
{
    "title":"北京游记",
    "publish_date": new Date("27/06/2016"),
    "body":"这次放假，去北京旅游了 3 天……",
    "author":
            {
                "name":"王磊",
                "age": 28,
                "level": 5
            },
    "comments":
            [
                {"user":"李明","comment":"我也想去北京玩!"},
                {"user":"吴刚","comment":"故宫去了吗?"}
            ]
}
```

(2)MongoDB 逻辑结构

MongoDB 的逻辑结构是一种层次结构(相关概念见表 6-3，其逻辑结构见图 6-8)。主要由文档(document)、集合(collection)、数据库(database)这三部分组成的。MongoDB 的文档(document),相当于关系数据库中的记录。多个文档组成一个集合(collection),相当于关系数据库的表。多个集合(collection)逻辑上组织在一起,构成数据库(database)。一个 MongoDB 实例支持多个数据库(database)。MongoDB 集合中的文档结构可以不一致,异构文档可以存储在一个集合中,具备了 schema-free 模式自由的特点。

表 6-3　　相关概念比较

关系数据库	MongoDB
Database 数据库	Database 数据库
Table 关系表	Collection 集合
Tuple/Row 元组/记录	Document 文档
Column 列	Field(键)
Table Join 表连接	Embedded Documents 内嵌文档
Primary Key 主键	Primary Key 主键 (Default key _id provided by mongodb itself) 默认使用_id 键值作为主键

(3) MongoDB 存储结构

①数据库文件类型。

MongoDB 的数据库文件主要有 3 种:journal 日志文件、namespace 表名文件、data 数据文件。

MongoDB 的日志文件用来在系统出现宕机时候恢复尚未来得及同步到硬盘的内存数据。日志文件会存放在一个分开的目录下面。启动时候 MongoDB 会自动预先创建 3 个每个为 1G 的日志文件(初始为空)。命名文件 dbname. ns 用来存储整个数据库的集合以及索引的名字。这个文件不大,默认 16M,可以存储 24 000 个集合或者索引名以及那些集合和索引在数据文件中的具体位置。通过这个文件 MongoDB 确定去哪里寻找或插入集合的数据或者索引数据。

数据文件 dbname. 0,dbname. 1,… dbname. n 用于存放数据及其索引。第一个数据文件会以"数据库名 . 0"命名,如 mydb. 0。这个文件默认大小是 64M,在接近用完这个 64M 之前,MongoDB 会提前生成下一个数据文件如 my-db. 1。数据文件的大小会 2 倍递增。第二个数据文件的大小为 128M,第三个为 256M。一直到了 2G 以后就会停止,一直按这个 2G 这个大小增加新

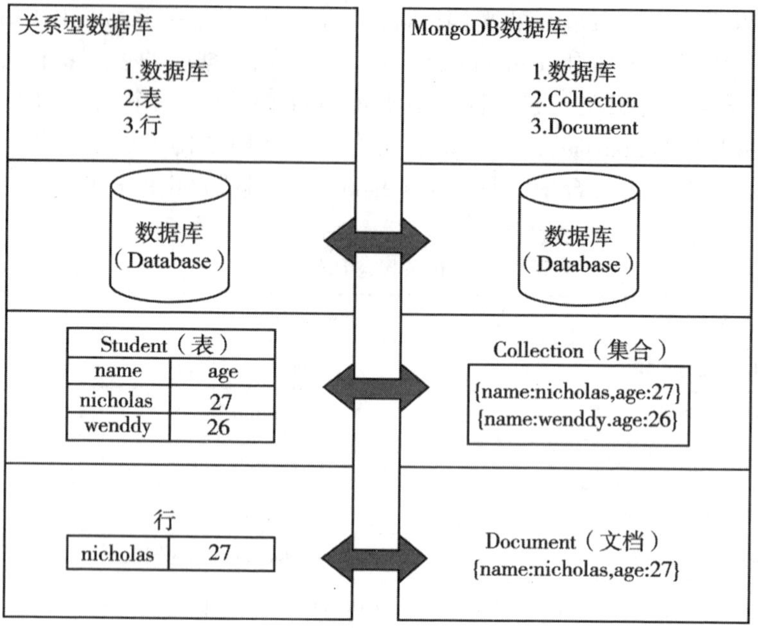

图 6-8　逻辑结构比较

的文件。MongoDB 索引采用 BTree 结构存储。

②数据文件结构。

在每一个数据文件(dbname. 0，dbname. 1，……)内，MongoDB 把所存储的 BSON 文档的数据和 B 树索引组织到逻辑容器“Extent”里面(如图 6-9 所示)。一个数据文件可以有多个 Extent，每一个 Extent 只会包含一个集合的数据或者索引，同一个集合的数据或索引可以分布在多个 Extent 内。这几个 Extent 也可以分布于多个数据文件内，同一个 Extent 不会又有数据又有索引。

③Record 记录。

每个 Extent 里面存放有多个“Record”记录，每一个记录里包含一个记录头以及 MongoDB 的 BSON 文档，以及一些额外的 Padding 空间(在插入记录时额外分配的未用空间)，这样将来文档变大的时候不需要把文档迁移到别处。记录头以整个记录的大小开始，包括自己位置的记录以及前一个记录和后一个记录的位置，记录之间通过双向链表连接。

(4)MongoDB 数据库操作

MongoDB Shell 是 MongoDB 自带的交互式 Javascript shell，用来对 Mon-

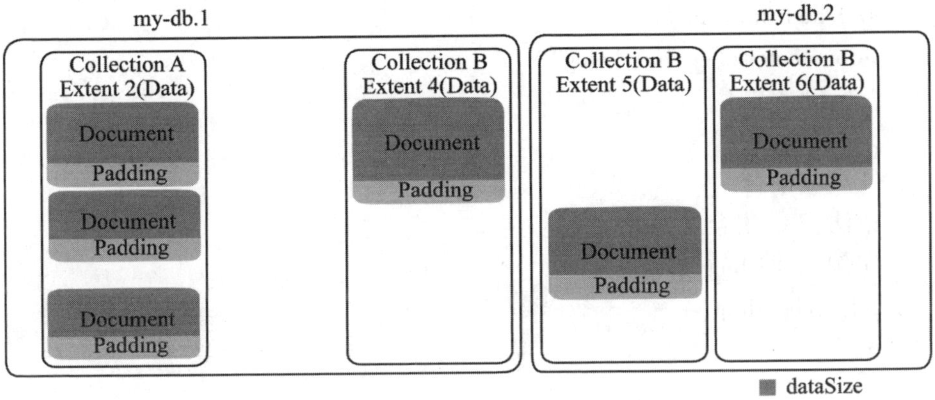

图 6-9　数据文件结构

goDB 进行操作和管理的交互式环境。通过它可以对 MongoDB 进行数据库操作，具体操作命令如下。

①创建数据库。

语法：use 数据库名

实例：建立一个名为"mydb"的数据库

```
> use mydb
switched to db mydb
> db
mydb
>
```

②删除数据库。

语法：db. dropDatabase( )

实例：删除 mydb 数据库

```
> use mydb
switched to db mydb
> db. dropDatabase( )
{ "dropped" : "mydb","ok" : 1 }
>
```

③创建集合。

语法：db. createCollection(集合名)

实例：创建 blog 集合

```
>use mydb
switched to db mydb
>db.createCollection("blog")
{ "ok" : 1 }
>
```

④删除集合。

语法:db. 集合名 . drop( )

实例:删除 blog 集合

```
>db.blog.drop()
true
>
```

⑤插入文档。

语法:db. 集合名 . insert(文档对象)

实例:向 blog 集合中插入一篇博文(BSON 格式)

```
>db.mycol.insert(
    {
        _id: ObjectId(7df78ad8902c),
        title: '北京游记',
        description: '这个暑假去北京玩了几天……',
        user: '李明',
        url: 'http://blog.sina.com.cn/i/wxm.html',
        tags: ['游记','北京','暑假'],
        year: 2006
    }
)
```

⑥查询文档。

语法：>db. 集合名 . find(条件). pretty( )

find( )方法根据条件获取文档结果，pretty( )用易读的方式加以显示。

AND 查询语法：>db. 集合名 . find({key1: value1, key2: value2}) . pretty( )

实例：查询李明 2006 年写的全部博文。

>db. blog. find({user:'李明', year: 2006}). pretty( )

OR 查询语法：>db. 集合名 . find({ $ or: [{key1: value1}, {key2: value2}]}). pretty( )

实例：查询李明的文章或2008年写的博文。

>db. blog. find({ $ or: [{user:'李明'}, {year: 2008}]}). pretty( )

对于需要作比较的查询，可参考表6-4(包括了对应的类似SQL Where语句)。

表6-4　　用于比较的查询表达式

操作	格式	范例	类似SQL语句
等于	{<key>:<value>}	db. col. find({"user":"李明"}) . pretty( )	where user = '李明'
小于	{<key>:{ $ lt:<value>} }	db. col. find({"year":{ $ lt:2005} }) . pretty( )	where year <2005
小于等于	{<key>:{ $ lte:<value>} }	db. col. find({"year":{ $ lte:2005} }) . pretty( )	where year <=2005
大于	{<key>:{ $ gt:<value>} }	db. col. find({"year":{ $ gt:2005} }) . pretty( )	where year >2005
大于等于	{<key>:{ $ gte:<value>} }	db. col. find({"year":{ $ gte:2005} }) . pretty( )	where year >=2005
不等于	{<key>:{ $ ne:<value>} }	db. col. find({"year":{ $ ne:2005} }) . pretty( )	where year! =2005

⑦更新文档。

update( )方法用于文档的更新。

语法：

```
db. 集合名 . update
(
   <query>,
   <update>,
   {
     upsert: <boolean>,
     multi: <boolean>,
     writeConcern: <document>
   }
)
```

参数说明：

query：update 的查询条件，类似 sql update 查询内 where 子句。

update：update 的对象，类似 sql update 查询内 set 子句。

upsert：可选，这个参数的意思是，如果不存在 update 的记录，是否插入新内容，true 为插入，默认是 false，不插入。

multi：可选，mongodb 默认是 false，只更新找到的第一条记录，如果这个参数为 true，就把按条件查出来的多条记录全部更新。

writeConcern：可选，抛出异常的级别。

实例：更新文档标题“北京游记”为“2016 北京游记”。

>db. blog. update({'title':'北京游记'}, { $ set: {'title':'2016 北京游记'}})

⑧删除文档。

remove( )用于删除文档。

语法：db. collection. remove(<query>, <justOne>)

参数说明：

query：(可选)是指删除的文档的条件。

justOne：(可选)如果设为 true 或 1，则只删除一个文档。

实例：删除用户王明的全部博文

>db. blog. remove({'user':'王明'})

⑨创建索引。

MongoDB 的索引采用 B 树索引结构，可使用 ensureIndex( ) 方法创建单一索引和复合索引(多个键)。

语法：> db. 集合名 . ensureIndex ({ key1: value1, key2: value2, ……})

其中索引升序取值为 1，降序为-1。

实例：为 blog 集合创建复合索引，按标题 title 升序，按用户名 user 降序。

>db. blog. ensureIndex({"title" : 1,"user" : -1})

(5) MongoDB 应用情况

MongoDB 自 2009 年 2 月发布以来，已陆续发布了多个版本，目前最新版为 2016 年 6 月发布的 MongoDB3. 2. 7 版，并在不断更新中。其得到了广泛的应用，下面列举一些公司应用 MongoDB 的实际情况。

① Craiglist 上使用 MongoDB 存档数十亿条记录。

② FourSquare，基于位置的社交网站，在 Amazon EC2 的服务器上使用 MongoDB 分享数据。

③ Shutterfly，以互联网为基础的社会和个人出版服务，使用 MongoDB 的各种持久性数据存储的要求。

④ bit. ly，一个基于 Web 的网址缩短服务，也使用 MongoDB 存储自己的数据。

⑤ spike. com，一个 MTV 网络的联营公司，spike. com 使用 MongoDB 的。

⑥ Intuit 公司，一个为小企业和个人的软件和服务提供商，为小型企业使用 MongoDB 的跟踪用户的数据。

⑦ sourceforge. net，资源网站查找，创建和发布开源软件免费，使用 MongoDB 的后端存储。

⑧ etsy. com，一个购买和出售手工制作物品网站，使用 MongoDB。

⑨ 纽约时报，领先的在线新闻门户网站之一，使用 MongoDB 存储新闻数据。

⑩CERN，著名的粒子物理研究所，欧洲核子研究中心大型强子对撞机的数据使用 MongoDB。

6.5.3 Redis

Redis 是一个开源的键值 key-value 存储数据库，可用于构建高性能、可扩展的 Web 应用程序的解决方案。

(1)Redis 的特点和优势

Redis 有三个主要特点：

① Redis 是完全在内存中保存数据的数据库，使用磁盘只是为了持久性目的；

② Redis 相比许多键值数据库，有更丰富的数据类型；

③ Redis 可以将数据复制到任意数量的从服务器中。

Redis 的优势在于：

- 速度快：与传统关系数据库相比，数据存取性能大大提升。根据基准测试：SET 操作每秒钟 110 000 次，GET 操作每秒钟 81 000 次，服务器配置如下(Linux 2.6，Xeon X3320 2.5Ghz)。
- 支持丰富的数据类型：包括列表，集合，有序集合，哈希等，丰富的数据类型确保在应用中很容易解决的各种问题。
- 原子操作：所有 Redis 的操作都是原子的，从而确保当两个客户同时访问 Redis 服务器得到的是更新后的值(最新值)。

(2)Redis 数据类型

Redis 支持 5 种数据类型，分别为字符串、哈希、列表、集合、可排序集合，具体如表 6-5 所示。

表 6-5　**Redis 5 种数据类型**

数据类型	描　　述
字符串	Redis 字符串是一个字节序列。在 Redis 中字符串是二进制安全的，这意味着它们没有任何特殊终端字符来确定长度，所以可以存储任何长度为 512 兆的字符串
哈希	Redis 哈希是键值对的集合。是字符串字段和字符串值之间的映射，所以它们用来表示对象
列表	Redis 列表是简单的字符串列表，根据插入顺序进行排序。可以添加一个元素到 Redis 列表的头部或尾部。列表的最大长度为 2^{32}-1 个元素(超过四十亿)
集合	Redis 集合是唯一字符串的无序集合，不允许数据有重复键。在 Redis 集合中添加、删除和测试集合是否存在的时间复杂度为 O(1)(恒定的时间，无论集合内包含元素的数量多少)。集合的最大长度为 2^{32}-1 个元素(超过四十亿)
有序集合	Redis 的有序集合类似于 Redis 的集合。另外有序集合的每个成员都使用分值(score)属性，按分值从小到大的顺序，对集合成员排序。集合成员各部相同，但成员的分值可能相同。在 Redis 有序集合添加，删除和测试成员的存在的时间复杂度为 O(1)(恒定时间，无论集合内包含元素的数量)。集合的最大长度为 2^{32}-1 个元素(超过四十亿)

(3) Redis 数据操作

Redis 提供了多种命令，对数据对象进行操作。

①操作字符串。

使用 Redis 命令 set 和 get，对字符串键值进行存取。

实例：用 set 命令设置 name 键的取值为李明，用 get 命令获取 name 键的值。

(注：Redis 代表已经连接到 Redis 服务器，本地 ip 为 127.0.0.1，服务端口为 6379，后续为简洁，省去该前缀)

```
redis> SET name "李明"
OK
redis> GET name
"李明"
```

②操作哈希值。

使用 HMSET 设置哈希值，使用 HGETALL 命令获取对应哈希值的所有数据。

实例：用户 id 为 101，为该用户设置姓名、年龄、出生年份、籍贯的信息。

redis> HMSET user：101 李明 23 1982 北京

OK

redis> HGETALL user：101

1）"李明"

2）"23"

3）"1982 "

4）"北京"

③操作列表。

lpush 命令向列表头部添加新元素，而 rpush 命令向列表尾部添加新元素。最后 lrange 命令可从列表中取出一定范围的元素。

实例：依次向列表 messages 尾部插入三条消息，并显示这三条消息。

redis> rpush messages 大家好!

OK

redis> rpush messages 今天天气很好!

OK

redis> rpush messages 我饿了想吃东西。

OK

redis> lrange messages 0 2

1)"大家好!"

2)"今天天气很好!"

3)"我饿了想吃东西。"

④操作集合。

使用 sadd 命令向集合添加元素，采用 smembers 输出集合全部元素。

实例：向学生集合 students 中添加 4 名学生，1 人重名，最后集合只包含 3 个数据。

redis> sadd students 李明

redis> sadd students 王磊

redis> sadd students 王磊

redis> sadd students 张林

redis> smembers students

1）"张林"

2）"王磊"

3）"李明"

⑤操作有序集合。

使用 zadd 命令向有序集合添加元素(要提供一个分值)，使用 zrange 命令获取指定范围的元素。

实例：向学生 students 有序集合里添加学生，并以学生年龄作为 score，输出全部有序集合。

redis> zadd students 25 李明

redis> zadd students 21 王磊

redis> zadd students 27 赵丹

redis> zrange students 0 -1

1）"王磊"

2）"李明"

3）"赵丹"

其中 zrange 后面 2 个参数 0 -1，0 代表有序列表的起始位置，-1 代表末尾位置。结果显示，已经按照年龄从小到大顺序排序完成。

(4) Redis 应用情况

Redis 作为高性能的键值数据库，已被广泛应用于各类应用中。

①新浪微博。早在 2010 年新浪微博就开始使用 Redis，用于计数 Counting、反向缓存 Reverse cache、最热点击 TOP10 List 等功能。

②Pinterest 图片瀑布流分享网站。采用 Redis 存储关注者列表、你所关注的频道列表、粉丝列表、关注你频道的用户列表、每个频道的关注者及非关注者等数据。Redis 为 Pinterest 网站 7 000 万用户存储了以上的所有列表。

③Viacom 是全球最大的传媒集团之一。其采用 Redis 存储用户行为数据，并把 Redis 当做浏览计数的缓冲存储。Viacom 还使用 Redis 存储作业信息到作业列表中，工作人员使用 BLPOP 命令行在列表中抓取顶端任务进行处理。

④Twitter 社交网站。Twitter 主要将 Redis 用于 timeline 服务，同时根据 Twitter 自身需求，为 Redis 扩展了两种数据结构：Hybrid List 与 BTree，Redis 的使用大大提升了 Twitter 网站的可伸缩性。

6.5.4 Hbase

HBase 是一个构建在 Hadoop 分布式文件系统上的分布式列存储系统；

HBase 是基于 Google BigTable 模型开发的，它是 HBase 是 Apache 的 Hadoop 项目的子项目，是 Apache Hadoop 生态系统中的重要一员，非常适用于海量非结构化数据存储；从逻辑上讲，HBase 将数据列进行存储。与 Hadoop 一样，Hbase 目标主要依靠横向扩展，通过不断增加廉价的服务器，来增加计算和存储能力。

(1) Hbase 数据库表 HTable 的特点

Hbase 中，数据存储于 HTable 中，HTable 充分体现了 BigTable 模型，具有如表 6-6 所示特点。

表 6-6　　**Hbase 数据库表 BigTable 的特点**

特点	描述
大	一个表可以有数十亿行，上百万列
无模式	每行都有一个可排序的主键和任意多的列，列可以根据需要动态的增加，同一张表中不同的行可以有截然不同的列
面向列	面向列(族)的存储和权限控制，列(族)独立检索
稀疏	空(null)列并不占用存储空间，表可以设计的非常稀疏
数据多版本	每个单元中的数据可以有多个版本，默认情况下版本号自动分配，是单元格插入时的时间戳
数据类型单一	Hbase 中的数据都是字符串，类型单一

(2) Hbase 数据表 HTable 结构

①Row Key 行主键。取值为字节数组(Byte Array)，是表中每条记录的“主键”。方便快速查找，Rowkey 的设计非常重要。HBase 不支持条件查询和 Order by 等查询，读取记录只能按 Row key(及其 range)查找或全表扫描，因此 Rowkey 需要根据业务来设计以利用其存储排序特性来提高性能。

②Column Family 列族。包含一个或者多个相关列。列族在表创建时声明，每个 Column Family 为一个存储单元。

③Column 列。HBase 的每个列都属于一个列族，以列族名为前缀，如列 article：title 和 article：content 属于 article 列族，author：name 和 author：nickname 属于 author 列族。

Column 无需在创建表时定义，可以动态增加，同一 Column Family 的多个 Column 会存储在一个存储单元上，并依 Column key 排序，因此设计时应将具有相同 I/O 特性的 Column 设计在一个 Column Family 上以提高性能。

④Version Number 版本号。HBase 通过 row key 和 column key 确定一条数据，这份数据的值可能有多个版本，不同版本的值按照时间倒序排序，即最新的数据排在最前面，查询时默认返回最新版本。如一篇博客文章，博文内容由于用户的修改，可以有多个版本，用博文保存时间的时间戳 Timestamp 作为版本号。Timestamp 默认为系统当前时间(精确到毫秒)，也可以在写入数据时指定该值。如行号为 r1，列名为 article：content 的博文内容在 2 个时间 t1 和 t2 作了修改，就会存储 2 条数据。

(r1，article：content，t1，"今天，我去北京了！")

(r1，article：content，t2，"2016 年 7 月 1 日，我去北京了！")

⑤Value。数据取值采用字节数组存储，每个值 Value 通过 4 个键唯一索引，表名+行主键+列名+时间戳=>value。

在数据表示上，HTable 表名是字符串，Row Key 和 ColumnName 是字节数组(Java 类型 byte[ ])，Timestamp 是一个 64 位整数(Java 类型 long)，Value 是一个字节数组(Java 类型 byte[ ])。

在 HTable 组织上，HTable 按 Row key 自动排序，每个 Row 包含任意数量的 Columns，Columns 之间按 Column key 自动排序，每个 Column 包含任意数量个 Values。

如表 6-7 所示，表包括 2 个列族 article 存储博文信息，author 存储作者信息。在时间戳 1317179120001 确定的时间里，用户输入了 content、title、nickname、level 4 个数据值，作为表的一条，在时间 1317184123401 对应的时间里，更新的 title 和 content 的值，同时又增加了 tags 标签列的值，作者的昵称 nickname 改为"王磊"。

表 6-7　**HTable 实例**

Row key	Timestamp	article	author
1	1317179120001	article:content="今天,我去北京了!" article:title="北京游记"	author:nickname="老王" author:level="5"
	1317184123401	article:content="2016 年 7 月 1 日,我去北京了!" article:title="首都北京游记" article:tags="暑假 游记"	author:nickname="王磊"

续表

Row key	Timestamp	article	author
1	1317194323401		
	1317204229401		
	1317206323401		
2	…	…	…
3	…	…	…

(3)HTable 的按行切分与按列存储

HTable 表里的数据按照 Row key 排序，随着数据量的增加，为了进行负载均衡，需要将一张表里的数据存放到不同的服务器中，这时就需要对表按行切分，行连续的数据被拆分成一个个分区 HRegion，这样数据就被切分到不同的 Region 服务器上，这也就是所讲的“按行切分”，如图 6-10 所示，table1 的数据，按行顺序拆分，分别切分到 3 个服务器上。

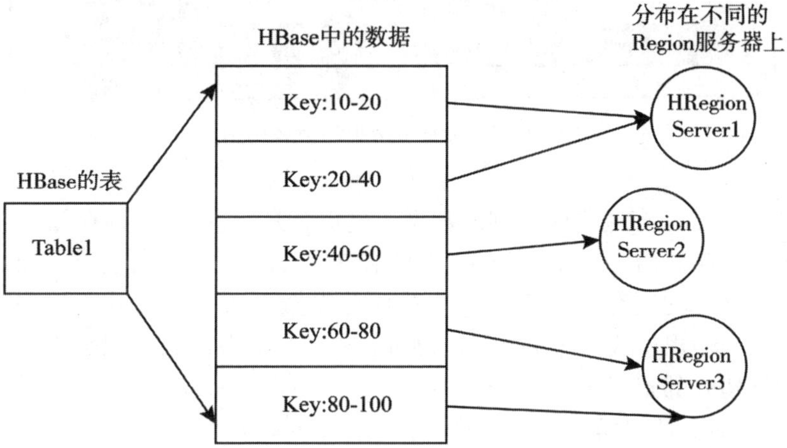

图 6-10　表按行切分为 Region 分区

为了协调多个分区服务器统一工作，就需要有一个总的 HRegionServer(如图 6-11 所示)。每个 HRegion 包括了表的部分数据，这些数据通过三种对象进行管理，用于缓存的 HMemcache、用于持久化的 HStore 文件，以及日志对象 HLog，其中 HStore 文件主要起数据存储的作用。

每个 HRegion 分区中的数据如果包含多个列族 column family，就会有同

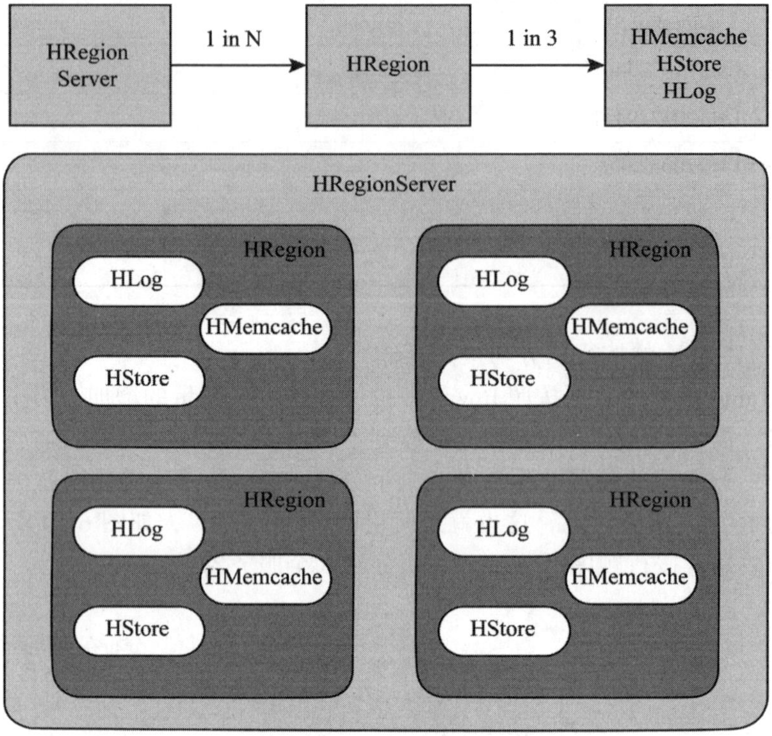

图 6-11　分区服务器与分区结构

样数量的 HStore 存储相应的列族数据，这也就是所讲的“按列存储”。

HStore 存储由一个 MemStore 文件和多个 StoreFile 文件构成。MemStore 是缓存文件常驻缓存，用户写入的数据首先会放入 MemStore，当 MemStore 满了以后会输出生成一个新的 StoreFile。StoreFile 中存储了列数据，相当于按照列族建立的索引文件。

(4) Hbase 数据操作

Hbase 通过 Shell 命令工具，可以对表和数据进行操作。

① 创建表。

语法：create <table>, {NAME => <family>, VERSIONS => <VERSIONS>}

实例：创建表 t1，有两个列族：f1，f2，且版本数均为 2

hbase(main) > create 't1', {NAME => 'f1', VERSIONS => 2}, {NAME => 'f2', VERSIONS => 2}

②删除表。

语法：disable <table> drop<table>(分两步，先让表停止使用，再删除表)

实例：删除表 t1

hbase(main)> disable 't1'

hbase(main)> drop 't1'

③添加数据。

语法：put <table>，<rowkey>，<family：column>，<value>，<timestamp>

实例：给表 t1 的添加一行记录：rowkey=rowkey001，family name=f1，column name=col1，value=value01，timestamp=系统默认。

hbase(main)> put 't1','rowkey001','f1：col1','value01'

④查询数据。

A. 查询某行记录。

语法：get <table>，<rowkey>，[<family：column>，……]

实例：查询表 t1，rowkey001 中的 f1 下的 col1 的值

hbase(main)> get 't1','rowkey001','f1：col1'

B. 扫描表。

语法：scan <table>，{COLUMNS => [<family：column>，……]，LIMIT => num}

实例：扫描表 t1 的前 5 条数据

hbase(main)> scan 't1'，{LIMIT=>5}

⑤删除数据。

A. 删除行中的某个列值。

语法：delete <table>，<rowkey>，<family：column> ，<timestamp> 必须指定列名

实例：删除表 t1，rowkey001 中的 f1：col1 的数据

hbase(main)> delete 't1','rowkey001','f1：col1'

注：将删除该行 f1：col1 列所有版本的数据

B. 删除行。

语法：deleteall <table>，<rowkey>，<family：column> ，<timestamp>，可以不指定列名，删除整行数据

实例：删除表 t1，rowk001 的数据

hbase(main)> deleteall 't1','rowkey001'

C. 删除表中的所有数据。

语法：truncate <table>

实例：删除表 t1 的所有数据

hbase(main)> truncate 't1'

习　题　六

1. 数据库的发展经历了哪几个主要阶段？
2. 半结构化数据的特点有哪些？
3. 信息资源数据库的分类标准有哪些？
4. 信息组织的数据库方法有哪几种系统结构？各有何特点？
5. 主从式数据库系统中信息组织的数据存放与检索方法如何实现？
6. 如何通过浏览器来使用 Web 数据库？
7. 使用数据库方法来组织多媒体信息有哪些模型方法？
8. 用多媒体数据库组织信息要解决哪些关键技术？
9. 多媒体数据库中的多媒体信息可以分为哪几类？
10. 为什么要研究 NoSQL 数据库？它有何特点？

7 网络环境下信息资源的组织

计算机的诞生，为信息存储的数字化和信息处理的自动化打下了基础，而计算机网络(各类网络硬件、软件、协议)又将遍布全球的计算机联系了起来，使信息资源的传输、共享，信息用户的交流、协作变得越来越方便。因特网(建立在HTTP协议之上)采用HTML将超媒体信息展现给用户，成为计算机网络环境下最重要的部分。自从计算机网络互联技术诞生以来，网络环境发生了巨大的变迁。而网络环境下的信息资源组织也体现了不同的特点，与传统信息资源组织方式相比，要充分考虑网络环境、资源规模、信息用户等多方面的因素。

7.1 网络环境的变迁

7.1.1 因特网发展的三个阶段

因特网的发展可以分为三个阶段，分别以门户、搜索和Web2.0为特色。

第一阶段，因特网发展初期，网上信息还不充足，以门户为代表的信息组织方式将足量的信息聚合在一起，满足了用户对内容的需求，例如Yahoo的分类目录。

第二阶段，因特网内容逐渐丰富，信息由稀缺变为过度，用户选择信息的成本不断增加。搜索引擎的出现满足了用户对信息的个性化和定制化需求，围绕搜索形成的各类应用成为因特网的核心应用，比如Google、Baidu等。

第三阶段，用户对信息的要求进一步提升，用户已经不满足于仅充当信息的接收者，他们需要有主动发布信息的渠道，成为信息的创建者并彼此沟通协作形成用户社区，这一阶段出现了维基百科、博客网站、Facebook、Twitter、QQ 空间、微信、Tag、RSS、社会化网络(SNS)等技术和应用(一些具体情况将在第 10 章讨论)。

7.1.2 Web1.0 与 Web2.0

在因特网发展的三个阶段中，前两个阶段通常被称做 Web1.0。Web1.0 网站的页面信息来源于 Web 服务器，用户只能被动读取信息内容，无法创建网站内容，致使用户之间、用户与 Web 网站的隔离，此时 Web 无法满足用户的创造性与个性化。其结构如图 7-1 所示。其中矩形框代表 Web 网站，框内的头像代表负责网站内部信息管理人员，他们是网站信息内容的主要组织者和创造者，网站之间以超链接的方式相互引用，矩形框之外的头像代表普通用户，箭头是单向的代表用户只能被动接受信息内容。

第三阶段常被称做 Web2.0，这一术语源自于 O'Reilly 公司举办的以因特网为主题的头脑风暴会议中，由 O'Reilly 公司副总裁 Dale Dougherty 提出。Web2.0 的结构如图 7-2 所示。与 Web1.0 相比，Web2.0 中的网站与用户的本质界限消失了(实线变为虚线)，用户不仅可以由获取网站信息，还可以通过更具交互性的 Web 界面贡献(创造)信息。Web 网站的信息资源是用户、网站编辑共同创造的结果，网站之间除了采用超链接引用信息外，还可以使用 RSS、Web 服务、开放 API 进行信息发布、相互沟通、共享信息资源。

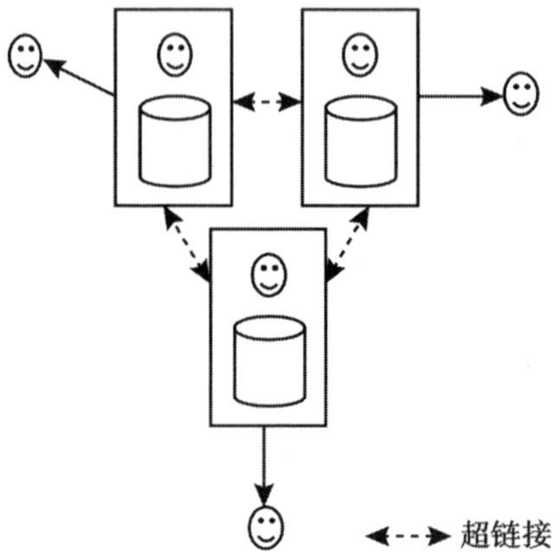

图 7-1　Web1.0 示意图

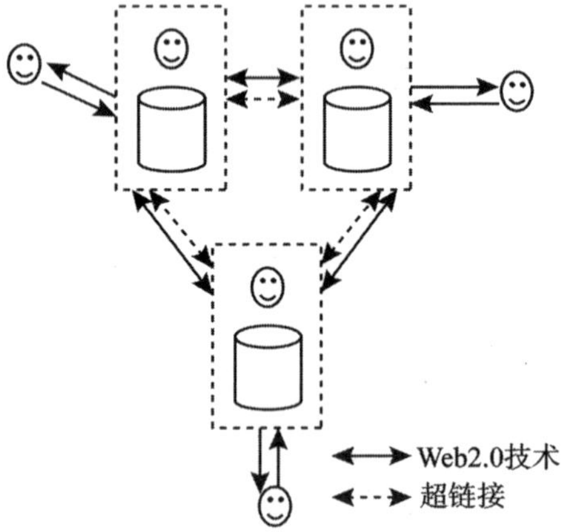

图 7-2　Web2.0 示意图

在 D. William 和 Don Tapscott 所著的《维基经济学》中，给出了 Web2.0 环境下成功的与失败的网站的典型特征“失败者创建的是网页，而胜利者创建的则是生机勃勃的社区；失败者创建的是有墙的花园，而胜利者创建的则是一个公共的场所；失败者的创新是在公司内部进行的，而胜利者的创新则是和用户共同进行的；失败者精心守护他们的数据和软件界面以防被盗，而胜利者则将资源与每个人共享。”从中可以看出 Web2.0 的核心理念，归纳如下：

(1)鼓励用户参与：用户参与到整个 Web 信息资源的采集、创造、组织和利用过程中，参与本身既包括对信息资源的检索利用，又包括用户创造内容、用户分享内容。由以往的被动获取信息到主动参与到 Web 内容的创造、标记、传播和分享过程中。

(2)利用集体智慧：“三人行必有我师”，利用集体的智慧来解决问题，构造 Web 的结构和内容。百度知道、天涯问吧以及维基百科都是以集体智慧创造信息资源和知识的典型范例。

(3)倡导用户合作：Web2.0 环境下，整个 Web 变成界限模糊的平台。在该平台上，通过用户之间的合作，实现各项任务的合理分工与高效协作，最终在效果和效率上提高任务完成的速度。

(4)资源的开放与共享：信息资源应该向用户开放，这种开放不仅在于可以让用户读取，还可以通过标准接口，让用户以及可由用户操控的计算机程序聚合、操控，让 Web 应用实施者可以采用计算机程序(Web 服务，开放 API)自动获取和处理。

(5)增强用户体验：通过增强用户体验，通过丰富的用户交互界面和体验模式，鼓励用户的参与和创造，促进集体创新与应用创新的发生。

7.2 网络信息资源概述

7.2.1 网络信息资源的定义

网络信息资源是以电子数据的形式将文本、图像、声音、动画、视频等多种形式的信息存放在光磁等非纸质印刷的载体中，并通过网络通信、计算机或终端等方式再现出来的信息资源，是通过计算机网络可以利用的各种信息资源的总和。

网络信息资源与传统信息资源的区别主要在于其是电子化、数字化了的并通过计算机网络，进行传输、共享和利用。计算机网络的产生以及因特网的发展，对传统信息资源组织方式带来了冲击，主要体现在如下几个方面：

（1）信息量剧增以及信息传递速度的加快，使得以往的手工处理和加工方式不堪重负，急需采用自动化的信息组织手段

传统的信息组织方式大多是以人工方式进行的，需要手工编制和维护分类表、词表，进行著录、标引等信息处理工作。而现在网上提供的大量实时信息、全文信息、多媒体信息等时效性信息不允许过多的中间加工环节，必须实现信息组织的自动化，如自动分类、自动标引、分类表自动编制、词表以及目录、索引、文摘编制和管理的自动化等。特别是在大数据环境下，需要用智能化、云计算来处理。

（2）信息种类增多，数据库成分复杂化，需要新的信息组织技术

因特网中除了文本信息以外，还包含大量的非文本信息，如图形、图像、音频、视频信息，这些非结构化信息，不像书目信息那样格式化、规范化，是非结构化数据。如何对其进行加工和组织，如何揭示和描述其内容特征以及如何实现非文本信息数据库规模生产和低成本化等，已对以往的做法提出挑战，需要采用新的信息组织技术。

（3）用户成分、规模和需求发生很大变化，要求信息组织方式的透明化、易用化

在网络环境下，用户成分逐渐多样化、复杂化，不同年龄、行业和文化层次的人都可以通过计算机终端直接利用网络的信息资源。由于普通用户缺乏专业的信息处理和信息检索技能，所以要求网络的信息组织方式简便实用，使普通用户能用自己熟悉的语言与网络交互或提供不同的界面满足不同水平用户的需要。在这方面，传统的高度专业化、规范化的信息组织方式已不适应发展要求。

（4）网络信息资源共享要求信息组织标准化、兼容化

信息网络是对信息资料进行存储、加工和利用的协作系统，系统间的交流及网络资源的共享要求各方面的整体配合。因此，网络化的前提条件就是在网络建设、信息处理等方面采用一系列标准，使信息组织与加工标准化、兼容化，支持信息资源的系统级互操作。

7.2.2 网络信息资源的特点

与传统信息资源相比，网络信息资源的特点包括如下几个方面：

（1）数量巨大，增长迅速

1995 年 1 月，Lycos Crawler 数据库中有 200 万个网页；1995 年 8 月，Lycos 已需要对 507 万个万维网网页进行搜索；到 1997 年 2 月，Lycos 不得

不对34亿个万维网网页进行跟踪。据业界著名的因特网调查公司Netcraft统计，在1995年8月全球网站总数只有1.8万个，而到了2004年5月，网站数目增至5 000万，而到了2006年底，全球网站数目则增至1亿大关；而在2008年，搜索引擎Google每天就要处理20PB(1PB=1024TB)的网络数据。

(2)内容丰富，形式多样

因特网已经成为当代信息存储与传播的主要媒介之一，也是一个巨大的信息资源库，其内容包罗万象，覆盖了不同学科、不同领域、不同地域、不同语言的信息资源。而在形式上，又包括了文本、图像、音频、视频、软件、数据库等多种格式、多种组织方式的信息资源。

(3)变化频繁，价值不一

在因特网上，网页和网站的地址、链接、信息内容处于经常性的变动之中，信息资源更迭频繁。而且由于网络信息发布具有很大的自由度和随意性，缺乏必要的过滤、质量控制和管理机制，正式出版物与非正式出版物交织在一起，学术信息、商业信息以及个人信息相互融合，信息质量良莠不齐，为网络用户利用信息资源带来了不便。

(4)结构复杂，分布广泛

因特网通过TCP/IP协议以及建立在其上的多种应用层协议HTTP、FTP、SMTP，将不同的网络连接起来的，对网络信息资源本身的组织管理缺乏统一的标准和规范，网络信息呈全球化分布结构，信息资源分别存储在不同国家、不同地区的服务器上。不同的服务器采用不同的操作系统及数据结构和用户接口缺乏集中统一的管理机制，从整体上看，网络信息资源尚处于无序状态。

在网络环境下，信息资源在其数量的巨大、分布和传播范围的广泛、信息内涵的扩大、信息类型的多样以及信息传递的快速等方面，都超出了传统的非网络化信息资源管理方式和技术手段所能覆盖的范围。

7.2.3 网络信息资源的种类

通过因特网可以利用的信息资源是多种多样的。所有重要的人类活动都已包含在内，覆盖了不同的领域、具有不同的格式、面向不同的用户、对应不同的信息处理流程，因此网络信息资源是一个复杂的对象，需要从多个角度对网络信息资源的种类进行分析。

7.2.3.1 按所对应的非网络信息资源分

许多网络信息资源具有传统信息资源的对应物，进行过数字化和网络化的组织，形成了网络信息资源，包括：

(1)图书馆馆藏目录

在因特网中，图书馆目录发展成 OPAC(Online Public Access Catalog)，即联机公共目录检索系统。使用时人们通过目标图书馆目录的 URL，即可在自己的网络终端查询世界各地的大学图书馆、公共图书馆、专业图书馆的馆藏，完全冲破了以往利用图书馆的时空限制。

(2)电子书刊

电子书刊指完全在网络环境下编辑、出版、传播的书刊。广义的电子书刊也包括印刷型书刊的电子版。由于现有信息技术为电子书刊的出版发行创造了良好条件，网络上电子书刊的急剧增加，从而创造了一种新型的科学出版和学术研究环境，典型应用如超星图书和 Google 图书搜索。

网络上的电子期刊在数量上多于电子书籍。与印刷型期刊相比，电子期刊具有出版成本低、周期短、便于作者与读者之间相互交流等优点。许多科研人员都开始将电子期刊作为重要的信息资源，典型的应用如中国期刊网、维普期刊等。

(3)参考工具书

许多传统的和现代的参考工具书都已进入了因特网，如大不列颠百科全书、牛津大辞典等，这些网络版参考工具书使用起来非常方便，用户只需键入待查的词或词组，就可以对相关的定义和使用方法等进行查询，而维基百科更是将维基理念应用到百科全书、字典的编纂之中，并受到网络用户的广泛支持。此外，用户还可以利用网上为数众多的指南、名录、手册、索引等。

(4)数据库

各大数据库出版集团通过因特网，以数据库的方式直接为用户提供信息检索服务，这些数据库的内容涉及不同领域、不同行业。在网络环境下，数据库生产商将其产品联入因特网供用户直接进行联机检索，从而降低了检索费用，改变了传统的联机检索服务费用高昂的状况。同时，数据库作为高质量的学术、商业、政府和新闻信息的重要信息来源，以其可靠的信息质量，成为网络信息资源的重要组成部分。

(5)其他类型的信息

除了上述几种类型的信息之外，博客信息、BBS、新闻组、主题社区也成为信息交流的重要渠道，并成为网络信息资源的重要组成部分之一。

7.2.3.2 按信息交流的方式分

信息交流需要通过一定的媒介和载体，这些载体包括正式出版物、半正式出版物、非正式出版物，因此可以将网络信息也划分为：

(1)非正式出版信息

如 Email、兴趣组、社区论坛、博客网站、QQ、微信等。

(2)半正式出版物

如从各种学术团体和教育机构、企业和商业部门、国际组织和政府机构、行业协会等单位的网址或主页上，我们可以查询从正式出版物系统所无法得到的信息。

(3)正式出版物

通过 Web 网页，用户可以查询到各种数据库、联机杂志和电子杂志、电子版工具书、报纸、专利信息等。

因特网对人类信息交流的最大贡献在于将非正式信息交流、半正式的信息交流和正式信息交流汇集在一个网络上。通过特定的检索系统和浏览系统，人们可以同时查询正式、半正式和非正式的信息，在获取信息的过程中，多类型和多层次的信息融为一体。

7.2.3.3 *按网络信息资源的层次分*

(1)指示信息

即一个信息单元的地址，如一个 URL、数据库名、书目参考、特殊的关键词间联系等。指示信息由信息的实际地址以及有关该信息的标识、注解等内容构成。

(2)信息单元

可以指示信息表达的基本单元，如文献中的某一行、某一段、某一章、一个目次页或一份统计表等。一个信息单元由一个文本组成，该文本可以具有或不具有特定的指示信息。

(3)文献

是相关信息单元的集合，如 FTP 文件、网页、数据库记录、电子邮件、信件、文章、照片等，文献由若干信息单元以及一些特定的指示信息构成。

(4)信息资源

指相互关联的文献集合，如一个数据库、一份杂志、一本书、一本电话簿、一张光盘等。信息资源是由若干相关文献及其中特定的信息单元和指示信息所组成的。

7.3 Web 信息组织与发布

因特网的飞速发展给人们获取信息和发布信息提供了极大方便。无论是发布信息还是获取信息都要懂得 Web 信息组织的方法与技术。

7.3.1 Web 信息组织的技术条件

因特网是目前最大的信息资源网，它之所以能够使这些信息资源为广大用户所利用，主要依靠下面的三项基本技术：

(1)确定网上信息资源标识的统一命名方法：URI(Uniform Resource Identifyer)包括统一资源地址 URL(Uniform Resource Locator)和相应的路径与文件名。

(2)存取资源的网络协议：超文本传送协议 HTTP(Hypertext Transfer Protocol)。

(3)在资源之间很容易跳转、浏览的超文本链接技术：它源于 HyperText 的 HyperLink。

Web 上有海量的信息资源，怎样对这些信息进行有效组织与利用成为当今 IT 行业的热点研究课题。相对于 Web 的数据而言，传统的数据库中的数据结构性很强，即其中的数据为完全结构化的数据，而 Web 上的数据最大特点就是半结构化(semistructured)。所谓半结构化数据，就是介于完全结构化数据(如关系型数据库、面向对象数据库中的数据)和完全无结构的数据(如声音、图像文件等)之间的数据，HTML 文档就属于半结构化数据。它一般是自描述的，数据的结构和内容混在一起，没有明显的区分。

7.3.2 网页设计与信息发布

上面我们已讨论了网络信息组织的技术条件，下面来讨论网页设计与信息发布的具体方法。网页设计是 Web 信息组织的基本方法之一。网页设计与信息发布的流程如图 7-3 所示。

(1)内容设计

它是对网页主题的确定、具体内容的表述、所用媒体的选定和显现方法的设计。

(2)结构设计

它是根据内容设计的要求确定其整体结构。具体决定各项内容之间的层次关系、项目链接和跳转机制。

(3)接口设计

它是人机交互方式、方法的设计。它包括屏幕布局、版面设计(背景图、文字的样式、字号、颜色的确定)、各种图像动画、按钮、表单的位置安排、背景音乐的选定等。在接口设计中，既要确定文件名的规范、规模控

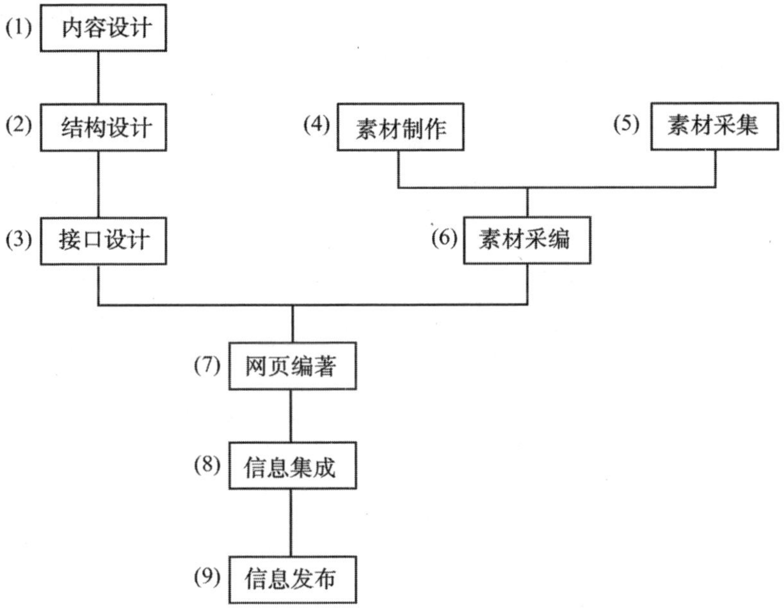

图 7-3　网页设计与信息发布

制、人文习惯，又要体现特色；既要有创新思维，新颖、美观、大方，又要操作方便、对用户友好。

(4)素材制作

根据内容设计要求，对特有的多媒体素材列入计划，选用相关的多媒体制作软件来制作多媒体素材，从而生成图像、声音、艺术字、动画、视频文件。

(5)素材采集

根据数字资源共享的原则，制作网页所需的多媒体素材，尽量利用现有素材，充分利用现有的文字图片、录音带、录像带、CD、VCD、CD-ROM选取有关信息，进行数字化处理，生成数字化文件。还可以从网上和已有的系统中采集符合要求的图、文、声文件。

(6)素材采编

将制作和采集来的多媒体素材编辑，对文件名、文件格式进行统一规范。

(7)网页编著

具体实现信息组织方案，把多媒体文件合成到相关的网页中，调整跳转、链接、交互等各种功能，增加方案内容，形成一组相互联系的网页(.html 或 .htm 文件)如图 7-4 所示。网页的编著既可以用 HTML 源代码编写，也可以利用一些工具，如 Dreamweaver 实现。

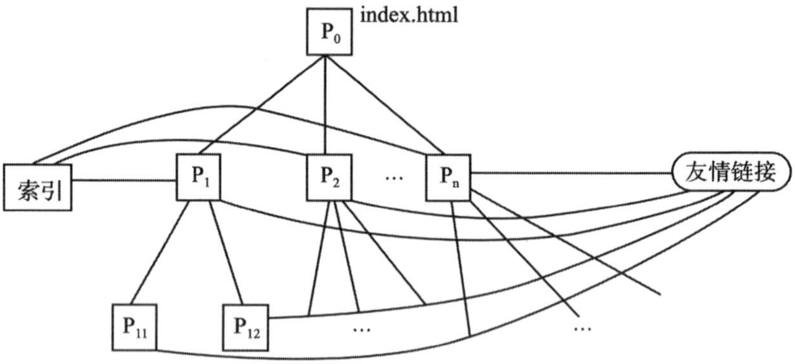

图 7-4 相关网页的集成

(8)信息集成

信息集成是对一组有机联系网页建立索引和外联机制形成一个网站，优化内部结构，方便用户共享信息资源。

(9)信息发布

将集成的信息网站(一组有机联系的网页及相关文件)上传到服务器，并实现与著名网站的链接。将该信息网站的主页内容加入到著名网站的搜索引擎中，你所组建的信息网站就可以顺利地向外发布。在上传服务器的操作中，既可以用 FTP 方法上传文件，也可以利用现有软件(如 CuteFTP)进行文件传递。

7.4 网络环境下信息组织的层次

因特网上的信息资源是具有层次特性的，从信息资源的采集、组织和发布的整个过程来看，可以分为“信息源层”“信息集合层”“信息视图层”三个层次，每个层次之间通过一定的处理方法加以转换，如图 7-5 所示。

(1)信息源层

网络环境下的信息资源都是数字化的，因此数字化是网络信息组织和利用的第一步。有些信息生来就是数字化的，如博客日志、论坛帖子，它们的产生就是基于计算机平台的。而有的信息资源，如期刊、报纸、论文等，经

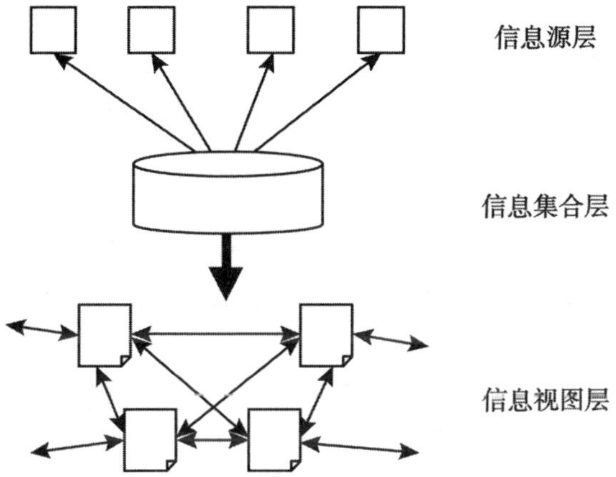

图 7-5　网络环境下信息组织的层次结构

常以物理媒介作为信息载体，为了成为网络信息资源，就必须通过一定的方式转换成为数字化的信息。

零散的信息源需要通过聚集的方式加以整合，形成有结构的信息集合。对搜索引擎而言，信息源就是因特网上成千上万的网页，对数字图书馆而言，信息源就是图书的书目数据记录，对电子期刊数据库而言，信息源就是各个期刊的论文数据，而对于博客网站而言，信息源就是网友发布的一篇篇博文。

(2)信息集合层

信息集合反映了信息资源的规模性和有组织的特性。如大量图书形成的书目数据库，大量商品信息形成的商品信息库，大量博客日志形成的博文库。它们采用了某种元数据方案加以组织，形成了有结构的信息集合，而集合中的信息单元(记录)是结构化的数据。

信息集合层网络对应各个网站的数据服务器，包括各类关系型数据库、文献数据库、书目数据库、多媒体数据库、元数据库等。

(3)信息视图层

在网络环境下，尤其是 Web 环境下，采用网页(HTML)展示信息内容是最普遍的方式，展示的方式往往依据一定的目的、面向特定的用户，从信息集合中抽取信息片段，进行组合、关联，形成一个个网页。HTML 网页是面向用户的，为用户提供所需的信息视图，在信息视图上所含的多个信息单元都是从信息集合中抽取的。

HTML 网页作为用户视图，形成了以网页为节点、以超链接为网页间关系的巨大网络。网页表征内容，而超链接则表征网页之间的关系。超链接不仅可以表征当前网站内各个网页之间的关系，还可以表征不同网站之间网页的相互参照关系。因此在用户层面上，形成了没有界限的巨大网络。

除了 HTML 网页，还包括各类多媒体信息，以及以文件形式存在但可以通过 HTTP 协议传输的各类文件，如 word 文档、pdf 文档等。XML 是另外一类信息视图层的内容，它往往不是面向终端用户的，而是面向计算机处理的，通过为其添加样式信息或对其进行处理，再以 HTML 等方式展现给用户。

在三个层次中，层次的定义是相对的。某一个信息视图，可能是另一个网络信息资源组织系统的信息源，如搜索引擎，它就将各个 HTML 页面作为采集和组织的对象，形成索引库(信息集合)，并以搜索结果 HTML 页面，作为其信息视图；而对于元搜索引擎，它又以各搜索引擎的搜索结果为信息源，形成自己的信息集合，因此各层之间的关系是相对的。

7.5 不同层次的信息组织

7.5.1 信息源层的信息组织

由于信息源的多样性，使得信息源层的信息组织多种多样，有些信息源是未经过有效组织的，甚至是非数字化的，有的则可能是一条结构化的元数据记录，因此必须针对不同的信息源的类型、特征进行处理并为其选取合适的组织方式。

信息源层的组织可以采用本书所述的各类方法如分类描述、主题标引和元数据组织等方式，其最终目的是使之符合信息集合的结构特性。如每条信息源都要与数据库的模式相对应，或都要符合 DC 元数据的记录等。

7.5.2 信息集合层的信息组织

信息集合则对应宏观的信息组织方式，如建立分类体系、设置叙词表、采用某种元数据方案、采用某种数据库组织方式等。信息集合层的组织方式有以下几种：

(1)文件组织方式

这种信息集合中，文件为信息单元，这个集合体现出一种层次性的文件目录关系。文件内容并未经过有效的组织和标引，这种组织方式如 FTP 服务器中的各种文件。

除了 FTP 服务器中的文件外，Web 发展的最初阶段，信息都是以静态的 HTML 页面组成的，HTML 页面以及页面之间的文件目录关系、链接参照关系，构成了信息集合的特征。此时文件之间具有一定的联系，但文件内的信息本身未经过有效组织，而文件的类目关系等也是固化在目录结构和链接关系中了，没有以有效地方式单独对这些关系加以组织。

此时形成信息视图的方式就是直接从信息集合中选择一个文件加以显示，不能自由组配文件内的信息内容。

(2)数据库组织方式

数据库中，信息单元为数据库中的一条条记录，它是数据库组织的基本单位。它不再以单个文件作为组织的对象，而是以表征信息资源的记录为组织单位，因此可以通过自由组合和查询形成各类信息视图。

采用 Web 数据库技术，通过动态脚本语言查询、检索数据库内容，动态生成 HTML 文档，输出为信息视图。Web 数据库技术将 HTML 信息标记方式与传统的数据库技术有机结合，提高了网页的动态性、交互性。同样的动态网页可以按照用户需求，形成不同的信息视图。由于信息视图中的信息单元对应数据库中的记录，因此动态组合的灵活性较高。Web 数据库技术在前一章已有详细论述，在此不作详述。

(3)搜索引擎

自 WWW 诞生以来，网页的数量不断增多，解决用户需求与海量网页之间的矛盾，成为搜索引擎诞生的主要原因。与传统的文献型、事实型数据库不同，搜索引擎要解决的是结构化程度低的网页信息，信息源即是各个网站的信息视图，它包含了链接、文本、多媒体信息。因此搜索引擎在该层次的主要特征就是爬取海量的 Web 网页信息并加以组织，在组织过程中同样用到了文献数据库中的索引数据库的组织方式。

(4)资源分类与主题标引

分类语言和主题语言是描述资源的有利工具，因此在对网络环境下的信息源进行标引时，其同样适用，如早期 Yahoo 的主题分类目录，以及 HTML 页面的关键词标引，都是对网络信息源组织的有利工具。这种方式往往要建立分类体系和标引方案，由于网络资源的内容广泛性，许多分类和标引方式都与传统的文献信息资源的分类和标引不同，这在第 2 章与第 3 章都有详细论述，在此不作深入讨论。但需要指出的是，分类与标引依然是网络信息资源组织的重要方法，只是在分类依据和标引方案上要具体问题具体分析。如标引博客及视频资源时，采用的关键字等就不能按照学科类的主题词进行，而是从用户角度选取语用性质的关键词。而网络信息资源类型的广泛性也使单纯采用图书分类法或学科分类法不能满足要求。

7.5.3 信息视图层的信息组织

信息视图层组织方式有：HTML 超文本组织、文件组织(各种非标记语言的文件)、框架组织(多个 HTML 网页构成的框架)、超链接组织、XML 组织。HTML 文件内容的组织，目的是将信息展示给用户。关于 HTML 网页的组织与发布参见 7.3 节。

信息视图除了 HTML 网页外，还包括各类文件，如 word、pdf、xls 等文档文件，这类文件作为信息视图主要体现在文件内容的编排上。

XML 作为信息视图，其面向的对象不是用户，而是计算机，它需要通过计算机的处理并将结构再以 HTML 网页的方式展示给用户，因此 XML 作为用户视图，是面向机器理解的，关于 XML 这类特征将在下一节作详述。

7.6 Web2.0 环境下信息资源的组织

Web2.0 环境，是 Web2.0 理念、技术和应用的集合体。在 Web2.0 环境下，信息资源的组织方式和方法体现了不同的特点，包括面向用户、面向协作、社会化特征以及面向机器理解几个方面。

7.6.1 面向用户

在 Web2.0 环境下，用户参与到网络信息资源的建设之中。用户成为信息的创造者，博主撰写博文、论坛上用户发表帖子、在维基百科中用户贡献知识、用户也为搜索引擎贡献查询词(可以成为输入法的统计资料和热点的探测来源)，也出现了基于网络的论文发布平台，如中国学术论文在线、《图书情报工作》的网络版，而国外的数字图书馆领域的期刊也是基于网络的，用户可以刊载自己的论文。

因特网中用户创造资源，导致网络信息资源组织人员开始从用户角度考虑信息资源的组织问题，尤其是如何帮助用户组织其个人信息资源。

在面向用户的信息组织中，博客的信息组织方式具有典型性，因为博客是个人的数据、信息和知识的组织方式，形成个人信息资源库(或者称作个人信息空间)，对博客信息的组织具有如下特征。

(1)博客顶层分类的稳定性

在大部分门户网站的博客栏目中，都包含如下的类目：

- 个人博文：代表自我创作的信息内容；
- 收藏：代表引用的信息内容；
- 相册：代表博主的图片信息资源；
- 视频：有的也称播客，即包含视频信息资源；
- 音乐：博主个人的音乐收藏；
- 朋友：也称博友、圈子，代表与博主相关的社会网络。

从上述类目中可以发现，博客信息组织主要可以分为两类：信息资源和社会网络。前者以各种媒介的资源为主要内容，涵盖了文本、音频、视频、图片信息，而后者则以博客之间的关系网络为组织内容。

(2)博客资源的常用组织方法

在信息资源的组织中，常用的组织方法有：时间排序法、大众分类法、信息行为排序方法。

时间排序法主要体现在个人博文的时序排列上，通过时间先后顺序，体现个人发布信息的时序特征，除了针对信息资源刊载的时序外，还按照时间顺序排列博主好友登录博客浏览的次序。

大众分类法主要体现在个人博文、收藏以及图片的分类目录上，网站往往只提供一级目录，供用户进行分类组织，除了为博文添加类别标签，博主还可以为每个资源(博文、图像、图片)等提供关键词(Tag)，作为关键词的标引方式。关键词的选取完全由用户自己确定，不必非要采用传统文献主题标引中的规范主题词。

信息行为排序法，主要是网站通过记录与该博客空间相关的信息行为，对其涵盖的资源进行组织和整序。博文的被浏览次数、被评论次数，都是因资源与用户之间的关系而发生的记录信息。博客之间博文之间的引用关系也是其中格外重要的内容，当某个博主引用另外一个博客的博文后，链接引用行为就发生了，这类似于期刊论文中的参考文献。而这种链接关系也成为组织博客信息空间的有利工具。

信息行为的排序方法逐渐成为博客资源组织的重要方式，针对博客资源的流行趋势设计的搜索引擎 Popdex. com，主要利用博客资源的流行程度设计搜索引擎的算法。除了考察通常的 pagerank 因素以外，还考察博客资源的被点击数、被评论的数量以及引用通告的数量的多少，最终影响博客资源搜索结果的排名。

7.6.2 面向协作

Web2.0 环境下，用户除了贡献信息内容外，还在一定的环境下，为了某个共同目标，完成一定的任务，形成协作关系，并通过协作共同进行信息资源的组织。这种协作关系可以是紧密的方式，即具有明确的目标，参与的人之间具有较强的约束；也可以是松散的方式，参与的人不具有强约束关系。

Wikipedia 维基百科就是通过协作创建、组织、维护信息资源的典型范例。维基百科对于用户是开放的，任何人都可以为百科添加词条，都可以对已有词条进行修改，它集中了集体智慧，共同构造百科全书。在这个过程中，参与者遵循基本的条约 GFDL(GNU 自由文档许可证)，同时对维基百科的编辑设计了一系列的规则，这些规则包括：

第一，由于参与者拥有不同的意识形态与背景，维基百科要尽量保证词条、文章的客观性和公正性。这并不是说要以“一种”客观的观点来表述，而是公平地呈现一个议题所有的观点。

第二，有一些所有参与者都要遵守的重要的命名规则。

第三，维基百科人使用“讨论页”来讨论如何修改文章，而不是在文章中讨论。

第四，有一些不受欢迎的文章，因为它们严格地来讲并不是百科全书的条目。

第五，维基百科社群有许多受广泛支持的规则必须遵守。其中最受支持的一条规则是：“如果规则让您感到紧张和有压力，让您不想再参与维基，那么就忘掉这些规则，做您自己的事儿吧！”

除了上述规则，维基还有版本控制和质量控制功能，可以存储同一词条的不同版本，如果某一词条遭到恶意破坏，则可以容易地恢复到破坏之前的版本状态。

从用户角度看，编辑维基百科的词条要比编辑 HTML 网页更为简单，就如同编辑 Word 文档一样，而且可以支持公式等复杂格式的编辑。编辑过程中，可以为词条文本添加链接和参考文献，链接可以是百科内部词条，也可以是外部链接。

所以从网络信息组织的方式来看，维基百科具有如下特征：

(1)信息内容的编辑规则。采用规则保证形成的信息、知识表述正确符合规范，尽管这些规范不像数据库模式一样，具有严格的格式，但是从一定程度上保证了内容的规范性。

(2)信息行为的规范。这里的信息行为则是指用户贡献内容、用户使用内容所需遵循的协议和规范，这些协议并未对信息内容本身作限定，而是对操作信息的人的行为作限定，进而使信息的规模和质量上得到控制。

(3)信息内容的演进。由于任何人都可以添加、修改词条内容，因此没有哪个信息单元是一成不变的，而信息的量也不断地累加，信息内容不断更新和演进，导致其处于一种动态变化的状态之中，并不断趋近于合理的内容。因为如果词条的当前版本不尽如人意，则可以恢复到以前的版本，或者被再次修改，这与传统的文献资源相比，具有更强的演进特征。论文等文献资源一旦形成就不可更改，它可以被读取、利用，但是其本身是无法更改的。除了质量的提高外，群体协作也促使维基词条的量也在不断地增加。

7.6.3 社会化特征

社会化特征主要体现在用户对信息对象的处理行为上。这种行为可以是：用户浏览、下载、观看、评论、搜寻信息对象，这些行为本身并不会对信息对象的内容做出改变，但却使信息资源本身富含了社会化特征。

信息资源的社会化特征并不是在因特网时代才有，如论文中的参考文献，它就是论文作者对其他论文的引用行为，这种引用行为并未改变其他论文的内容，但却使之富含了“被引次数”的社会化特征。而利用这种特征就可以发现质量较高的论文文献并可以进行聚类和相关分析等处理，因此社会化特征可以对信息资源进行整序，而正如前文讲述的，这种整序在 Web2.0 时代越来越重要。

链接作为一种信息资源引用行为，被广泛应用在信息的整序上，如 Google 搜索引擎采用的 PageRank 方法。浏览作为信息资源利用行为，可以用于对最受欢迎的信息资源排序，而在此基础上形成的“浏览了该信息的用户还浏览了”的推荐方式，也是根据同类用户的社会化统计特性而形成的基于信息行为的推荐方式。

7.6.4 面向机器理解

面向机器是与面向用户相对的，HTML 网页是适于用户浏览的，带有格式的网页经过人的大脑处理，可以很容易地发现网页中信息的结构和语义。但是对于计算机就难以对网页中内嵌了大量样式标记、未富含明显的语义结构的信息进行理解。虽然可以在 HTML 的标题和 Head 元素中放置元数据，但依然不能对页面的信息单元的结构及其之间的关系充分描述。

HTML 这类信息视图适合于用户的理解，但不适合与机器理解。让机器理解信息内容的原因包括如下几点：第一，只有机器理解了信息内容的结构和语义，才能够对其进行自动处理，提高处理的效率；第二，许多情况下让机器自动处理信息内容是十分必要的。如用户希望对不同的文献数据库进行访问，但各个数据库由不同的网站进行管理，为了获取全面的书目信息，用户就必须通过不同的用户接口进行查询，而用户希望采用统一的方式进行即可。如果可以机器层面跨库检索，并返回统一的接口，就可以满足用户需求。另外，出于资源整合和共享的需要，常常需要在信息集合层进行信息的交换和传输，这种情况就需要数据服务器彼此理解信息内容，自动交换信息。

在第 4 章讲述的 XML 是促成机器理解信息的基础，因为它的自描述特性和不含样式特征以及跨平台特性使之能够表征纯粹的信息并在信息编码层面上，实现机器的理解。建立在 XML 基础上的各类协议则可以支持不同层次的机器理解。其中 RSS、ATOM、Web 服务以及 RDF、OWL（语义网本体描述语言）等都在不同层次上支持机器理解，提高机器智能。

7.6.4.1 RSS 与 ATOM

RSS 是在线共享内容的一种简易方式（也叫聚合内容，Really Simple Syndication）。通常在时效性比较强的内容上使用 RSS 订阅，通过 RSS，用户可以更快速地获取信息。提供 RSS 输出的网站，有利于让用户获取网站内容的最新更新。网络用户可以在客户端借助于支持 RSS 的聚合工具软件（例如 SharpReader，NewzCrawler、FeedDemon），在不打开网站内容页面的情况下阅读支持 RSS 输出的网站内容。

RSS 以 XML 作为订阅内容的载体，一个 RSS 包含 channel 根元素，代表频道；每个频道包含如下属性：频道标题（title）、频道的 URL 链接（link）、频道内容描述（description）以及该频道输出的多个（新闻）条目（item）；每个 item 包含标题（title）、链接地址（link）和描述（description）项。图 7-6 为一个 RSS 描述范例。

ATOM 是与 RSS 类似的协议，也用于进行新闻订阅，但在具体结构上有差别。现在大部分 RSS 阅读器可以解析 ATOM 和 RSS 格式的信息源。RSS 被广泛应用于博客、视频网站、新闻网站等内容更新频繁或具有 Web2.0 特征的社区网站中，RSS 的信息聚合方式如图 7-7 所示。

RSS 还具有 Track back 技术，该技术可以使新闻或博文的引用方和被引用方互相知晓。以两个博文 A 和 B 为例，如果在 A 文里引用了 B 文，A 就会采用 Track back 技术自动向 B 发送一个引用消息，如果 B 收到的这类消息很多，则代表 B 文被引用次数很多。Track back 的优点在于，使被引用方知道被引用的次数，进而可以反映该文章的受欢迎程度。

7.6.4.2 Web 服务

RSS 是非常简单实用的新闻订阅协议，其简单之处在于只需提供一个固

```
<?xml version="1.0" encoding="ISO-8859-1" ?>
<rss version="2.0">
 <channel>
   <title>W3School Home Page</title>
   <link>http://www.w3school.com.cn</link>
   <description>Free web building tutorials</description>
   <item>
     <title>RSS Tutorial</title>
     <link>http://www.w3school.com.cn/rss</link>
     <description>New RSS tutorial on W3School</description>
   </item>
   <item>
     <title>XML Tutorial</title>
     <link>http://www.w3school.com.cn/xml</link>
     <description>New XML tutorial on W3School</description>
   </item>
 </channel>
</rss>
```

图 7-6　RSS 范例

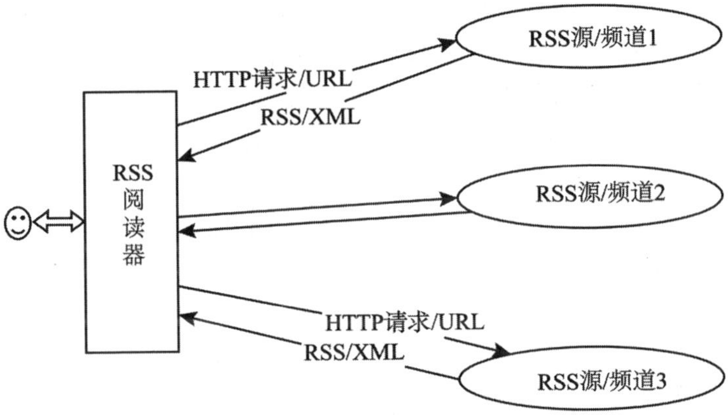

图 7-7　RSS 的聚合方式

定的 URL，就可以获得指定的信息内容。信息内容随着频道内容的更新而不断变化，不同时间获取的 XML 数据会发生变化。但对于有些情况，如希望以 XML 方式返回指定城市、指定日期的天气情况时，就必须给 URL 赋予变量(参数)，参数取值的不同，返回的 XML 内容也应该不同；当希望返回的 XML 内容不只是新闻这么简单，而是具有复杂结构的 XML 时，如 MARC 书目记录、DC 元数据记录，在这种情况下，RSS 就无能为力了，此时可以采用 Web 服务，作为请求发送给服务器。

(1)标准 Web 服务

Web 服务(Web Service)是一种新的重要的应用程序。它的运行机理是：以 URL 或 XML 格式向服务器发送请求，请求中可以包含多个参数和变量，服务器就会返回满足该请求的 XML 文档，文档中有用户所需的数据。由于请求采用的 URL 和 XML 可以被各种平台解析，而服务反馈的 XML 也可以被各种平台解析，且具有清晰的结构特征，所以 Web 服务可以支持机器理解。为了实现 Web 服务，需要利用三种主要的用于 Web 服务的 XML 标准：SOAP、WSDL、UDDI，三者构成了标准的 Web 服务(传统 Web 服务)：

SOAP：简单对象访问协议(Simple Object Access Protocol)，SOAP 定义一个 XML 文档格式，该格式描述如何调用一段远程代码的方法。用户端应用程序为了调用 Web 服务，需要创建一个描述希望调用的方法(返回指定城市和时间天气信息的方法)的 XML 文档(SOAP 格式)，并传递给它所有必需的参数(城市和时间)，然后应用程序通过网络将该 XML 文档发送给服务器端的方法代码。服务器端接收该 XML 文档、解释它、调用请求的方法，然后返回一个包含处理结果的 XML 文档(如晴天)。

WSDL：Web 服务描述语言(Web Services Description Language)是一个描述 Web 服务的 XML 文档。通过接收 WSDL 文档，可以获取服务器端一个 Web 服务提供的方法的详细信息，据此可以调用此 Web 服务。WSDL 格式的 XML 文档定义了 Web 服务的名称、方法的名称、方法的参数和其他详细信息。

UDDI：统一描述、发现和集成(Universal Description，Discovery，and Integration)协议向 Web 服务注册中心定义 SOAP 接口。如果有一段代码希望作为 Web 服务部署，UDDI 规范定义如何将该服务的描述 WSDL 添加至注册中心。如果用户需要寻找一段提供某种功能的 Web 服务，UDDI 规范定义如何查询注册中心以找到 Web 服务定义。

图 7-8 展示了 Web 服务的体系结构，该结构包括三个组成部分：服务代理方、服务请求方、服务提供方。Web 服务体系结构包含三种角色：Web 服务提供方、Web 服务请求方和 Web 服务代理方。三个角色之间通过发布、查找、绑定三个动作协同交互。

(1)服务提供方

服务提供方在实现了 Web 服务后，要采用标准协议描述 Web 服务的功能和调用接口，并通过服务注册中心发布 Web 服务描述，进而使不同的服务请求者可以查找到并调用 Web 服务。

(2)服务请求方

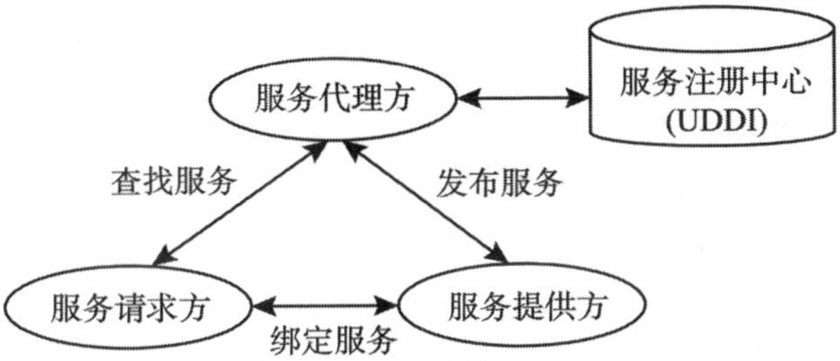

图 7-8　Web 服务的体系结构

服务请求方可以是一个应用软件，也可以是其他的 Web 服务。在明确功能需求之后，服务请求方在服务注册中心中查找满足其需求的 Web 服务，对查询结果进行筛选，最后采用服务接口绑定所需的 Web 服务并获得运行结果。

(3)服务代理方

服务代理方是使 Web 服务可以被发布并可以被查找的中介性基础架构。它使服务提供方方便地发布 Web 服务，使各个服务请求方迅速、准确地查找并绑定所需的 Web 服务。

服务提供方、服务请求方、服务代理方之间的协同交互涉及发布、查找和绑定三个动作：

①服务发布：服务提供方对服务进行一定的描述并通过服务代理方向中心注册服务。

②查找服务：注册中心的服务如何被服务请求方发现。服务注册中心会提供规范的接口接受服务请求方的查询请求；对于服务请求方，一般在设计阶段为了程序开发而主要检索服务的接口描述，而在运行阶段则为了调用服务而检索服务的绑定和位置描述。

③绑定服务：对服务的调用，发生在服务请求方和服务提供方之间。在绑定操作中，服务代理方反馈给服务请求方所请求服务的详细信息，包括服务的访问路径、服务调用的参数、返回结果、传输协议等。服务请求方使用服务描述中的绑定细节对服务进行定位和调用。

(2)RESTful 风格的 Web 服务

表述性状态转移(REpresentational State Transfer，REST)是一种专门针对分布式超媒体系统的体系结构样式，它由 Roy Fielding 在其博士论文中提出。Roy Fielding 认为 REST 风格的设计方式可以充分利用 Web 的特性，使 Web

达到最佳的工作效果。另外，REST 本身不是标准，而是为分布式超媒体系统设计的一种架构风格。

REST 架构是针对 Web 应用而设计的，其目的是为了降低开发的复杂性，提高系统的可伸缩性。REST 包含如下设计准则：

①Web 上的所有事物都被抽象为资源(Resource)；

②每个资源对应一个唯一的资源标识符(Resource Identifier)，一般称为 URI(Unified Resource Identifier，统一资源标识符)；

③通过通用的连接器接口(Generic Connector Interface)操作资源；

④对资源的各种操作不会改变资源标识符；

⑤所有的操作都是无状态的(Stateless)。

REST 风格的 Web 服务强调：通过有限的"操作动词"以及 HTTP 接口，提升客户与服务之间的交互操作。通过为每一个资源分配一个唯一的 URL 来实现灵活性。REST 可以调用包含上百个 URI 的资源类型的客户，其中的关键是 REST 能够给出无限多的"名词"。REST 中的主体是资源，使用固定的 URI 向外界提供资源，它使用 HTTP 的四个动词：POST、GET、PUT、DELETE 对资源进行请求和响应，其中 POST 用于创建资源，GET 用于返回资源，PUT 用于更新资源，DELETE 用于删除资源。图 7-9 展示了分别返回雇员列表(employee-list)、检索号码为 1234 的雇员、创建一个新雇员、更新一个雇员以及删除雇员的 HTTP 头信息及返回代码。

将 REST 风格和 Web 服务结合起来这样就构成了 REST 风格的 Web 服务。REST 风格的 Web 服务的核心是抽象远程资源而不是进行远程过程调用，REST 风格的 Web 服务不像传统 Web 服务一样拥有一套标准，它采用现有的 Internet 标准(HTTP、XML 和 TCP/IP)。REST 使用与浏览器相同的 HTTP 命令访问资源，当 REST 客户访问到资源时，表示客户转换到一个状态。用 TCP/IP 命名标准命名 Web 上的资源，用 HTTP 查询和操纵这些资源，使用基于文本的 URL 请求服务，采用 XML 封装返回结果。

REST 采用的四个基本操作(GET，POST，PUT，DELETE)含义如下：

①GET：该操作返回已标识资源的状态表示。可以通过大量的上下文要素来确认状态，例如谁正在提交请求、操作的参数(传入的参数如 HTTP 头或者查询字串参数)和服务提供方维护的当前会话状态。

②POST：该操作执行对已标识资源的更新。该操作的行为完全依赖于实现它的服务，该操作返回的数据也完全依赖于应用程序。它可以像 GET 操作一样返回一个状态表示，也可以不返回任何数据。

③PUT：该操作在已标识位置(URI)创建新资源。操作输入必须包括一

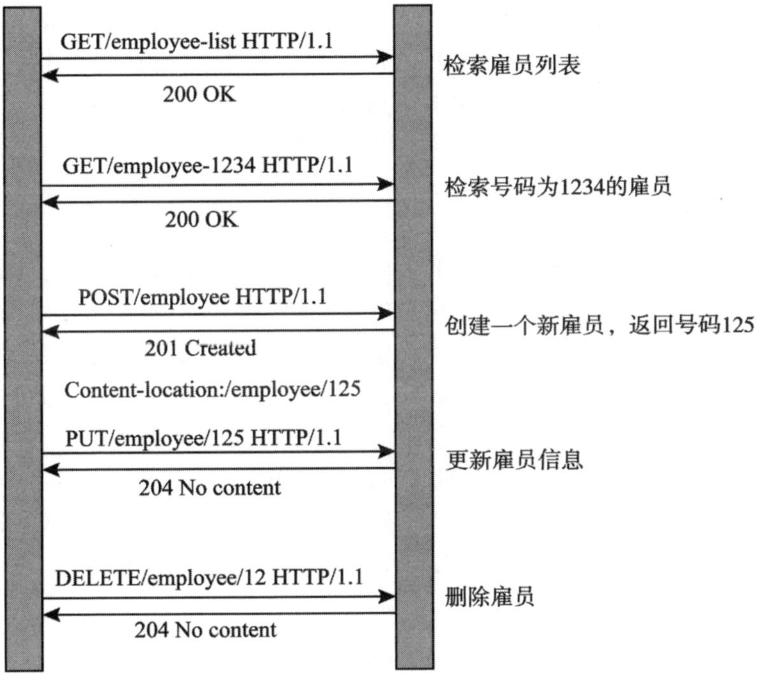

图 7-9　REST 风格 Web 服务调用示例

个资源的状态表示。它完全依赖服务来创建基于这个状态表示的资源。

④DELETE：DELETE 操作销毁已标识位置(URI)的资源。

许多大型 IT 公司都提供了 REST 风格的 Web 服务。Google Data API 专门使用 REST 规则来提供简单的协议。eBay、淘宝、Amazon 等电子商务企业服务也提供了 REST 风格的 Web 服务。

在 Web2.0 时代的许多著名网站都开始提供 REST 风格的 Web 服务，如 Google、Amazon、淘宝等。这些 Web 服务也称为开放 API。

7.6.4.3　开放 API

开放 API 往往以某种 Web 服务的方式，向外部提供编程接口，通过此接口可以访问信息集合内的信息资源，并输出 XML 格式的结果；或者通过接口可以实现一定的功能和服务。开放 API 成为 Web2.0 网站增强网站流量、形成更多个性化应用的关键。

开放 API 不是面向用户理解的，而是为计算机提供的，计算机通过某种程序设计语言调用开放 API，再根据返回的具有清晰结构的 XML 文档，形成信息视图和应用。开放 API 可以看做“信息集合”对外界开放的接口，对信息集合内信息的获取和处理都要经过该 API 完成，这一方面保证了信息集合本身的安全性，同时由于对 API 的输出采用了 XML 的结构，因此另一方面方便了机器自动处理和理解信息内容。

除了 RSS、ATOM、Web Service 和开放 API，许多以 XML 为基础标记语言的信息资源的元数据表征都可以支持机器理解，这种理解的基础是其格式的规范性和易解析特性。

网络环境中，由于资源类型的多样性、资源数量的海量性、资源表示方式的复杂性，使得对网络环境下信息资源的组织显得格外复杂。但在网络环境的变迁过程中，网络信息资源从简单的网页组织与发布，逐步发展到面向用户、协作、具有社会化特征、面向机器理解的信息组织阶段，此时就需要从网络信息组织的层次上加以把握，不同的层次在组织方法上是不同的。Web2.0 的理念逐渐被接受，更加面向机器理解的 Semantic Web（语义网）技术及标准开始引起更多的关注，与之相关的 Ontology（本体）、OWL（本体 Web 语言）、RDF 开始发挥更大的作用，成为 Web 发展的趋势。

习　题　七

1. 因特网发展的三个阶段是什么？每个阶段以哪些应用为代表？
2. Web1.0 与 Web2.0 的区别是什么？Web2.0 理念有哪些？
3. 网络信息资源的定义是什么？
4. 与传统信息资源相比，网络信息资源有哪些特点？
5. 网络信息资源可以分为哪几类？
6. Web 信息组织的技术条件有哪几个？
7. 概述网页设计和信息发布的过程。
8. 网络环境下信息组织的层次可以分为哪几层？各层的特点是什么？
9. 概述博客资源的特点与组织方法。
10. 维基百科中的编辑规则有哪些？它的信息组织具有哪些特点？
11. Web2.0 环境下信息组织的特点有哪些？
12. 什么是 RSS？RSS 的基本结构是什么？
13. 什么是 Web 服务，它可以分为哪几类？与 Web 服务相关的 XML 标准有哪些？
14. 开放 API 是如何将信息集合提供给用户使用的？这种方式与 HTML 网页相比，有哪些优点？

8 索引数据库与搜索引擎

为了支持快速检索，传统数据库都配置了支持各检索点的倒排文件及其多级索引文件。而对于数据库群的检索，还必须建立综合索引数据库。这一成果也很快推广到网络信息检索中。因特网上有数百万计的网站、数百亿计的网页。在这浩如烟海的信息海洋中，如何建立索引数据库是我们面临的重大课题。

建立索引数据库是一项大工程。它需要一批网络机器人一天 24 小时在网上爬行，收集相关信息建立索引数据库。随着因特网上的信息量成指数函数的速度增长，各类搜索引擎应运而生。本章主要探讨了搜索引擎的系统结构和使用方法。它们各有特色、各有所长。为了取各家之长、快速得到综合检索结果，因而出现了元搜索引擎。本章以元搜索网站、客户元搜索程序为例讨论了元搜索引擎的理论与实践问题。

8.1 索引数据库与索引机制

第 6 章我们已讨论了信息资源组织的数据库方法。常规数据库(文献数据库、数值数据库、事实数据库)都是结构化的数据库。随着因特网的发展与普及，网上信息资源的格式各异。如，众多的网页、电子文档就没有统一的结构，因而出现了半结构化的数据库。多媒体、超媒体信息资源的大量涌现，由无结构数据集成的数据库应运而生。数据库管理的规模越来越大，到 2015 年年底，著名的中文搜索引擎百度已索引了 100 亿以上网页，世界上最大的搜索引擎 Google 的索引网页数量更多。

管理这么庞大的信息资源，并即时向全世界用户提供优质服务靠什么？Baidu、Google 仅存储了相关网页的线索(特征值描述)。这些搜索引擎

(Baidu、Google)的核心是支持它的庞大的索引数据库(index database)。

搜索引擎是将各网页的特征值和网址抽取倒排、排序与归并建立特征索引数据库。这样，形成了全方位的索引机制。

8.2 搜索引擎的诞生与发展

8.2.1 搜索引擎的诞生

因特网(Internet)的迅速发展，各种基于因特网的协议 FTP、Gopher、HTTP 等相继出现，尤其是 HTTP 协议的出现，使得万维网(WWW)信息资源的数量猛增，成千上万的 Web 站点提供各类信息资源和服务，使网络信息资源汇集成为一个信息海洋，数据量大和无序导致用户很难找到所需的信息。因此，迫切需要将这无序的信息有序化，在这样的背景下搜索引擎应运而生。搜索引擎 (search engines)是指接受用户的提问，检索某(索引)数据库，并将与用户提问相匹配的信息对象反馈给用户的检索工具。广义地讲，search engines 不仅指信息检索程序本身，而且还指界面、相关的入口、程序、支持它的索引数据库和服务。

搜索引擎是在因特网形成之后诞生的，虽然当下著名的搜索引擎都是基于 Web 的，但是搜索引擎作为将因特网信息资源有序化的工具，与其类似的搜索工具在 WWW 出现之前就诞生了。当时网络信息资源则主要通过 FTP、Gopher 等进行组织，而支撑 WWW 的 HTTP 协议尚未诞生。

第一个搜索工具 Archie 诞生于 1990 年，它是基于 FTP 协议的，通过采集各 FTP 站点内的文件目录信息形成文件数据库，可以对文件名等信息进行搜索，但文件数据库并未对文件内容进行索引。随着 Gopher 协议(1991，支持类似于文件层级目录的信息组织方式)的出现，又形成了基于 Gopher 的搜索工具 Veronica 和 Jughead，它们可以对 Gopher 文件索引系统进行文件搜索(文件名和标题)。

在 WWW 诞生后，Aliweb(1993)成为最早的搜索工具，其并未采用爬虫爬取站点信息，而是通过站点管理者向 Aliweb 提交网页的方式形成网页数据库。JumpStation(1993)也是较早的搜索工具，它采用 Web 爬虫爬取网页，并将网页名称和标题进行索引，提供搜索界面供用户使用，因此具备搜索引擎的基本特征(爬取、索引、搜索)，但是并未对网页全文进行索引。

第一个基于 Web 的全文搜索引擎 WebCrawler 出现在华盛顿大学，于 1994 年 4 月推出。与 JumpStation 不同的是，它开始对网页全文进行索引，其体系结构成为搜索引擎标准模板，因此其后产生的搜索引擎在体系结构上都与之相似。

随后，各个 Web 搜索引擎则如雨后春笋，不断出现。如 Lycos、Altavista、Excite、Ask Jeeves、NorthLight、Google、Yahoo。在我国，诞生了百度、搜狗、搜搜、有道等搜索引擎。表 8-1 列出了搜索引擎时间表(此表来自于 http：//en. wikipedia. org/wiki/Web_search_engine)。

表 8-1　**搜索引擎历史**

1993	Aliweb，JumpStation
1994	WebCrawler，Niranjan，Infoseek，Lycos
1995	AltaVista，Open Text Web Index，Magellan，Excite，SAPO，Yahoo!
1996	Dogpile，Inktomi，HotBot，Ask Jeeves
1997	Northern Light，Yandex
1998	Google，MSN Search
1999	AlltheWeb，GenieKnows，Naver，Teoma，Vivisimo
2000	Baidu，Exalead
2003	Info. com
2004	A9. com，Sogou(搜狗)，Yahoo! search
2005	Ask. com，GoodSearch，SearchMe，Qihoo(奇虎)
2006	wikiseek，Quaero，Ask. com，Live Search，ChaCha，Guruji. com，SoSo(搜搜)
2007	wikiseek，Sproose，Wikia Search，Blackle. com，Yodao(有道)
2008	Powerset，Viewzi，Cuil，Boogami，LeapFish，VADLO Sperse! Search，Duck Duck Go，Searchme
2009	Bing，NATE
2010	Yandex
2011	YaCy
2012	Volunia
2013	Qwant，Coc Coc，Egerin

8.2.2 搜索引擎的分类

根据不同的划分方法，可以对各个搜索引擎进行分类。此处我们采用4种角度对其进行分类：

(1)从搜索过程的层次划分

可以将搜索引擎分为两类：常规搜索引擎和元搜索引擎。前者需要通过爬虫爬取各类网络信息资源并建立索引数据库，搜索过程是对自身索引数据库的搜索过程。后者则无需维护索引数据库，而是通过检索各个常规搜索引擎，并通过整合各个搜索引擎的结果，提供搜索服务。二者主要的区别为前者具有搜索引擎的各个功能模块，后者则主要对搜索结果进行综合，并不维护自己的网络爬虫和索引数据库。

(2)从索引数据库的信息媒介划分

可以将搜索引擎分为：图像搜索引擎、视频搜索引擎、网页搜索引擎。通过分别对不同媒介的信息(图像、音频、视频、文本)进行索引，可以形成不同信息媒介的索引数据库，提供针对不同媒介的信息搜索服务。

(3)从搜索引擎所涵盖的信息资源的广度划分

可以将搜索引擎分为综合性搜索引擎和专业搜索引擎。综合性搜索引擎如Google、Baidu等，它们的索引数据库包括各类信息资源，索引对象为整个WWW的全部网络信息资源；后者则只对WWW的一部分网页进行索引，提供专门的服务，如论坛搜索、视频搜索、政府网站搜索等，因此又称垂直搜索引擎。

(4)根据网页内容的组织和处理方式划分

可以将搜索引擎分为：Web目录式搜索引擎、全文数据库式搜索引擎、Web结构分析型搜索引擎。前者如早期的Yahoo，其采用Web资源目录的形式提供搜索服务，此时只对网页和站点进行手工收录和索引，索引内容为基本的网页和站点信息，并未存储网页的全文内容，采用主题分类方式对网页和Web站点进行组织。全文数据库式搜索引擎则对网页全文进行索引，形成索引数据库，支持基于关键字和自然语言的检索，检索范围可以是网页的任何文本内容。随着Google及Baidu的出现，搜索引擎开始注重对网页与网页之间的链接关系，形成网页链接关系索引库，对Web的结构特征进行提取，并将结构特征分析结果作为设置爬虫的爬取策略和执行搜索结果排序的依据。

8.2.3 搜索引擎的发展趋势

搜索引擎自诞生以来已有二十几年的发展历程，相关技术不断成熟，搜索引擎也越来越成为因特网中使用最多的工具。搜索引擎的发展趋势主要体现在如下几个方面：

(1)个性化

Web2.0时代的到来，更加强调用户体验，强调重视用户的个体偏好。搜索引擎也正在摆脱千人一面的用户界面设计，许多搜索引擎开始提供用户注册和偏好设置功能，通过记录用户的搜索行为和用户偏好，为不同的用户提供不同的服务。Google 和 Yahoo 等搜索引擎都开始推出个性化的搜索首页，通过配置相关模块和主题内容，满足用户的特定需求。

(2)智能化

在搜索引擎的检索结果中，用户经常发现搜索结果不能与用户需求完全匹配，搜索结果中常常出现许多无关页面。究其原因主要是因为搜索引擎基于关键词的搜索方式，难以清晰表达用户的语义，而基于索引数据库的全文索引，也无法得到信息资源的内涵的语义结构。因此为了解决上述问题，基于提高搜索引擎的智能化水平，通过更清晰定义信息的语义特征。搜索引擎通过信息抽取、语义标引等技术可以提高其智能化水平，而且随着下一代互联网(Semantic Web)研究的深入，已经出现了基于语义的搜索引擎模型及语义搜索引擎。

(3)整合化

用户希望在搜索引擎的反馈结果中，包含多种类型的相关信息，不仅仅包含文本信息，还希望包含返回相关的图片、视频信息。这样就不需要重复检索各类信息。因此许多搜索引擎开始将图像、网页、视频的搜索结果以整合的方式反馈给用户。

(4)垂直化

因特网上的信息量越来越大，海量的信息导致用户在综合性搜索引擎搜索某个特定主题、领域的信息时，其他无关主题、领域的信息也会返回。因此许多面向特定主题的垂直搜索引擎开始出现，由于只关注特定主题、领域的信息内容，在索引量和检索结果的相关性上都大大增强。而许多综合性的搜索引擎也开始推出多个主题性质的搜索功能。

(5)移动化

随着移动互联网的发展，3G 广泛应用和 4G 的到来以及手机移动终端的普及，移动终端逐渐成为新的获取信息的工具，因此许多搜索引擎都开始推出基于移动平台的搜索服务，通过手机等移动终端，都可以访问搜索引擎。

(6)开放式

用户在使用搜索引擎时是通过浏览器进行的，而有些特殊用户，如程序员，他们希望利用已有的搜索引擎，开发各种特殊的、满足特定需求的搜索应用。而各个搜索引擎为了拓展自己的应用范围，都开始开放搜索接口和数据库，使第三方开发人员可以快速地搭建各式各样的搜索服务。Google、Yahoo 先后都提供了自己的搜索接口，其服务的对象由普通用户扩展到了大量第三方程序开发人员，形成了大量丰富多彩的搜索应用。

8.3 搜索引擎的系统结构

建立搜索引擎是将无序的网络信息资源进行有序化组织的有效方法。一个搜索引擎一般由搜索器(Robot Spider)，索引器(Indexer)，索引数据库(Index Database)，检索器(Searcher)和用户接口(User Interface)等五个部分组成(如图 8-1 所示)。

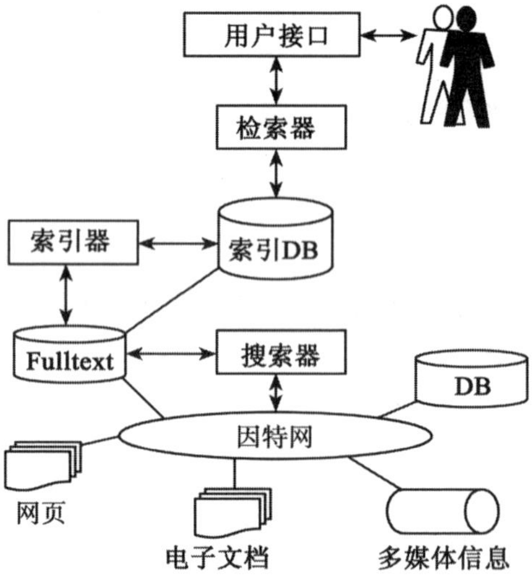

图 8-1 搜索引擎的系统结构

8.3.1 搜索器

搜索器是从因特网上采集信息的专用程序，亦称网络机器人(Robot)、蜘蛛(Spider)、爬虫(worm)等。其功能是日夜不停地在网上漫游，不断地从网上采集并及时送回相关信息。它不仅要尽可能多地采集各种类型的新信息，而且要定期更新已经搜索过的旧信息，及时更新搜索引擎的索引数据库。

图 8-2 展示了搜索器的结构。其中 URL 列表维护所要爬取的所有网页的 URL，调度器负责根据各种网页爬取策略，将 URL 列表中的 URL 分配给下载模块，下载模块采用多线程模式，同时对多个页面进行爬取，该模块提取爬取回的网页中的 URL，提交给 URL 列表，并将全文信息以网页全文的形式提交到网页全文数据库，并由索引器进行索引。

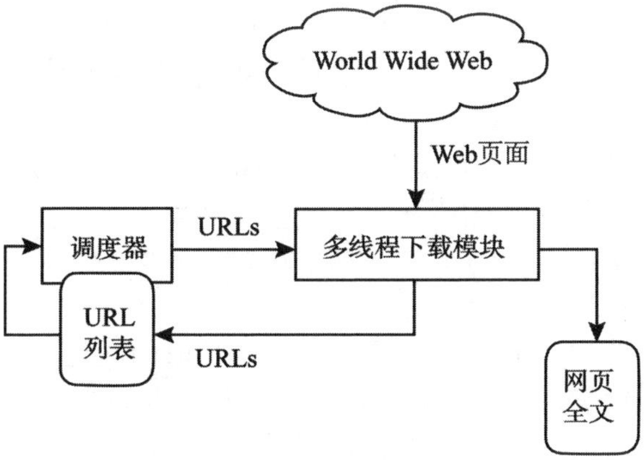

图 8-2 搜索器的结构

在 WWW 中，搜索器要面对的主要问题有：

(1) WWW 庞大的网页数量。这意味着搜索器无法爬取 WWW 中的所有网页，因此必须从中选择最值得爬取的网页。

(2) 网页在不断地变化，搜索器必须对更新后的网页重复爬取。

(3) Web 数据库的出现形成许多动态页面(即在 URL 中包含各种参数的页面)。

要解决上述问题，搜索器就需要采用合适的爬取策略。搜索器的采集策略有：

①网页选取策略，即优先选取哪些网页作为爬取对象。

②重复爬取策略，即对变化的网页重新爬取。

③友好性策略，即采用何种方式，对被爬取网页进行爬取。

④并行爬取策略，当采用多个爬虫并行爬取网页时，如何配置各个爬虫

的行为。

网页选取策略包含很多类型，其中较常用的有：广度遍历、深度遍历和高权重优先策略。广度遍历和深度遍历与树结构中的遍历算法一致，因为网页和网页之间的链接关系形成树结构，最先爬取的网页为根节点。高权重优先策略，则是采用网页的权重提取方法(如 PageRank)，将高权重的网页作为优先爬取的对象。在实际爬取过程中，往往采用广度遍历和高权重优先混合使用的网页选取策略。在网页选取过程中，还可以采用下列方法控制搜索器的爬取范围：

①从基本网址集开始，用“滚雪球”的方式逐步扩大，直至整个因特网。基本网址集可以是自己熟悉的网址(如新华网 http://www.xinhuanet.com/ 和国家教育网 http://www.edu.cn/等)，也可以是一些知名的网站(如 Sohu，Yahoo 等)从这些起点开始，顺着里面的超链(HyperLink)扩宽，扩深，逐步展开，乃至整个因特网。

②从国家(.cn，.uk，.de .Fr……)或地区(.hk，.mc)域名划分，逐步展开，对某个子空间进行遍历。

③从网站类别(.gov，.edu，.com，.org……)划分对某一类的网站进行穷尽搜索。

重复爬取策略主要解决对变更网页重复爬取的问题，对于搜索引擎来说，如果不能及时爬取到变更后的网页，则其提供的对应信息就是过时的。评测一个网页是否过时，经常采用两个指标：新鲜度(Freshness)和年龄(Age)。在 t 时刻，如果索引库中网页 P 的实际内容未变化，新鲜度为 1，反之为 0；在 t 时刻，如果页面 P 没有变化，则年龄为 0，反之则用 t 时刻减去 P 更新的时间。网页 P 的新鲜度函数($F_P(t)$)和年龄函数($A_P(t)$)的定义如下：

$$F_P(t)=\begin{cases}1, & \text{如果 } P \text{ 在 } t \text{ 时刻没有更新；}\\ 0, & \text{反之。}\end{cases}$$

$$A_P(t)=\begin{cases}0, & \text{如果 } P \text{ 在 } t \text{ 时刻没有更新；}\\ t-(P\text{ 最近一次更新时间}), & \text{反之。}\end{cases}$$

利用新鲜度和年龄函数作为统计指标，就可以对各类重复爬取策略进行评估。常用的重复爬取策略有：一致策略，即以一定的频率对所有网页进行重复爬取，不区分变更频率不同的网页；比率策略，即对于更新频率较高的网页，重复爬取的频率也较高。

友好性策略主要源自于搜索器对被爬取网站资源的占用。对网站而言，搜索器要的爬取行为意味着不断地从该网站下载网页，这会占用网站的网络带宽，增加网站服务器的负荷。当爬取行为过于频繁，爬取页面过多时，会影响网站的正常运行。网站管理员可以通过设置网络机器人排除协议(Robot Exclusion Protocol)设置网站中可爬取的网页的范围，进而限制搜索引擎机器人的爬取行为。而爬取行为的频度则主要由搜索引擎自身设定。

并行爬取策略是针对多个并行搜索器而言的。并行爬取是指在同一时刻，有多个搜索器同时爬取网页信息，搜索引擎要采用一定的策略协调各个搜索器的行为，目的是提高爬取速度，降低并行处理中协调过程消耗的资源，同时又要防止多个搜索器重复爬取相同 URL 的网页。

除了上述多种网页爬取策略外，还可以采用其他方法，如按语种类别分类搜集等，搜索器从网上采集的信息类型是多种多样的，有网页(如 HTML、XML、ASP、JSP、PHP 等格式的文档)，字处理文档(Word、Excel、PDF 等格式)，电子表格和数据库文件(如 Access、SQL Server、Oracle 等数据文件)。搜索器首先将搜集的各类信息的文档格式过滤掉，变成纯文本(Full-text)文件信息送回，交由索引器抽取相应的信息建立索引。

8.3.2 索引器

索引器(indexer)从搜索器返回的纯文本信息文件抽取索引项(属性)，生成倒排工作文件，进而逐步建立索引数据库。其工作过程可分三步进行。

首先，索引器要理解搜索器提供的 fulltext 文件，区分哪些是项目类索引项，需要抽出，并根据原网站的地址一起生成倒排索引工作文件：

$$\mathrm{IF}Wi(I=1,\ 2,\ \cdots,\ n)。$$

接着，对每个倒排索引工作文件 IF*Wi* 排序，若该文件过大，则分段排序，然后归并成一个排序文件 IFW*Si*。

将 IFW*Si* 逐个逐个装入索引数据库。每个 IFW*Si* 在索引数据库中生成倒排地址表（IA*Li*）及其索引（IXF）。索引文件由索引项的值，频率数及指针组成。指针指向倒排索引地址表文件的相对地址。它们之间用指针加物理邻接的方式组织。索引若过大，可建成多级索引，如 ixf i1、ixf i2、ixf i3。

8.3.3 索引数据库

索引数据库是搜索引擎的核心，它既是索引器提供的产品，又是检索器进行工作的基础。没有索引数据库就没有办法实现搜索引擎的功能。

索引数据库的结构如图 8-3 所示，它由四类文件组成：倒排地址表（IA-Li）、倒排索引 ixfi 及其他索引文件（ixf i1、ixf i2、ixf i3）和纯文本（full-text）文件。

(1)接口模块 (Interface Module File)

它是用户通过用户接口交互传给检索器的用户需求，检索器理解用户需求后通过指令的方式传给了索引数据库，索引数据库的接口模块理解该指令的检索途径和特征值。

(2)主索引文件 (Main Index File)

一般来说，一个搜索引擎可能要搜集和索引上百万个网站的信息，索引文件的规模太大，不利于快速响应，因而它需要在索引文件上建立多级主索引，主索引的功能是接收接口模块传来的检索途径和特征值，在索引文件中迅速定位。

(3)倒排索引文件 (Inverted Index File, IXF)

索引文件可以为检索器提供检索结果，如命中的对象数 n，同时以 n 为控制数由相对地址指针 AP 到相应的 IALi 中去读取 n 个 URL。

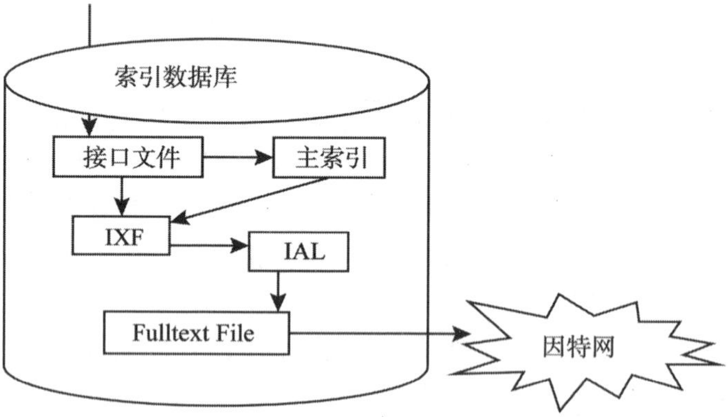

图 8-3　索引数据库结构

(4)倒排地址表 (Inveted Address List, IAL) 倒排地址表中存放的是相关的 URL，它与其索引文件指针相连，内部用物理邻接方式存放。检索器按其索引文件的检索结果进行读取和装配。

(5)纯文本文件 (fulltext)

这是搜索器从因特网上采集来的网上信息，经过过滤后的文件，它包括 title、description、creater、publisher、Date、KeywordsURLs 等信息，在检索器检索 ixf 后，在显示命中结果。同时，取出民 IAL 中的 URL，分块(如每次显示 20 个命中对象)装配，所需信息都是从 fulltext 文档中提取。

通过网站搜索引擎检索的结果是初步的，在浏览相关 fulltext 的命中记录后，如果需要进一步了解信息源，可以点击该记录 URLs，则通过超链接，立即跳转到相应网站提出详细信息供用户使用。

这样，索引数据库实际上已成为搜索引擎的核心，它将因特网无序的海量信息资源有序化，用户可以很容易得到自己感兴趣的信息资源。

8.3.4 检索器

检索器(Searcher)是对具体搜索引擎所配置的索引数据库而研制的专用检索程序包。它的职责是从用户接口接受并理解用户需求将其转换成检索指令，对索引数据库实施检索，并将结果集按内容的相关度排序，并使排序结果文件向用户反馈。

对检索结果按照相关度进行排序，是检索器的核心。检索器往往采用传统的信息检索方法对信息进行检索和排序，这些方法遵循一定的信息检索模型：布尔模型(Boolean Model)、向量空间模型(Vector Space Model)、概率模型(Probabilistic Model)和语言模型(Language Model)。

上述模型是针对传统的文档集合的，传统文档集合中文档间没有联系。但在搜索引擎环境下，其索引和检索的对象为网页集合，网页之间的超链接使之形成一个巨大的网，网页之间是有联系的。因此也可以根据网页间的链接结构提取网页的权重信息，辅助传统的信息检索模型进行检索结果排序。

许多链接分析方法，都可以利用网页链接结构提取网页权重，其中最典型的方法为 HITS(Hyperlink-Induced Topic Search，1998)算法和 PageRank 算法。

对于每个页面 P，HITS 算法计算页面的两个值，即 Authority(权威度)和 Hub(连接度)，Authority 值较大的为权威型网页，该网页提供最好的信息内容，因此被许多其他页面链接；Hub 值较大的为目录型网页，它提供很多指向其他高质量权威型网页的超链接。Authority 和 Hub 之间满足如下关系：对于 Authority，如果有越多 Hub 值高的页面指向 *P*，*P* 的 Authority 值就越大；对于 Hub，如果 *P* 指向越多 Authority 值较高的页面，*P* 的 Hub 值就越大。

对整个 Web 集合而言，Authority 和 Hub 是相互依赖、相互加强、相互优化的关系，这就是 HITS 算法方法的基本思想。HITS 算法基本过程如下：

①将每个页面的 Authority 值和 Hub 值都设置为 1；

②对于任意页面 *P*，累加所有指向 *P* 的页面的 Hub 值，得到 Authority 值；

③对于任意页面 P，累加所有 P 指向的页面的 Authority 值，得到 Hub 值；

④对所有页面的 Hub 值和 Authority 值进行归一化；

⑤回到第 2 步，迭代计算，直到 Hub 和 Authority 收敛。

PageRank 算法(1998)是最早提出的链接分析算法之一，并被 Google 用于计算网页的重要性得分。其基本思想是：

如果网页 T 存在一个指向网页 P 的链接，则表明 T 认为 P 比较重要，从而把 T 的一部分重要性得分赋予 P。这个重要性得分的值则由 T 的 PageRank 值 $PR(T)$ 和 T 的出链(从 T 链出的链接)数 $C(T)$ 决定。具体公式为：$PR(T)/C(T)$；而对于页面 P，其 PageRank 值 $PR(P)$ 的计算如下：

$\mathrm{PR}(P) = \mathrm{PR}(T1)/C(T1) + \mathrm{PR}(T2)/C(T2) + \cdots + \mathrm{PR}(Tn)/C(Tn)$；其中 $T1$，$T2$，…，Tn 为含有指向 A 链接的页面。

为了避免 Link Sink(许多网页没有入链或出链)的问题，对上式引入一个阻尼系数 d，使公式变为：

$\mathrm{PR}(P) = (1-\mathrm{d}) + \mathrm{d}[\mathrm{PR}(T1)/C(T1) + \mathrm{PR}(T2)/C(T2) + \cdots + \mathrm{PR}(Tn)/C(Tn)]$

如此经过多次迭代，系统的 PR 值达到收敛。从概率的角度 PR 的计算公式可以解释为：一个随机冲浪者(随机地点击网页链接的网页浏览者)随机地选择一个网页后，不断地、随机地点击网页上的链接，但是从不返回；除非最后厌烦了才随机选择另一个页面。在这种情况下，随机冲浪者访问某个页面的概率就是该页面的 Page-Rank 值；阻尼系数 d 就是随机冲浪者在浏览某个页面厌烦了的情况下，随机选择一个新页面的概率。页面的 PageRank 值越高，则随机冲浪者发现它的概率越大。

采用 PageRank 和 HITS 算法，可以从网页的链接结构中获取网页的重要性权重，在搜索结果排序时，将其与传统的检索模型结合，优化排序结果，另外，基于链接分析得到的网页重要度信息也可以用到搜索器的网页选取策略中，往往优先爬取重要度较高的网页。

8.3.5 用户接口

用户接口(User interface)的作用是接受用户的检索需求的输入，并进行语法检查，使其规范。如，概念之间的逻辑运算符 AND、OR、NOT，通配符和连接号、括号配对、词组定界符等的正确使用，否则返回用户进行修改，调整后再传给 Searcher 对索引数据库进行检索，并适时地显示检索器反馈的检索结果。

搜索引擎的用户接口，可以分为两个部分：用户需求提交接口和搜索结果反馈接口。前者用于接收用户需求，后者则将搜索引擎针对用户提交的需求检索得到的结果反馈给用户。

用户需求提交接口往往采用文本框的方式，接收用户的查询请求，用户通过设定具有特定格式的文本，定义自己的查询请求。除了利用文本框，还常常采用下拉列表、复选框、单选框等，对查询请求作限定。常见的搜索引擎都提供简单搜索界面和高级搜索界面，前者面向一般用户，强调的是方便性和易用性，后者则面向具有一定搜索技巧的用户，可以设置更复杂、个性化的查询请求。

搜索结果反馈接口往往采用列表的方式，输出网页的标题、摘要、网址等基本信息，并常常采用高亮颜色标记结果中的搜索关键词。有的搜索引擎(如 Vivisimo)还提供搜索结果自动分类功能，可以将搜索结果按照主题分类并显示分类列表。

在用户需求接口和搜索结果反馈接口的设计过程中，采用信息可视化的方法进行设计成为用户接口设计的重要内容。信息可视化就是运用计算机图形或图像处理技术，将信息转换为图符、图形和图像在计算机屏幕上显示出来，并进行交互的理论、方法和技术。在进行用户接口设计过程中，就可以用信息可视化的方法对用户需求和搜索结果进行可视化。许多搜索引擎都开始将可视化技术应用到用户接口的设计中，这些搜索引擎常被称为可视化搜索引擎。其中较为典型的包括 Grokker (live. grokker. com) 和 Kartoo (www. kartoo. com)，它们都采用可视化方法进行了搜索结果的可视化，如图 8-4 和图 8-5 所示，并提供动态交互功能。而综合性的搜索引擎 Google 和 Baidu 也开始提供可视化的用户接口。在 Google 的趋势搜索、时空隧道和百度指数中，都采用了可视化界面。

8.4 搜索引擎的使用方法

上一节我们已讨论了搜索引擎的系统结构、工作原理以及网络信息的组织方法。本节将在此基础上研究搜索引擎的利用问题。

8.4.1 布尔检索

搜索引擎中的索引数据库是将相关网站里的网络信息资源有序化的集合，它按照多角度的索引方法，因而支持多个检索途经、多种描述的检索方法。其中最基本的是支持布尔逻辑检索。

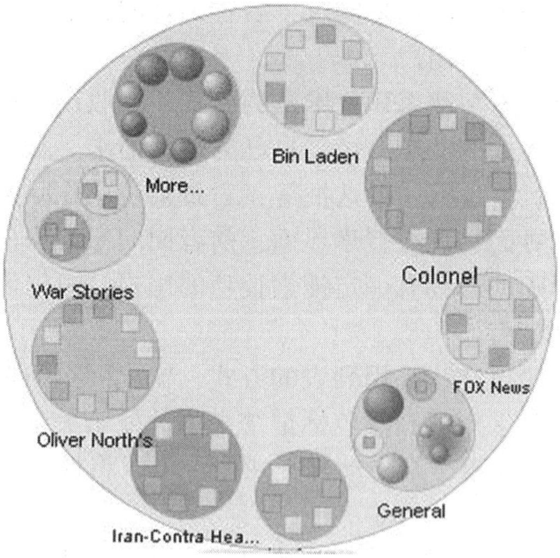

图 8-4　Grokker 的可视化用户接口

所谓布尔逻辑检索是指支持布尔逻辑运算(AND、OR、和 NOT)的信息检索。所有的搜索引擎都提供某种形式的布尔逻辑检索，或者使用“简单化的”布尔逻辑（使用加号和减号)，或者使用“完全的”布尔逻辑（AND、OR、NOT)。

(1)AND—网页(记录)中必须同时包含由 AND 连接的两个词

例如：mobile　AND　Communication，它只检索既包含有 mobile 又含有词 Communication 的那些网页。

(2)OR—网页(记录)中含有其中任一个词

例如：VCD　OR　DVD，检索出含有词 VCD 的全部网页(记录)和含有词 DVD 的全部网页(记录)。

(3)NOT—网页(记录)中不得包含某个词

例如：Computer　NOT　notebook，检索出含有词 computer，但不含有词 notebook 的全部网页(记录)。

(4)()—括号

为了描述复杂的检索需要。往往需要使用括号，它能准确说明词的分组或部分布尔逻辑式的执行顺序。

例如：(VCD　or　DVD)AND sales，该检索将输出含有词 sales 和同时含有词 VCD 或词 DVD 的网页(记录)，括号表明了确切的需求含义，若去掉

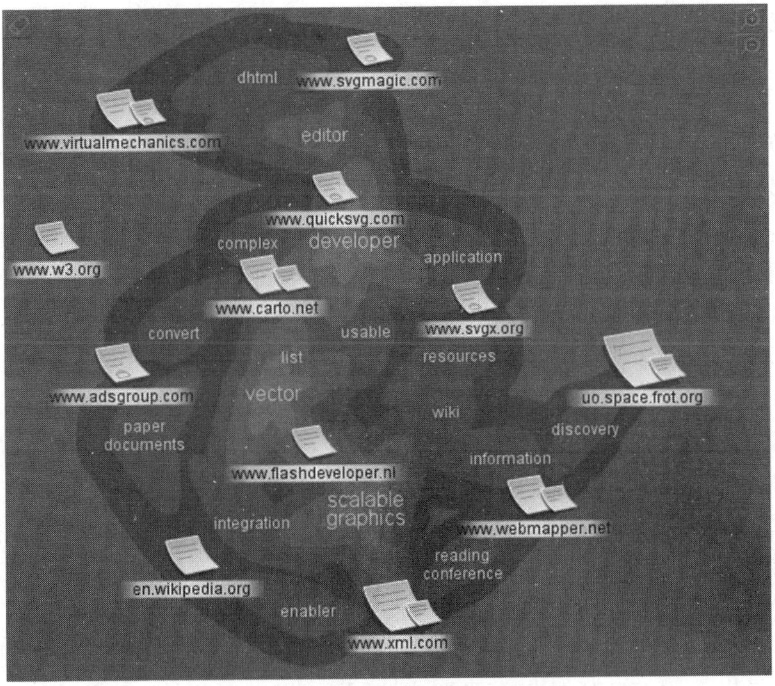

图 8-5 Grokker 的可视化用户接口

括号，其意义就大不相同了。

8.4.2 截词检索

在众多的搜索引擎中，多数均支持利用词根进行截词检索。截词一般用词根加上截词符(通常用“ * ”号)表示。这样可以大大简化带有不同后缀(s、ing、ed、ness、ful、ology)等词的检索。在有些搜索引擎中，截词可以自动完成。而多数支持截词检索的搜索引擎需要用户用截词符指定。

8.4.3 词组与名称检索

在利用搜索引擎进行网络信息检索时，允许用户用两个词进行检索，两个词既可以相邻，组成词组形式，用引号界定输入进行检索。例如，“武汉长江大桥”，又可以将这两个词出现在上下文中且相距一定距离。有些搜索引擎还使用了 NEAR 等类似的运算符，描述了两个词之间的间隔距离。

例如，搜索引擎检索中，用户还可以用人名、公司名称和单位名称进行检索，有些搜索引擎是区分大小写，所以用户输入时，将专有名词首字母大写，或许会提高检索效率。

8.4.4 范畴检索

为了提高查准率(precision)，往往需要将检索限制在网页(记录)的一个特定部分或几个部分进行，这就是范畴检索。它的思想来自于传统的联机检索(如：Dialog、ESA/IRS、STN)等，在网络信息检索中，常用到的范畴有Title、Date、URL、Links 图像(多媒体内容)等。

(1)Title(网页标题)

标题范围检索是人们常用的一种检索方法，它是获取相关记录的一种快捷、简便的方式。当然，由于标题的描述有限，它与信息对象的实际内容有一定差距，使检索结果查全率(recall)受到了限制。一般来说，标题反映关键性内容，但有些标题反映主题内容较差，出现漏检，降低了查全率。

有些搜索引擎只允许检索标题中的单词，而有一些搜索引擎可以检索完整的词组，它们之间也存在着查准率的差距。

(2)Date (日期范畴)

在网络搜索引擎中，Date 范畴所反映的并不是信息资源的创建日期，而通常是指：用 HTLM 的发布日期或该网页“最近更新的”日期。

(3)URL(统一资源地址)

人们把 Uniform Resources Locator (URL)统一资源地址简称网址，它是网页的重要属性对其范畴(edu、gov、com、net、irs、org 等)进行检索非常有效。例如，用 URL：whu. edu. cn、URL：people. com 进行范畴检索，可以检索到在本地址内的信息资源，大多数搜索引擎有较好的灵活性，不仅可以检索 URL 中的域名类型、主域名、国家和地区，而且可以检索 URL 的任何邻接部分，包括 URL 域名部分，右边的目录、文档名称。还有的搜索引擎(如 HotBot)用州名进行范畴检索。

(4)Links(链接)

在范畴检索中，利用网页(记录)之间的链接关系进行 Links 检索是十分有效的手段。使用这种方法，可以很快检索出相关的网页。

Links 检索与传统的引文检索相似。可以利用其属性值链接查询，进行相关检索是提高查全率和深度专题挖掘的有效方法。

(5)图像(Image)检索

许多搜索引擎都提供图像检索服务，如 Google 和 Baidu 都可以检索到大量的图像资源。具体操作将在后面的实例中介绍。

8.5 搜索引擎的实例

8.5.1 Google

Google 既是公司名，又是搜索引擎(www. google. com)的名称。Google 是由英文单词“googol”变化而来。它表示 1 后边带有 100 个零的数字。Google 使用这个词代表公司想征服网上无穷无尽信息资源的雄心壮志。Google 公司是一家私人控股公司，创建于 1998 年。Google 不仅为广大因特网用户提供搜索引擎服务，而且还为信息内容供应商提供联合品牌的网络搜索解决方案。

Google 公司开发出了世界上最大的搜索引擎，提供了便捷(搜索时间通常不到半秒钟)的网上信息查询方法和查询服务(如图 8-6 所示)，促进了全球信息的交流。

图 8-6　Google 主页

(1) Google 的特点

- 网络资源组织的范围广

Google 搜索引擎是目前世界上最大的搜索引擎。它索引组织了网页、图像、大量的视频信息和网络论坛的信息。

● 支持的语种多

目前 Google 搜索引擎在 100 多个国家与地区建立了网站，支持用 40 多种语言进行操作，为世界每个用户提供优质服务。

● 采用的技术新

Google 富于创新的搜索技术和典雅的用户界面设计使 Google 从众多搜索引擎中脱颖而出。Google 并非只使用关键词或代理搜索技术，它将自身建立在 PageRank 技术基础之上，可确保将重要的搜索结果优先呈现给用户。而且其倡导的云计算及计算机集群和并行处理技术，使其在网页爬取数量和速度上都具突出优势。

Google 致力于提供全球最好的网路搜寻服务，拥有快速简单的强力查询方法，每日为几亿用户提供最有效的相关资讯。Google 拥有多项创新的技术，多次获得业界殊荣。

● 系统功能强

Google 除了提供基本的网页检索和图像检索外，还不断推出新的功能，这包括视频搜索、新闻搜索、地图搜索、图书搜索、学术搜索、源代码搜索、博客搜索等多种功能。而且 Google 在世界各地建立的分公司又根据当地网络用户的需求，提供多种面向不同区域和国家的搜索服务。

(2)主要功能

● 网页检索

Google 查询简洁方便，仅需输入查询内容并敲一下回车键（Enter），或单击“Google 搜索”按钮即可得到相关网页资料。

Google 查询严谨细致，可以返回最重要、最相关的内容。例如，当 Google 对网页进行分析时，它也会考虑与该网页链接的其他网页上的相关内容。Google 还会先列出那些搜索关键词相距较近的网页。

搜索引擎 Google 支持布尔逻辑检索，自动使用“and”进行查询。Google 只会返回那些符合全部查询条件的网页。不需要在关键词之间加上“and”或“+”。可以输入更多的关键词(关键词间加空格)缩小查询范围。

Google 忽略最常用的词和字符，这些词和字符称为忽略词。Google 自动忽略“http”，“. com”和“的”等字符以及数字和单字，这类字词不仅无助于缩小查询范围，而且会大大降低搜索速度。

每个 Google 搜索结果都包含从该网页中抽出的一段摘要，这些摘要提供了搜索关键词在网页中的上下文。

Google 运用智能型汉字简繁自动转换系统，能找到更多相关信息。搜索所有中文网页时，Google 会对搜索项进行简繁转换后，同时检索简体和繁体网页。

Google 搜索不区分英文字母大小写。所有的字母均当做小写处理。例如：搜索“google”“GOOGLE”或“GoOgLe”，得到的结果都一样。

Google 智能工具能将拼音转换成汉字。例如：搜索“shang wu tong”，Google 能自动提示“您是不是要找：商务通”。如果点击“商务通”，Google 将以“商务通”作为关键词进行搜索。对于拼音和中文混合关键词，系统也能做有效转换。对于拼音“lü”“lüe”“nü”或“nüe”，可输入“lv”“lve”“nv”或“nve”。如果拼音中没有空格，例如“shangwutong”，Google 也会做相应处理，但是在多个拼音中加空格能提高转换准确率和速度。

- 图像搜索

Google 的“图像搜索”是网络上现今最好用的图像搜索工具，现已收录有超过 10 多亿张图像供用户查询和使用。要进行图像搜索，只需在主页上点击“图像”即可进入 http：//images. google. cn/，在图像搜索框中输入要查找的资料，例如，在图像检索输入框，输入了“三峡工程”，然后单击“搜索”按钮。Google 搜索引擎仅用 0. 05 秒时间就检索到有关三峡工程的图像 262 000 张并立即显示(如图 8-7 所示)。在查询结果页上单击缩略图即可看到原始大小的图像，同时还可看到该图像所在的网页。

图 8-7　图像检索

由 Google 图像搜索服务提供的图像可能受版权保护。虽然用户可以从 Google 找到自己需要的图像并进行浏览，但 Google 并未授权将这些图像用于其他任何用途。因此，如果需要使用通过 Google 找到的任何图像，必须先与原作者联系并征求同意。

- 高级检索

Google 提供了高级检索功能，用户可以设定查询关键词、URL 路径、网站域以及文件类型等参数，可以更准确地表达搜索需求。

- Google 网页目录

Google 网页目录按主题对网页进行组织整理，可以通过浏览分类主题来查找用于搜索的关键词。也可以一步步单击分类链接，直至找到所需要的资料。

(3)查询结果的输出

查询 Google 后，其返回结构的格式如图 8-8 所示。

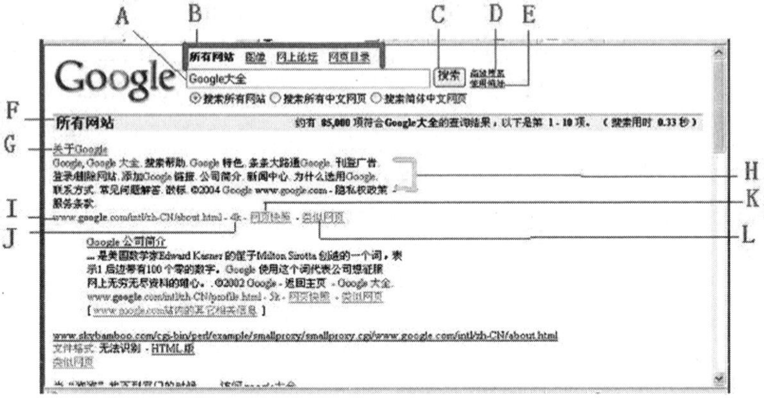

图 8.8　Google 检索结果分析

A. 搜索字段

要使用 Google 查询资料，只需键入几个说明性的关键词。敲击回车键或点击 Google 搜索按钮，即可得到相关资料的列表。

B. 常用链接

点击想使用的 Google 服务进行以下搜索：网页搜索、图片搜索或网上论坛搜索。

C. Google 搜索按钮

单击此按钮可以提交一个搜索请求。也可以通过敲击 Enter 键来提交查询。

D. 高级搜索

链接到一个网页，如有必要，从这个网页搜索可以控制搜索的范围。

E. 使用偏好

使用它可以设置搜索偏好，包括每个网页上默认的搜索结果数量、界面语言，以及查询语言。

F. 统计行

这里是有关查询结果及搜索时间的统计数字，输出命中网页的数量和搜索用时。

G. 网页标题

第一行是查询到的网页的标题，有时会显示为网址。这表明 Google 还未将此页编入索引，或此页作者还没给它定标题。但这并不影响该网页的质量。之所以会查询到该页是因为其他网页和它之间具有链接，而 Google 已为那些网页建立了索引。与这些链接相关联的文本如果同查询内容相匹配，该网页就会作为查询结果返回，即使其完整文本尚未建立索引。

H. 标题下文本

该文本是网页摘要，搜索关键词以粗体显示。单击查询结果之前，可以通过这些网页摘要浏览一下关键词在该网页中的上下文。

I. 网址

这是该网页的网址。

J. 文本大小

这个数字是这一网页文本部分的大小。该信息对象占空间 24K。未被 Google 编入索引的网站不会有此项资料。

K. 网页快照

单击“网页快照”可以查看 Google 已编入索引的网页的内容。如果因为某种原因，通过站点链接无法访问当前的网页，还可以通过检索网页快照来查找需要的信息。搜索词在网页快照中突出显示。

L. 类似网页

单击“类似网页”时，Google 便开始寻找与这一网页相关的网页。

8.5.2 百度

(1) 百度的诞生与发展

百度(www. baidu. com)搜索引擎(见图 8-9)是全球最大的中文搜索引擎。它是百度公司的产品。百度公司于 1999 年底创建于美国硅谷，“百度”二字源自辛弃疾的《青玉案》中的“众里寻她千百度”名句，象征着百度对中文信息检索技术执著的追求。2000 年，百度回国发展。百度自进入中国互联网及软件市场以来，就一直依靠自身实力为广大网民提供最优秀的搜索引擎，为主要中文门户提供最先进的搜索引擎技术服务。从此掀开了中文搜索引擎的新篇章。

图 8-9 百度搜索引擎主页

百度首页所列表提供的产品除传统的网页、图片、新闻、音乐、地图、视频、百度票务、百度财富、百度翻译等搜索服务外，还有新上线的百度律师、百度取证、百度大脑、百度 VR 社区和百度 HS 等服务产品。

同时，百度推出的竞价排名业务已经成为中国为众多中小企业网络营销的利器。百度旗下的企业情报竞争系统也是新时代最先进的网络营销工具以及拥有自主知识产权的企业级应用软件。

(2)百度搜索引擎的体系结构

百度搜索引擎由四部分组成：蜘蛛程序、监控程序、索引数据库、检索程序。

门户网站只需将用户查询内容和一些相关参数传递到百度搜索引擎服务器(见图 8-10)上，后台程序就会自动工作并将最终结果返回给网站。

百度搜索引擎使用了高性能的“网络蜘蛛”程序自动的在互联网中搜索信息，可定制、高扩展性的调度算法使得搜索器能在极短的时间内收集到最大数量的互联网信息。

百度在中国各地和美国均设有服务器，搜索范围涵盖了中国大陆、香港地区、台湾地区、澳门地区、新加坡等华语地区以及北美、欧洲的部分站点。百度搜索引擎拥有目前世界上最大的中文信息索引数据库，总量达到 100 亿页以上，并且还在以每天几十万页的速度快速增长。

百度的检索程序是新一代的信息检索系统。以其全面的检索功能、独特

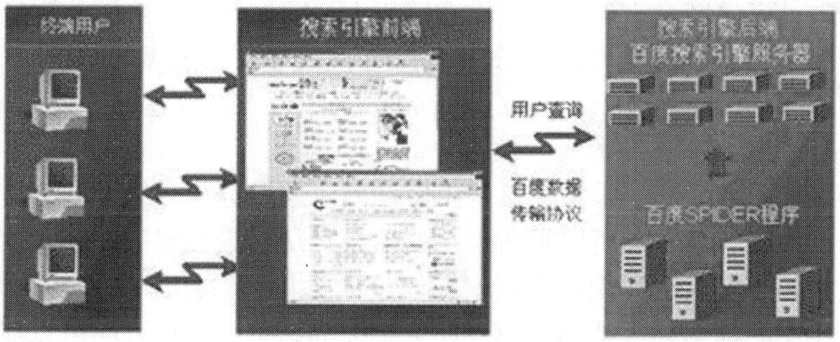

图 8-10 百度搜索引擎的系统结构

的网页快照、全球独有的“超链分析”技术、亚秒级的响应速度而著称于世。

随着信息量的爆炸性增长，建立高效的信息管理系统已成为越来越多用户的迫切需求。而检索作为信息管理的核心内容，已被赋予了更多的内涵。客户需要的是功能强大、配置灵活、可根据自身需求轻松定制，并满足多方面应用的信息检索系统。

(3)功能特点

- 百度搜索引擎的功能强大、服务范围广、包容性好

百度的宗旨是更大、更新、更快，它在中文互联网拥有天然优势，是世界上最大的中文搜索引擎。用户通过百度搜索引擎可以搜到世界上最新最全的中文信息。百度在中国各地分布的服务器，能直接从最近的服务器上，把所搜索信息返回给当地用户，使用户体验极快的搜索传输速度。

除了网页搜索外，百度已增加了知道搜索、MP3 搜索、图片搜索、视频搜索、新闻搜索、贴吧等众多功能，并正在快速开发用户喜欢的搜索功能。

百度支持主流的中文编码标准。包括 GBK(汉字内码扩展规范)、GB2312(简体)、BIG5(繁体)，并且能够在不同的编码之间转换。基于字词结合的信息处理方式，巧妙解决了中文信息的理解问题，极大地提高了搜索的准确性和查全率。它深刻理解中文用户搜索习惯，开发出关键词自动提示功能，用户输入拼音，就能获得中文关键词正确提示。百度还开发出中文搜索自动纠错，如果用户误输入错别字，可以自动给出正确关键词提示。百度还有其他多项体贴普通用户的功能，包括相关搜索、中文人名识别、简繁体中文自动转换、网页预览等。

百度快照是另一个广受用户欢迎的特色功能，解决了用户上网访问经常

遇到死链接的问题。百度搜索引擎已先预览各网站，拍下网页的快照，为用户储存大量应急网页。即使用户不能链接上所需网站时，百度为用户暂存的网页也可救急。而且通过百度快照寻找资料往往要比常规方法的速度快得多。

- 智能性与可扩展性

智能相关度算法。采用了基于内容和基于超链分析相结合的方法进行相关度评价，能够客观分析网页所包含的信息，从而最大限度保证了检索结果相关性。相关检索词智能推荐技术方便了广大用户。在用户第一次检索后，会提示相关的检索词，帮助用户查找更相关的结果，统计表明可以促进检索量提升 10%~20%。

智能性、可扩展的搜索技术保证最快最多的收集互联网信息。拥有目前世界上最大的中文信息库，为用户提供最准确、最广泛、最具时效性的信息提供了坚实基础。

- 技术新颖性与前瞻性

百度的核心技术是超链分析技术。它是新一代搜索引擎的关键技术，已为世界各大搜索引擎普遍采用。在学术界，一篇论文被引用得越多就说明其越好，学术价值就越高。超链分析就是通过分析链接网站的多少来评价被链接的网站质量，这保证了用户在百度搜索时，越受用户欢迎的内容排名越靠前。

检索结果能标示丰富的网页属性(如标题、网址、时间、大小、编码、摘要等)，并突出用户的查询串，便于用户判断是否阅读原文。百度搜索支持二次检索(又称渐进检索或逼进检索)。可在上次检索结果中继续检索，逐步缩小查找范围，直至达到最小、最准确的结果集，利于用户更加方便地在海量信息中找到自己真正感兴趣的内容。

运用多线程技术、高效的搜索算法、稳定的 UNIX 平台和本地化的服务器，保证了最快的响应速度。百度搜索引擎在中国境内提供搜索服务，可大大缩短检索的响应时间(一个检索的平均响应时间小于 0.5 秒)

先进的网页动态摘要显示技术。可以动态摘要显示网页中含有用户查询字串的任意位置文字，使用户阅读和判断搜索结果更方便更快捷。可以提供一周、二周、四周等多种服务方式。可以在 7 天之内完成网页的更新，是目前更新时间最快、数据量最大的中文搜索引擎。

- 适应性与灵活性

高可配置性使得搜索服务能够满足不同用户的需求。在搜索调度、相关性评价、内容过滤、显示方式等方面均为客户提供了可配置手段，使系统具有很大的灵活性和适应性。ICP 站点通过调用百度搜索引擎的应用编程接口(API)调用搜索服务，由他们自行决定搜索结果的显示方式，加入自己的广告和公司图标(logo)。

支持多种高级检索语法，使用户查询效率更高、结果更准。已支持"+"(AND)、"-"(NOT)、"|"(OR)、"site:"、"link:"，还将继续增加其他高效的搜索语法。

分布式结构、精心设计的优化算法、容错设计保证系统在大访问量下的高可用性、高扩展性、高性能和高稳定性。每个部分均采用 N+1 的冗余设计，1 台服务器时刻处于备用状态。因而整个系统能在 99.9%的时间内提供高可用性和高稳定性的服务。

8.6 元搜索引擎

在众多的搜索引擎中，如果逐个使用它来提供检索结果，显然速度慢，费时费力。能否同时使用多个搜索引擎呢？答案是肯定的。因而，元搜索引擎是适时诞生了。所谓元搜索引擎(meta-search engines)是指能够同时检索多个搜索引擎并将结果综合的搜索引擎。可以将元搜索引擎分为元搜索网站和客户元搜索程序，前者采用基于 Web 的搜索界面，提供与常规搜索引擎类似的搜索功能，后者则需要用户安装使用。元搜索引擎已有不少，我们可以从网上找到一批元搜索网站：如 DOGPILE、Metacrawler 等。现以 DOGPILE 为例进行介绍。

8.6.1 元搜索网站

DOGPILE(2009，http://www.dogpile.com/)是典型的原搜索网站，它提供基于网页形式的搜索服务，其覆盖的主要搜索引擎有：Google、Yahoo、Bing 和 ASK Jeeves。图 8-11 显示了 DOGPILE 的主页。

从 Dogpile 主页可知，元搜索引擎网络覆盖了多个搜索引擎。提供服务项目有：Web page、Images、Video、News、Shopping、White Pages。

只需在对话柜中输入相关的关键词或词组进行搜索，马上就会反馈搜索结果。例如，图 8-12 显示的是检索“search engines china”的结果页面。在检索结果列表中，包含了每条信息的来源搜索引擎。在页面右侧，提供了相关关键词列表，以及用户最近的检索记录。

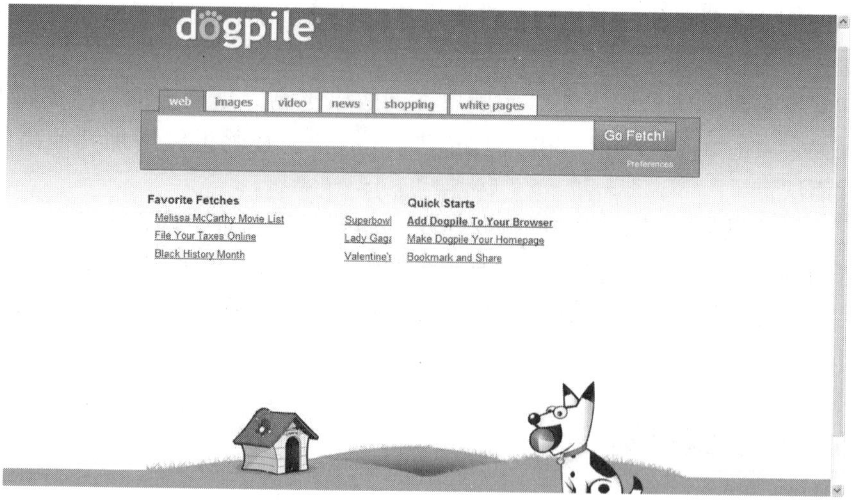

图 8-11　dogpile 主页

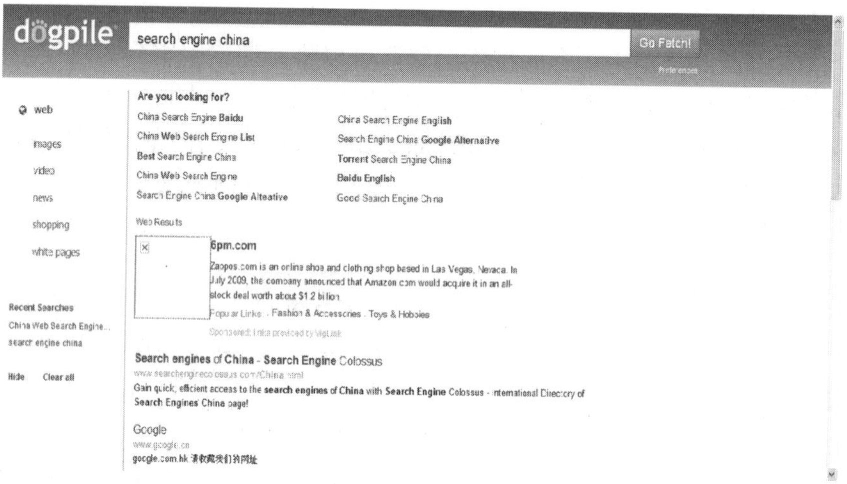

图 8-12　搜索结果

8.6.2　客户元搜索程序

为了方便用户，提供个性化的特色服务，可以利用“智能代理”的方法替代元搜索引擎网站的作用。就目前市面上流行的客户元搜索程序而言，Interlliseek 公司研制的 Bulls Eye 和 Copernic 公司推出的 Copernic（见图 8-13）

就是其中的代表。

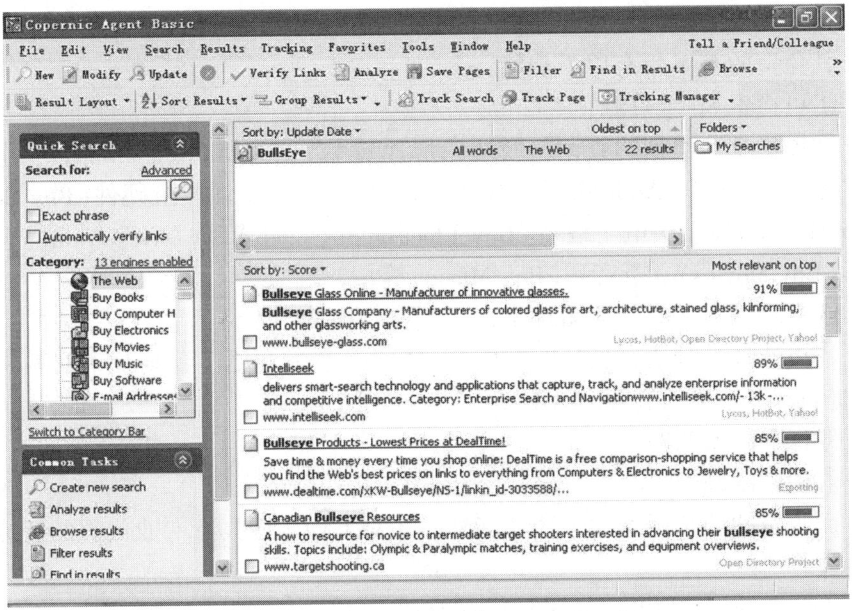

图 8-13　Copernic 代理基本版操作界面

(1) BullsEye

BullsEye 有标准版(BullsEye)和高级版(BullsEye Pro)两个版本。其标准版具有下列功能：

①检索 800 种(搜索引擎、网站目录和数据库等)以上的资源。

②按分类进行专业化检索，可分别检索网站、新闻、购物、多媒体、讨论组、求职、图书、软件、健康、娱乐、工业、大学等专业领域。

③提供布尔逻辑和邻近词检索。

④可以对网站类型、网址、规模、国家与地区、日期等进行过滤。

⑤删除重复和死链。

⑥提供相关性排序和报告生成能力，并可将检索结果输送给其他用户，或保存检索策略。

BullsEye Pro 除上述功能外，还增设了跟踪功能可随时调整策略，得到满意的检索结果。

(2) Copernic

客户元搜索程序 Copernic 现有三个版本：一个免费版本(Copernic Agent

Basic Version）和两个收费版本（Copernic Agent personal Version 与 Copernic Agent Professional Version）。三个版本在 2004 年都已推出 V6.1。实际上，它们都是专业化的智能代理程序。

其免费的基本版有以下功能：

①可检索 80 个资源；

②提供 9 个类别的查询：网站（The Web）、新闻组（Newsgroups）、电子邮件地址（E-mail　Addresses）、购书（Buy Books）、购计算机硬件（Buy Computer Hardware）、买电子设备（Buy Electronics）、购软件（Buy Software）、看电影（Buy Movies）、听音乐（Buy Music）等；

③支持简化的布尔逻辑检索；

④可选择 6 种语言（英语、法语、德语、意大利语、葡萄牙语和西班牙语）进行操作，并提供翻译功能；

⑤保存检索策略；

⑥检索跟踪。

而收费的两个版本除上述功能外，还对下列领域具有专业代理的智能查询功能：

①商业与经济（Business & Economy）

②百科全书与参考咨询（Encyclopedia & Reference）

③娱乐与媒体（Entertainment & Media）

④政府与法律（Government & Law）

⑤新闻（News）

⑥娱乐、家庭与生活时尚（Recreation，Home & Lifestyle）

⑦商店（shopping）

⑧网站（The Web）

Copernic 的不同版本都支持：建立新搜索（create new search）、分析搜索结果（Analyze results）、浏览搜索结果（Browse results）、过滤搜索结果（Filter results）、在搜索结果中查询（Find in results）、组织类别（Organize categories）提供综合报告等。

与普通的搜索引擎相比，Copernic Agent 具有以下特点：

- 检索范围更广泛。

任何一个搜索引擎都不可能实现对整个网络信息资源的全面检索，而且不同的搜索引擎的搜索范围都各不相同，因此，当前即使最强大的网络搜索引擎也会出现漏检现象。使用 Copernic Agent 可以覆盖更多的网络空间，它返回的检索结果是多个搜索引擎检索结果的合集。

• 智能性。

常规的网络搜索引擎仅仅呈现给用户一个检索结果列表，而对于 Copernic Agent 来说返回检索结果仅仅只是开始。只要轻轻点击一下，Copernic Agent就能够按照用户的指令移除断掉的链接，或者在结果中进行二次检索，或者保存页面让你能脱机工作，或者使检索结果按指定要求排序，或者将结果邮件递送给你的同事或者朋友，或者生成搜索报告等。它的优点就是点击检索历史记录，你能够立即看到当时的检索结果。

• 灵活性和易用性。

虽然 Copernic Agent 具有众多功能，但它的使用非常简单。友好的人机交互界面和专业的人性化的功能设计，使它拥有更多的用户。

无论是元搜索网站，还是客户元搜索程序，都给用户带来了便利，创造了速度与效益。然而，由于检索结果的限制，必然会影响查全率。这就需要用户权衡选择，根据实际情况的变化，不断调整策略。

习　题　八

1. 什么是搜索引擎？它是怎样发展的？
2. 通用搜索引擎有哪些组成部分？每个模块有何功能？
3. 为什么要建立索引数据库？如何建设索引库？
4. 使用搜索引擎有哪些常用方法？如何实现？
5. Google 有哪些特点？
6. 百度的发展与特色说明了什么？
7. 简述 Copernic Agent 功能与特点。
8. 什么是元搜索引擎？如何分类？
9. 举例说明元搜索引擎的优越性。

9 信息组织的广泛应用

随着信息化水平的不断提高，信息产业已经成为现代社会的支柱产业，在各行业的产业升级、现代化管理以及提高社会效益和经济效益等重大企业难题中，信息组织都发挥着重要的基础作用。本章以数字图书馆、电子商务、电子政务和数字博物馆为例，具体探讨了多领域信息组织应用问题。

9.1 数字图书馆的信息组织

9.1.1 数字图书馆概述

因特网集计算机、通信、数据库及其他信息相关技术之大成，极大地促进了全球信息交流和传播，并在更高程度上改变了传统的信息管理格局。因特网是无主管的网中网，网上信息牵涉面很广，在数量和增长速度上是其他任何环境中无法比拟的。面对浩瀚而繁杂的网上信息，如何有效地组织它们并提高其利用和开发价值，在这一点上，人们逐渐得出以下的共识：只有用图书馆研究员的思维方式，将网上信息有序化，进行有效组织，才能方便检索、利用和开发。这个共识正是数字图书馆(Digital Library，D-Lib)计划得以提出的根由。

数字图书馆是采用现代高新技术所支持的数字信息资源系统，是下一代因特网上信息资源的管理模式，将从根本上改变目前因特网上信息分散不便使用的现状。通俗地说，数字图书馆是没有时空限制的、便于使用的、超大规模的知识中心。

9.1.2 数字图书馆的功能与体系结构

从应用角度来看，数字图书馆系统应具有以下功能：

①多媒体文件管理；

②智能全文检索；

③文件使用控制、版本控制；

④多功能网络编辑阅览；

⑤系统和网络通信安全管理；

⑥智能信息搜索引擎；

⑦出版业务支持工具。

目前数字图书馆方面的很多研究工作都可以直接追溯到美国数字图书馆创始计划(Digital Libraries Initiative，DLI)的资助。此外，美国联邦的很多组织对数字图书馆研究和建设都具有重大的贡献。

在美国之后，其他许多国家也积极投资研究数字图书馆，中国政府也非常重视数字图书馆工程建设，中国数字图书馆工程已被列入国家科技创新重点工程之一，并已经取得显著成果。不论是国内，还是国外，数字图书馆都呈现出蓬勃发展的态势。

数字图书馆的系统结构设计一般采用三层结构：客户端表现层、服务器层和存储层，见图 9-1。客户端表现层可以是因特网的任何用户，通过因特网与服务器层连接，共享数字图书馆的信息资源。服务器层可以是 Web 服务器、应用服务器或 Z39. 50 服务器，具体包括元数据服务器、安全服务器、系统服务器、搜索服务器等。存储层包括数字图书馆服务器和对象服务器。

9.1.3 元数据与数字图书馆

(1)基于元数据的信息组织

要实现数字图书馆梦想和数字图书馆功能，研究数字图书馆的信息组织至关重要。当前普遍流行和成熟的基于关键词的搜索引擎在网上信息组织中充当着非常重要的角色。但是，人们在充分享用搜索引擎所带来的方便的同时，对搜索引擎所带来的毫无语义信息的检索结果却一致地表示出极大的不满。例如，由于 HTML 格式缺乏逻辑结构，要从某个网页中找到所有武汉市学生的信息，就需要编一个脚本程序，并逐字寻找“武汉”这个字符串，但检索结果并不都是居住在武汉市学生的信息。因为不住在武汉，但在某方面涉及“武汉”的学生的信息也会被检索出来。

图书馆研究员的思维方式之核心在于如何利用元数据来高效地组织和管

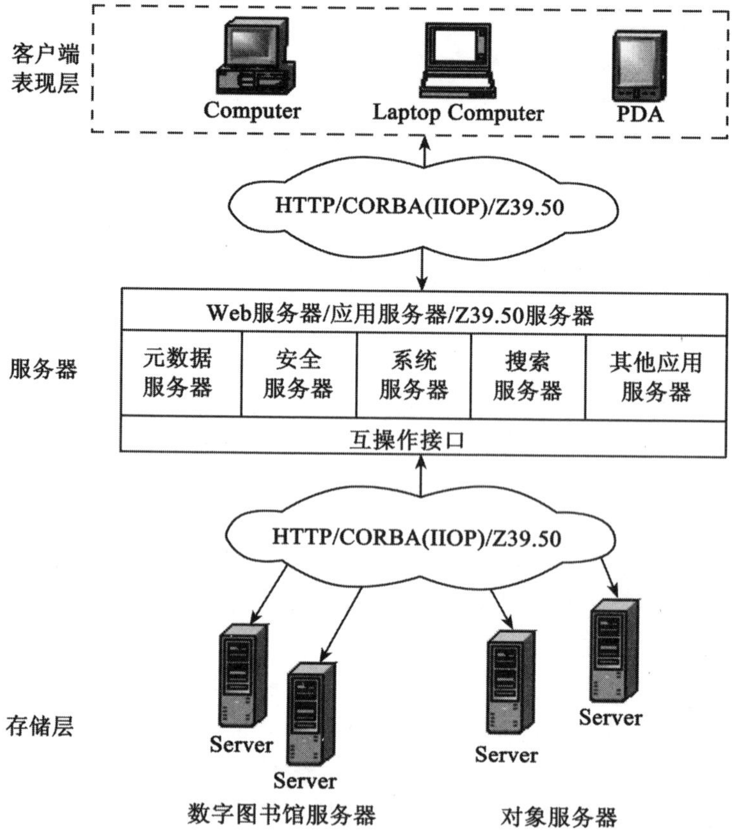

图 9-1　数字图书馆系统结构

理信息。从 20 世纪 60 年代的 MARC 到 90 年代的 DC，都无不体现了图书馆研究员基于具有丰富语义信息的元数据的信息组织之独特之处。数字图书馆是网络环境下的分布式系统，它不仅要解决和研究某个节点内部如何利用元数据对信息进行组织和管理，而且还要研究如何在不同的节点之间进行元数据的交流和共享，以达到对整个网上信息资源的高效组织和管理。图书馆研究员在元数据理论和实践上的探索和成就，使得数字图书馆成为网上信息组织研究的主流和焦点。数字图书馆的信息组织应建立在 XML 基础之上，在上面提到的那个例子中，要想找“武汉”，只要看看<城市>这个标记下的字符串数据是否匹配就行了。

从数字图书馆的产生和发展上看，一方面，数字图书馆与相关信息技术的发展密切相关，这些技术已成为数字图书馆发展不可缺少的前提和基础；另一方面，数字图书馆必须依赖于计算机界与图书情报界人员的共同努力，且图书情报界人员的信息组织与管理理论和思想直接影响和左右着数字图书馆信息组织的效能。

（2）DC-Lib

应用纲要(Application profiles)概念是随着 DCMI(The Dublin Core Metadata Initiative)而出现的，目的在于确定在特殊的领域或项目中应当应用来自哪个命名空间的哪些元素。应用纲要被定义为包含取自一个或多个命名空间的数据元素的模式，这些数据元素由实现者组合在一起，并为某一特定的本地应用进行优化。在 DC 实际应用中，即使两家单位服务领域相同，都使用 DC，但由于对 DC 元素的语义理解不同，并使用了不同的扩展机制，他们之间仍不能较好地进行数据交换。因此，DCMI 以 DC 15 个元素为基础，并根据各自领域制定出各自领域的元数据应用纲要。

DCMI 图书馆工作组探寻了 DC 元数据元素集在图书馆和相关应用中的多种可能的应用如下：

- 在利用不同元数据标准/格式的多种系统间充当交换格式；
- 用来在图书馆领域内外的数据源中收获(harvesting)元数据；
- 支持对多种系统内资源的图书馆目录记录的简单创建；
- 通过 DC 转换，将 MARC 引入到其他领域；
- 允许获得来自非图书馆领域创建者的资源发现 DC 元数据。

DC 图书馆应用纲要由 DCMI 图书馆工作组所属的 DCMI 图书馆应用纲要制定委员会最先提出，其内容是基于 2002 年 5 月 DCMI 应用委员会会议(DCMI Usage Board meeting)决定的，并于 2002 年 9 月最终确定。

DC 图书馆应用纲要(DC-Library Application Profile，DC-Lib)将描述如下特性：

- 必需的元素；
- 允许的 DC 核心元素；
- 允许的 DC 核心限定词；
- 允许的模式和值(如特定控制词汇或编码模式的使用)；
- 来自其他命名空间的图书馆领域元素的使用；
- 来自其他可能利用的应用纲要的元素/限定(如 DC-教育；读者对象)；
- 标准定义的细化。

作为一种元数据，DC-Lib 共有 18 个元素组成。其中，题名、说明、日期、格式、关联和覆盖范围等6个元素又含有各自的子元素，见表9-1。

表9-1 **DC-Lib的元素和子元素**

元素名称	标签	子元素名称(标签)
题名	Title	交替题名(Alternative)
创建者	Creator	
其他责任者	Contributor	
出版者	Publisher	
主题	Subject	
说明	Description	文摘(Abstract) 内容提纲(Table Of Contents)
日期	Date	创建日期(Created) 有效日期(Valid) 获取日期(Available) 发行日期(Issued) 修改日期(Modified)
类型	Resource Type	
格式	Format	篇幅(Extent) 媒体(Medium)
标识符	Identifier	
来源	Source	
语种	Language	
关联	Relation	是……另一版本(Is Version Of) 是……另一格式(Is Format Of)
关联	Relation	具有格式(Has Format) 被……代替(Is Replaced By) 代替……(Replaces) 是……的组成部分(Is Part Of) 有组成部分(Relation | Has Part) 需要(Requires) 由……参照(Is Referenced By) 参照(References)

续表

元素名称	标签	子元素名称(标签)
覆盖范围	Coverage	空间(Spatial) 时间(Temporal)
权限	Rights	
读者对象	Audience	
版本	Edition	
位置	Location	

另外，DC-Lib 的主题、说明、日期、类型、格式、标识符、来源、语种、关联、权限和位置等 11 个元素还各自拥有细化和编码模式。

(3)OAI-PMH

1999 年底，图书馆和信息资源委员会(Council on Library and Information Resource，CLIR)和数字图书馆联盟(Digital Library Federation，DLF)等组织在新墨西哥州召开会议，某些学者提出了 OAI(Open Archives Initiative)设想。OAI 是一个旨在促进网络信息资源开发、发布与共享的合作组织，现由数字图书馆联盟、网络信息联合会(Coalition Networked Information，CNI)、美国国家科学基金会 NSF 等机构联合资助。

OAI 提出了基于元数据的电子文献互操作框架，形成了 OAI 元数据收获协议(The Open Archives Initiative Protocol for Metadata Harvesting，OAI-PMH)，2001 年 1 月 21 日发布了 OAI-PMH version 1.0，同年 7 月 2 日又发布了 OAI-PMH version 1.1，2002 年 6 月 14 日发布了 OAI-PMH version 2.0。

OAI-PMH 提供了基于元数据收获的应用独立的交互框架，在 OAI-PMH 框架中，存在两类参与者：

- 数据提供者管理系统，以支持将 OAI-PMH 作为显示元数据的手段；
- 服务提供者，通过 OAI-PMH 收获元数据，以此为基础构建增值服务。

下面对 OAI-PMH 中的相关概念进行分析：

①收获器(Harvester)。在 OAI-PMH 中，一个收获器是指一个发出 OAI-PMH 请求的客户应用，该收获器作为从存储库中收集元数据的方式而被服务提供者所操作。

②存储库(Repository)。存储库是通过网络接近的能够处理 6 种 OAI-PMH 请求的服务器。存储库被数据提供者所管理以向收获器显示元数据，

为了进行多种存储设置，OAI-PMH 在三个与元数据相关的明显实体间存在区别。

③项目(Item)。项目是存储库的组成要素，有关资源的元数据能够在存储库中得到发布，该元数据也可以在线从相关资源进行发布。项目是存储或动态产生有关某个资源的多种格式元数据的概念上的容器，每个元数据都能够通过 OAI-PMH 作为记录加以收获，每个项目都拥有一个在存储库范围内唯一的标识符。

④标识符(Unique Identifier)。唯一标识符能够在存储库内确定一个项目，在 OAI-PMH 中用来请求从项目中抽取元数据。项目可能以多种格式包含元数据，唯一标识符与项目映射，单一项目中可获得的所有可能记录共享相同的唯一标识符。唯一标识符格式必须与 URI 语法相一致，个别领域可能开发出特定领域的 URI 方案以在存储库间协调。唯一标识符在协议中扮演两个角色：响应(Response)和请求(Request)。在响应时，标识符通过 ListIdentifiers 和 ListRecords 请求得到返回。在请求时，与 MetadataPrefix 一起，标识符在 GetRecord 请求中被用来从某项目中请求特定元数据格式的记录。

⑤记录(Record)。记录是处于特定元数据格式中的元数据，或者是以单一格式表达的元数据，记录以 XML 编码字节流返回来响应协议请求，以便从构成项目中发布一个特定的元数据格式。记录由项目的唯一标识符、标识记录的元数据格式的 metadataPrefix 和记录的时间戳构成。记录的 XML 编码组成为以下几个部分：

- 头(header)：包含项目的唯一标识符和选择性收获的必备属性。
- 元数据(metadata)：来自项目的元数据的简单表示。OAI-PMH 以多种元数据格式支持项目，至少，存储库必须返回以 DC 格式表达的、不包含限定的元数据。另外，存储库可以发布其他格式的元数据。
- 关于(about)：是有关记录元数据部分的可选和可重复的容器。关于容器的内容必须与 XML 方案一致。

⑥ 集(Set)。集是为了选择性收获而形成的项目组合。存储库可以将项目组织成集，集组织可以是平的(即简单列表)或层次的。集的层次组织以 setSpec 参数形式表达，setSpec 是通过冒号分隔的列表，显示出从集层次根节点到期望节点的路径。

⑦ 选择性收获(Selective Harvesting)。选择性收获允许收获器将收获请求限制到存储库中可获得的元数据部分。OAI-PMH 以两种类型的并在一个 OAI-PMH 请求中可能结合的收获标准支持选择性收获：日期戳和集成员。

9.1.4 国内数字图书馆应用实例——中国国家数字图书馆

(1)中国国家数字图书馆简介

中国国家数字图书馆(http://www.nlc.gov.cn)由中国国家图书馆建立，依托于丰富的馆藏资源以及各国家数字图书馆工程资源建设联盟成员的特色资源，提供馆藏书籍、特色资源、电子期刊、电子图书等多种数字信息资源服务。

国家图书馆自2000年开始进行馆藏资源的数字化加工工作，目前自建数字资源内容涉及中文电子图书、博士论文、民国文献、在线讲座、在线展览、甲骨实物与甲骨拓片、敦煌文献、金石拓片、地方志、西夏文献、年画、老照片、音像资源等，包括文本、图像、音频、视频等多种类型，资源总量达180TB，其中全文数据内容已达到1.7亿页。图9-2为中国国家数字图书馆的主页。

图9-2 中国国家数字图书馆主页

(2)数字信息资源组织的特点

中国国家数字图书馆包含丰富的数字信息资源，从图书到电子期刊、从学位论文到各类数据库，范围广泛。可以将其分为两类：①自有数字信息资源；②外部数字信息资源。其中自有数字信息资源是国家数字图书馆通过对内部信息资源进行数字化并提供服务，需要对各类资源进行组织并提供浏览和检索服务；而外部信息资源则为从外部购买或交换的数字信息资源，如各类商用数据库资源和交换的资源等。

由于包含的数字信息资源数量多、种类广，因此需要针对不同的数字信息资源确定信息组织方式。国家数字图书馆采用的信息组织方法可分为两类：①基于标准的组织方式；②自编的组织方式。前者主要体现在馆藏书目的组织上，对中文书目信息采用 CNMARC 进行组织，对西文则采用 US-MARC 进行组织。后者则体现在许多特色资源的组织上，如甲骨文图片、音频、视频等的组织上，在对这类信息资源进行组织时，针对不同信息资源的特点自编了元数据方案，这些方案也用到了相应的 MARC 标准，但在特定字段进行了扩展和调整。

(3)数据库资源的组织与利用

国家数字图书馆提供了大量的数据库资源，这些数据库中一部分是其自建的特色数据库，另一部分则为外部数据库。国家数字图书馆按照学科属性和类别属性对这些数据库进行了分类，同时提供了数据库查找功能，该功能不是用于对数据库的内容进行检索，而是对数据库的基本信息进行查询，如图 9-3 所示。

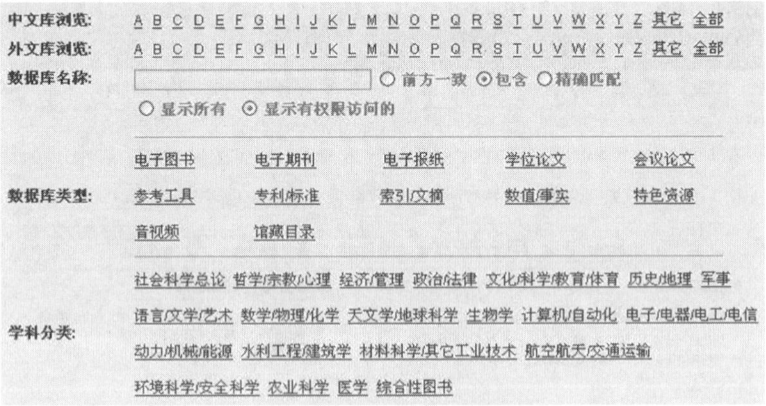

图 9-3　数据库查找界面

国家数字图书馆提供了跨库检索功能，即可以同时对多个不同的数据库进行检索，获取检索结果，在选择跨库检索中数据库的范围时，可以根据数据库的学科属性，也可以根据数据库的类型属性，图 9-4 展示了同时检索学术论文类内所含的 5 个数据库的跨库检索界面。

(4)基于 OPAC 的馆藏目录的组织与检索

国家数字图书馆采用联机公共目录查询系统(OPAC，Online Public Access Catalog)对各类信息资源进行组织并提供检索、借阅服务。OPAC 可对

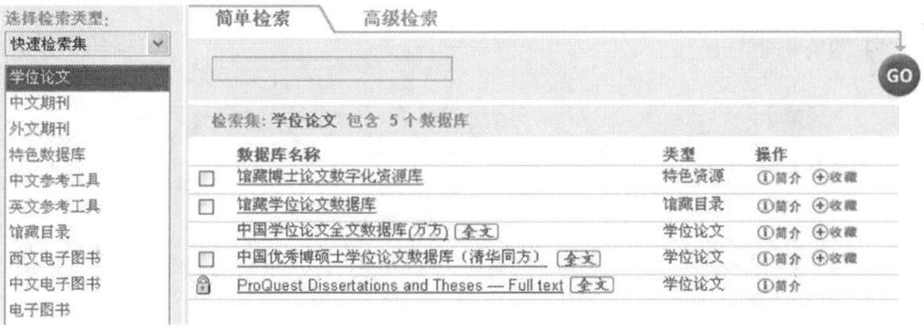

图 9-4　跨库检索

22 个馆藏目录数据库进行检索，这些馆藏目录可以分为中文和外文两类：中文类包括中文图书、学位论文、中文报纸、古籍、地方志家谱、音像资料、台港图书、缩微品、联合国资料、少数民族文献；外文类包括外文期刊、外文图书、联合国资料、缩微品。OPAC 提供了强大的检索功能，可以选择任意数目的数据库进行跨库检索，可以对检索点和检索词进行多重设定的高级检索功能。

在检索结果的输出上，OPAC 采用了四种格式表达目录信息：标准格式(Standard format)、目录卡片(Catalog card)、引文格式(Citation)、字段名格式(Name tags)。

(5)专门检索

除了对馆藏目录进行检索外，国家数字图书馆还为其他的各类数据库提供了单独的检索界面，这包括特色资源、电子期刊、电子图书、电子资源、站内检索。图 9-5 就是特色资源中的甲骨检索界面。

9.1.5　国外数字图书馆应用实例——世界数字图书馆

(1)世界数字图书馆简介

世界数字图书馆(WDL，www.wdl.org)是由美国国会图书馆的一个小组发起。在许多国家的伙伴机构的共同协作下，在联合国教育教科文组织的支持下，借助于公司和私人基金会的财力支持开发而成。它在互联网上以多语种形式免费提供世界范围内来自不同地域、不同文化的重要原始材料。

其主要目的是：①促进国际和文化间的相互理解；②增加互联网上文化内容的数量和种类；③为教育工作者、学者和普通观众提供资源；④加强伙伴机构的能力建设，以缩小国家内部和国家之间的数字技术鸿沟。2009 年 4 月，WDL 面向国际公众推出，内容涵盖联合国教科文组织的每一会员国，

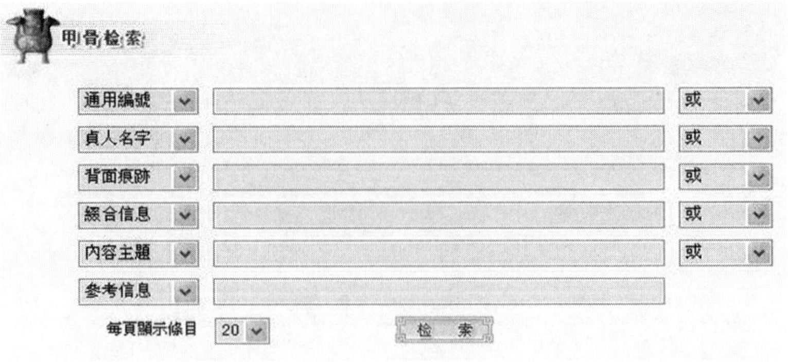

图 9-5　甲骨检索

图 9-6 为世界数字图书馆的主页。WDL 虽然被称作世界数字图书馆，但由于其刚刚投入运行，因此涵盖的数字资源规模较小。

图 9-6　世界数字图书馆主页

（2）WDL 数字对象的类型

WDL 将所含的数字对象划分为 7 种类型：图书、期刊、原稿、地图、影片、版画与照片、录音制品。每个数字对象都可以按照这 7 种类型进行归类和浏览，图 9-7 展示了按条目类型浏览的界面。

图 9-7　按条目类型浏览

(3)数字对象的分类标引

为了对每个数字对象按主题进行分类，WDL 使用杜威十进分类法。这主要因为其在美国以及国际上被广泛使用。基于杜威十进制分类法，WDL 将所有数字对象划分为 9 个专题：哲学与心理学、宗教、社会科学、语言、自然科学与数学、应用技术、艺术/美术与装饰艺术、文学与修辞、历史与地理，并提供了依专题浏览的功能。

(4)数字对象的元数据组织

WDL 对每一类型数字对象，都提供一套元数据方案，这些元数据方案有共性也有特性，共性如：每个数字对象都有标题、描述、专题和机构等属性。

在所有元数据方案中，共同使用的元数据有：标题、描述、时间、地点、专题、机构、条目类型。下面给出一个 WDL 的"资治通鉴残稿"的元数据实例：

标题：资治通鉴残稿

描述：《资治通鉴》是中国第一部编年体通史。

编纂者：司马光

创建日期：1066—1084

出版信息：洛阳，河南省

语言：中文

地点：东亚>中国>河南省>洛阳

时间：8000 公元前—499 公元，500 公元—1499 公元

专题：历史 & 地理 > 亚洲历史 > 中国 & 附近区域

条目类型：图书

物理描述：1 卷(部)，800×34 厘米

机构：中国国家图书馆

(5) WDL 的检索与导航

WDL 提供了检索功能，通过存储、索引各个数字对象的元数据，可以对实现检索功能。通过关键词检索方式，可以得到相应的检索结果，并可以通过对数字对象的地点、时间、专题、机构和条目类型等元数据的限定，进一步缩小检索结果范围。WDL 建立了时间、地点、专题、机构和条目类型索引，用户进行检索结果的限定和导航，图 9-8 展示了以中国作为检索词，通过限定地点“印度”，限定主题“地理 & 旅行”得到的检索结果。

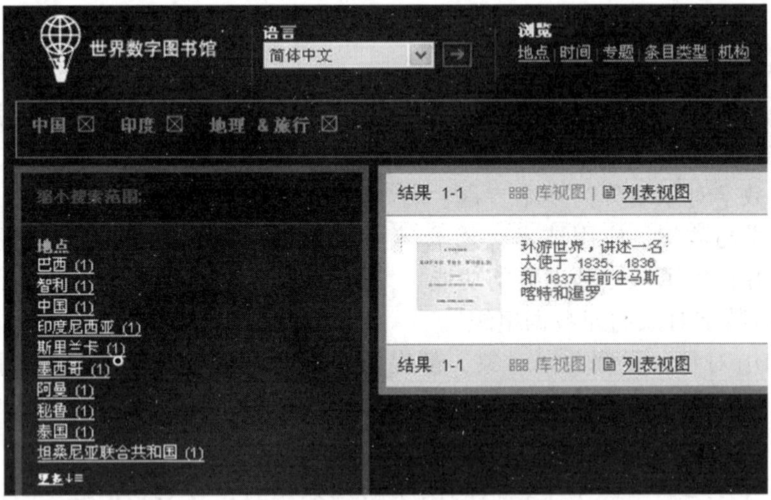

图 9-8 检索结果限定与导航

WDL 提供了较好的可视化交互功能，可以用于导航和检索需求的设定，如在主页上，下方的时间轴可以通过鼠标设定时间范围，并可以在世界地图上动态显示数字对象的地理分布，同时浏览时，数字对象横向排列，通过左右的箭头，可以双向浏览数字对象的图片。

(6) 元数据的多语言版本及协作管理

WDL 充分考虑了网站及数字对象的多语言特性，在元数据、导航文本及网站内容上，都采用多种语言表示。WDL 有 7 个语言版本：阿拉伯文、中文、英文、法文、葡萄牙文、俄文和西班牙文。

其中任务最为繁重的是元数据的标注与翻译问题，WDL 在全世界范围

内招募志愿者，形成协作关系，共同对元数据进行标注和翻译。过程如下：数字对象的保持机构首先利用本国语言对其进行元数据描述，同时该原数据描述被志愿者翻译成为其他的文字，进而实现元数据的多语言描述。

9.2 电子商务系统的信息组织

9.2.1 电子商务概述

电子商务的概念起源于20世纪60年代。顾名思义，其内容包含两个方面，一是电子方式，二是商务活动。电子商务可以通过多种电子通信方式来完成。人们所探讨的电子商务主要是以电子数据交换(Electronic Data Interchange，简称EDI)和Internet为基础的。尤其是随着Internet技术的日益成熟，电子商务真正的发展将是基于Internet的。

电子商务是指两方或多方通过计算机和计算机网络所进行的一切商务活动。它包括企业和企业之间的商务活动、网上零售业、电子银行和物流配送等全过程。电子商务是通过公共计算机进行商务活动的方式；它是网络应用和商务活动发展的方向。电子商务不仅改变了人们的生产方式和生活方式，同时也带来了人们思维方式和行为准则的变化，其影响远远超过技术和商务本身。

电子商务在英文中有两个说法，一个是E-Business，另一个是E-Commerce。前者指广义的电子商务，后者指电子贸易，即狭义的电子商务，是前者的一部分。国内的研究通常没有做这种区分。不过现在对这个概念的理解日益取得了共识，即电子商务指的是企业电子化的过程，注重研究企业电子化过程中的各种应用，如ERP(企业资源计划)、SCM(供应链管理)、CRM(客户关系管理)、KM(知识管理)，是企业的“商务整合”。

根据划分标准的不同，电子商务的模式有多种。下面4种是被普遍接受的电子商务模式。

- B2B(Business-to-Business)模式
- B2C(Business-to-Customer)模式
- C2B(Customer-to-Business)模式
- C2C(Custemer-to-Customer)模式

除了以上的四种传统模式外，电子商务还包括B2G(政府采购)、G2B(政府对商家)、B2M(面向市场营销的电子商务)、M2C(厂家直销)、B2S(分享式商务，或体验式商务)、O2O(线上线下电子商务)和B2F(企业对家庭)等电子商务模式。

以一个B2C解决方案为例。

B2C的服务对象是满足那些希望通过网络购买商品的最终消费者。

一般的消费者使用浏览器通过网络查询/订购该公司的商品或取得服务，最后再通过安全交易及支付机制付款便完成交易。所购买的物品可直接下载(例如：音乐、程序或病毒库等)或经由实体物流通路取得商品。

由于这种模式拓宽了客户和企业双方交易的时间和空间，大大提高了交易效率，节省了不必要的开支。因而网上购物也正为更多的商业企业所重视，成为缩短厂商同客户距离的最重要途径之一。

B2C系统包括以下主要子系统：

①查询系统：按照客户的要求对网站数据库进行全方位的检索。

②分类检索系统：类似于搜索引擎的分类检索功能，根据不同的类别一层一层浏览下去，直到显示出所有产品。

③在线订货系统(购物篮)：系统提供添加、删除、更改等功能，可以使用户方便地对已订商品进行管理。

④在线支付系统：用信用卡等各种银行卡进行在线支付，提供与银行之间联系的接口。

⑤用户注册、登录系统：用户可进行在线注册，免费成为会员。注册成会员后可以在网站的登录位置进行登录。

⑥用户管理系统：管理用户的注册信息，添加、更改、删除用户登录的信息。

⑦管理员管理系统：

——对产品的管理：可以方便地添加、删除、修改产品资料。管理界面与用户浏览界面大致相同，在每项产品处都有添加、删除、修改选项，以便对每项产品进行管理。

——对用户的管理：可以方便地对用户资料进行管理，删除没有用的用户资料，修复损坏的用户信息。对特殊用户(如累计购买金额达一定数量时)进行管理(如升级为VIP用户、进行抽奖、送礼等活动)。

⑧信息分析系统：

——产品分析系统：以图形和数据的方式分析显示所有产品的热销程度。针对每一产品析该产品购买者的年龄层次、学历、工作环境、收入等的分布情况。

——用户分析系统：分析在该网站进行消费的用户年龄层次、学历、工作环境、收入等资料的分布情况。针对每一客户，分析客户的消费习惯。

9.2.2 电子商务系统的体系结构

电子商务系统是一个复杂的信息管理系统。信息的采集、传递、处理、存储和管理都在网上进行。

电子商务系统的框架结构是交易实体用于实现电子商务的完整信息技术基础设施，它为用户提供一个实现电子商务的整合环境。电子商务系统框架结构由硬件、软件以及服务等组成。理想的电子商务系统框架结构可以全面系统的管理支持用户的多种应用，企业的每一项电子商务活动都可借助于电子商务框架结构的支持获得满意的效果。

电子商务系统一般为三层框架结构，如图 9-9 所示。最底层是网络基础设施层，它是信息传送的载体和用户接入的手段。中间层是电子商务基础平台，包括认证中心 CA(Certificate Authority)、支付网关(Payment Gateway)和客户服务中心三个部分。第三层就是各种各样的电子商务应用系统，包括：电子商厦、网上拍卖、证券交易、远程医疗、电子邮件、新闻服务等内容。国内外关于电子商务的政策法规、各种技术标准的安全网络协议构成电子商务的安全体系。

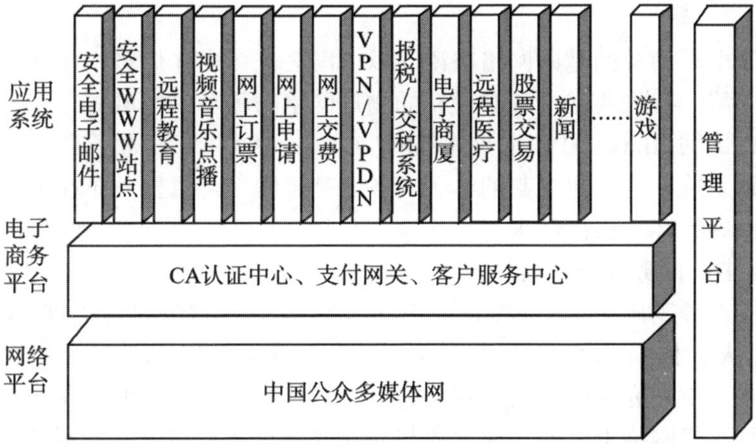

图 9-9 电子商务框架结构示意图

(1)电子商务网络基础设施

计算机网络是电子商务的基础，生产企业、经销商、顾客之间的信息获取与交换、电子票据与单证的传递、电子货币的支付全部是通过计算机网络来完成的。信息高速公路可以说是电子商务网络基础设施的一个形象的说法，正像我们的公路系统有国道、城市干道、普通道路一样，信息高速公路也是由骨干网、城域网、局域网这样层层搭建起来。通过由计算机网络搭建起来的信息高速公路，所有连接在网上的计算机都可以实现信息的有效传递和网络资源共享。

Internet 是世界上最大的计算机网络，我国与 Internet 相连接的大型信息网络如中国国家计算与网络设施工程 NCFC、中国教育和科研计算机网 CERNET、中国公用计算机网 CHINANET、中国金桥网 CHINAGBNET，以及中国公众多媒体信息网等完全可以作为我们实现电子商务的基础网络。

目前，我国电子商务的基础网络主要由中国公众多媒体信息网组成。中国公众多媒体信息网是中国电信投资建设、由各地电信部门经营的适合中国国情的多媒体通信业务网，它立足于国内，采用 Internet/Intranet 技术，与国际互联网 Internet 相连，充分利用国家公用通信网的网络资源，是继电话网之后的中国第二个骨干业务网。该网络覆盖全国 31 个省、市、自治区，向社会提供统一的多媒体信息服务，网络结构分为骨干网和省内网，骨干网是多媒体通信网的高速、骨干通路，省内网是多媒体通信网在各地区的延伸，面向用户接入和本地用户互联。它可为企业、政府、商业、教育、医疗、福利等社会各行业提供各类集声音、文字、图像、数据等多种通信媒介。

对于电子商务的基础网络来说，以中国公众多媒体信息网作为电子商务的基础网络，我们要做的是对原有的物理网络未覆盖的区域进行建设，如建立企业内部网(Intranet)和企业外部网(Extranet)，并开发电子商务的接入系统和应用系统。通过建立起的电子商务的基础网络可以把分布在世界各地的企业、商家、客户连接起来。

(2)电子商务基础平台

电子商务基础平台由 CA 认证中心、支付网关与客户服务中心组成。

CA 认证中心是为在计算机网络上交易的各方进行身份证书的发放及管理的机构，由它完成网上交易双方的身份确认功能。由于电子商务的交易过程是在计算机网络上进行，通常参与交易双方是互不相识又互不见面的，因此交易各方身份的确认与网上支付的安全性就变得非常重要。解决方案就是建立中立的、权威的、公正的电子商务认证中心——CA 认证中心，它所承担的角色类似于网上的“公安局”“工商局”，由它给厂商、购买者、信息服务商签发数字证书——“网上身份证”，用来确认在电子商务活动中各自的身份。在电子商务的交易活动中通过数字签名技术和数字证书来保证交易人身份的真实可靠性。为了保证支付信息传输过程中的安全和保密性，还要使用加密技术保证网上信息的安全交换。

但是，需要强调的是，由于国情的特殊性，CA 认证中心似乎需要政府的授权。在具体操作中，CA 认证中心只是根据政府机构已签发的身份、资质证明文件进行审核，而并没有增加新的内容。实际上，它是一种更为安全的会员制。如果今后真正由 CA 认证中心来发放电子身份证、电子营业执照等，那么 CA 认证中心的商业运作性质就承担了当前政府中相关部门的职责。

支付网关(Payment Gateway)是位于 Internet 和传统银行专用网络之间，用于连接银行专用网络与 Internet 的一组服务器。主要功能有：将 Internet 传来的数据包解密，并按照银行系统内部的通信协议将数据重新打包；接收银行系统内部的传回来的响应信息，将数据转换为 Internet 传送的数据格式，并对其进行加密。即支付网关主要完成通信、协议转换和数据加解密功能，以保护银行内部网络。它所解决的关键问题是让传统的、封闭的金融网络能够通过网关面向 Internet 的广大用户提供安全方便的网上支付功能。

客户服务中心也称为呼叫中心，其与传统的呼叫中心的区别在于，不但支持电话的接入方式，也能够支持 Web、E-mail、传真等多种接入方式，使得用户的任何需要都能够很快地获得响应和帮助，它是直接为用户服务的主体。客户服务中心不是以往每个企业独立建设和运作的概念，而是为企业开展电子商务活动提供一个平台，统一建设再将席位出租。这样，不仅降低了系统成本，而且方便用户，提高了工作效率，还大大简化和方便了中小企业开展电子商务，为客户提供咨询和各种服务。

(3)电子商务应用系统

电子商务应用体系通过业务网关直接建立在中国公众多媒体信息网和 Internet 网上，并通过该网络实现各种电子商务应用和服务。

9.2.3 电子商务系统设计与信息组织

(1) 电子商务系统的设计步骤

电子商务系统是商务与技术结合的产物，所以在电子商务应用的全过程，都必须充分兼顾商务和技术的两个方面的因素，以科学、合理的程序开展系统设计、建设和应用工作。如果按照阶段划分，要实现电子商务应用，电子商务系统建设大致需要经过下列四个阶段：

第一阶段，商务分析阶段。

这是实现电子商务应用计划的第一步。这一阶段的工作主要是进行充分的商务分析，包括需求分析(如企业自身需求、市场需求以及客户需求等)

和市场分析(包括市场环境、客户分析、供求分析和竞争分析等)两个方面。

设计好一个成功的网站，可以将有关企业(公司)信息、产品信息等最完整、最有形象、最具良好沟通性的方面向全球展示。

第二阶段，系统设计阶段。

在完成上述商务分析的基础上，这一阶段要充分结合商务和技术两方面因素，提出电子商务系统的总体格局，亦即确定电子商务系统的商务模式以及与商务模式密切相关的网上品牌、网上商品、服务支持和营销策略四个要素。网站设计、从最初的形象设计、早已转到了以“内容为本”的设计阶段。网站建立成功的因素已在很大程度上依赖于其上是否提供了适合的内容和能否吸引浏览者。

在“内容为本”的原则下，网站设计者们更多地把重点放到了内容设计上面。当然，在此前提下同样重视形象设计和美工设计。在系统设计中，另一个基本目标是这个网站是否能够提供一种服务，一种与其竞争者相比更好的服务，一种对其所针对的浏览者来讲很有吸引力的服务。在“服务为本”的原则之下，不论是内容还是形式都将围绕着要提供的服务进行。

第三阶段，系统实现阶段。

系统实现阶段的工作分两条线推进：一条线是按照电子商务系统设计方案来全面调整、变革传统的组织、管理和业务流程，以适应电子商务运作方式的要求；另一条线是按照电子商务系统设计，全面进行计算机软硬件配置、网络平台建设、数据库创建和电子商务系统集成，完成电子商务系统技术支持体系的建设，从技术上保障电子商务系统的正常运作。

第四阶段，整合运行阶段。

系统实现阶段完成后，就可以将经过变革的组织、管理和业务流程，与已经建好的电子商务技术平台和信息系统整合起来：与电子银行连接，保证资金流有效、稳定的环境；与配送中心连接，保障物资流畅通。然后进行电子商务系统的试运行。再经过必要的调整、改进以后，实现电子商务应用的工作就可以进入整合运行阶段，开始实现电子商务应用。

(2)电子商务网站设计的基本原则

在网站设计中，要有切实措施吸引用户。要处处为用户着想，方便用户，建立信任，以期给那些初次在网上购物的顾客留下良好的印象，提供完善的服务，进而给网站带来更多的回头客。以下便是设计商务网站时的基本原则：

①加强广告宣传，注重页面外观设计；

②积极引导消费者，并有切实可行的促销措施；

③有效的信息导航，降低用户搜索信息的难度；

④建立社区，促进用户之间的交流；

⑤建立会员制，吸引大量的固定用户；

⑥信息可视化，挖掘用户对信息的感性认知能力；

⑦建立信用，加强安全；

⑧提供全程服务，突出最新内容。

值得注意的是，在设计商务网站时，任何关于站点的最新内容都要在主页得到体现。新鲜的内容可以吸引顾客的重复访问并带来顾客潜在消费的可能，只有将网站内容和网站商品完美结合起来，才能促使消费者更快地作出消费决定。

(3) 购物网站的信息组织要素

这里以购物网站为例，探讨设计商务网站建设中信息组织的要素。网上购物自身具备的24×7模式与即时互动方式已经吸引了很多购物者的注意力。这类购物网站能够随时让顾客参与购买，更方便，更详细，更安全。要达到这样的网站水平就要使网站中的产品有秩序、科学化的分类，便于购买者查询。把网页制作得有指导性和更加美观，可以吸引大批的购买者。

①网站设计要素。

确定网站设计风格时，首先要参看相关网站的样板，并了解几家提供网站设计公司的意见，更重要的是向目标顾客询问，他们对购物网站的感觉，究竟喜欢什么样的风格。并考虑怎样的设计才能更加有效地吸引住顾客。通过以上的参考，网站最终还是要由自己完成，需要决定与顾客之间的交互程度，购物篮形式，结算提交方式，以及整体风格等，从而构造一个具有自身特色的网上购物网站。

②分类体系。

一个好的购物网站除了需要销售好的产品之外，更要有完善的分类体系来展示产品。所有需要销售的产品和提供的服务都可以通过相应的文字和图片来说明。分类目录可以运用多级类目显示、交替类目显示等形式来管理产品信息，顾客可以通过点击产品的名称来阅读它的简单描述和价格等信息。目前各个网站使用不同的分类体系，在不同的网站中，相同的商品往往被放置在不同的位置，给用户寻找所需商品信息带来了不便。从顾客角度，需要建立统一的分类体系。

③购物篮。

对于很多顾客来讲，当他们从众多的产品信息中结束采购时，恐怕已经不清楚自己采购的东西了。所以他们更需要能够在网上商店中的某个地点存放所采购的产品，并能够计算出所有产品的总共的价格。购物篮就能够帮助顾客通过存放购买产品的信息，将他们列在一起，并提供产品的总共数目和价格等功能，更方便顾客进行统一的管理和结算。

④银行卡和信用卡支付。

既然在网上购物网站购买物品，自然就希望能够通过网络直接进行货款的支付。这种电子现金是我们经常讨论的话题，也正是受到人们更多关注的话题。从国内外的情况来分析，人们愿意使用信用卡和银行卡支付，同时商务网站也积极与各银行合作，给用户提供基于网络的支付方式。

⑤安全问题。

网上购物网站需要涉及很多安全性问题(例如：密码、信用卡号码及个人信息等)。如何将这些问题处理得当是十分必要的。从国外的发展情况来看，有许多公司或机构能够提供安全认证(例如国外的 Secure Sockets Layer (SSL)证书)。通过这样的认证过程，可以使顾客认为比较敏感的信息得到保护。但经过比较长期的实际运作，国外的网站对于安全问题已经基本达成一个良性的共识，安全已经不再是困扰网站发展的瓶颈。

⑥顾客跟踪。

在传统的产品销售体系中，对于顾客的跟踪是比较困难的。如果希望得到比较准确的跟踪报告，则需要投入大量的精力。然而网上购物网站解决这些问题就比较容易了。通过顾客对网站的访问情况和提交表单中的信息，我们可以得到很多更加清晰的顾客情况报告。谁访问了您的网站？从哪里访问的？访问了哪些网页？最为重要的是顾客对什么产品感兴趣？他们到底购买了什么产品？这些都对产品的进一步销售有巨大的影响力。

⑦产品促销。

在现实购物过程中，人们更关心的是正在销售的商品，尤其是价格。购物网站利用网页安排与设计技巧，突出展示推荐商品，使顾客很容易了解相关商品信息。

(4)个性化电子商务网站的设计

在这一崭新的时代里，人们沉积已久的个性化需求正在不断得到满足，比如个性化的车、个性化的房、个性化的家电、个性化的服装等。于是个性化的产品、个性化的服务成为电子商务时代的主导潮流，个性化是电子商务时代最为明显的特点。

当企业在选购电子商务平台的时候，企业就是客户，每个企业也同样具有其个性化的特点和对电子商务平台这一工具的个性化的要求，软件供应商必须把企业作为客户来满足企业的个性化需求。因此就引出了两个概念：个性化电子商务和电子商务个性化。

个性化电子商务是指电子商务平台的个性化。不同的企业经营方式、经营项目等是有区别的，因此在进入电子商务时代时，构筑自己的电子商务平台的过程中，一定要充分考虑其自身的条件和发展规划，量体裁衣，按需定制适用的电子商务平台，而不能盲目地模仿别人的构筑方法，否则必将浪费大量人力、物力和时间，无果而终。

电子商务的个性化包含三个方面的内容：

一是需求的个性化定制。由于自身条件的不同，客户对商品和服务的需求也不尽相同，因此如何及时了解和客户的个性化需求是首要任务。

二是信息的个性化定制，互联网为个性化定制信息提供了可能，也预示着巨大的商机。华尔街时报很早推出的个人电子报纸就是一例。互联网最大的特点是实时、互动，随着网络互动电视的发展，消费者不仅可以实现电视点播，而且还会促使个人参与到节目的创意、制作过程。

三是对个性化商品的需要，特别是技术含量高的大型商品，消费者不再只是被动地接受，商家也不仅仅是提供多样化的选择范围了事。消费者将把个人的偏好参与到商品的设计和制造过程中去。所以，对所有面向个人消费者的电子商务活动来说，提供多样化的比传统企业更具个性化的服务，是决定其成败的关键因素。

(5)电子商务网站的建设方法

根据前述的设计方法和原则，着手具体实施在网上建立电子商务系统，要通过对特定企业和产品的分析，按照公司和产品的具体情况，提供特定的解决方案和商务发展模式，并介入网站建设领域，对客户提供全程解决方案。

商务网站建设的具体内容包括：

①申请域名，租用空间。建设网站必须申请域名，要有自己的网站地址；还需要一定的磁盘空间；可以自己添置设备，也可租用磁盘空间。

②网站策划：包括网站创意、网站设计和网页制作等。网站创意要根据业务范围突出主题内容。在网站设计中，主页设计十分重要，它不仅浓缩了网站的主要内容，而且还要以鲜明的特色吸引广大用户。

③后台数据库的开发与维护。数据库建设是信息组织的重要内容。后台数据库的设计、建立、维护与利用是商务网站建设的重要内容。

④向电子银行申请，成为特约网站。商务网站的一个必要条件就是向电子银行提出申请，成为相关银行的特约网站。

⑤与配送中心签署协议，建立信息交换与结算机制。物流配送体系是电

子商务的基础。商务网站与配送中心合作非常重要。签署相关协议，规范化运行，及时交换信息并办理结算手续，才能建立长期的合作关系。

⑥系统集成将信息流、资金流、物流集成在一起，协调运行，才能使电子商务发挥作用。

⑦技术培训。对管理人员与用户及时培训是开展电子商务的必要条件。随着形式的发展要不断进行技术培训。

(6)遵循电子商务技术标准

电子商务技术标准包含了四个方面的内容：EDI 标准、识别卡标准、通信网络标准和其他相关的标准，其中 EDI 标准与电子商务网站的信息组织最息息相关。

①EDI 标准。

EDI 标准的特点，一是包含了贸易中所需的各类信息代码，适用范围较广；二是包括了报文、数据元、复合数据元、数据段、语法等，内容较完整；三是可以根据自己需要进行扩充，应用比较灵活；四是适用于各类计算机和通信网络。因此，该标准应用广泛。目前我国已等同转化为 5 项国家标准。此外，还按照 ISO6422《联合国贸易单证样式(UNLK)》、ISO7372《贸易数据元目录》等同制定了进出口许可证、商业发票、装箱单、装运声明、原产地证明书、单证样式和代码位置等 8 项国家标准。现在 EDI FACT 标准有 170 多项，至今在北美地区广泛应用的美国 ANSI X. 12 系列标准有 110 项。由于我国 EDI 标准研究起步晚，需要制定更多的国家标准。根据我国经济发展需要，积极研究、采用 EDI FACT 标准和 ANSI X. 12 系列标准。

②识别卡标准。

国际标准化组织(ISO)从 20 世纪 80 年代开始制定识别卡及其相关设备的标准，至今已颁布了 37 项。我国于 90 年代从磁条卡开始进行识别卡的国家标准制定工作。现有 6 项磁条卡国家标准，基本齐全，等同采用 ISO7810《识别卡物理特性》和 ISO7811《识别卡记录技术》系列标准；三项触点式集成电路卡(IC)国家标准，等同采用 ISO7816《识别卡带接触件的集成卡》系列标准。另外，有 5 项国家标准涉及金融卡及其报文、交易内容，采用了相应的 ISO 标准。

③通信网络标准。

通信网络是电子商务活动的基础，目前国际上广泛应用的有 MHS 电子邮政系统和美国 Internet 电子邮政系统。前者遵循 ISO、IEC、CCITT 联合制定(个别是单独制定)的开放系统互联(OSI)系列标准，后者执行美国的 AR-

PA Internet 系列标准。这两套标准虽然可兼容，但还有差异。因此，我国制定通信网络国家标准时，主要采用 OSI 标准。现在我国有 146 项网络环境国家标准，其中有 99 项标准分别采用 ISO、IEC 标准，占 67.8%。我国现有的网络环境国家标准还有待于进一步的发展与完善。

这里需要指出，数据加密、密钥管理、数据签名等安全要素，已有国际标准草案，需要我们追踪，及时等同地转化为我国标准。通信、网络设备标准约有 380 项，其中 123 项采用 IEC、CCITT 等标准占 32%。微波通信、卫星通信、移动通信等方面的国家标准中采用国际标准比例较低，如卫星通信 18 项国家标准中采用国际标准的仅一项。信息传输介质国家标准较多。以光纤通信电缆为例，有 53 项国家标准，其中 45 项采用 IEC、CCITT 标准。

④其他相关标准。

与电子商务活动有关的标准，有术语、信息分类和代码、计算机设备、软件工程、安全保密等标准，约有 440 项国家标准，其中采用 ISO 标准的有 164 项，占 37%。这些相关标准中许多标准仅描述我国特有的信息，如民族代码，汉字点阵模集等。它们是我国特有的标准。

9.2.4 国内电子商务网站实例——阿里巴巴的淘宝网

阿里巴巴网络技术有限公司(简称：阿里巴巴集团)是以马云为首的 18 人，于 1999 年在杭州创立。他们相信互联网能够创造公平的竞争环境，让小企业通过创新与科技扩展业务，并在参与国内或全球市场竞争时处于更有利的位置。

阿里巴巴集团经营多项业务。其业务和关联公司的业务包括：淘宝网、天猫、聚划算、全球速卖通、阿里巴巴国际交易市场、1688、阿里妈妈、阿里云、蚂蚁金服、菜鸟网络等。2014 年 9 月 19 日，阿里巴巴集团在纽约证券交易所正式挂牌上市，股票代码“BABA”，创始人和董事局主席为马云。2016 年 4 月 6 日，阿里巴巴正式宣布已经成为全球最大的零售交易平台。

2016 年 7 月 5 日，第三方应用商店“豌豆荚”宣布，其应用分发业务并入阿里巴巴移动事业群，双方已正式签订并购协议。

2016 年 8 月，阿里巴巴集团在“2016 中国企业 500 强”中排名第 148 位。该集团不仅在国内家喻户晓，而且赢得了好的国际声誉。

据新华网北京 2017 年 1 月 10 日电，阿里巴巴集团董事局主席马云于 1 月 9 日在纽约特朗普大厦会见了美国候任总统唐纳德·特朗普。当天，两人进行了约40分钟的会谈。会见后两人共同会见了记者。特朗普评价马云“是一位非常非常出色的企业家，全世界最好的企业家之一”。马云说他和特朗普重点讨论了如何帮助100万美国中小企业、特别是位于美国中西部的中小企业，如何通过阿里巴巴的平台向世界市场销售美国农产品和服务。按照彭博社报道的说法，根据阿里巴巴的计划，每家中小企业、每家农户为了上阿里巴巴做生意，估计会新增一个就业岗位。这样下来将增加100万个就业岗位。马云认为，会谈非常“富有成效”。

(1)淘宝网简介

淘宝网(www. taobao. com)是亚太地区较大的网络零售、商圈，由阿里巴巴集团在2003年5月创立。淘宝网是中国深受欢迎的网购零售平台，拥有近5亿的注册用户数，每天有超过6 000万的固定访客，同时每天的在线商品数已经超过了8亿件，平均每分钟售出4. 8万件商品。

截至2011年底，淘宝网单日交易额峰值达到43. 8亿元，创造270. 8万直接且充分就业机会。随着淘宝网规模的扩大和用户数量的增加，淘宝也从单一的C2C网络集市变成了包括C2C、团购、分销、拍卖等多种电子商务模式在内的综合性零售商圈。目前已经成为世界范围的电子商务交易平台之一。

2016年3月29日，阿里巴巴集团为淘宝的未来明确了战略：社区化、内容化和本地生活化是三大方向。

淘宝网的使命是“没有淘不到的宝贝，没有卖不出的宝贝”。淘宝网注册会员占全体中国网民数的半数以上，覆盖了中国绝大部分网购人群；根据2008年第三方权威机构调研，淘宝网占据中国网购市场70%以上市场份额，C2C市场占据80%以上市场份额。

(2)淘宝网的分类组织

淘宝网包含大量商品信息，采用了分类的组织方式，其商品类目如图9-10所示。仅就2017年2月8日淘宝网的数据统计，淘宝含有16个主题市场(每个主题市场有若干个商铺)，商品分48个大类1 304个二级类目。每个二级类目下又分若干个三级类目、四级类目……

图9-11显示了“房产/装修/建材”主题市场中商品的大类与二级类目。市场中有很多商铺营销这些商品。

(3)淘宝网的信息标引

淘宝采用专用的商品词汇对各类实体(商品、店铺)进行标引，标引采用了手工和自动的方式。其中手工是指商品的类目名称、品牌名称需要由商品卖家手工设定，选取商品所属的类目。在指定类目下的商品，店铺主人每

图 9-10　淘宝商品类目

图 9-11　淘宝主题市场中店铺所经营的商品类目

添加一个商品记录，都要对商品信息作描述，对与描述的文本内容，淘宝采用自然语言标引的方式进行标引。

淘宝网为商品、店铺和用户进行了建模，除了其所述的类目外，还包括许多其他特征，而不同类别的商品，又有自身的特征。在对“手机”和“服装”进行描述时，将分别根据二者的不同特征进行描述，因此采用的描述方案有很大的区别。

(4)淘宝网的搜索引擎

淘宝网提供了搜索引擎，可以对商品、店铺、主题市场等信息进行检索。在搜索引擎的组织方式上，可以分为两类：基于数据库的组织方式和基于网页的组织方式。其中前者主要面向结构化程度较强的商品、店铺对象，淘宝通过对其进行数据库建模，采用数据库的方式加以存储，在进行检索时，则可以根据多个检索点进行检索；而后者则主要用于对论坛等对象进行爬取和索引，是针对非结构化的网页信息进行的组织，因此在检索点的数目上较少。

(5)淘宝店铺的信息组织

在淘宝网内，一个个店铺构成了整个销售平台，因此店铺是基础，每个商品都要归属于某个店铺。因此店铺的信息组织成为淘宝网的重要组成部分，此处主要从店铺的组成部分上进行阐述。

淘宝店铺的内容组织包含如下内容：①店铺基本信息：包括店铺主人的基本信息，店铺所在地，店铺等级等。②商品类目：每个店铺都维护着该店铺的商品类目，这个类目完全由店铺所有者自己确定，不受整个淘宝商品分类目录的限制。③商品信息展示：对店铺的商品进行展示，包括商品的图片、介绍等信息，在展示时可分为多商品浏览和单商品浏览两类，前者对多个商品进行展示，后者对单个商品进行展示。对于后者，还会展示商品购买和评价记录信息。④店铺服务：这类内容主要包含店铺的服务承诺、邮购方式、售后服务等信息。⑤相关链接：这一部分主要将店铺与其他相关店铺以链接的方式加以联系，使店铺之间形成链接关系，在实际中，店铺主人往往将自己的其他店铺或朋友的店铺放置到相关链接中。

9.2.5 国外电子商务网站实例——亚马逊

本节开始我们已经讨论了商务网站设计的原理与方法，现在以亚马逊(www.amazon.cn，访问时间 2017-2-8)为例来讨论商务网站信息组织的具体细节。

杰夫·贝索斯(Jeffrey Bezos)于 1995 年 7 月在西雅图市郊贝尔维尤的一栋租来的两个房间的屋子里，以 30 万美元第一笔投资创业，成立了亚马逊书店，被称为网上书店的创始者。

亚马逊公司最初是个网上书店，但现在商品种类已经扩大至消费电子、图书音像、日用消费品等，并提供拍卖及问候卡片等服务，已经发展成全球最大网上零售商之一。并在加拿大、英国、法国、德国、日本、中国设有分站。

(1) 亚马逊的网站信息组织分析

图 9-12 是亚马逊的主页。其信息组织方式依然可以划分为信息分类组织、基于关键词的信息组织和信息直接显示三种类型。

图 9-12　亚马逊的主页

在主页的醒目位置，是一个基于分类的关键词搜索引擎，这里的分类结果与左侧的分类目录不完全一致。

在主页的左侧是所有商品的分类目录，包括：图书、手机、摄影、数码、电子配件、智能生活、家居、办公、家用电器、美妆、食品、汽车用品、服装、箱包、钟表、首饰等 30 多个大类，大类之下又设二级类目。点击“图书”，可以看到亚马逊对于书籍信息的组织。

图 9-13 是类目“图书”的详细内容，包括了文学、小说、传记、青春动漫、艺术与摄影、少儿、社会科学、哲学与宗教、心理学、法律、历史、经济、科技、时尚、娱乐、体育、进口原版等按照知识分类形成的若干类目。

(2) 亚马逊特色分析

①服务质量高。

不少用户反映说，这些年来在亚马逊购物多次，除了一两次例外，它们基本上都可按照预定时间准时送货到家门口。亚马逊会给用户发电子邮件，

图 9-13　亚马逊关于书籍的信息组织

告诉用户什么时候处理他的订单，什么时候发货。在货品运到之前，不用多费口舌就可以取消订货，如果有什么差错，亚马逊通常免收运费或者免费提高递送服务的档次。

大多数用户对在亚马逊网上的购物体验一直很美好。该网站很容易浏览，搜索简便而又精彩。它会智能化地将你观看的网页加以个性化，网页上会突出你以前购买过的那类产品，并向你建议相似的货品。亚马逊还张贴了很多由消费者撰写的产品点评，有时候很有用。

亚马逊网站还有“一键订货”这样一个极好的功能，亚马逊会在顾客第一次购物时，将购物者的收件资料、刷卡付费等资料记录下来，当顾客以后再次购物时，所有这些东西都全部由服务器完成。用户只要点击一次就可以用信用卡购买任何东西，而不必确认，亚马逊已经把用户的家庭地址存入档案，可以提示用户以前已购的商品。

不仅如此，亚马逊目前所提供的商品选择也是非常庞大。许多人都知道这个网站经营着大量的书籍、录像带、CD 和 VCD，而且还可以买到孩子用的踏板车、Quicken Deluxe 软件、欧莱雅口红、掌上电脑、别致的苹果去芯器和精致的燃气烤架等。

②保持顾客信用关系。

亚马逊不是运作成本最低的零售商，但它有近 80%的回头客，它一直尽心尽力把每一次点击都变成一个商业关系。

业内人士认为，虽然亚马逊公司的价格很有竞争力，在网上零售商也称得上是老大，但并不是靠所有的货品在任何时候都有最低的售价。亚马逊曾经自称是世界上最大的折扣业者，有高达30万种以上的书目可以进行折扣优惠。而且，订单额超过100美元的用户提供全美范围内免费送货服务。尽管现在价格优势不再是亚马逊的专利，但长时间保持"折扣优惠"是它销售量倍增的原因。它并不拍胸脯保证比得上或低于别的销售商的价格。反倒是因为亚马逊通过提供热情和使用简便的服务，赢得了数百万忠实的客户，在客户中产生了信任感和社区感。人们相信亚马逊，很大程度上是因为它懂得他们的口味，恪守信用。

③从批量生产到定制。

因特网的使用成本已便宜到连小规模的零散工厂都支付得起上网费用的地步，因此为了友好顾客，越来越多的网上公司开始采用"按单供应""按需设计"。亚马逊利用软件收集顾客在购物爱好和购物历史方面的信息，随时主动为顾客购买图书提供建议。早在2001年9月，这家公司就承诺为顾客准备个性化的圣诞节文化艺术用品，包括为小学生物色世界各国的动画片和最新的太空幻想故事集。

9.3 电子政务系统的信息组织

9.3.1 电子政务概述

电子政务(E-government)建设最早起源于美国。1992年克林顿上任之初就宣布，他的政府将是一个E-government。1993年，克林顿政府在一份报告中提出了构建"电子政府"的计划。

从全球范围来看，电子政务建设与政府信息化有着密切联系。政府信息化大致经过了三个发展阶段：即办公自动化(OA)阶段、从OA走向建立公共管理信息系统阶段、从公共管理信息系统走向电子政务阶段。

"电子政务"在国外一般称"电子政府"(E-government)。在我国，为了与"电子商务"的概念相对应而称为"电子政务"。我国的政府信息化建设是沿着"机关办公自动化—部门的电子化工程—政府上网工程—电子政务实质应用"这一顺序推进的。

(1)电子政务的定义

有些西方学者指出，所谓电子政务，实质上就是把工业化模型的大政府转变为新型的管理体系，以适应虚拟的、全球性的、以知识为基础的数字经济，同时也适应社会的根本转变。它的核心则是：大量频繁的行政管理和日常事务都通过设定好的程序在网上实施，而大量决策权下放给团体和个人，政府必须考虑重新确立自身的职能。

国内一些学者认为，电子政务是运用信息以及通信技术打破行政机关的组织界限，构建一个电子化的虚拟机关，使得公众摆脱传统的作业方式；政府机关之间以及政府与社会各界之间也是经由各种电子化渠道进行相互沟通，并依据人们的需求向人们提供各种不同的服务选择，从应用、服务及网络通道等三个层面进行电子化政府基本架构的规划。

此外，还有多种电子政务定义形式。从不同的定义形式看出电子政务有三个方面主要含义：内容上，电子政务处理的是与公共权力行使相关的公共事务；技术上，电子政务必须借助包括网络技术、计算机技术、通信技术等现代信息技术才能实现，同时也离不开信息基础设施和相关软件技术的发展；本质上，电子政务并不是简单地将传统的政府管理事务原封不动地搬到互联网上，而是要对其进行组织结构的重组和业务流程的再造。

因此，可以认为电子政务是政府机构运用现代信息工程技术，将其管理和服务职能转移到网络上，通过重组政府组织结构、优化工作流程、超越时空制约实现政务信息与政府业务的共享与集成，向全社会提供规范、透明、高效和全方位的管理与服务。

(2)电子政务的功能

电子政务的功能非常广泛，按照政府服务对象的不同，可以将电子政务功能分为三个方面：

一是政府间的电子政务(Government-Government，G2G)，是指上下级政府、不同地方政府、不同政府部门之间，包括同一级政府内部各部门之间的联网应用。

二是政府对企业的电子政务(Government-Busineee，G2B)，指政府通过电子网络系统为企业提供各种服务，如企业工商登记、税务登记、纳税申报等各项与政府部门有关工作都可以运用信息网络手段在互联网上进行。

三是政府对社会(公众)的电子政务(Government-Society，G2S)，指政府通过电子网络系统为社会(公众)提供各种服务，如信息发布服务，信息咨询服务、教育培训服务、就业、医疗、社会保障服务等等。

从表9-2中可以清楚地看出电子政务的功能结构及主要功能块。

表 9-2　　电子政务的功能结构

<table>
<tr><td rowspan="3">电子政务</td><td>政府对社会(G2S)</td><td>网上福利支付
政府采购及招标
电子资料库
网上身份认证
……</td></tr>
<tr><td>政府对企业(G2B)</td><td>电子税收
电子申报
……</td></tr>
<tr><td>政府间信息交换(G2G)</td><td>数据交换
公文传递
……</td></tr>
</table>

(3)电子政务的特点

①电子政务相对传统政务的优点。

决策科学化，电子政务的应用和推广，深刻地影响政府决策的整个过程，有力推动政府决策的科学化进程；管理高效化，电子政务使很多事项都可以通过互联网以快捷、安全的方式进行办理。政府运行机制的革命性变化；过程动态化，互联网对任何层面的管理活动及其结果都可以得到及时、准确的反馈，并保持监督的同步性；拓宽宣传途径，互联网的开通将使得他们大大开阔视野，对宣传工作的影响将波及政府决策的合法性及其实际贯彻与执行；跨越服务时空，人们步入互联网，可以不受时空条件限制，在网上自由选择自己所需要的各种服务方式和服务种类。

②电子政务的弱点。

世界上并没有十全十美的东西，依赖于互联网的电子政务当然也是如此。脆弱的网络，互联网是强大的，同时也有它的软弱性。一般情况下，总有一部分节点(1%~3%)处于故障状态；难控的病毒，计算机病毒是随着计算机技术的发展而产生的一种畸形怪胎；社会的观念，电子政务的发展对公共权利的形式和运作起到一定的限制和监督作用。因此，容易引起少数公务员的抵触情绪。从这个意义上说，主动接受电子政务的新的观念，是对公务人员的一个考验；传统的机制，随着市场经济的发展，传统的政府管理运作机制虽然有了很大改变，但一些深层次问题还没有解决；无统一标准，我国在这一方面有一些规定，但没有中长期总体规划，特别是有关统一的技术标准；无相关法律，与电子政务相关的法律、法规的制定还比较薄弱。有许多地方还处于法律真空状态。这也是电子政务目前的一个突出特点。

③电子政务相对于其他信息系统的特点。

从信息系统的角度来说，电子政务也是一种信息系统，但它又有自己的特殊性。电子政务系统与其他信息系统的最大区别在于，其所承载的信息流和数据更为重要，对安全性、可靠性的要求极高，并且往往涉及整个国家、民族的利益。相对于其他信息系统其具有以下三个主要特点：安全性，要强调从硬件、操作系统、数据库等各方面的安全保护；透明化，在实际应用中，存在各种应用环境。用户只关心能不能得到自己所需要的信息，中间平台的各种环境对用户来说应该是透明的。个性化，因为对使用信息的人来讲，每个人都希望自己能有一个满足各自要求的一个应用空间。因此就要求从应用建模、智能化等方面，构建个性化的电子政务系统。

(4)电子政务的发展阶段

目前国际上对于电子政务的发展阶段有多种划分方法，所采用的标准各有差异，类型也多有不同。主要可以分为：四阶段论、五阶段论和六阶段论。

最重要的四阶段论是欧委会提出的4个阶段：①网上信息发布阶段，政府仅在网站上发布公共服务的信息。②单向交流阶段，政府提供便民服务。如公民可以从网站上下载政府的各类表格，如报税表。③双向交流阶段，政府能够与公民在网上双向互动。④全方位事务处理阶段，政府的公共服务出现全方位的电子化特征。公民不仅通过网络传输表格，还可以直接在网络上完成交税、交费等事项。

有影响的五阶段论以联合国与美国行政学会(NU/ASPA, United Nation/American Society for Punlic Administration)为代表。六阶段论的代表是克莱·韦斯科特(Clay G. Wescott)在报告“亚太地区的电子政务”中提出的。

9.3.2 电子政务系统的体系结构

电子政务系统是一个复杂的网络信息系统，同一般的信息系统不同，电子政务系统除自己的技术构成的体系结构外，还必须考虑它与互联网的关系，这主要是处于安全的原因。

(1)网络拓扑结构

电子政务系统的网络拓扑结构从国际上的有关规定和安全保密性的角度来考虑，为了保证信息的安全，电子政务的网络必须建成内网和外网，内网包括部门局域网和连接部门的专网。电子政务系统的网络必须将内部网和外部网分开。作为政府内部的信息交换业务在内部高速局域网运行；政务公开和与用户有关的网上交互办公业务在外网上运行；政府部门间内部信息交换和协同办公必须在内部专网上运行。内部局域网和专网与外网之间必须要物理隔离，如采取隔离网闸安全隔离(通过专用的硬件使两个网络在不连通的情况下进行网络间的安全数据转输和资源共享)。专网与内网之间进行逻辑隔离，保障业务信息的有序和互不干扰。如图 9-14 所示，就是一个基本的电子政务系统的网络模型。

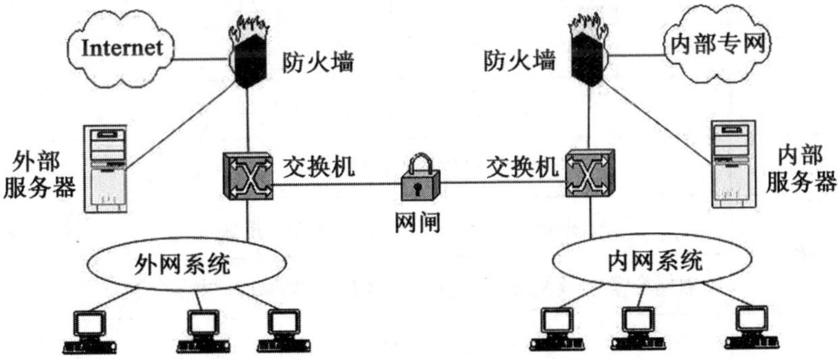

图 9-14　电子政务系统的网络结构

外网网络结构规划是以实现计算机网、有线电视网和电信网“三网融合”为目标。目前，有 ICP 和 ISP 两种方式选择。ICP 方式，即充分享用电信部门或其他拥有 Internet 出口机构的基础设施，在 Internet 上建立政府信息发布、有关业务网站，由政府机关工作部门统一组织信息源，对网站的内容进行更新、维护和相关政府业务的处理；ISP 方式，即由政府出面、出资，成立专业机构或依托某一专业机构，专门建立一套完整的计算机网络系统供政府及政府各工作部门接入 Internet，并在 Internet 上发布信息和处理政府相关业务。

专网网络结构规划是建立各级政府的、具有统一标准和规范的信息交换中心平台，作为本级政府同上下级政府、各政府部门之间以及本级政府各部门之间交换电子信息的枢纽。它是上级政府机构或政府工作部门获取下级政府或下级相应政府部门信息和文件的子节点，也是本级政府部门向下级政府部门或相应政府工作部门传递信息和文件的根节点。

内网网络结构规划要建立本部门各处室之间的交换电子信息的枢纽，即内部办公局域网的建设，它是本级政府领导机构获取部门工作信息和文件的子节点。尽管内网网络的建设有一定的独立性，但是如果是下级所属政府部门，其网络的规划应该按照上级部门的部署进行统一规划。

(2)层次体系结构

电子政务系统的层次体系结构为了适应网络技术的多变性，保持系统的功能扩展性，争取技术水平的先进性，构建电子政务系统时，一般采用四层的体系结构(如图 9-15 所示)。

<table>
<tr><td rowspan="2">应用层</td><td>信息服务</td><td>信息咨询</td><td>采购招标</td><td>电子税务</td><td>……</td><td>福利支付</td><td rowspan="9">电子政务安全体系</td></tr>
<tr><td colspan="6">面向政府工作的应用领域框架</td></tr>
<tr><td>交换层</td><td colspan="6">跨平台的信息通信、XML、数据交换标准</td></tr>
<tr><td rowspan="2">数据层</td><td colspan="6">数据访问、提取、转化、分析、挖掘等</td></tr>
<tr><td colspan="6">数据资源（政策法规、社会、经济、地理、人事等信息）</td></tr>
<tr><td rowspan="2">网络层</td><td colspan="2">专网</td><td colspan="2">内网</td><td colspan="2">外网</td></tr>
<tr><td colspan="6">软硬件基础设施</td></tr>
</table>

图 9-15　电子政务系统的层次结构

第一层：应用层，基于构件技术构造面向政务信息系统的应用领域框架，提供快速构建、部署政务应用系统的方案。建立诸如 OA 系统、内部信息采集发布系统等政务应用系统，以及网上审批等内部业务管理系统。如：信息服务、信息咨询、电子商务和电子采购与招标、电子税务和电子福利支付等。

第二层：交换层，支持跨平台应用集成的解决方案，提供面向政务信息及相关数据的共享和交换标准。构建公文、信息的交换平台，促进信息在专网的共享、交换。包括信息通信标准、XML 以及资源共享与信息交换标准。

第三层：数据层，集成各类数据资源、提供跨平台异构分布数据资源访问及处理服务。该层是由多个信息资源数据库组成，如：政策法规数据库、经济信息数据库、企业信息数据库、社会保障数据库、社会安全数据库、城市管理数据库以及科教文化数据库等。

第四层：网络层，提供电子政务系统网络通信和系统服务，包括面向核心应用的安全操作系统等，以及符合国家信息安全、应用系统建设的相关政策法规的多层隔离网络系统。包括数据中心(IDC)和网络互联(比如政府专用网络、物理隔离和互联网络)。

另外，在构建电子政务系统时，还应该考虑一些关键技术，电子政务的以上体系结构涉及的技术很多，但主要采用以下几种：网络及网络安全技术，跨平台信息交换技术，传统OA与网上办公集成技术、中间件技术，工作流、协同工作技术，大型数据库技术，数据挖掘技术和标准化技术等。

软件平台可以组合成很多种方案，但不管采用哪种，所有应用采用B/S模式实现、采用XML语言和典型的三层结构；分离客户端、应用端和数据库服务器端，减少相互间的耦合性，增加系统的可重用性、伸缩性、可维护性和安全性。

9.3.3 电子政务信息组织方法

信息组织是利用一定的科学规则和方法，通过对信息的特征(外在特征、内容特征)的描述与序化，实现信息流从无序到有序的转换，保证信息的有效获取和利用。因此电子政务的信息组织就是要将上述丰富的信息资源电子化，有序化，以实现高效的电子政务系统。

网络信息组织是将Internet上的信息进行上述处理的过程。Internet上的被组织信息一般指：可索引的网站、网页上的公共信息。

电子政务是运行在网络上的信息系统，其信息组织方法必然具备网络信息组织的一般性，同时又有自己的特殊性。

(1)电子政务信息的分类

信息组织涉及的两个重要问题是用什么样的方法组织什么样的信息。即组织方法根据信息的不同有很大的变化。因此，在电子政务中对信息组织进行时，必须清楚有哪些不同类型的信息。

电子政务信息的范围十分广泛，几乎涵盖社会的方方面面。采用不同的分类标准，形成不同的分类体系。从传递范围可分为公开信息、内部信息、保密信息；从信息的来源领域可分为政治、经济、科技、文化信息；从信息发挥的功能角度可分为决策、服务、办公、反馈等信息。

以上这些分类角度对信息组织的方法来说没有太多的帮助。如政治、经济信息可以使用相同的信息组织方法。因此，我们必须通过电子政务中各种信息的外部特征，重视其与信息组织相联系的分类方法。

①从信息的媒体种类角度分。可将电子政务中的信息分为数值、文本、声音、图形、图像、音频、动画、视频。其中数值、文本使用的最多，其次是图像、声音、视频，而动画、图形使用较少。这一点与电子商务有很大的

不同。

②从组织层次角度分。可将其分为：一次信息，如关于机构和个人的介绍；二次信息，如对自由文本、超文本、主页方式等网上信息进行索引。作为电子政务系统重要的是组织好一次信息，而二次信息可由搜索引擎的完成。

③从信息的层次角度分。可将其分为结构化信息，如各类政府表格；半结构化信息，如各种政府文件；非结构化信息，如个人照片。

另外，在电子政务系统中，信息的提供主要是以Web页的形式。网页作为一个最常用的信息传递集合(它可以是多个数值、文本、图像等的组合)，如何对它进行有效的组织在电子政务中也是十分重要的。

(2)层次结构组织方法

常见的层次结构的组织方法有分类语言与主题语言组织方式。

主题语言组织方式将所有获得的信息资源按照某种事先确定的概念体系结构，分门别类地逐层加以组织，用户通过浏览的方式逐层加以选择，层层遍历，直到找到所需要的信息线索。再通过信息线索连接到相应的网络信息资源。

分类语言组织方式将信息分门别类后，按逻辑层次加以组织。也就是说，首先建立一个知识大纲，然后将每个大类由宽到窄逐层划分为若干级类目，构成一个知识树，再按信息的属性予以系统组织。

分类语言与主题语言的一致性为分类主题一体化方式提供了条件。因为分类语言及分类标引采用了分类方法，主题语言和主题标引也采用了分类方法。它们在发展中又相互渗透、互相融合，其定义也演变得越来越接近。

(3)超链接组织方法

超链接是一种新型的网络信息组织方法。也是一种区别于传统的检索技术的一种信息获取方式。在电子政务信息组织中大量使用。

这种信息组织方式将网络上相关的信息存储在许多节点上，节点间用链路相连，这些节点构成一个网状结构。计算机技术的发展使各种类型的数据逐步进入超文本系统中，使它发展成为超媒体。

在电子政务系统中，不同类型的信息被组织在一起构成一个Web页。不同的Web页之间通过“超链接”联系在一起。这种链接可以指向网页内部，也可以指向同一网站的不同页之间，还可以指向网站之外的网页。因此，这种信息组织方法是以Web页为对象的。它是对Web页及Web页间的关系进行组织的一种信息组织方式。

超链接组织方式常常会导致信息迷航，即不知目前身在何处；还会导致偏离主题，经过若干次“超链接”的导航后，所浏览的网页与用户所需信息有较大差异；链接的方便也带来了网络信息的交叉分布，增加了信息组织的复杂度。目前解决信息迷航问题的方法是将顶级目录悬挂在每一页面上。用户迷航后，可以直接点击顶级目录，以便重新开始工作。

以上两种方法是针对网页为信息组织对象的，它在组织层次上比较宏观。在微观层面上，当网页上的信息以更加具体的形式存储于网站的服务器上时，它的组织方法常采用以下两种方法：数据库组织方法和文件组织方法。

(4)数据库组织方法

数据库是成熟的信息组织方法，是对大量的规范的数据进行管理的技术。电子政务中有大量的规范数据，因此，采用数据库技术组织电子政务中的信息是显然的。例如：电子政务要为企业服务，因此必须建立企业数据库，每个企业的基本信息以一条记录的形式存在数据库中。

用数据库组织电子政务信息具有以下优点：可以高效地处理结构化数据；最小的数据冗余量；数据库管理系统提高了信息的完整性和安全性；基于数据库的信息系统的开发、设计技术丰富且成熟，用数据库组织信息可为电子政务系统的开发提供有用的经验和模式。

(5)文件组织方法

文件是一种历史较长的信息组织方式。文件组织信息的优点是简单方便，除文本信息外，它还可以组织图像、图表、视频等，甚至可以组织程序。Internet 已混合了不同的文件类型和不同的文件格式。他们都可以用来存储电子政务中的各项信息。

例如对于政府报告这种既有文字又有视频的信息集合来说，就可以用两种格式的文件来组织，一个是文本格式，一个是视频格式。用户用不同的软件分别对他们处理使用。

(6)遵循电子政务标准

①借鉴电子商务标准化的研究方法。

电子政务与电子商务有许多相同之处，包括信息技术、网络结构等。因此，在进行电子政务标准化时，可以借鉴电子商务标准化的方法。国际标准化组织和各国政府在解决电子政务标准化问题时，同样是借鉴了电子商务标准化的研究方法。电子商务相关的标准与规范经过多年的努力已规范出一百多项相关的标准，同时在制定有关电子商务支付、安全、网络、信用以及立法等方面也有新的进展。

国外政府非常重视本国的电子政务标准化问题。美国的政府信息标准化工作是美国联邦政府统一发起和组织的。联邦政府设有专门的组织机构——政府技术推动小组。政府技术推动小组负责全国的政府信息化管理指导工作，包括技术推动、政策法规建议、投资管理、改善服务和业绩评估等。美国政府在电子政务标准化方面有以下经验值得借鉴：一是由政府部门统一组织领导；二是邀请企业界的专家参与；三是以市场的方式驱动。

②我国电子政务标准。

电子政务标准通常有三种分类方法，即按标准的层次分类、按标准的约束性分类和按标准的性质分类。由于电子政务标准跨领域、跨行业、跨信息系统，因此按标准的性质分类更为科学。按标准的性质分类就是我们通常所说的按标准的业务分类。

电子政务标准化工作是电子政务的重中之重，重视标准化工作是确保电子政务应用系统与业务互联互通、信息共享、业务协作以及安全保密的基础。为此，标准化工作尽早解决以下几个方面的问题：电子政务标准体系是我国开展电子政务标准化工作的基础。通过对国内外电子政务标准化工作的分析研究，提出我国电子政务对标准化的总体需求及未来开展电子政务标准化的框架和标准细目。应尽早开展电子政务业务与服务标准的研制工作，使得我国电子政务的业务与服务规范化、标准化。应尽早开展电子政务安全标准的制定工作，以确保我国电子政务网络与数据的畅通、安全以及保密。

为有效支撑我国电子政务工程的建设，加快电子政务标准的研究和制定工作，国务院信息化工作办公室和国家标准化管理委员会成立了电子政务标准化总体组，全面启动电子政务标准化工作。由总体组主持研究制定的《电子政务标准体系》和《电子政务标准化指南第一部分》已完成第一版。这些文件阐述了电子政务标准化的意义、电子政务标准化的组织结构和工作思路、电子政务标准体系和近期需要开展的标准项目，并给出了电子政务标准项目的管理办法。这些工作为我国电子政务标准化的有序和规范发展打下了良好的基础。

因此在进行电子政务信息组织时，要充分利用已有的各类电子政务标准，无论是国际的还是国内的，这些标准的制定过程凝聚了大量专家的智慧、经过了各种可行性分析的验证，因此具有很高的科学性；同时对于标准的执行可以促使政府之间在标准的基础上规范行为、信息共享、数据互联。

9.3.4 国内电子政务门户实例——中国政府门户

(1)中国政府门户简介

中国政府门户(www.gov.cn)是在党中央和国务院领导同志关怀、指导下，由国家信息化领导小组批准建设的。

中国政府门户作为我国电子政务建设的重要组成部分，是政府面向社会的窗口，是公众与政府互动的渠道，对于促进政务公开、推进依法行政、接受公众监督、改进行政管理、全面履行政府职能具有重要意义。

中国政府门户是国务院和国务院各部门，以及各省、自治区、直辖市人民政府在国际互联网上发布政府信息和提供在线服务的综合平台。门户现开通“今日中国、中国概况、国家机构、政府机构、法律法规、政务公开、工作动态、政务互动、政府建设、人事任免、新闻发布、网上服务”等栏目，面向社会提供政务信息和与政府业务相关的服务，逐步实现政府与企业、公民的互动交流。中国政府门户于2005年10月1日试运行，2006年1月1日正式开通。图9-16为门户主页。

图9-16　中国政府门户

(2)中国政府门户的组织方式

根据中国政府门户的站点地图，可以将其功能划分为五个部分：静态信息区、动态信息区、政府服务区、政务互动区、功能管理区。而各个功能区内又包含多个子功能。实际上形成了门户的功能分类目录，五个功能区作为一级目录，逐级细化形成了四级目录。以动态信息区为例，如图9-17所示，其又包含今日中国、执法监管、网上直播、公文公报等多个二级功能类目。

(3)政府信息公开目录

作为政府门户网站，政府信息公开是其重要的职能。为方便公民、法人或其他组织查阅、利用政府信息，根据《中华人民共和国政府信息公开条

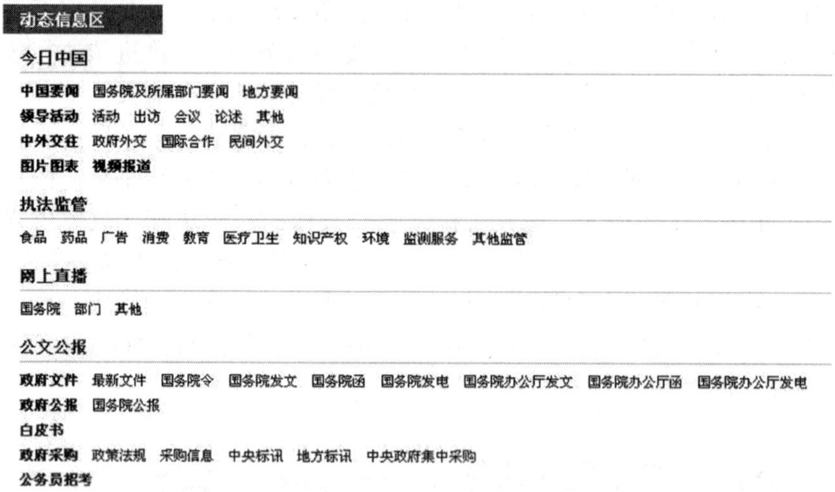

图 9-17　门户功能组织

例》规定，编制了国务院办公厅政府信息公开目录，并在中国政府门户上提供查询服务。

国务院办公厅政府信息公开目录采用主题分类方法，将公开的政府信息划分为 22 个类别，即：国务院组织机构；综合政务；国民经济管理、国有资产监管；财政、金融、审计；国土资源、能源；农业、林业、水利；工业、交通；商贸、海关、旅游；市场监管、安全生产监管；城乡建设、环境保护；科技、教育；文化、广电、新闻出版；卫生、体育；人口与计划生育、妇女儿童工作；劳动、人事、监察；公安、安全、司法；民政、扶贫、救灾；民族、宗教；对外事务；港澳台侨工作；国防；其他。如图 9-18 所示，在目录中的各大类后，包含了该类所含的文件数目。

从政府信息公开目录的层级上看，只包含一级类目，而随着要公开的政府信息数量的增多，则需要对各级类目进行细分，同时还可以对 22 个类目进行概括形成更宏观的类目，逐渐形成多级类目组织的政府信息公开目录。

在政府信息公开类目的各类别下分别显示相关的信息条目，每个信息条目对应国家机关的发文文件。信息条目包括索引号、发文机关、发文日期、名称、文号等元数据。公众可按照国务院办公厅《政府信息公开指南》介绍的检索方法查阅、获取相关信息。同时，还可以利用“目录下载”功能，获取国务院办公厅按年度编排的政府信息公开目录。

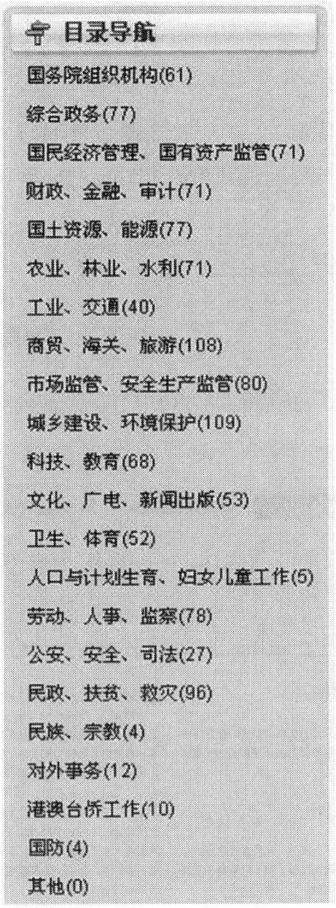

图 9-18　政府信息公开目录

图 9-19 展示了政府信息公开目录的高级检索界面，可以根据发文文件的标题、发布机构(国务院、国务院办公厅)、发文起止日期、文种文号、年份、全文、主题分类和索引号，对发文文件进行检索。

(4)中国政府门户的站内搜索引擎

中国政府门户的另一个重要组织方式就是其站内搜索引擎。如图 9-20 所示，政府门户提供了多种搜索方式，分为：本站搜索(对站内的网页进行搜索)、国务院公报搜索、政府网站搜索、图片搜索和文档搜索。并提供了两种排序方式：按相关度排序和按时间排序。

在搜索界面上，除了基本的搜索功能外，还针对不同的搜索分类，提供了高级搜索功能，以政府网站搜索为例，其高级搜索界面如图 9-21 所示，可以对信息来源(国家部委、地方政府)进行限定，还可以对文档的日期、

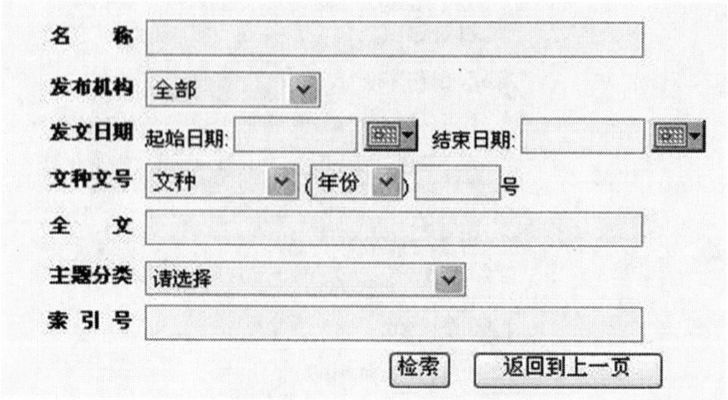

图 9-19　政府信息公开目录高级检索界面

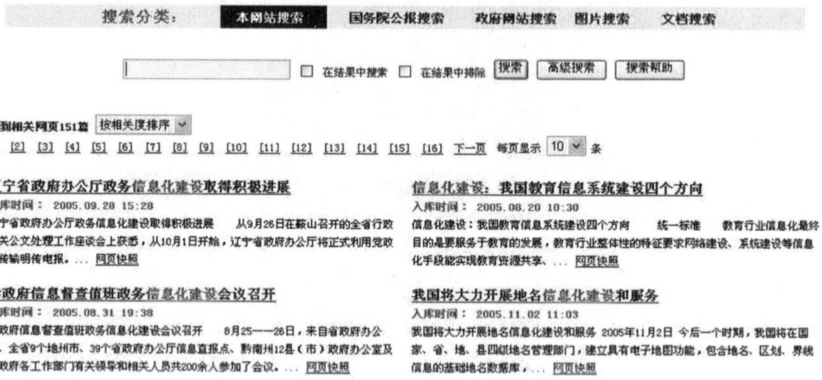

图 9-20　门户站内搜索

标题、正文、作者和检索结果的排序方式进行限定。

(5)门户信息资源的表现形式

中国政府门户所包含的信息资源多种多样，按照媒介分：可以分为文本、图像和视频。其中文本对应各类公文、公报、新闻和网页等，图片则为各类新闻图片、视频则是以视频形式对政府信息进行展示。因此在信息组织时，中国政府门户分别为各类媒介的信息进行了组织，并提供了“图片”和“视频”两个主要栏目，以多媒体的方式展示政府信息。

而依据资源内容和主题的不同，可以将其分为：法律法规、政府公文、公报、白皮书、新闻公告等。中国政府门户为各类信息资源都提供了访问入口，如提供了法律法规、新闻发布、公文公报等栏目，提供各类信息资源的服务。

图 9-21　门户站内高级搜索

(6)信息导航方式

中国政府门户充分利用了各类导航方式，为用户访问各类服务提供便利。这些导航方式包括：服务导航、时间导航、类别导航、地区导航、主题导航等。

其中服务导航主要以服务大厅的方式，通过动态的 Flash，以用户为视角展示进入网站的用户，根据不同的需求该选用的服务内容。

时间导航主要采用日历控件(政务日历)的方式，将对应日期发布的政务信息进行展示。

类别导航则主要体现在站点地图以及政府信息公开目录上，以分类的方式将服务类别、信息类别进行区分，并作为浏览和查询入口，访问信息资源。

地区导航主要是指根据地理区域，对各地的政务信息进行组织、发布并提供查询服务。

主题导航则根据不同的主题，将同类主题的信息或服务归纳在一起，最为明显的则为依据不同用户进行的主题导航，中国政务门户通过用户分类：公民、企业、外国人，为各类用户提供特定的服务和信息资源，如图 9-22 所示。

9.3.5　国外电子政务门户实例——美国政府门户

(1)美国政府门户简介

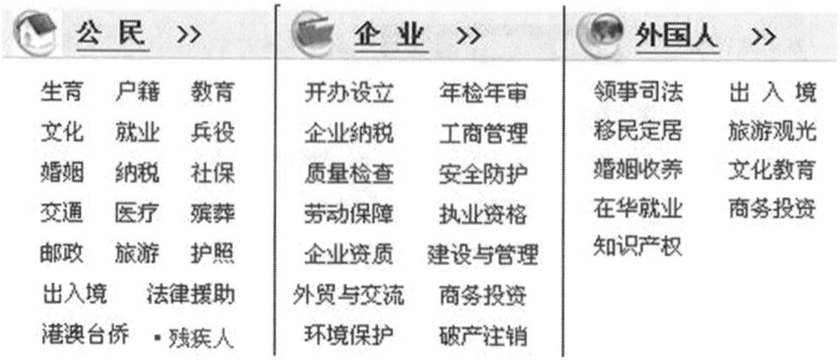

图 9-22　按用户分类导航

美国政府门户(www. usa. gov，简称 USA. gov)是美国政府的官方门户网站，向公民、企业和非营利机构、政府公务员以及外来游客，提供各类政府信息、服务和资源。

USA. gov 由综合服务管理局(美国联邦政府下属单位)管理，是多个机构倡议发起。最初，由埃里克布鲁尔在美国国防部资助下进行研究，旨在为美国政府开发一个政府信息资源的搜索引擎。在此基础上，形成了政府门户网站的雏形。在 2000 年 9 月，USA. gov 的前身 FirstGov. gov 正式上线，它是由非营利机构“联邦搜索基金会”和 22 个联邦机构共同发起的，从 2002 年开始，USA. gov 每年都收到美国国会批准的建设资金。在 2007 年 1 月，FirstGov. gov 正式更名为 USA. gov。

(2)美国政府门户的组织方式

USA. gov 充分利用了分类的组织方式，包括按照服务对象进行的分类、按照主题进行的主题分类以及依照政府层级进行的分类。

USA. gov 非常注重从用户角度组织政府信息资源和服务，其将用户分为四大类：①美国公民；②企业和非营利机构；③政府公务员；④外来旅游者。在每个类目下又设置二级类目，形成对用户的更细的划分。以企业和非营利机构、政府公务员两个大类为例，如图 9-23 所示，一级类目之下又各包含 11 个和 4 个子类。

在按照服务对象进行了分类后，则需要为每类用户提供其所需信息的视图，此时 USA. gov 采用了主题分类的政府信息组织方式。即为某一类用户提供特定的主题视图。

以“美国公民”类用户为例，USA. gov 在为其创建主题视图时，将与公

For Businesses and Nonprofits

- Exporters
- Minority-owned Businesses
- Native Americans
- Nonprofits
- Rural Businesses
- Self-Employed
- Small Businesses
- USA.gov Business Gateway
- Veterans
- Women-owned Businesses
- Young Entrepreneurs

For Governments and Government Employees

- Federal Government Employees
- Military Personnel and Veterans
- State and Local Governments and Employees
- Tribal Governments and Employees

图 9-23　USA. gov 的用户分类

民相关的政府信息分为 14 个大类，如图 9-24 所示。对每个大类，采用与之相关的内容加以描述，大类之下并无二级类目。因此政府信息主题类目只含一级类目，在每个类目下，包含了许多属于该类范畴的网站，并采用了字母索引进行组织。以福利和补助类目为例，其按照字母索引了大量相关网站信息，如图 9-25 所示。

Government Benefits, Grants, and Financial Aid

A | B | C | D | E | F | G | H | I | J | K | L | M | N | O | P | Q | R | S | T | U | V | W | X-Z

A

- Adoption Assistance
- Adoption Tax Credit

C

- Child Care Locator and Information
- Child Care Tax Credit
- Child Support Enforcement in Your State
- Children's Health Insurance
- College Student Loans and Grants
- Crop and Livestock Insurance

D

- Disability Resources
- Disaster Assistance for Victims
- Dislocated and Laid-Off Worker Assistance

图 9-24　政府信息主题类目的字母索引

Government Information by Topic （政府信息主题）

Benefits and Grants 福利和补助
Loans, money, funding, financial aid, food stamps...

Consumer Guides 用户指南
Identity theft, fraud, scams, recalls, credit reports, complaints, debt...

Defense and International 国防和国际关系
Military, international affairs, trade, embassies, visas, immigration...

Environment, Energy, and Agriculture 环境，能源和农业
Weather, farms, solar, gas, electricity, recycling, natural resources...

Family, Home, and Community 家庭，住宅和社区
Housing, mortgages, human services, community development...

Health and Nutrition 营养和健康
Medical, health care, insurance, diet, food stamps, fitness, public health...

History, Arts, and Culture 历史，艺术和文化
Museums, libraries, genealogy, ethnic traditions...

Jobs and Education 教育和就业
Employment, career, workplace, labor, school, students, teachers...

Money and Taxes 财政和税收
Unclaimed government money, credit, saving, retirement...

Public Safety and Law 公共安全和法律
Crime, prison, law enforcement, disasters, emergencies...

Reference and General Government 政府基本信息
Libraries, forms, government news, laws, photos, maps, research...

Science and Technology 科学技术
Space, biology, Internet security, media, phone, radio, patents...

Travel and Recreation 旅游和娱乐
Transportation, air, train, international, tourism...

Voting and Elections 表决和选举
Voter registration, contact elected officials...

图 9-25　与公民相关的政府信息主题

因此主题视图是相对于某类服务对象而言的，同样政府公务员和企业/非营利机构都有各自的主题视图。

(3)服务公民用户主题信息分类

USA. gov 还根据政府层级结构，对各级政府信息进行了分类组织。这种组织方式主要根据政府的层级结构，分层列类，类目深度则取决于机构的层次深度，最终将给出对应机构的 URL。

USA. gov 基于美国政府的体系结构，将政府结构分四类进行组织，分别为联邦政府(Federal Government)、州立政府(State Government)、地方政府(Local Government)、部落政府(Tribal Government)。同时，USA. gov 还提供了政府机构的字母索引(Agency Index)，方便用户按照机构名查找机构信息。

(4)美国政府门户的搜索引擎

USA. gov 也提供搜索引擎的组织方式，其搜索引擎界面在主页上的显著位置，而其具体执行则位于 USAsearch. gov 的域名下，作为专门的政府门户搜索引擎。该搜索引擎可以支持政府网络、图像、新闻、地图、USA. gov 站内信息等的检索，并提供高级检索功能。

整个搜索引擎由第三方搜索引擎公司 ViVisimo 提供技术支持，ViVisimo 可以对搜索结果自动分类，因此在 USASearch 中，左侧为根据不同的分类标准显示的分类目录，整个分类过程由搜索引擎自动完成。如图 9-26 所示，

当以"Government"作为检索词，检索得出的结果将按照"主题 Topics""机构 Agencies""来源 Sources"三个角度进行自动分类。

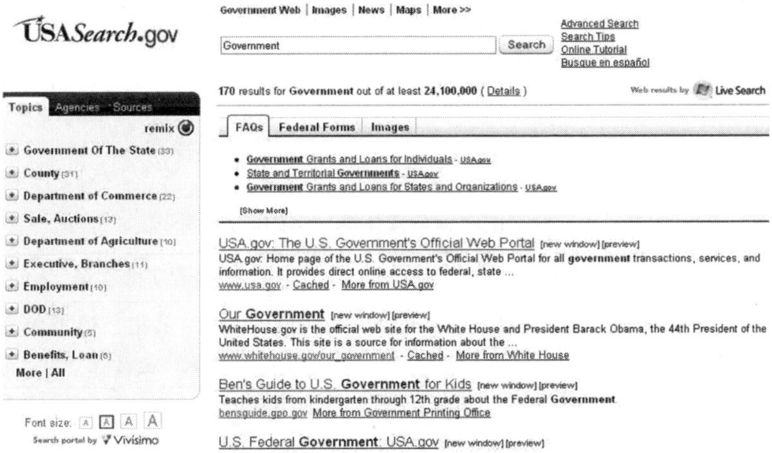

图 9-26　USA. gov 的搜索引擎

该搜索引擎还提供高级检索功能，可以对检索词进行、文件类型、搜索站点、页面语种等进行设置。另外，该引擎也充分利用了第三方搜索引擎的检索结果，如政府网站搜索利用了微软 Live 的检索结果，而地图搜索则利用了 Google 的地图检索服务。

除了对信息资源和服务进行有效组织外，USA. gov 还非常重视与用户的交流和反馈，其利用各种沟通和通信技术，并提供多种沟通渠道，这包括：①政务信息的 RSS 订阅；②在社区类网站上提供政府信息并与社区用户交流，如在 Facebook 和 Twitter 上注册；③利用视频网站发布政府多媒体信息，如在 youtube 网站上注册并发布政府信息；④注重交流和沟通。提供 Web 在线聊天接口，提供 FAQs 目录。⑤采用移动平台，在移动终端上提供政府信息和服务。

9.4　数字博物馆

9.4.1　数字博物馆概述

从 20 世纪末开始，以计算机和网络技术为代表的信息技术与数字化媒体相结合，给博物馆的发展带来了新的机遇。通过数字技术手段构造数字空间之上的博物馆——数字博物馆已经成为现实。

数字博物馆(Digital Museum)是指那些将自身的文物与标本藏品及陈列展览采用计算机化技术进行处理、加工、整序、并上网以供社会观众浏览的多媒体数字化信息机构。数字博物馆的三个基本特征是文物标本资源数字化、信息传播网络化和观赏浏览公众化。数字博物馆与传统博物馆的区别如表9-3所示。

表9-3　　数字图书馆与实体博物馆的区别

项目	实体博物馆	数字博物馆
藏品征集	通过发掘、采集、收购、捐赠、交互、调拨的方式进行。	通过数字藏品采集、模拟信息转换、信息交互的方式完成
藏品保管	需要库房、文物柜架，藏品易损，保存和修复困难，毁损原因复杂难测。	需要计算机，磁带、磁盘和光盘等存储设备。利用数据冗余和编码技术，实现无损保持，且可复制。
展示传播	展柜陈列，方式单一，互动性差。采用巡展方式，效率低，影响范围小。	采用多媒体、虚拟现实和三维技术，生动形象，可实现互动性。采用网络传输，速度快，影响范围大。
辅助研究	直观，易发现藏品的真实情况和细节；藏品间对比困难，不利于相关性研究。	检索、对比、统计方便，容易在文物相关性研究中获得突破。
开放性	差	优

9.4.2　数字博物馆的元数据组织

在博物馆藏品数字化进程中，对博物馆藏品及数字化资源进行描述与标引，生成了数字博物馆的元数据。元数据对于数字博物馆实体性藏品及其数字化信息资源的生成、描述、标引、检索、管理、利用、复用等，具有十分重要的意义，但由于博物馆类型多样，博物馆藏品及其特性复杂，目前在国内外，尚未形成相对统一的博物馆元数据标准规范。

(1)博物馆元数据的作用

博物馆的元数据同时要兼顾博物馆的实体性藏品及其数字化信息资源两个方面。与图书馆和网络资源管理不同，博物馆的元数据必须考虑反映实体性的藏品。

一个数字图像的元数据中包含了对实体性藏品本身进行的文本性描述，但同时，该元数据也可能包含了撰写该描述性文本的编写者和编写时间等信息。为博物馆的数字图像藏品建立元数据也可以用于对实体性藏品的管理。元数据可以在以下几方面起到作用：

①有助于博物馆数字图像的管理(通过版权描述)；

②描述该图像以便从众多图像中检索到该图像(通过内容描述等)；

③有助于维护数字化系统(通过数字化的时间、文件格式等数据)；

④跟踪数字图像原件的使用和信息变化(通过制作数字图像的色彩调整信息)。

对于实体性的博物馆藏品，馆藏信息可以起到如下作用：

①藏品管理(通过实体馆藏的收藏地点、是否可出借等数据)；

②为数据库检索和安全的意图，描述和确定馆藏(通过作品的创作者和题名数据，藏品的物理形态描述数据等)；

③记录藏品的使用(通过某件藏品在某展览会中被使用的数据)。

元数据可以独立于实体性的藏品，建立数据库检索系统；也可以被储存在一种特殊的信头(header)中，成为数字图像的一部分；对于网站来说，元数据往往被植入网页顶端的信头中，便于搜索引擎利用植入的元数据索引该网站。

对于数字博物馆来说，应当建立元数据标准，以支持博物馆建立博物馆藏品及其数字资源的管理与检索系统。

(2)国际上较为成熟的数字博物馆元数据标准

目前国际上较为成熟的可用于数字博物馆元数据记录的元数据体系主要有：加拿大遗产信息网的数字博物馆标准体系“The CHIN Data Dictionaries”，英国的 SPECTRUM 。由国际博物馆理事会下属的“文献国际委员会”开发的 International Guidelines for Museum Object Information ：The CIDOC Information Categories。

不是专门用于博物馆数字化，但用于描述图形图像等相关信息的元数据标准体系主要有：MARC，DC，MOA2，CDL，NISO，CLIR，RGL，VRA Core，CDWA 等。这些标准也可经改造后移植于博物馆数字化工作。

- CDWA 元数据

CDWA(Categories for the Description of Works of Art，艺术作品描述目录)是由 AITF(Art Information Task Force，艺术信息处理工作组)定义，于 1996 年发布。CDWA 力图建立艺术作品及其可视资源和文献资源的描述标准。

CDWA 元数据标准是针对描述艺术作品的需求而设计的。艺术品具有物理形态，也可能同时具有数字化了的图像资源，此外，时空、人物、历史文化等方面的上下文关系在描述一件艺术品时也是非常重要的，CDWA 中有很多元素反映了艺术品特有的这些特点，因而较适于数字博物馆藏品及其数字化资源的描述。

CDWA 元数据方案共设 27 个核心元素，每个核心元素又含有一层或多层子元素。CDWA 元数据既有描述艺术品物质外形特征和内容特征的元素，又有对艺术品的保存、管理以及编目信息方面的元素。

- VRA 元数据

VRA Core Categories for Visual Resources 由美国视觉资料协会制定，是为在网络环境下描述艺术、建筑、史前古器物、民间文化等艺术类可视化资源而建立的元数据标准。目前已推出第三版，VRACore 3.0 共 17 项元素，部分核心元素下进一步规定了子元素。VRA 著录单元集合比较简单，比较适用于艺术作品、建筑、民间文化等三维实体。由于 VRA 描述的视觉资料的主体是艺术品，所以在对著录对象的属性分析和元素 P 子元素定义上与 CDWA 有很多相似之处，但是 VRA 专注于描述视觉资料，比 CDWA 少了描述非视觉资料的部分，因而在对博物馆藏品的反映上不如 CDWA。

9.4.3 数字博物馆实例——故宫博物院

故宫博物院是在明、清两代皇宫及其收藏的基础上建立起来的中国综合性博物馆。其位于北京市中心，前通天安门，后倚景山，东近王府井街市，西临中南海。1961 年，经国务院批准，故宫被定为全国第一批重点文物保护单位。1987 年，故宫被联合国教科文组织列入“世界文化遗产”名录。

故宫博物院的信息化工作开始于 1998 年，2001 年故宫博物院网站正式开通。故宫博物院数字化有多方面优点：其一，把各种史料统一为计算机数据，方便存储和检索；其二，使得史料的物理体积大大缩小，方便携带；其三，可以低成本无差错拷贝，方便传播和普及；其四，保护珍贵文物，延长其寿命；其五，使得更多人可以欣赏到精美珍贵的文物。

故宫博物院设立的专门机构负责各类文物信息以及其他有关信息的采集、整理、储存和利用服务，其中包括所有影像资料的拍摄、洗印、整理、储存和利用服务；负责国际互联网故宫博物院网站的编辑、制作和发布及全院计算机信息网络的开发组织、系统管理和日常维护。网站收录了极其丰富的文物和古建的精美图片，吸引了众多关注者的眼光。根据 2003 年统计，平均每天的访问量超过 20 万人次。

(1)各种史料的数字化

故宫博物院收藏物品的数字化大致经过如下步骤：

分析元数据格式并确定元数据；

选件、扫描及打样，并拟定规格；

数字化物品的质量保证；

建设集中存储设备；

建立数字化博物馆查询系统；

建立成为网络内容提供者；

更好地展示博物馆内容并促进社会文化发展。

在博物馆的各项工作中使用较多的资源信息主要是影像(两维影像)、图形(工程图纸)、视频、音频和文字。资源信息的采集、数字化加工是应用系统建设的基础。为了保证数据格式的统一和数据采集、加工过程的专业化、高效率以及资源信息的综合利用，资源信息的采集、加工和利用管理工作由资料信息中心统一承担。

(2)数字化故宫

故宫博物院网站(http：//www.dpm.org.cn)以中文内容为主。首页包括：故宫博物院总说、紫禁城快讯、紫禁城游览、藏品精粹、网上博物苑、紫禁城宫殿、明清五百年、学术论坛、故宫藏书、故宫出版物、文物保护等内容。

故宫博物院的网站上大多是介绍性文字，可供检索的内容较少。网上博物苑以专题的形式展示了部分文物，包括：清代皇帝的婚姻、翡红翠绿尽在宫廷、故宫博物院藏徐悲鸿作品展等。还有每个月的文物特展，如“瑞犬迎新”文物特展。故宫博物院网站的资料内容有限，可供检索的途径有限，但是现有资料的可视化实现很能吸引用户。如紫禁城匾、联、箴、铭展示中，采用三维立体的形式展示出整个紫禁城的形式，然后每个匾额分别出现在相应的实物位置处，让用户在了解其内容的同时，对于整个紫禁城的布局有了直观印象，如图9-27所示。

数字故宫里精品很多，已建立了完整的目录体系。图9-28中显示了藏品总目入口，可以从该体系浏览你感兴趣的藏品。

9.4.4 世界著名数字博物馆

(1)秦始皇帝陵博物院

位于西安的秦始皇帝陵博物院(http：//www.bmy.com.cn/2015new/index.htm)中的兵马俑曾震惊世界，被称为世界第八大奇迹。现已将该博物院

图 9-27　数字故宫

图 9-28　　故宫博物院藏品目录

数字化。该数字博物院已在网上为全世界网民服务。图 9-29 为该博物院的首页。它支持移动 APP、微信、微博和虚拟展示。菜单列出了该数字博物院的各项服务功能。我们可以在网上浏览其众多的精品(如图 9-30 所示)。

(2)国外著名的数字博物馆

位于伦敦的大英博物馆(British Museum)，又名不列颠博物馆。它成立于 1753 年，馆藏 800 多万件。它是世界四大博物馆之一。数字化的大英博物馆(www. britishmuseum. org)已对世界网民开放。图 9-31 显示了相关信息。

图 9-29　秦始皇帝陵博物院主页

图 9-30　秦始皇兵马俑部分精品展示

图 9-31　数字化大英博物馆

有兴趣的读者可在网上浏览法国卢浮宫博物馆(www. louvre. fr/llur/index. jsp);俄罗斯冬宫博物馆(www. hermitagemuseum. org),又名艾尔米塔什博物馆,位于俄罗斯圣彼得堡涅瓦河畔;纽约大都会博物馆(www. metmuseum. org)。足不出户就可以欣赏世界顶级文物精品。

习 题 九

1. 数字图书馆系统结构有何特色?
2. 数字图书馆信息组织的主要特点是什么?
3. 试述 DC-Lib 的体例结构。
4. 什么是 OAI-PMH?
5. 举例说明数字图书馆建设项目中的信息组织内容。
6. B2C 系统通常包括哪些子系统?
7. 简述电子商务系统的基本结构。
8. 简述建设一个商务网站的过程。
9. 建立一个购物网站,主要应该考虑哪些因素?
10. 电子商务个性化和个性化电子商务的内涵是什么?
11. 分析一个电子商务网站的信息组织方式与特色。
12. 电子政务的体系结构如何?简述其层次结构。
13. 电子政务中有哪些主要的信息组织方法,为什么?
14. 文件组织方法在电子政务信息组织中是怎样应用的?
15. 电子政务系统相对于其他信息系统哪些不同点?
16. 为什么标准化问题是电子政务的重要问题?
17. 什么是数字博物馆?它有何特点和优势?
18. 在网上浏览秦始皇帝陵博物院,试说明其特色与价值。

10 社交媒体的信息组织

我国互联网企业三驾马车百度、阿里巴巴和腾讯(BAT)三家各有特色与专长。在第8章中，我们介绍了全球最大的中文搜索引擎——百度。第9章中又介绍了阿里巴巴的淘宝等电子商务平台。本章将讨论腾讯公司的一些社交媒体平台(如微博、微信等)以及国内外的同类产品。社交媒体的广泛应用提高了社会信息化水平、方便了生产与生活。

10.1 概述

10.1.1 社交媒体

社交媒体(Social Media)是人们彼此之间用来分享意见、见解、经验和观点的工具和平台，也被人们称为社会化媒体、社会性媒体，指允许人们撰写、分享、评价、讨论、相互沟通的网站和平台。社交媒体的产生前提是Web2.0的发展，主要包括社交网站、微博、微信、博客、论坛等。

社交媒体依赖互联网的蓬勃发展，爆发出强大的能量，其传播的信息已成为人们浏览互联网的重要内容，不仅制造了人们社交生活中争相讨论的一个又一个热门话题，更进而吸引传统媒体争相跟进。社交媒体，不是一种被动接受信息的过程，而是大批网民自发贡献，提取、创造新闻资讯，然后传播的过程。它需要赋予网民更多的主动权，如果社交媒体失去了群众基础和技术支持，就会失去根基。如果互动模式、互动的产品没有技术支撑，网民的需求只能被压制、无法释放，各种各样的技术也是伴随着网民的互动而产生，社交媒体正是基于群众基础和技术支持才得以发展。

集真实性、即时性、交互性和传播多样性为一体的社交媒体，它给予用户极大的参与和互动空间，具有自主性、黏附性、即时性和社区化等特点，它融交流、互动、分享为一体，使每个用户通过社交网络平台都有可能成为信息接收者和发布者。在社交媒体中，用户不再只是被动地浏览互联网内容，同时也参与制造、传播互联网的内容和知识信息，并提供相应的服务。它具有主动性、互动性、创新性和引导性，越来越成为互联网的真正核心。用户可以通过社交媒体自身的强大链接功能将多种媒体加以整合，形成相关内容的信息知识再集散，还可以自主地进行内容创作、交流与分享，可以充分讨论共同感兴趣的话题、反馈意见、提供建议。社交媒体的内容也不再是由媒体向用户进行单向传播，而是通过交互活动，双向传播；媒体和受众之间互为施众和受众，交互支持。

社交媒体发展迅猛，其访问量远远超过了以往主流媒体的网络平台。2015 年，腾讯微信、Pinterest 等新媒体又以强大的图片、语音、非在线等更加人性化的功能优势，提升了活跃用户普及率。

从表 10-1 活跃的社交网络可以看出，新生网络阅读工具的出现，使网络的影响力、辐射力大幅展现，网络社交媒体可以扩大影响、提升知名度、赢得信息、推广知识、扩展服务，它已经是各行业尤其是服务性行业竞相提高质量和效率的必要途径，社交媒体的内容涵盖了用户图谱、搜索、视频分享、博客、微博、图片分享、网络营销、广告、教育、交友等多种类型，表现为即时通信、个性空间、社交求职、移动短信、互动学习、多层次交互互动及获取利用，网络社交媒体正越来越成为重要的知识信息传播渠道和平台。

表 10-1　　**社交网站的排名及相关特征**

排名	名称	活跃用户普及率	类型	国别	交互资源类型	扩展应用
1	Facebook	51%	大众型	美国	以图谱为主的综合交互网站	社交求职应用
2	Google+	26%	搜索型	美国	以扩展搜索为主的综合交互网站	搜索引擎
3	YouTube	25%	视频型	美国	视频分享交互网站	
4	Twitter	22%	微博型	美国	以微博客为主的社交网站	移动短信

续表

排名	名称	活跃用户普及率	类型	国别	交互资源类型	扩展应用
5	新浪微博	21%	微博型	中国	微型博客服务的类Twitter网站	
6	QQ空间	21%	大众型	中国	具有博客(blog)功能的个性空间	
7	腾讯	20%	通信型	中国	提供即时通信服务的综合交互网站	微信应用
8	腾讯微博	19%	微博型	中国	微型博客服务的类Twitter网站	
9	优酷	12%	视频型	中国	视频分享网站	影视传播和营销视频网站广告
10	人人	10%	大众型	中国	SNS社交网站"家庭空间"	
11	土豆	9%	视频型	中国	视频分享网站	影视传播和营销视频网站广告
12	Linkedin	8%	商务型	美国	职业社交网站	商业交往、广告投放、求职、教育
13	开心	6%	大众型	中国	SNS社交网站	网络存储服务、博客托管服务
14	Pinterest	4%	图片型	美国	图片社交分享网站	C2C网络营销、互动营销服务
15	51.com	4%	大众型	美国 中国	提供即时通信服务的综合交互网站	专注于个人空间服务

注：表中排序来自于GlobalWebIndex统计的2013全球社交网络大排名

10.1.2 社交媒体的类型及优势

10.1.2.1 社交媒体的类型

在全世界占优势的社交媒体逐渐单一化，但还有很多国家独自的社交媒体依然占据优势，另外，还存在许多小型社交媒体，种类繁多。主要社交媒体的分类见图 10-1。

主要社交媒体中既有以 MOBAGE 等游戏为中心，作为游戏的附属品、包括邮件和日记等附属的娱乐性强的社交媒体，也有像 Google+这样几乎不含娱乐要素的社交媒体；从仅限于简短发言功能的 Twitter(推特)这样的社交媒体，以及 Mixi 和 Facebook 这样兼备多种功能的社交媒体，各大社交媒体可谓各有特点。娱乐要素自然会受到用户利用方式的影响，图 10-1 是从提供的功能和用户两个方面来进行判断并加以区分的。社交媒体除了图 10-1 所显示的之外还有很多其他平台，流动性也很强。有的社交媒体提供了复合型的平台，往多样化分类和用途的方向进化，也有的社交媒体锁定了某些分类和年龄层，只关注特定的用户。各种社交媒体仍然在成长过程之中，可以预计今后会有多种发展方向。

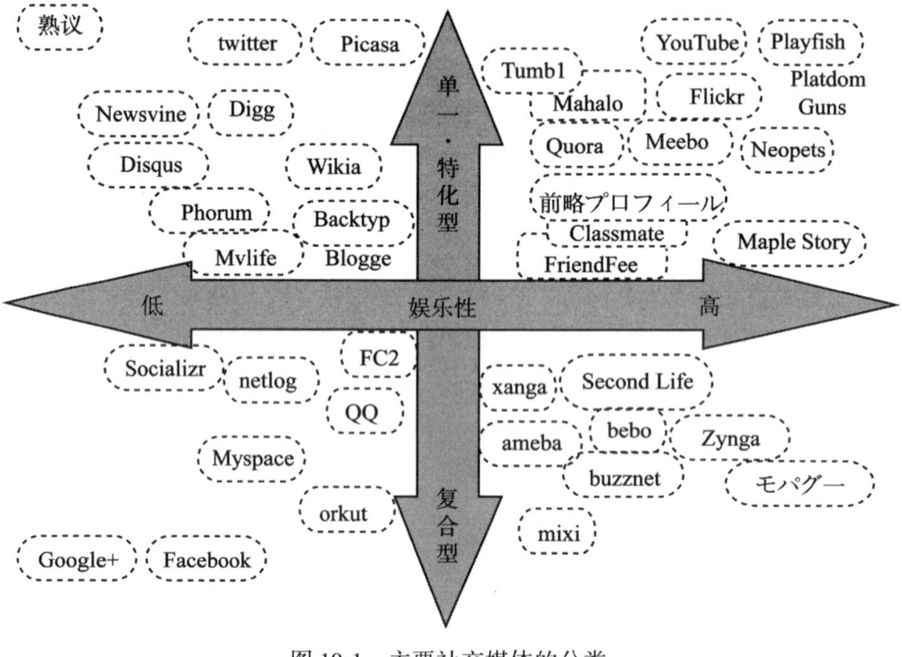

图 10-1　主要社交媒体的分类

10.1.2.2　社交媒体的作用

对于企业而言，社交媒体的作用主要包括以下几个方面：

(1)社交媒体推动企业信息透明化

社交媒体比以往任何一次技术革新都更能够促进企业的协作精神，从而使得所有的公司和组织都能够处于公众的监督之下。企业对社交媒体积极性越高，其透明度也就越高，例如，惠普的员工博客计划使得外界能够更好地洞察惠普的内部状况；沃尔玛等公司甚至还邀请客户来撰写博客，在未融入社交媒体之前，大型企业很难与用户进行互动，也就无法获取反馈，融入社交媒体后，用户可以直达企业高层，除此之外，所有的企业面对环境问题、产品标准以及消费者和员工权益等问题时，也不得不更加慎重。

(2)社交媒体提升产品质量

社交媒体使得所有消费者都可以针对产品发表评论并提出批评，因此厂商的产品必须有过硬的质量，产品质量不过关的厂商将会被曝光并最终失败，这也是为什么好的产品往往在传统营销上投入的资金更少的原因所在，社交媒体的存在使得优秀的产品能够获得自己用户和粉丝的追捧。

(3)社交媒体可以提供优秀的客户服务渠道

维珍美国航空公司(Virgin America)在客户的航班有问题时，只需要在Twitter上向维珍的客服人员求助即可，这种服务具有很强的前瞻性。

(4)社交媒体能够创造消费者真正需要的产品

星巴克、戴尔和宝洁都采取了听取用户的意见和反馈，并借此创造更好的产品这种模式，大型企业对此越积极，就越能促进这种模式的发展。

(5)消费者可自主控制社交关系

通过访问英特尔或福特的员工，我们发现是否需要加入他们的社区则完全由你做主，这与传统媒体产生了鲜明的对比，在传统媒体中，你完全无法控制自己与大型公司之间的关系。

(6)免费接触大型企业

企业建立平台、网站和服务通常都是为了赚钱和建立业务，但它们大部分对用户免费开放，在很多情况下，这些服务都是依靠广告费和赞助费等形式来获取收入的。

(7)大型企业可借社交媒体提供有趣的资讯

如果某些品牌希望通过社交平台来发布视频且做法得当，那么消费者就可以从中获得资讯，比如可口可乐在其博客上发布的公司发展史以及耐克在YouTube上发布的足球视频。

(8)用户主宰内容和大企业的参与

社交媒体上的许多交流都与大企业有关，这一点并不奇怪，无论是否出于自愿，大型企业已经实实在在地参与到社交媒体之中。

10.1.3 社交媒体的内容生成模式

10.1.3.1 UGC

UGC的英文全称是User-Generated Content，中文含义为“用户产生内容”。尽管UGC已成为媒体运营商和诸多学者关注的概念，但在理论研究的相关论文中，只是使用用户生成内容这一类的词语进行说明，并没有对其概念进行科学的界定，大部分学者援引了维基百科上的解释，其具体内涵却未得到统一，用户生成内容中“用户”最初的认识是指非媒体从业人员，从而有别于传统的媒体制作人，如广播公司和摄制公司等，但随着UGC的发展和推广，有学者认为，不少用户在经过初始阶段的非商业行为后开始转变为专业人员；此外还有很多专业人员在其业余时间创作的内容(如一个专业视频编辑在家创作一部电影等)，因此很多内容创作者并不仅仅是“users”。关于生成的过程，部分学者认为生成过程一般是非专业手段创作的，没有组织机构或是商业市场的介入；但也有观点认为UGC催生的新媒体表明，这种非专业手段的创作过程在现实中很难维持，概念中的“内容”所界定的范围也由于学者所处领域或是应用的角度不一，涉及范围较广，OECD(Organization for Economic Co-operation and Development)将UGC定义为“在线的用户生成的内容”。对于其含义的深入理解，可以通过公众需求、创造性的努力、非专业手段三个特征大致给出UGC的范围。可见，UGC应该是由于公众需求将加入用户思想的创造性内容发布在社会网络站点上，这里的非专业手段的创造性内容生成是从概念上区分商业实体创作内容。

当人们谈论用户产生内容时，他们是在描述用户产生媒体内容并互相分享的方式，这个过程没有任何职业人士的参与，由此看来，UGC这一思想并非指个人的创造能力，而是社会关系的一种表现。以UGC模式运作的如社区网络、视频分享、博客和播客(视频分享)等网站、媒体对传统媒体形成了冲击，因此将其称为UGC新媒体以区别于传统媒体。虽然目前的UGC新媒体众多，比如YouTube、MySpace、Google Video、Wikipedia、Facebook、优酷、土豆、酷6、各类Blog等，但对于UGC新媒体研究相关主题的文献却较少，且只是停留在对这类已存在媒体的介绍、比较等表层研究上。

10.1.3.2 UGC理论研究

目前关于UGC的理论研究是UGC研究的一个重点，其主题内容主要有：

(1)对UGC现状、发展趋势和存在挑战等内容进行宏观性的阐述

OECD2007 年的报告对 UGC 概念、测量、类型、平台、发展现状、经济社会影响、带来的机遇与挑战等理论概述性的一系列问题进行了介绍与分析；Dye J. 介绍了 UGC 的发展趋势，内容、数字内容将作为主要的自我表达形式。宏观性的 UGC 理论研究是理论研究中的一个主要主题，从 2005 年开始相关文献数量不断上升。

(2)研究 UGC 网络环境中个体行为关系等问题

这一类主题的研究 2007 年才开始出现，由于 UGC 的应用比较广泛，UGC 平台所涉及的个体行为受到许多学者的关注，尤其是用户行为分析。Chudnov- D 以 Facebook、MySpace、Friendster、Flickr、YouTube 等多个社会网络站点为例，将每个用户看成一个接入点，通过其间的关联来研究 UGC 网络用户关系；Karahasanovi. A. 等分别通过宏观层面的、群体层面的、基于个体的三个调查分析了老用户在新媒体时代在消费、共享和合作 UGC 方面的用户需求；Sandeep Krishnamurthy 等主要对基于 UGC 的广告行业这个新媒体所涉及的广告者、媒体拥有者、用户的行为进行分析，根据 UGC 用户群体行为动机的分类对 UGC 进行定义和分类。

(3)从微观层面对 UGC 革新的主题研究，涉及从技术、商业等多角度的革新

Yong Ho Shmi 等从技术、制度、商业角度对 UGC 革新的影响因素进行分析；Werts 等通过研究 UGC 产品(工具)里内容如何用词标记、语言的控制、在线词库的缺点，分析其面临的挑战；我们通过资料收集，发现 CHI (Conference of Human Interface)2008 年所收集的会议论文中：Design for Creating，Upload in Gand Sharing User Generated Content 分析了可通过哪些方法和技术方式来实现 UGC 的创造、上传、共享，需要吸收哪些群体作为观众来帮助改进、评估 UGC，虽然 UGC 的革新可以有效促进其高效发展，但研究技术实现方面的文章较少，大多为理论性的革新探讨。

以上三类是 UGC 理论研究的主流，其余还有一些对 UGC 支付方式、赢利模式、消费市场等多方面的分析主题，如 Sparkes、Matthew 和 Peek、Robin在 2007 年对 UGC 网站用户贡献内容的支付方式进行了探讨等。

10.1.3.3 UGC 在各领域的应用与影响

用户生成内容的概念虽然最早起源于互联网领域，但伴随着以提倡个性化为主要特点的时代的到来，UGC 已被作为一种理念深入应用到各产业、各领域中去，并取得了一定的成果与影响，随着 UGC 应用的研究不断深入，研究者的关注也不断增加，成为 UGC 研究的又一重点。

随着全球4G商用的日益推进和移动互联网业务的不断发展，移动UGC成为关注的焦点，移动UGC最初主要的业务形式是移动社区网络和移动视频共享，但这部分的研究文献并不多，大多是对现状的报道，研究者更多关注的是从传统形式UGC(如基于网络形式的)拓展到通过移动设备的UGC所实现的应用研究。John Krumm等利用数字网络和移动设备实现UGC在数据收集、模式识别、群体建立、艺术展现方面的应用，介绍了一个通过志愿者贡献出的GPS数据或卫星定位路线图等构建免费的电子路标地图的项目；Christian S。Jensen等对移动服务中的UGC进行了研究，从服务创造、服务功能、服务分享和服务开发4个方面阐述了移动服务系统利于UGC发展的观点；Fabien Girardin等介绍了利用旅行中的旅游者手机移动所产生的网络数据和旅途中的照片发现旅游者的存在和活动的相关时空数据，UGC成为了研究用户相关时空数据的新颖工具和方法，可见移动UGC在各领域的应用是移动UGC研究的热点，尤其是将移动UGC与旅游相结合的相关主题，可以预见UGC应用所带来的商机与赢利将使其成为未来移动互联网中的新热点。

此外，还有文献阐述了UGC在图书馆、数字图书馆、人力资源、旅游市场、视频网站、酒店管理、商业市场、B2B领域、企业中等多领域的应用，这些文献主要介绍了UGC或UGC工具在具体领域中的应用，或阐述了UGC在具体领域中应用的特点，部分文献对UGC在某个领域中的应用进行了技术改良的研究，用户生成内容带来的新商业模式以及由其带来的巨大潜在用户群等优势，使得UGC应用领域不断扩展。

10.1.4 社交媒体的信息组织方式

所谓社交媒体应该是大批网民自发贡献、提取、创造新闻资讯，然后传播的过程。这里有两点特色：一是人数众多，二是自发的传播。如果缺乏这两点中的任何一点就不会构成社交媒体的范畴。社交媒体的产生依赖的是Web2.0的发展；如果网络不赋予网民更多的主动权，社交媒体就失去了群众基础和技术支持，失去了根基；如果没有技术支撑那么多的互动模式，那么多互动的产品，网民的需求只能被压制、无法释放；如果没有意识到网民对于互动的，表达自我的强烈愿望也不会催生那么多眼花缭乱的技术。社交媒体正是基于群众基础和技术支持才得以发展。

10.2 社交网站的信息组织

10.2.1 社交网站的应用

社交网站，是指一种网络服务网站，即社会性网络服务(Social Networking Services，SNS)，专指帮助人们建立社会性网络的互联网应用服务。社交网站与门户网站等相比较有不同的特点，社交网络主要的功能是给用户提供一个网络社交平台，不同于门户网站提供用户获取信息的入口，它注重用户之间的相互交流，尤其是同学、兴趣小组等团体之间的交流，用户可以发布自己的个人信息让其他用户阅读；也可以分享自己认为有趣或者有意的信息，由于社交网站具有如上特性，用户成为其信息发布的主体，每天都会有大量的信息通过用户发布到社交网站上。社交网站信息资源的特点有：①信息发布的动态性，社交网站信息发布的动态性强，几乎每时每刻都有新的信息发布到网站上，其信息更新速度之快是其他类型的网站所不及的，这是因为在社交网站中用户成为信息发布的主要主体。②信息内容的广泛性，社交网站的信息内容突破了学科知识范畴，其内容包括娱乐等大量的非学科类信息，用户通过社交网站发布个人的信息，诸如个人的心情、个人日志、“在干什么”这样的信息；或者分享大量娱乐类信息，包括一些视频、笑话等；当然，也会有学科类信息，比如人人网站中的用户“星期天读书会SRC”会定期发表优美的散文等，当然，信息内容不局限于以上列举。③信息发布的无序性，门户网站是通过专业人士组织发布信息的，而社交网站所发布的信息往往是不经过组织的，具有很大的随意性。

进入Web2.0时代，互联网产业飞速发展，网络用户爆炸式增长，同时，更为重要的是用户不仅仅作为网站内容的浏览者，而且还通过社交网站、博客、论坛等在互联网上制造大量的个人信息，空前广泛地加入了互联网信息制造者的行列。我们已经从门户时代、搜索时代进入到了以Facebook为代表的社交网络时代，在社交行为中，“非接触型”的社交占人类社交的80%以上，这意味着社交网络将扮演大部分传统社交的角色，对人类的社会交往方式以及现实世界将产生颠覆性的影响，由于其本身的特点，社交网络每天都会产生海量的即时信息，如何组织这些信息将在很大程度上决定用户是否能够快速、高效地阅读信息，从而为用户利用社交网络进行交往等提供更加良好的平台。

10.2.2　社交网站的信息组织方式

面对包罗万象、分布、分散的网络信息，信息组织已经走出一个个图书馆、档案馆、情报所，走出了一个个数据库，走出了一个个局域网，如何在这无垠的信息海洋发现信息、整合信息，建立信息及知识之间的联系，使之都纳入一个巨大的有序系统，跨越各种障碍，实现最大程度的共享和互操作，提供高精度的检索，也成了信息组织的重要任务。这时，信息组织就深入到数据挖掘、知识发现、信息整合、信息重组、知识组织等领域。

数据挖掘是一个利用各种分析工具，在海量数据中发现模型和数据间关系的过程。这些模型和关系可以用来做出预测。数据库、人工智能、数理统计、可视化是数据挖掘的技术基础。知识发现是在数据挖掘的基础上"淘金"，是从数据集中识别出有意义的、简洁的、潜在有用的知识，向使用者屏蔽原始数据的繁琐细节。

信息重组是一种知识再创造型的劳动，是对大量信息进行筛选、解构、组合及序化的过程，是实现信息增值的过程；信息整合是将各个应用系统的信息数据进行有机的整合集成，实现对业务应用信息数据共享的过程；整合是数据和应用的最优化，整合意味着信息分享、共同合作。因特网上的信息资源都是不同国家、不同区域、不同机构、不同个人各自独立建设的，只有经过整合才能达到最大程度的共享。当前，电子商务信息、电子政务信息、数字图书馆信息是最大的信息整合领域，比如我国各地、各部门的政务信息不经过整合，就无法实现"一站式服务""一窗式服务"。

10.2.3　社交网站的信息组织案例：人人网

人人网原名校内网，2009 年 7 月，校内网更名为人人网，人人网通过提供发布日志、保存相册、音乐视频等站内外资源分享等功能搭建了一个功能丰富高效的用户交流互动平台，人人网作为国内社交网站的成功之作，有很大的代表意义，因此，本小节以人人网为例，较为深入地分析人人网站的信息组织，以此来探讨社交网站的信息组织与架构。

10.2.3.1　人人网的导航与类目设置

人人网站的导航主要分 5 大部分：首页、个人主页、好友、应用和游戏。不同的导航页面会根据导航的主题词进行相应的类目设置，本文在对人人网站进行调查之后，将人人网站的导航与类目设置进行归纳，同时社交网站最主要的特点是为用户提供网络社交平台，故只列出了首页、个人主页和好友三部分的类目，如表 10-2 至表 10-4 所示：

表 10-2　　首页的类目设置

一级类目	二级类目
新鲜事	日志、相册、音乐、分享、小站、小组
校友录	创建的群名列表
应用中心	礼物商城、公用主页等
推荐应用	……
今日团购	……
最近来访	……
推荐	……
好友生日	……
站内功能	……
朋友的照片	……

表 10-3　　个人主页的类目设置

一级类目	二级类目
个人主页	日志、分享、礼物、新鲜事、好友留言、最新照片、最近来访、我喜欢的、好友
音乐	概况、我的喜欢、我的自选辑、我的音乐动态
资料	……
日志	……
相册	中信所、京津之行(依据个人命名的相册)

表 10-4　　好友页的类目设置

一级类目	二级类目
全部好友	日志、分享、礼物、新鲜事、好友留言、最新照片、最近来访、我喜欢的、好友
特别好友	概况、我的喜欢、我的自选辑、我的音乐动态
新添加的好友	……
公共主页	……

续表

一级类目	二级类目
通信录	有通信信息、无通信信息、MSN 联系人、邮箱联系人
好友分组	大学同学、家人亲戚、挚交好友、普通朋友、中小学同学、未分组好友

10.2.3.2 人人网的信息组织体系分析

根据上面的归纳总结，人人网的信息组织体系具有以下特点：

①依据主题进行分类与传统分类法不同，甚至与采用学科和主题相结合的分类原则进行信息组织的门户网站也不同，人人网是运用主题分类法进行网站的信息组织。人人网内的绝大部分内容都是有关个人的信息、音乐、视频等，这些内容并不适合按照学科进行分类，反而用日志、相册等主题来进行聚类更为有效，人人网中最重要的主题是新鲜事，也就是用户发布的个人信息，可以是日志、状态、分享或上传的视频等，用户通过对新鲜事进行评论来交流。

②类目层次少，从表 10-2～表 10-4 可以看到，人人网信息组织的另外一个显著的特点就是类目层次少，信息组织的层次多数在 1～3 级，比如，个人主页中的日志类目没有下设类目，直接按时间顺序显示用户写过的日志；信息量最大的新鲜事的类目层次基本上也就在 3 层。

③类目划分的等级层次不严格从类目的划分来看，传统分类法基本按照学科之间的等级隶属关系，遵照比较严格的逻辑进行划分，自上而下层层展开成一个严密的、深细的线性体系，虽然人人网的类目基本上是按照等级关系展开，但同时为了减少划分层次以及突出重点，其类目划分没有严格的等级层次，由于主题之间存在多重从属联系，在类目的等级划分之外，还采用了交叉从属等划分方式，例如，个人页面下的日志类目，同时下设在首页的一级类目新鲜事的二级类目日志下。

10.2.3.3 信息检索

人人网在采取主题法对网站信息进行组织的同时使用信息检索技术作为信息组织的辅助，使得用户在获取信息的时候更加方便、有效，用户通过在搜索框内输入检索词，可以直接找到所需要的信息，大大减少用户寻找所需信息的时间，例如，在搜索小组的搜索框内输入检索词“数据挖掘”，检索得到 6 个有关数据挖掘小组的信息。

10.2.3.4 人人网信息组织的特色

人人网以主题法建立信息组织体系，创建主题树，根据主题进行聚类与类目划分，这样的信息组织方式揭示信息直接、直观；同时，主题组织法建立在自然语言基础之上，它从事物的角度集约信息，便于特性检索；此外，人人网在信息组织中还运用了分面组配式分类法，将同一信息分配到不同类目的不同位置上，克服了体系分类法“集中与分散”的矛盾；最后，人人网信息组织的类目层次少，突出重点、提示热点，使得用户获取信息更加快捷、方便。

10.3 微博的信息组织

10.3.1 信息管理视角下的微博

微博凭借实时性和便捷性成为重要的网络应用，其聚集的大量用户和相对自由的言论信息使之成为把握社会脉搏的重要工具，微博信息管理是指从微博信息出发，并不考虑各种规则制度的约束力。国外的研究倡导以法治和规范约束微博信息，同时强调通过采用新的微博信息管理技术促使微博信息的组织、传播等环节实现规范化和可控化。我国对微博信息管理的研究始于2010年，除倡导在用户管理上进行引导外，技术层面的关注点集中于微博信息组织、传播与用户个性化推荐。

10.3.2 微博的信息组织

微博信息组织是指建立某种结构化的数据结构，使微博信息能得到有效重组和整合。截至目前，网络信息资源的组织方式包括文件管理和数据库管理，微博的底层数据管理也使用这两种组织方式，但不局限于此，微博需把信息数据和服务结合在一起，对其组合和再造，从这个角度讲，微博信息的组织方式是重组与再造，利用RSS技术，微博可实现信息的聚合和推送，有明显的信息自组织特点，随着数据挖掘技术和网络传播技术的发展，信息组织方式会进一步发展，微博会更加智能和方便。

新浪微博作为新型社交平台，任何人都可以注册成为它的用户，通常情况下，任何用户都可以自由发布不超过140字的信息，或者是利用图片方式发布长微博，其简短的特点让微博页面看上去类似搜索引擎的检索结果列表，作为信息服务平台，新浪微博对用户及用户发布的信息进行了组织和分类，据此设置了不同的栏目信息，例如自动将用户发布的信息分类为原创、视频、图片、音乐等，以方便用户自己和别人搜索和浏览。打开新浪微博界面，主要有一个搜索框及“首页”“发现”“游戏”及“我的昵称”（即用户主页）

4个主要导航栏目，下设一级、二级栏目，用户通过浏览或搜索来获取信息，例如“发现”下设“热门微博”“微话题”“找人”“电影”“听歌”“博客”“视频”及“新闻”8个分栏目，而其中的“热门微博”则是对“健康”“体育”“影视”“时尚”“星座”及“科技”等24个类别进行的再组织，见表10-5：

表10-5　　**微博的信息组织方式**

信息组织	微博搜索	首页	发现	我的昵称
分类	综合、微博、找人、图片、应用	消息(@我的、评论、赞、私信、未关注人私信)、收藏	热门微博(健康、体育、影视、时尚、星座、科技)、微话题、电影、听歌、博客、视频及新闻	我的主页(关注、粉丝、微博)、我的相册、管理中心
信息组织方式	搜索框	按时间倒序排列	按主题分类；搜索框	按时间倒序排列
信息分类对象	人；信息	信息	信息	信息
信息获取模式	搜索；浏览	浏览	搜索；浏览	浏览

10.3.3　用户的自我组织方式

新浪微博首页中有用户自己昵称的主页面，用户可以自己发布信息，该信息会显示在自己的主页上，主页上有“我的主页”“我的相册”“管理中心”等栏目。“我的主页”上显示用户的关注对象、粉丝、发布的微博信息，用户可以直接浏览已关注的和关注自己的人的信息，用户自己发布微博时可以选择视频、话题、长微博等为其分类；还可以设置权限，如仅自己可见、公开、好友圈等，或者通过@的方式，提醒自己的朋友浏览；也可以通过自己加标签的方式以方便日后查阅，或方便其他用户检索。所有加了关注的朋友可以对其进行分类，便于分类浏览，加了关注的人发布的信息，会和用户自己发布的信息按时间倒序一起显示在自己的首页上，如果信息太多，刷新的页面就会变得冗长，信息量太大的话，用户获取和接收信息的效率就会受到影响，“我的相册”上有用户发布的所有图片，“管理中心”是粉丝服务平台。

10.3.4 用户之间的互动方式

微博用户之间进行交流互动的方式主要是点赞、评论、转发和更为直接的私信方式，点赞和评论是直接同用户交流，对其观点发表自己的看法，彼此交换意见，并且评论会按时间顺序显示在原始信息下，如果参评的人比较多，就会形成一个小会场，甚至引发一场讨论；转发是对信息进行评价和推荐的一种方式，同时也是对信息进行传播和推送，转发的信息会显示在“我的微博”，这样该微博的粉丝也获得此条信息，如果转发次数达到一定量时，就会形成“热门微博”或“热门话题”；用户之间无论互相关注与否，都能通过发私信的方式直接交流，这样只要用户登录账号就能看到，但是微博平台更加注重的是平台的动态沟通。

10.4 微信的信息组织

10.4.1 信息管理视角下的微信

微信是一种单向关注机制，且相较于微博而言是一种深社交平台，用户可以将重要联系人添加为星标朋友，也可以通过标签对朋友进行分组，但不能做到像微博那样分类浏览不同标签朋友的信息，用户发布消息时，同样可以为发布的消息设置权限，显示发布地点或者屏蔽、提醒他人注意此条信息。用户发布的内容虽然没有限制，但是影响到的只是用户的朋友圈，用户自己和通信录好友发布的消息同时显示在自己的朋友圈，一个即使特别好的观点或者信息，非通讯录里的其他人是看不到的；不仅如此，互相不是好友的人也看不到对于同一条消息的评论和点赞状态，同时用户原创的内容不能转发，这虽然不能形成有效的二次传播，但是用户反而能更高效地接收这些信息。

10.4.2 用户实现的信息组织方式

微信平台的信息组织方式同微博类似，采用不同的信息组织方式对信息分类，使得信息的组织更加条理化，打开微信界面，主要有一个搜索、一个添加功能键及“微信”“通信录”“发现”“我”4 个主要导航栏目。“微信”的对象主要是已添加的好友，而“通信录”可以发起群聊、添加朋友及扫一扫等，4 个导航栏目下又采取分类、搜索，按时间顺序、地区顺序等多种信息组织方式与信息排序方式分类组织信息，例如“发现”下的分栏目有“朋友圈”“扫一扫”“摇一摇”“附近的人”等，见表 10-6。

表 10-6　　微信的信息组织方式

信息组织	微信	通信录	发现	我
分类	聊天信息	新的朋友(用于从通信录中添加朋友)、群聊、标签、公众号、联系人	朋友圈、扫一扫、摇一摇、附近的人、漂流瓶、购物、游戏	相册、收藏、钱包、设置
信息组织方式	按时间倒序排列	按字母顺序排列	分类列表；按地区顺序排列	按时间倒序排列
信息分类对象	信息	人；信息	人；信息	信息
信息获取模式	浏览	搜索；浏览	搜索；浏览	浏览

微信和微博平台实现的信息组织方式比较类似，主要都是基于内容主题、用户间关系、信息形式特征的信息组织形式，一般都是导航页面分栏，每一个栏目又分别根据人或信息为分类或搜索的对象，采取分类、搜索、按时间顺序等多种信息组织方式与信息排序方式，不同的是微博平台信息更开放，例如用户通过关注就可以获取国内外明星信息，不仅贴近生活，感到真实，甚至通过“@”就能与其进行互动，而目前仅有少量明星开通了，仅仅是发布一些与其相关的图片，或者是公关团队发布的类似新闻动态的消息，这一点是微信暂时还不能实现的。

10.4.3　用户之间的组织方式

微信用户之间的互动方式较微博有所区别，主要是点赞、评论和聊天，用户可以对显示在朋友圈里朋友发布的消息进行点赞和评论，但不能直接转发，如要转发则可通过复制或截屏的方式发布一条同样的消息来实现，好友对用户发布消息的评论用户可全部看见；而用户不同好友之间不可见，只当用户的不同好友之间同时互为通信录好友，才能看见对方对用户的评论；用户对所有好友的评论或回复其所有好友都可见，这样看来，由于微信的私密性、社交性，发布的消息大多是有关个人的生活状态等，不会像微博那样对某件事引起激烈讨论，这是微信与微博的最大区别；另外，相较于微博侧重于网络平台的动态沟通，微信更侧重通过聊天进行一对一(包括群聊)的交流，交流形式如同其他聊天工具一样，既可以是文字，也可以是语音、图片或小视频。

10.4.4 分析和结论

基于微博、微信各自信息组织的特点，可以发现微博、微信从来没有停止过功能上的竞争，而且已经出现部分相互入侵对方特色功能的迹象，但是在信息传播、网络社交、沟通互动方面，微信和微博各有优势，具体见表10-7。

表 10-7　　微博、微信社交及传媒属性对比

项目	平台特性比较	微博	微信
社交属性	获粉难易	容易获粉	较难获粉
	关注机制	单向	双向
	用户关系	弱关系	强关系、对等关系
	时间特点	差时浏览	即时联系
传媒属性	传播受众	所有用户	仅限通信录好友
	信息类型	所有信息	偏向个人生活状态
	信息权限	公开	私密
	公众平台	低效	精准、高效

微博获得粉丝很容易，只要单向关注自己感兴趣的微博就可以，但是可以明显发现其中也存在大量僵尸粉丝，而且很多粉丝互为陌生人，不会有亲密的互动；而微信除了用户本身的好友，其他人想成为好友有一定的限制和障碍，互为好友的用户可以聊天，在朋友圈互动，因此微信的社交属性强于微博。微博上的信息都对所有用户公开，信息涵盖了方方面面，从这一方面来看，无疑微博的“新闻”效应更大，传媒属性更强；而微信的信息受众只限于好友，且发布的信息偏向于用户个人生活状态、感悟等内容；但是就公众平台而言，微信的信息推送更高效、精准。

微信、微博在很多方面都表现出了相辅相成、互补互助的特点，由此看来，微信并不会取代微博，而微博也有待进一步发展，在微博和微信时代，建议个人与组织应该同时关注两个平台的发展，并积极加以利用，及时发布

信息，更便捷地与用户展开互动，做好自身的形象宣传，充分把握二者互补的功能与特性，更好地开展自身业务。

10.5 本章小结

社交媒体以其无可阻挡之势日新月异地发展，大家可以利用社交媒体为手段，进行文献信息交互推广服务，通过交友网、微信等各种社交媒体发展交互式用户群，以采集、转载、共享、发布、链接等多种方式为读者提供更为广泛、快速、穿越的学科信息和知识，使受众用户从点到线到面、交互访问、分享和学习，从而实现知识信息资源的高效利用。

未来，以无偿网络营销为手段的信息知识传播成为主流；基于“信任代理”理念下的交互网络自主信任服务模式也会是社交媒体发展的趋势，利用社交媒体进行网络信息交互服务，建立关系化的社交网络平台，组成私人空间与公共空间，为用户架构起虚拟社交与真实社交相融合的无所不在的立体化的“泛”网络信息知识服务模式，以人际传播的回归，形成信息知识的无限扩大化的传播之势，是社交媒体时代深化服务提高服务水平和能力的必然途径，也是网络第三空间建设的重要内容。

习 题 十

1. 什么是社交媒体？国内外有哪些常用的社交网站？
2. 社交媒体有何特色？它在人们的社会生活中有哪些作用？
3. 何谓 UGC？简述其应用领域及社会影响？
4. 社交网站有哪些主要的信息组织方式？试举例说明。
5. 你对微博有何认识？微博的信息组织方式有哪些？
6. 微信为什么能得到广泛利用？它有哪些信息组织方式？

11 信息组织的发展趋势

在信息社会化、社会信息化的今天，信息组织已发展到一个崭新的阶段。信息组织的集成化、可视化、智能化、大数据与云计算，随着移动互联网的发展，使信息组织迎来了新的飞越。

正如传统的商业服务单位一样，由过去的专营业务小店发展成现在的综合大超市，极大地满足了各类客户的需求。信息产品是一种特殊商品。信息服务由过去的专业数据库服务方式而今发展为信息构建集群，各类用户的信息需求均可以满足。因此，集成化(信息构建)方式是信息组织发展的重要方向。

信息可视化是20世纪90年代发展起来的新领域。根据大众用户的信息需求和消费方式，繁琐的操作指令是不受欢迎的、信息泛滥和信息污染是大家一致反对的。信息可视化技术以简洁的操作方式、用图像、动画等视频方式提供信息服务深受用户欢迎。可视化信息产品已抽象出信息集合的本质、形象化地展现事物的规律性，用简洁、明快的方式向用户提供优质服务。它是信息组织与检索发展的重要方向之一。

人们把知识分为两类：显性知识和隐性知识。信息即为显性知识。因此，信息组织是知识组织的基础，知识组织是信息组织的延伸和发展。知识组织是来源于信息组织但又高于信息组织，它是知识管理和知识服务的基础。当前，许多企业、事业单位都在设计和建立知识管理系统。收集显性知识、挖掘隐性知识、进行知识组织与服务。它是信息组织发展的高级阶段。我们正迎接“大智移云”新时代，信息组织正经历新的飞跃、面临着诸多新挑战。

11.1 信息构建

信息构建是信息组织集成化的体现。它是信息组织的发展方向之一。

11.1.1 信息构建的沿革

信息构建(Information Architecture，简称 IA)是美国建筑师沃尔曼(Richard Saul Wurman)在 1975 年提出的一个新概念。沃尔曼以敏锐的眼光和非凡的抽象概括能力关注信息的收集、组织和表示问题，并在满足使用者需求这一相同点上，将信息的收集、组织和表示与建造建筑物所要解决的问题相比较，认为客观知识空间的有序化与建筑物设计时的物理空间的有序化之间有着共同之处，因此他将信息的序化问题视为一种服务于特定目标的建筑设计工作，创造性地提出了 IA 这个词汇和相应的研究领域。

IA 的理论和实践问题也逐渐引起了信息产业界的极大关注。正如狄龙(Andrew Dillon)先生所说的，IA 逐渐成为美国信息科学与技术协会 21 世纪的第一热键(Hot button)。

信息构建是"组织信息和设计信息环境、信息空间或信息体系结构，以满足需求者的信息需求的一门艺术和科学。"IA 包括调查、分析、设计和执行过程，它涉及组织、标识、导航和搜索系统的设计，目的是帮助人们成功地发现和管理信息。

沃尔曼先生的著作颇丰，其中与 IA 理论探讨密切相关的、影响最大的著作是《信息饥渴》(*Information Anxiety*)和《信息建筑师》(*Information Architects*)。他在 1976 年担任美国建筑师协会全国会议主席时，将"The architecture of information"作为该协会年会的主题；在会上，他阐述了对信息建筑师(information architect)的定义。他早年就致力于"让信息变得可理解"的工作，并一直以此为职业；后来，他自己成为了熟练的图形设计师、作家、编辑和出版大量的书籍，利用图形在不同的领域表述信息，让复杂的信息变得简单和可理解。他的新书《理解美国》组织了"能找到的全美国最好的信息建筑师"编写，使用了约 350 页的地图、图表、图解和其他工具使复杂的信息变得清晰明朗。

美国信息科学与技术协会 2000 年成立了 IA 特别兴趣组 IA-SIG，2002 年末学会的会刊出版了 IA 专集，学会已经连续多年举行 IA 峰会，反映出了科技界对 IA 的热情。

用搜索引擎可以查到成千上万的网站和网页，表明 IA 的热度。使用

Google 搜索引擎在 2002 年底可以返回多于 3 500 000 个结果；2003 年底为 8 970 000个结果。2009 年 8 月为 162 000 000 个网页。2016 年早已超百亿网页。

由于社会对信息建筑师的需求旺盛，教育界已经开始了对相关职业的培训。国外一些大学开始提供的信息构建与知识管理的科学硕士课程；伊利诺斯大学技术学院的信息构建科学硕士课程。IA 的教育旨在培养能成为信息设计师(information designer)或信息建筑师(information architect)的人才，这种人才负责在宏观和微观层次上规划产品结构，在多个层面上定义和描述信息关系和导航模式。

围绕着对信息建筑师的教育很可能成为信息管理或计算机界面设计等专业教育培养人才的主要方向之一。

11.1.2 信息构建核心内容

11.1.2.1 信息构建的适用范围

从信息构建的定义和基本思想来看，信息构建的理论与方法不仅适合于网络信息的组织，而且适合于所有的信息集合。众多的信息片段聚集在一起，形成了信息集合，当我们需要从复杂的、巨量的信息集合中有效地提取信息，我们就需要调动人的智能去组织信息内容，精心设计信息结构，建造一个优化的信息空间，让信息变得清晰、易理解、易获取和易使用。由此看来，IA 是针对所有信息集合而言的。但是，尽管 IA 出现在所有需要对信息集合中信息内容进行展示的信息空间中，但不同的信息集合形式对 IA 的依赖程度不同。一般情况下，陌生的信息环境和复杂的信息空间更需要 IA，网络信息环境就是这样一个对用户而言陌生的信息环境。

由于因特网上的信息种类繁多、内容特征多种多样的多媒体信息，信息存储分散无序，加之超链接技术的广泛使用，因特网具有非常复杂的信息空间，用户在其中很容易迷失方向。因此，因特网尤其需要 IA 成为信息序化和优化的思想和工具，以帮助人们在异质的信息空间中管理和获取信息。故目前信息构建理论方法的主要应用领域是因特网的信息构建问题，在国外，信息构建已经作为网站设计和开发的一个基础知识。

11.1.2.2 信息构建的主要内容

因特网信息构建研究的开山之作 Information Architecture for World Wide Web 由美国的两位具有图书馆学情报学背景的学者在 1998 年完成，他们在书中首次确立了信息构建的核心构成要素，这些要素作为信息构建的核心内容为全世界的学者所认可。IA 的核心要素就是网站的信息组织系统、标识系统、导航系统和搜索系统等四大系统。组织系统负责信息的分类，由它确定信息的组织方案和组织结构，对信息进行逻辑分组，并确定各组之间的关系；标识系统负责信息内容的表述，为内容确定名称、标签或描述，标引名称可以来源于控制词表或词库、专家或用户、已有的标识实践等；导航系统负责信息的浏览和在信息之间移动，通过各种标志和路径的显示，让用户能够知道自己看到过的信息、自己的现在位置和自己可以进一步获得的信息内容；搜索系统负责帮用户搜索信息，通过提供搜索引擎，根据用户的提问式，按照一定的检索算法对网站内容进行搜索，并提交给用户搜索的结果。IA 提供一个易用的、用户满意的网站，它是一个优化的信息集合体。

11.1.3 信息构建在网站信息组织中的应用目标

Web 信息构建的实质是通过信息组织系统、标识系统、导航系统和搜索系统的设计和处理，帮助人们在网络和 Web 环境中更成功地发现和管理信息，有效地解决用户的信息需求。它是组织管理网站信息资源的基础。

Web 信息构建的目标有两个方面：

一是从对信息的处理结果看，要达到信息的清晰化和信息可理解两个目标。

由于社会的大多数人，在今天已经感受到巨量信息的压力，他们迫切需要减轻巨量信息造成的认知负担，他们欢迎清晰化、可理解的信息。所以信息的清晰化、可理解性为目标的信息构建在今天被列为首批目标。

二是从用户的使用结果看，要达到网站信息有用性、可用性强和使用者具有良好的用户体验两个目标。

信息构建的最终目的是帮助人们快速高效地找到所需信息，并获得良好的用户体验。而用户体验建立在可用性基础之上。信息构建的主要内容诸如建立信息组织结构、创建标识系统，设计导航系统等直接影响着网站整体的可用性。

下面我们简单说明这四个目标：

(1)信息的清晰化

沃尔曼先生认为："信息建筑师是一种把数据的内在模式加以组织，使复杂的事情变得清晰的人们，它们构建信息的结构或信息地图，让别人找到通往知识的途径。"这段话表明了信息构建活动需要追求信息的清晰度。无论是导航、标识、组织和浏览哪一种处理方式，都应该起到如同建筑物或道路的标志牌一样的功效，纷纭繁杂的异质信息能够形成一个清晰的结构、有清晰的呈现方式，能清晰的指引到达信息的路径。

(2)信息可理解

“让信息可理解”反映了人们对信息服务的热切愿望。

人的大脑要接受和利用信息，首先就要理解这个信息，即对信息进行解释和描述。信息的接收者通过接触到信息的传输载体以及与信息界面的交互，需要对信息的符号、含义和结构等进行解释和理解。为了保证良好的信息接收效果，信息发送者需要对这种解释和理解的方式、特征和规律事先进行调查、分析和研究。在此基础上，将信息的内容集成，并发布到信息的传输载体和信息界面上。因此，信息的理解和解释的内容和方式是一个影响到信息发送者的行为和信息接收效果的至关重要的问题。而在以前，常见的情况是，信息发送者只顾自己发送信息，不顾信息接收方理解和解释的困难。这样的现象在信息稀缺时代，人们为了必需的信息利用目的，而不得不去克服困难；但是这样的现象在我们今天信息富集时代，从“省力法则”的规律来看，人们会转而求助于其他的信息渠道，自然地会避开理解和解释的困难。

(3)信息的有用性、可用性

有用性指信息内容具有潜在的能满足用户需求的功能，可用性指通过提供的操作手段能够让用户实现他们查询、购物、学习、娱乐等方面的需要。按照国际标准化组织 ISO9241 的定义，可用性是指：“特定用户对所用产品在某一特定使用范畴内有效、高效和满意地实现预期目标的程度。”可用性专家 Nielsen 认为站点的可用性是由五个因素决定的：①可学习性；②可记忆性；③使用时的效率；④使用时的可靠程度；⑤用户的满意程度。

理想的信息体系结构应该功能明确、专注于内容、易于学习、易于认知、使用效率高、快速、方便、人性化风格。信息建筑师应该为达到这样的目标来构建信息体系结构。

(4)良好的用户体验

用户体验是指不仅帮助用户快速和容易地在网站上完成他们任务的活动，而且带来了美的享受。用户体验决定了用户如何行动和选择的情况被具体表现在系统中，系统的活动情况被表达和提交给用户。Elaine G. Toms 在谈到网站信息构建的信息交互问题时认为，用户体验包括系统的和美学的两种方法生成表述形式以支持任务的完成。网站不仅仅是一个单一的控制内容的单程渠道，而是在多重生态条件下丰富体验的编制物。信息构建的目的在于使信息的使用者拥有愉快的用户体验和美的享受。

11.2 信息可视化

信息可视化(Information Visualization，缩写为InfoVis或IV)是信息资源组织与检索的热点研究课题之一。它在数字图书馆(DL)和人机交互接口(HCI)、数据仓库(DW)与数据挖掘(DM)、以及知识管理(KM)等领域得到迅速发展与应用。20多年的实践证明它已成为一个跨学科、影响深远的研究领域。

11.2.1 信息可视化的由来

1987年，美国计算机成像专业委员会向NSF(国家科学基金会)提交了一份报告，其题目为"Visulization in Scientific Computing"，它把科学计算可视化推向了前台。1989年，Robertson，Card和Mackinglay在发表的论文"用于交互性用户界面的认知协处理器"中，正式提出了"信息可视化"(information visualization)的概念。

所谓信息可视化(InfoVis或IV)就是利用计算机支撑的、交互的、对抽象数据的可视表示，来增强人们对这些抽象信息的认知。可视化是这样一个过程，它将信息转化为一种视觉形式，充分利用人们对可视模式快速识别的自然能力去进行观测、浏览、判别和理解信息。在这个过程中，人们利用计算机系统从屏幕上观察交互图形、图像并通过可视模型处理信息。

数据(data)是事实、概念或指令的一种形式化的表示形式，以适合于用人工或自然方式进行通信、解释或处理。它是离散的、互不关联的客观事实，孤立的文字、数值和符号、缺乏关联和目的性。

信息是数据所表达的客观事实。人们对数据进行系统组织、整理和分析，使其具有相关性。数据是信息的载体，信息是数据的内容。信息和数据在有些情况下不严格区分。信息作为一种特殊的产品，它有一系列属性，具体表现在时间、空间和形式三个维度上。

数据、信息和知识的关联性十分密切。数据是信息的载体，信息是数据的含义，知识是由信息加工和提炼而成的结晶。可视化就是把数据、信息和知识转化为可视的表示形式的过程。实际上，我们在这里讨论信息可视化就自然地包含了数据可视化和知识点(knowledge unit)的可视化。

信息可视化的过程就是从信息维映射到可视维的过程。一般来说，通用信息的可视化可分四个步骤：抽取、转换、映射(定义)、隐喻。以文本信息对象为例，下面讨论其可视化的过程。

• 抽取：从文本信息对象中抽取外部特征和内容特征，建立专用数据表，为其可视化打好基础，准备原材料。

• 转换：从文本对象中抽出的特征(属性)为高信息维，如何过渡到低可视维？先要进行必要的转换。

• 映射(定义)：通过分析研究，要确定特定算法，启动程序可以将高信息维向低可视维自动映射。

• 隐喻：合适的可视化模型可以隐喻文本对象的高信息维的值，并将信息处理中的认知负担转变为感知任务，从而使用户能很快理解信息并发现规律，正确地解释信息、掌握和应用规律，提高认知水平和洞察力。

当今信息时代，人们常用“信息爆炸”来形容信息量猛增的特征与趋势。如何来处理和应用这浩如烟海的信息呢？需要用先进的处理方法和有效的工具。信息可视化就是将信息转换成二维和三维图形、图像、动画形式的技术方法和有效工具。用户通过这些可视形式进行观察、交互。例如，气象台的气象工作者，通过各气象站(点)和气象卫星上采集的大量信息，通过可视化处理，输出二维气象图和三维动画，形象直观地观察到当前的气象情况及发展趋势。又如，我们从计算机中调出某种股票的交易信息，通过 K 线图可清晰地看到该股票的运行情况及其走势。这样，提高信息产品的质量、追求更高的经济效益与社会效益是信息可视化研究的主要动力。

11.2.2 信息可视化的内容

信息可视化的内容包括三个方面：

• 信息资源描述与存储的可视化，

• 检索过程的可视化

• 检索结果提供的可视化。

信息资源描述与存储的可视化是检索可视化的条件和环境，检索过程的可视化是检索接口形式的创新，而检索结果提供的可视化是检索服务质量的飞跃。

11.2.2.1 信息资源描述与存储的可视化

信息资源包括图(图像、图形、动画、视频)、文(文字、数字、符号等)、声(语音、音乐、音频)信息。用不同的模型方法实现图、文、声信息资源的可视化。

第一，文本描述与存储的可视化。

(1)知识分类与图符法

“物以类聚，人以群分”。大千世界的万事万物均可抽象成对象(Object)，对象可划分为类(Class)。对象类(Object Class)是同类对象抽象后命名的集合。同类对象具有相同的属性(attribute)和方法(method)。一个类就是某同类对象的集合。该集合的任一子集可对应一个新类，将其称为原类的子类(subclass)，而原类称为该子类的超类(super class)。超类与子类反映了对象类之间的层次联系。根据知识分类体系建立图符库，用图符来表示信息对象的类别。

(2) 统计分析与图像阵列法

统计分析是我们研究信息对象的常用方法。为了叙述方便，我们针对文献信息对象来讨论。文献对象(假定是一篇科研论文)有标题、作者、分类号、摘要、关键词、正文、参考文献等。研究文献信息可视化主要从其内容特征和外部特征入手。抽取特征值、建立特征库，将特征库映射出内容分布的图像阵列。

(3) 聚类与内容关联法

信息可视化方法根据不同的标准可分为不同类别，按照信息资源本身的特征将其划分为 7 类：一维信息可视化、二维信息可视化、三维信息可视化、多维信息可视化、时间序列信息可视化、层次信息可视化和网络信息可视化。

多维信息是指在信息可视化环境中的具有超过三个属性的信息，在可视化中，这些属性的重要性是相当的。马里兰大学人机交互式实验室的研究人员开发了一个称为动态查询的框架结构，它可以让用户观察多维数据的可视化排序。例如，HomeFinder，它提供了查询华盛顿地区待售房屋数据库的结果。用户可以通过属性(比如价格、数量、距市中心距离等)选择操作，根据图像中点的密集度看出房屋属性的信息。

文献信息是我们经常接触到的一类信息。为了理解各种文本信息，利用包含在其中的知识，往往需要阅读大量的文本文献。将大量的文本信息表示为可视化形式能够使得用户迅速浏览这些海量信息，并且找到自己感兴趣的部分。文本信息内部又存在上下文关系和历史关系，这两者都可以利用可视化技术来表示。

这样一来，文本存储不仅要存储文本的原文，还要存储相应的图符库、特征库(如，关键词库、自由词库、责任者与责任者所在单位等)、内容关联性等，为信息可视化打好基础。

文献信息可视化，通过形象的图符表示了分类信息、主题信息的分布以及文献之间的关联。通过这种可视化的形式，可以避免语言处理工作，从而节约用户的脑力劳动，对于信息检索和知识挖掘非常有用。

第二，语音信息描述的可视化。

语音信息资源是另一类大量的信息资源。通常，它存储在录音带、录像带、VCD、DVD 等音频、视频信息中。语音信息的可视化充分利用了文本信息可视化成果。它分两步走：一是调用语音-文本转换软件，将语音信息转换为文本信息，二是对转换后生成的文本信息可视化。

第三，图像特征描述的可视化。

基于内容的图像特征描述指利用相应的特征提取方法自动提取图像内在的颜色，纹理，形状等视觉特征和文本型的内容特征，然后将这些特征值存入特征数据库，建立相关的可视化环境。然后，将特征数据库里的数据映射成规范化的一批图像元素(如，颜色直方图、纹理共生矩阵图、角度直方图和边界轮廓图等)来展现原始图像的特征。

11.2.2.2 检索过程的可视化

检索过程的可视化主要是指检索式构造的可视化和检索接口的可视化。对于用户来说，是否能方便地实现检索式的构造、准确地表达出自己的检索需求对于是否能检索到相关的结果文档非常重要。检索式可视化的意图在于利用检索词的语义扩展技术(语义蕴含扩展、语义外延扩展、语义相关扩展等)及可视化技术揭示出概念间的关系及相关的检索词以便用户能更准确地表达检索需求。可视化技术则一方面要能可视化显示用户的检索历史，另一方面要能根据词间关系用结点与连线方式将概念及概念间的关系揭示出来。

11.2.3 检索结果提供的可视化

1） 数据库检索结果提供的可视化

数据库有多种分类方法，按照其存储信息类型的不同分为文献数据库(目录数据库和全文数据库)、数值数据库、事实数据库、多媒体数据库等。这几种数据库所输出检索结果的类型不外乎文本、声频、视频或者是三者的组合。由于数据库的定义规范，可视化的接口形式容易实现归一化。图 11-1 是文献数据库检索结果可视化的实例。当然，建立图符库、关键词库、自由词库是其环境要求。

一篇文献的可视化框架分 A、B、C、D 四个区。其中：

A 区为分类号(如，中图法分类号)所对应的图符。

B 区为用关键词对全文各部分出现频率的统计，然后生成内容分布直方阵列图。

C 区为关键词与相关文献语义连接图。

D 区为自由词相关连接图。

有了图符库、关键词库和自由词库之后就可以用专用可视化软件对其进行可视化处理，按照图 11-1 的布局进行组装。

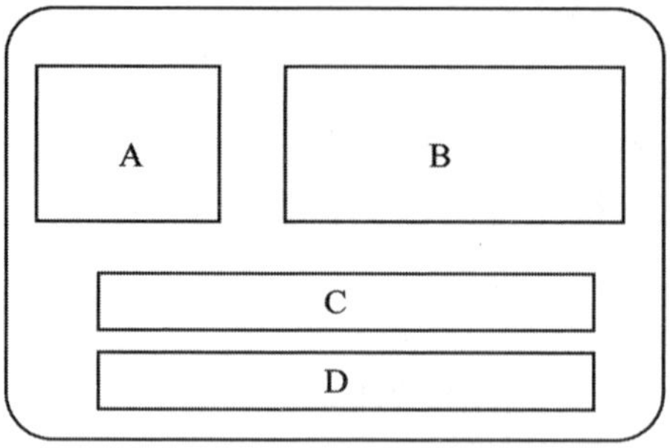

图 11-1　文献数据库可视化接口

全文数据库检索的可视化只需填入相关的检索码值就可以了。在可视化检索接口中，对图符(或动画)、分析图和关联图进行交互，它仅用可视化界面的可视化元素(图符、动画、图表和超链接标识)点击实现，完全去掉了繁琐的检索命令和复杂格式。

2)网络信息检索结果提供的可视化

网络信息检索结果提供的可视化主要指对网络信息检索结果进行可视化加工。由于网络信息最主要的特点就是页面之间的相互联系，因此对于网络信息检索结果提供的可视化技术主要是可视化地表现这种关系。同时，为了形象地显示主题与相关对象之间的联系，可以通过特定算法映射出如图 11-2 所示的可视化的联系相关图。这种相关图动态生成、随机变化，让用户一目了然、形象逼真。

信息可视化软件，通过收集数据、集成、转换、映射可以用动画显现出来。其中，某一主题连接了许多信息对象，而每个信息对象又连接了若干属性值。鼠标点击某一方框(如信息对象框)则该框立即移往图像的中心点，通过整个图像的伸缩变形与位移，将与之联系的对象与属性重新布局。用动画方式演变对象联系图不仅形象逼真、操作简便，而且极大地提高了服务质量。用户再不会出现迷路问题，也不会再面临一页接一页的文字海洋而望洋兴叹。利用可视化软件，人们会轻松自如地驰骋在网络信息海洋中，迅速获取所需的信息资源。

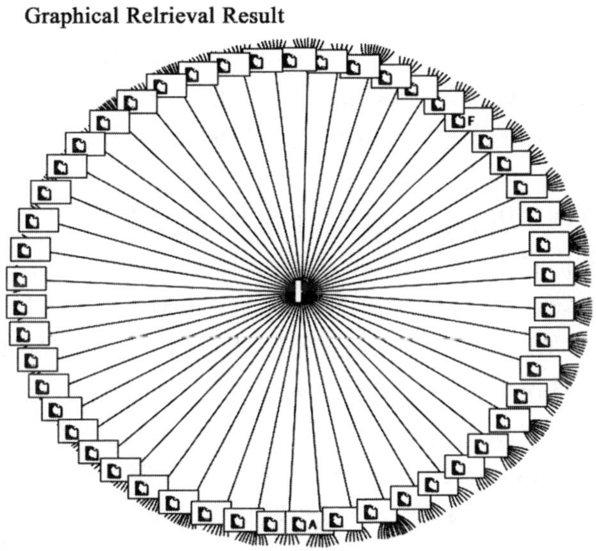

图 11-2 具有某一主题内容对象的联系相关图

11.3 知识组织

知识是人类的宝贵财富。它是人脑的创新成果，是人类智慧的结晶。知识来源于实践、又是反复被实践验证的客观规律性。根据世界经济合作与发展组织(OECD)的阐释：信息告诉人们“是什么”(what)和“为什么”(why)，知识告诉人们“如何做”(how)和“谁去做”(who)。所以知识来源于信息，信息是知识的源泉。知识大致可以分为两部分，即显性知识(explicit knowledge)和隐性知识(tacit knowledge)。显性知识是指记录在各种介质上的知识，如图书、档案、数据库、各种计划、总结报告、报表等。显性知识是具有有形的物质载体、被符号化了的知识，它是知识的一种沉淀，属静态知识。隐性知识是指存在于人的头脑中的未被编码的经验性知识，如个人的技术诀窍、直觉、想象与创意等，是高度个性化的且难以格式化的知识，是活跃着的动态知识，而且只能通过与有知识的专家直接合作与交流才能获得。我们提倡大众创业，万众创新，要建立创新型国家就必须尊重知识、尊重人才、加强知识管理，才能促进知识创新和技术创新。

11.3.1 知识管理与知识管理系统

卡尔·弗莱保罗认为：知识管理(knowledge management，缩写为 KM)就是通过集体智慧的杠杆效应达到增强响应能力与创新能力的学科。信息管理是由对期望刺激物的预报响应所构成，而知识管理则由对新机会和新挑战的创新响应所构成。

知识管理系统是用来支持知识管理活动的计算机系统，以及该系统所承载的知识管理的内容、方法和工具。

知识管理系统通常具有三大模块：基于内容提供、基于技术实现、基于文化和管理。下面以企业知识管理系统为例来讨论三大模块的组成。

基于内容提供模块包含了企业的内部知识(人力资源信息、产品/服务信息、财务信息、业务成本等)、外部知识(客户信息、竞争信息、市场信息等)和大量企业黄页。这些知识用合适的格式存储、建立海量信息的存储与高速检索机制；配备了数据挖掘与知识发现软件，提供沉淀专家经验和隐性知识。

基于技术实现模块具有整合数据库和现有系统互操作的能力、内容管理与非结构化文档管理能力、全文检索与跨系统搜索能力、确保系统安全与移动通信、无缝连接的能力。

基于文化和管理模块支持创新团队的工作、建立学习型组织，有利于知识共享和变革管理方式，激励自主创新和跨部门的协作。

知识管理系统通常用 5 个层次(访问工具、KM 表现、KM 应用、KM 核心服务、KM 平台)构建。访问工具层是广大用户与系统交互的接口层面。用户利用浏览器、手机、Office 办公软件操作实现知识获取与协作。KM 表现层提供企业知识门户(统一入口、统一身份认证和个性化服务)和知识地图(知识体系与知识关联)。KM 应用层由知识资源管理(知识库、e-learning、经验知识)、知识协作管理(事物协作、流程协作、团队协作、实时在线协作)、企业文化管理(文化社区、讨论区、业绩分享、企业调查)、决策支持(数据分析、数据挖掘、商务智能)、外部知识(客户关系、竞争情报、市场信息等)构成，对 KM 表现层提供全面支持。KM 核心服务层提供通信(Email、无线通信、音频/视频通信)服务、组织管理(组织结构、用户管理、目录)服务、工具技术(文档管理、流程管理、知识发现)服务。KM 平台层以网络为基础，提供应用服务器、数据库服务。

在知识管理系统中，知识组织是系统的核心与基础。

11.3.2 知识组织的主要内容

所谓知识组织就是为促使或实现主观知识客观化和客观知识主观化而对知识客体所进行的诸如整理、加工、引导、揭示、控制等一系列组织化过程及其方法。知识组织的目标在于对知识进行整序和提供。其任务则是要建立知识组织系统(knowledge organization systems，或简称 KOS)。

“知识组织”这个概念不是最近提出来的，早在 1929 年英国著名的分类法专家 H. E. 布利斯就曾使用过。近 20 年来，知识组织的研究和活动有了进一步发展。1989 年，在德国法兰克福成立了国际性学术机构“国际知识组织学会”(ISKO)；1996 年，ISKO 华盛顿年会决定将 ISKO 秘书处移至哥本哈根皇家图书馆学院。ISKO 自成立后，开展了一系列活动：1990 年 8 月在德国的达姆施塔特举行了第一届国际 ISKO 大会，会议主题是“知识组织工具与人类交往”；第二届于 1992 年 8 月在印度的马德拉斯举行，主题为“知识组织与认知范式”；第三届是 1994 年在丹麦的哥本哈根举行，主题为“知识组织与质量控制”；第四届于 1996 年 7 月在美国的华盛顿举行，主题为“知识组织与变革”。ISKO 在一些国家成立了分部，如德国、丹麦、西班牙、俄罗斯、印度等。ISKO 分部也举行了一系列学术会议，如俄罗斯先后于 1993 年和 1995 年举行了 ISKO 俄罗斯分部大会；西班牙举行过两届；1994 年 9 月在斯洛伐克的布拉迪斯拉发举行了第一届 ISKO 欧洲大会，主题为“环境知识组织与信息管理”；1992 年 10 月在西班牙的马德里还召开了国际文献工作联合会分类法研究委员会(FID/CR)和 ISKO 的联席会议。

知识组织是在分类法的基础上发展起来的。在第二届国际 ISKO 大会上，与会者提出了将国际性学术刊物《国际分类法》改名的建议，该建议得到 ISKO 执委会的赞同，ISKO 科学咨询委员会提出 4 种方案，最终确定使用《知识组织》(Knowledge Organization)，从 1993 年的第 20 卷起正式更名。

从分类法到知识组织是个飞跃，它增添了新的观念与意义值得去探讨研究。而随着时代的变迁，知识组织也在不断发展。信息网络的蓬勃发展，促使信息唾手可得。信息技术影响了信息的产生、发展及利用，但也因网络资源的大量及多变的特质，使得信息泛滥。但是对我们来说，知识还是缺少的，其原因不在于很难获取必要而基本的知识和大量而准确的数据，而在于知识的存贮过于庞大和无序。学者指出，在信息网络时代核心知识增长并不大，而分散在各种出版物中的外围信息和虚拟知识却在与日俱增，导致了知识存储状态的无序化。而人的阅读、吸收和消化能力是有限的，因此，应当对知识进行组织，能使知识存储有序化并且可获取，也就是说，运用有效方法处理知识的存储，使那些在知识获取方面受到物理限制的人能够对知识加以利用，这应当成为知识组织的目标。

知识组织的发展是由用户的信息需求和技术发展两个因素向前推动的。从信息需求的角度出发，用户对信息资源的利用程度随着科技进步及其对经济发展推动作用的增强而不断加深，尤其是从事高科技领域研究与开发的用户关注的是如何捕获和析取解决问题的知识内容，不再满足于一般层次的文献服务、信息服务，而是要求通过文献信息的深层次开发，将分散的专门知识信息加以集中利用，将分散在本领域及其相关领域的专门知识信息加以集中组织，进行文献信息的内涵知识二次开发，进行知识重组，从中提炼出对用户的研究、开发与管理创新思路的形成起着至关重要作用的"知识基因"，供其使用。此外，知识信息的采集、组织、传递、提供和使用后的反馈必须及时，以适应日益加快的知识经济社会的运行节奏。从技术的发展角度，由于现代计算机技术的广泛应用，使用计算机技术进行知识组织和分发成为一条极为重要的途径。总体说来，根据不同的知识和载体，采用不同的知识组织技术。一般来说，有关知识组织的核心技术包括文本映像、摘要整理、概念聚类、语义索引。新的技术包括采用 XML 技术、基于本体的知识组织、语义网络等。

KOS 是我们用来定义并组织表述真实世界物体的术语和符号的系统，在具体应用中我们往往将它们泛指为语义工具。它包括大型数据库中使用的叙词表，检索引擎内部使用的分类表，自动扩检词表，网站导航浏览用的等级体系结构，新一代因特网——语义网的实用分类系统/知识本体等。

本体论原属哲学研究的范畴，近些年来，在知识工程、人工智能、信息系统等领域的研究中，被用来表示有关领域的对象、概念、实体以及它们之间的关系。

Ontology 是用节点表示概念的有向图将概念分成三个方面：对象、事件、属性；节点间的连线表示概念间的关联．

知识表示的本体论(Ontology)是概念化的一套规范，即关于某个主题的一套明确的规范，或关于某个学科领域的一种形式化的、说明性的表示。它通过定义描述学科领域知识的概念、概念之间的关系、表示概念与关系的词汇，来作为知识表示的约定。本体论 O 可用二元组定义：$O=(C, R)$。C 是领域 D 内使用的知识概念的集合，$C=\{c \mid c \in D\}$. $c=(\text{term}, \text{description})$，term 是本体论中表示此概念的唯一术语，description 是对概念的简单描述。R 是概念之间存在地关系的集合，$R=\{r\}$。$r=(\text{term}, \{c\}, \text{description})$，term 是本体论中表示此关系的唯一术语，$\{c\}$ 是存在这种关系的概念的集合，description 是对关系的简单描述。

在知识组织方面，本体论的作用主要表现为：为各领域或领域之间提供一种语义路径图，联结概念与术语提供定义解释；为研究项目和实施方案的设计提供概念基础；改善交流和学习，通过概念体系结构帮助作者和读者；为各种活动提供分类指南；支持信息检索。

Ontology 与计算机网络利用超文本技术访问资源信息达成一致。在美国和欧洲(如 EKAW——European Knowledge Acquisition Workshop)人们已经进行了多年的基于 Ontology 理论的知识表现模式研究和新一代网页 Semantic Web(语义网)技术研究。这些研究是：已成为标准的 W3C 之 XML、美国斯坦福大学的 KSL(Knowledge Systems Lab：知识系统实验室)之 DAML 和欧洲的 OntoWeb Network。他们的研究在 Internet 信息急剧上升的今天具有很高的价值，尤其是新一代网页技术。可以让人们随意地定义一些标记来描述文件中的数据元素，使信息搜寻更加具有逻辑性、准确性，快速和有序，同时也使人们所获得的信息内容更复杂、丰富、完整和符合个性化要求。

知识本体的构建技术、知识本体的存储技术、知识本体的融合技术、知识本体的动态维护、知识本体的可视化、基于知识本体的语义标注、语义标注的人机接口、知识本体的推理技术、基于知识本体的应用、本体构建和服务系统；大规模文本内容处理技术研究与语义标注的人机界面工具开发；主题词标引工具向文章内容语义标注工具发展。

知识组织是科学研究的前提。发展新的通信技术正在全球范围内大规模推进，仅就通信技术而言，它增加了信息泛滥，如何解决信息泛滥所造成的后果，目前还没有引起人们的重视。

知识组织构成了在科学中的单个分支，以学科的形式从事知识的生产、表达、处理和利用，还包括有助于结束信息泛滥的活动。此外，它也构成了超越学科界限的合理主题，并与本体论、认知科学相联系。ISKO 的任务应当是协调个别领域中的各种活动。

从文献组织到信息组织再到知识组织是人类对知识的利用不断深化的结果，它们都是为了解决信息需求与信息利用之间的矛盾而产生的。文献组织是为满足人们利用科技文献的需要而出现的一种独立的活动，它是对知识的载体(文献)进行的组织。传统的文献组织主要侧重于印刷型、纸质本的文献资料。信息组织是信息时代出现的新鲜事物。在信息社会，随着 Internet 的兴起与发展，信息类型、信息媒体多种多样，信息爆炸，信息的质量参差不齐，为了满足人们的信息需求，需要对纷繁芜杂的大量信息进行整序、优化，于是提出了信息组织。而随着信息的快速增长以及信息技术的飞速发展，产生了知识获取的需求。人们需要能够解决具体问题的知识，而知识存贮的分散化和无序化，制约了人们获取所需知识的能力。为了优化知识的获取，就需要超越知识呈现的外在形式，而对其内容做精细的分析与组织，人们提出了知识组织。信息组织是知识组织的基础，知识组织是信息组织的延伸和发展。知识组织是来源于信息组织但又高于信息组织，它是知识管理和知识服务的基础。

随着人类社会的发展和人们社会实践的扩大和深入，人们对数据、信息与知识的认识和理解也在不断提高和深化。一般认为，数据是未经整理的信息，信息是经过整理的文件，知识则是对信息经过吸收与消化，由个人或组织所拥有，据以产生信仰、行动与决策，包括经验、专业技术、价值、见解、经文字外显的信息等。知识和信息，都是对客观世界的反映和认识，本质上是一致的，但程度上有所不同。卡尔·弗莱保罗认为：显性知识被称为信息。另一方面，显性知识与隐性知识二者可以相互转化，显性知识通过学习即成为隐性知识，隐性知识记录下来(即符号化)即转变为显性知识(如图11-3所示)。其中，SECI模型即社会化(Socialize)、外在化(Externalize)、组合(Combine)、内化(Internalize)模型。它刻画了知识组织转换循环的过程。社会化是隐性知识向隐性知识转换，外在化完成隐性知识向显性知识转换，组合是显性知识向显性知识转换，而内化是显性知识向隐性知识转换。这四个转换交互循环就是组织知识创造的基础。它就是所谓的“知识创造螺旋”(knowledge-creating spiral)。

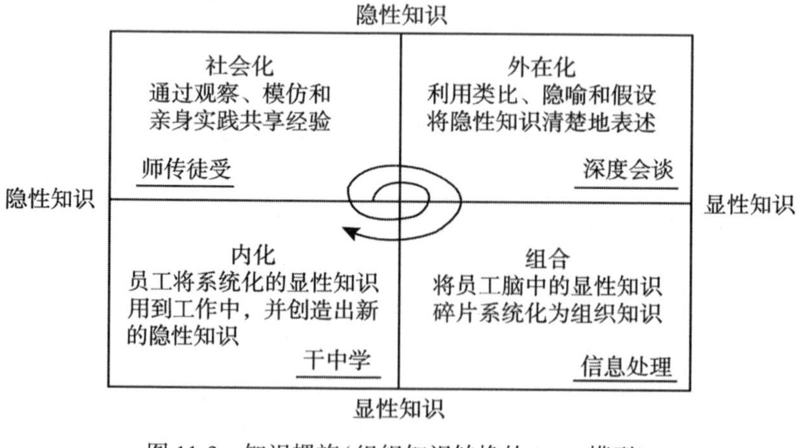

图11-3 知识螺旋(组织知识转换的SECI模型)

学习知识成为提高国家、社会、企业、个人竞争力的根本途径，知识也就成为最重要的财富。知识资本、知识经济、知识管理、知识型企业已成为人们关注的焦点。组织知识转换、建立各种知识管理系统是我们面临的重要任务。

11.3.3 知识组织的研究进展

知识组织(knowledge organization)最早于1929年由英国著名图书馆学家、分类法专家、《书目分类法》的编制者布利斯(H. E. Bliss，1870—1955年)提出，并在图书馆学、情报学的分类系统和叙词表研究基础上发展起来。知识组织，指通过一系列的程序，包括知识的搜集、整理、加工、整序、控制与共享等，使无序的知识资源处于有序化状态，并实现有序化输出的过程，目的就是以完成知识元素的序化、知识价值的最大化和知识创新，最优化用户的知识搜索体验。

现代社会信息量呈现指数式增长，虽给人们生活的各方面带来了极大的便捷，但由于这些信息大多处于分散、混乱和无序的状态，导致人们可利用的有效信息并不多，这就产生了信息爆炸与有效信息匮乏的矛盾。要有效解决这个矛盾，就需要从提供信息转变到提供知识，而对知识组织的研究是实现这种转变的核心和基础。实质上，知识组织就是将主观知识客观化和客观知识主观化两个阶段相结合的过程。首先，主观知识客观化是对人们研究的文献、数据等成果进行综合整理，不仅要通过数据间的联系形成知识，更要将所有的数据信息在致力于知识服务的框架下构成有序的知识组织体系，从而为客户提供更有针对性的知识服务。然后再将已经构建成的客观知识体系主观化，这是为了解决客户所需知识的精准提供问题，即按照客户的需求进行分类、关联和管理，呈现出能解决客户问题的有效内容，最终让知识实现利用、共享、传播和增值。因此，知识组织的实质在于对人脑知识体系结构的模拟，知识组织的原理就是用一定的方法把知识客体中的知识元素和知识关联揭示出来，并编排成序，形成易于利用的知识体系结构。

目前，对于推动知识组织研究的力量主要来自四个方面：一是以W3C、ISKO为代表的国际性组织，提出一系列规范并以会议、项目、研讨等进行推广；二是以美国、英国等大型图书馆、博物馆为主的信息机构，主要通过试验的方式进行研究；三是以世界知名大学及其研究所为代表的学院派，主要通过设立相关项目进行研究；四是以谷歌、IBM以及微软为代表的商业组织。目前广受关注的是这几股力量之间相互交叉支持，商家出钱，学院派出智，信息机构提供试验场所而国际组织进行推广，这个良性循环圈对知识组织的研究发展起到很好的推动作用。

11.3.3.1 知识组织的快速发展

对知识组织的研究，国外组织的研究主要侧重于实践方面，以 NKOS (Networked Knowledge Organization System/Services)作为主要的研究领域，国外的知识组织项目主要有 DSpace 项目、Haystack 项目、SIMILE 项目、Bricks 项目和 Corrib. org 项目。

DSpace(数字空间)系统是一个突破性的数字知识库系统，由美国麻省理工学院图书馆和美国惠普公司实验室合作研究，经过多年的努力于 2002 年 10 月开始投入使用。该系统以内容管理发布为设计目标，遵循 BSD (Berkeley Software Distribution)协议的开放源代码数字存储系统。该系统可以收集、存储、索引、保存和重新发布任何数字格式、层次结构的永久标识符研究数据。其数字材料来自不同的组群，比如大学的院系、实验室，图书馆的采访、编目等部门，这些依据不同的授权完成不同任务的组群称作数字空间群。数字空间群实现长期保存数字材料。

DSpace 是一个专门的数字资产(Digital assets)管理系统，它管理和发布由数字文件或“位流”(bitstreams)组成的数字条目(item)，并且允许创建、索引和搜索相关的元数据以便定位和存取该条目。DSpace 的用户可能是教师、学生，也可能只是一些计算机系统，因此 DSpace 把用户称作“E 人”。

Haystack 是一个为 Facebook 上分享照片而设计的对象存储技术。Haystack 架构包含 3 个核心组件：Haytack Store、Haystack Directory 和 Haystack Cache。Store 是持久化存储系统，并负责管理图片的文件系统元数据。Store 将数据存储在物理的卷上。比如，在一台机器上提供 100 个物理卷，每个提供 100GB 的存储容量，整台机器则可以支撑 10TB 的存储。更进一步，不同机器上的多个物理卷将对应一个逻辑卷。Haystack 将一个图片存储到一个逻辑卷时，图片被写入到所有对应的物理卷。这个冗余可避免由于硬盘故障，磁盘控制器 bug 等导致的数据丢失。Directory 维护了逻辑到物理卷的映射以及其他应用元数据，比如某个图片寄存在哪个逻辑卷、某个逻辑卷的空闲空间等。Cache 的功能类似我们系统内部的 CDN，它帮 Store 挡住热门图片的请求(可以缓存的就绝不交给下游的持久化存储)。

当用户访问一个页面，Web 服务器使用 Directory 为每个图片来构建一个 URL(Directory 中有足够的应用元数据来构造 URL)。URL 包含几块信息，每一块内容可以对应到从浏览器访问 CDN(或者 Cache)直至最终在一台 Store 机器上检索到图片的各个步骤。

SIMILE 是麻省理工学院(MIT)和 W3C 合作的联合项目，其全称为差异环境内元数据和信息的语义互通性，Semantic Interoperability of Metadata and Information in unLike Environments 这个研究项目开发各种工具来共享形形色色的数据和数字媒体集。其目的是实现对知识认知的复杂性的简化、工具化和计算机化。它已经产出了很多真正的可应用的产品。Exhibit 就是其中的一个，它让您能够用小部件生成 Web 页面，用户可以用这些小部件来快速梳理大量数据。Exhibit 让该过程变得十分简单，而且需要的编程也很少。

与国外相比，国内学者的研究主要侧重于知识组织系统概念、基础理论以及体系等方面，对于实证研究还有所欠缺。

对于知识组织的研究，如果从技术层次上看，主要的发展表现在三个方面，一是突出以语义 Web 为代表的相关技术研究，二是以知识组织系统推动知识组织发展的研究，三是以搜索引擎为代表的知识组织方式的研究。如果从知识组织方法层次上看，主要体现在随着网络技术的发展而日益更新完善的知识组织方法和工具。到目前为止，知识组织方法多达数十种，知识组织工具和系统更是不胜枚举，其中最常用的知识组织方法主要包括元数据、知识本体、知识地图和语义网络四大类型。

11.3.3.2 知识组织的方式

按照知识组织的对象的不同，可以将知识组织方式分为基于知识元素的知识组织方式和基于知识关联的知识组织方式。基于知识元素的知识组织方式主要注重知识元素本身的内容与意义，如分类、聚类、元数据等；基于知识关联的知识组织方式主要注重知识元素间的关系和约束，通常采用可视化的图形形式，其代表性的有知识地图、知识图谱、语义 Web 等。本章重点介绍第二种组织方式。

(1)知识地图

搜索引擎解决了信息的有效组织，但是用户在面对海量的信息进行搜索时，还是会出现寻找知识过程中的混乱状态，用户需要有一个指引工具。知识地图便应运而生，它是对概念和知识关联的切实表述或分类，它起到了一种搜索导航的功能，可以使用户快速找到他们所需要的知识点，然后重新返回到相关的知识源。知识源可能指人，文献资料，非出版的原始资料，甚至可以是推动某一事务进展的原动力(特定的环境，职位，地位等)。在这一过程中你可能会成为别人的知识源，而你自己的知识源又会与其他知识相连。另外知识地图还支持用户的模糊查询，它可以将相毗邻的知识单元联系起来并进行详细的描述。用户使用隐喻的方法可以找到他们需要的却无法详细描述的知识。通常这样的知识地图是可视化的并通过所谓的“语义入口”进行浏览，使用户很容易地定位于与他们的搜索需求相关的信息。图 11-4

显示了一个知识地图形成与服务的情况。

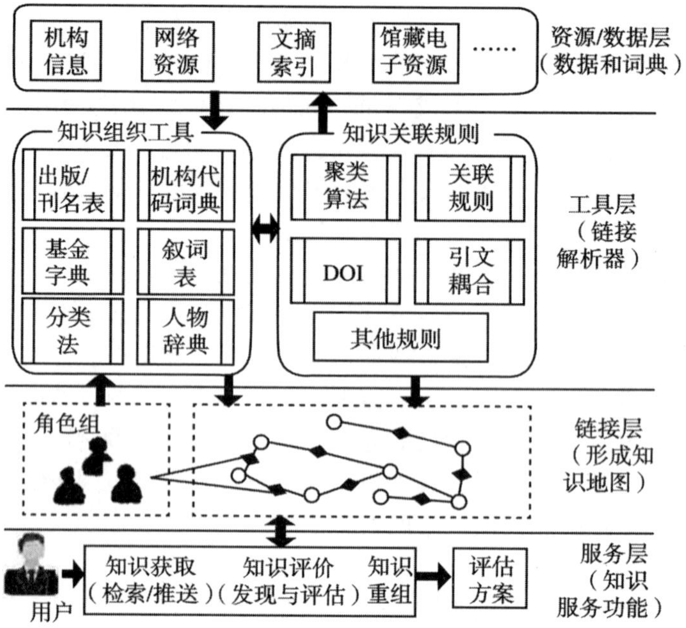

图 11-4　知识地图形成与服务示意图

目前的知识地图主要的类型集中在以下几种：

- 面向程序的知识地图

这种知识地图将关于某个领域的知识或者知识源图形化表示。这里的业务流程涵盖了一个企业或者一个组织机构的任何业务操作流程，主要应用与规划知识管理方案并推动知识管理的实践。

- 面向概念的知识地图

这种知识地图实质是“分类学”的一种，是划分组织等级和进行内容分类的一种方法。在知识管理中，分类学被用于网站站点或知识库中的内容管理。

- 面向能力的知识地图

这种知识地图将一个组织结构的各种技能，职位甚至个人的职业生涯视为一种资源并进行记录，从而勾画出了一张该机构的智力分布图。它的功能类似于黄页电话簿，可以使员工很方便地找到他们所需要的专项知识(各种技能、技术和/或职责描述)。

- 面向社会关系的知识地图

这类知识地图也称为社会关系图。社会关系图揭示了不同的社会实体之间，不同的组织机构之间和统一组织内的不同成员之间关系的表现形式和处理原则。社会关系分析图的一个作用就是对一个社会背景内的共享信息进行分析。

(2)知识图谱及可视化分析

随着大数据时代的到来，知识存储与处理规模越来越大。人们对知识的渴望不再局限于获取，更加关注知识与知识之间的关系，从而使得知识可视化的重要性日益显现。知识图谱因能以清晰、动态的形式揭示知识之间的关系，成为许多学者实现可视化的一种途径。

知识图谱这个概念最早由 Google 提出，主要是用来优化现有的搜索引擎。为了让用户能够更快更简单地发现新的信息和知识，Google 搜索于 2012 年发布“知识图谱”(Knowledge Graph)——可以将搜索结果进行知识系统化，任何一个关键词都能获得完整的知识体系。例如搜索“Amazon”(亚马逊河)，一般的搜索结果会给出和 Amazon 最相关的信息，比如 Amazon 网站，但 Amazon 并不仅仅是一个网站，它还是全球流量最大的 Amazon 河流。如果再追溯历史，它可能还是希腊女战士一族的代称。而这些结果都在 Google 搜索的“知识图谱”中展现出来。

图 11-5 显示了一个公司里知识图谱的应用情况。

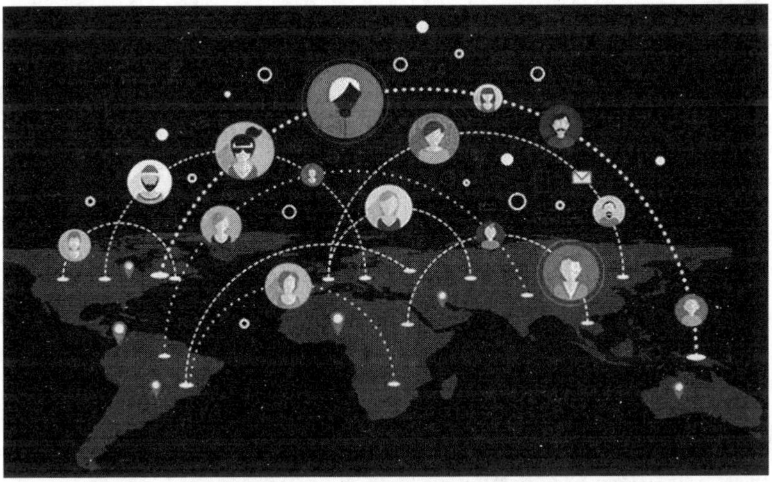

图 11-5　某跨国公司的客户关系管理系统之知识图谱实例

知识图谱本质上是语义网络，是一种基于图的数据结构，由节点(Point)和边(Edge)组成。在知识图谱里，每个节点表示现实世界中存在的“实体”，例如人、事物等，每条边为实体与实体之间的“关系”，例如同事关系、父子关系等。知识图谱是一种对关系的直接表示方式，尤其是在表示复杂关系网络及对复杂关系网络的存储、查询等方面具有明显的优势。通俗地讲，知识图谱就是把所有不同种类的信息(Heterogeneous Information)连接在一起而得到的一个关系网络。知识图谱提供了从“关系”的角度去分析问题的能力。

对于每一个搜索的关键词，我们可以通过知识图谱来返回更丰富，更全面的信息。在国内，百度和搜狗分别推出了自己的知识图谱产品”知心“和”知立方”来改进其搜索质量。比如搜索一个人的身份证号，我们的智能搜索引擎可以返回与这个人相关的所有历史借款记录、联系人信息、行为特征和每一个实体的标签(比如黑名单，同业等)。另外，可视化的好处不言而喻，通过可视化把复杂的信息以非常直观的方式呈现出来，使得我们对隐藏信息的来龙去脉一目了然。

(3)语义 Web

语义 Web 是当前知识组织研究领域比较热门关注的话题，它的核心是通过万维网上的文档添加能够被计算机所理解的语义元数据，从而使整个互联网成为一个通用的信息交换媒介，目前主要发展为七层体系结构，所依赖的核心技术包括 XML(可扩展标记语言)、RDF(资源描述框架)和 Ontology(本体，其内容已在 3.4 节进行了讨论)，主要功能在于提供计算机软件可处理的元数据描述和信息表达方式，以及建构基于 RDFS 技术的基本 RDF 元语集合、通用描述元语集合、公理描述元语集合和关系约束元语集合进行知识表示的技术框架，使用这 4 层元语集合可以将一般领域的知识信息以 RDF(s)的方式存储在 Web 平台上，并通过相应支持 XML 的程序进行处理。

Web 已经成为人们获取信息的主要渠道，但由于 Web 是面向人的而不是面向机器的，因此，随着网上的网页数量急剧增长，人们准确全面、快速便捷地获取到有价值信息的难度越来越大。语义网是一种使用可以被计算机理解的方式描述事物的网络，它的基本思想就是让机器或者设备能够自动识别和理解网上的内容，使得 Web 信息获取更为便捷。

11.3.3.3 知识组织的发展趋势

知识组织的核心就是将数据信息转换为另一种形式的知识，这一种创新的知识是一种更有利于行动的智慧。随着大数据/云计算时代的到来，各类数据信息呈现爆炸式增长。虽然海量数据满足了人们对于知识的各类需求，但海量数据下人们面对的更多的是巨量、复杂而且价值密度低的数据，如何从这些嘈杂的数据中获取真正需要的有效、有价值的信息成为人们面临的一项巨大的挑战。它也是知识组织领域未来发展需要着力解决的问题。因为传统的知识组织，着眼于数据、信息、知识进行描述、标引、分类和整序等处理，以构建一个系统化的有序的知识体系。

传统的知识组织方式对大数据这种原材料已经无法处理，或者说已经无法满足人们对目标知识的有效需求。那么在大数据环境下，知识组织方式必须做出适应于处理海量信息的改变。人们利用移动互联网条件和网络机器人的智慧及时处理创造新的多种知识组织与服务模式。这就意味着创新的知识组织方法将会要求基于用户阅读行为遗留下的大量数据浏览痕迹提炼出用户的不同知识需求，再根据不同的需求目标进行知识组织，从而实现更具针对性的交互式知识服务体验。这种新的组织方式更加重视与用户需求之间的呼应，重点放在透析用户需求、探讨用户的阅读行为知识，并结合大数据的方法和技术对行为知识进行获取、组织和应用，最后根据目标组织知识，呈献给用户有针对性的高效的知识服务。同时由于现在大数据正处于由概念到问题解决的关键转型期，这就预示着如何抓住转型关键期发挥知识组织的核心价值和作用实现跨越式的知识服务模式转变是知识组织未来面临的重大挑战。最终实现的交互式知识服务体验将会是知识组织的发展趋势，知识组织在未来必将真正实现考虑用户需求和用户隐形知识，建立面向个性化服务的创新组织机制。

习 题 十 一

1. 简述信息组织的发展趋势。
2. 为什么说知识组织是信息组织的高级形式？
3. 什么是信息构建？为什么要研究信息构建？
4. 信息构建有哪些特点？
5. 信息构建的核心内容有哪些？
6. 什么是信息可视化？研究它有何意义？
7. 信息可视化包括哪些内容？
8. 文献数据库如何实现信息可视化？

9. 何谓知识管理与知识组织?
10. 知识组织的主要内容是什么?
11. 简述组织知识转换的 SECI 模型。
12. 目前，知识组织有哪些主要方式?
13. 什么是知识地图?为什么要研究知识地图?
14. 什么是知识图谱?研究知识图谱有什么作用?

参 考 文 献

[1] Arlene G. Taylor, Daniel N. Joudrey. The Organization of Infomation[M]. 3rd edition. Englewood, Colorado: Libraries Unlimited, 2008.

[2] 邬贺铨. 新一代信息技术的发展机遇与挑战[J]. 中国发展观察，2016(4).

[3] 曹树金，罗春莱. 信息组织的分类法与组织法[M]. 北京：北京图书馆出版社，2000.

[4]《中国分类主题词表》Web 版帮助文档[EB/OL]. [2016-08-20]. http://cct.nlc.cn/default.aspx.

[5] 孙建军. 网络信息的搜集与利用[M]. 南京：东南大学出版社，2000.

[6] Pramod J. Sadalage, Martin Fowler 著. NoSQL 精粹[M]. 爱飞翔，译. 北京：机械工业出版社，2013.

[7] 黄斯伟，王玮编著. HTML4.0 动态网页制作[M]. 北京：人民邮电出版社，1999.

[8] JSON 详解[EB/OL]. [2016-07-01]. http://www.cnblogs.com/mcgrady/archive/2013/06/08/3127781.html.

[9] 周宁，吴佳鑫. 信息资源数据库[M]. 第 3 版. 武汉：武汉大学出版社，2010.

[10] 林福宗. 多媒体技术基础[M]. 北京：清华大学出版社，2000.

[11] Charles F. Goldfarb, Paul Prescod 著. XML 实用技术[M]. 张利，王显著，译. 北京：清华大学出版社，1999.

[12] 方美琪. 电子商务概论[M]. 北京：清华大学出版社，1999.

[13] 李重九编著. 电子商务教程[M]. 上海：浦东电子出版社，2000.

[14] 王珊，等. 数据仓库技术与联机分析处理[M]. 北京：科学出版社，

1998.
[15] Harjinder S. GILL，等著．数据仓库——客户服务器计算指南[M]．王仲谋，刘书丹，译．北京：清华大学出版社，西蒙与舒斯特国际出版公司，1997.
[16] 阿里云在线帮助文档[EB/OL]．[2016-07-01]．https：//help. aliyun. com/.
[17] 沈康辰．面向对象的知识库技术[M]．北京：电子工业出版社，1993.
[18] 何炎祥．面向对象数据库[M]．武汉：武汉大学出版社，1995.
[19] 中国图书馆分类法编辑委员会.《中国图书馆分类法(第4版)》使用手册[M]．北京：北京图书馆出版社，1999.
[20] 中国图书馆分类法编委会. 中国图书馆分类法(第4版)[M]．北京：北京图书馆出版社，1999.
[21] 中国科学技术情报研究所. 汉语主题词表自然科学(增订本)[M]．北京：科学技术文献出版社，1991.
[22] W3School JSON 教程[EB/OL]．[2016-07-01]．http：//www. w3school. com. cn/json/index. asp.
[23] 马张华，候汉清．文献分类法主题法导论[M]．北京：北京图书馆出版社，1999.
[24] 文献工作——磁带上文献目录信息互换格式（ISO 2709）[M]．北京：科学技术文献出版社，1980.
[25] GB/T 2091-92 书目信息交换用磁带格式[M]．北京：中国标准出版社，1996.
[26] 申晓娟，高红．从元数据映射出发谈元数据互操作问题[J]．国家图书馆学刊，2006(4).
[27] 刘晓敏. 试论网络信息的有序组织[J]．信息科学，2000(2).
[28] 党跃武. 信息组织论[J]．图书情报工作，1997(3).
[29] 郑小惠，张海涛．开放资源互操作协议 OAI 研究[J]．图书馆杂志，2004(1).
[30] 腾讯云在线帮助文档[EB/OL]．[2016-07-01]．https：//www. qcloud. com/product/cdb-overview. html.
[31] 储节旺，郭春侠. 论网络信息组织[J]．情报理论与实践，2000(4).
[32] 林海清. 数字图书馆的信息组织[J]．中国图书馆学报，2000(1).
[33] 康桂英. 分类法与主题法在网络信息资源组织与揭示中的应用[J]．图书馆建设，1999(3).

[34] 马张华，张宇．指南型网络分类体系初探[J]．大学图书馆学报，2000(3)．

[35] 陈笑辉，范晓虹．搜索引擎 Yahoo 的分类体系及性能评价[J]．中国信息导报，1999(7)．

[36] 强自九．网络分类目录及其分类法[J]．大学图书馆学报，1999(4)．

[37] 王忠红．网络信息环境下的传统分类法[J]．图书情报工作，1999(2)．

[38] 刘全焕，魏平．联机检索中的主题法的应用[J]．洛阳工学院学报，1995(3)．

[39] 曹东等．运用情报检索语言理论与方法完善搜索引擎的功能[J]．情报理论与实践，2000(1)．

[40] 严亚兰．基于 Web 环境的半结构化数据模型研究[J]．中国图书馆学报，2003(4)．

[41] 周宁，林蓉，严亚兰．一种基于事件的都柏林核心(DC)数据模型[J]．情报学报，2000，19(3)．

[42] 张晓林．元数据研究与应用[M]．北京：北京图书馆出版社，2002.

[43] 丁夷．数据挖掘——技术与应用综述[J]．西安邮电学院学报，1999，4(3)．

[44] 孟志青，刘玉保．基于数据仓库的商业销售分析与决策系统的一种建造方案[J]．计算机应用，1998，18(11)．

[45] 王汉元．置标语言以及 SGML、HTML 和 XML 的关系[J]．情报杂志，2005(3)．

[46] 刘东苏，高玉峰．决策支持系统中数据仓库技术的应用[J]．情报学报，1999，Vol. 18(增刊)．

[47] 沈云秋，张寅生．浅论数据仓库技术[J]．计算机应用研究，1999(1)．

[48] 杨光，张雷，艾波．数据仓库实施策略[J]．计算机应用，1999，19(9)．

[49] 滕佳东．企业信息管理与数据仓库[J]．中国信息导报，1999(10)．

[50] 刘孝文．从 MARC 到 MODS：编目元数据 MODs 分析与研究[J]．图书馆杂志，2007(7)．

[51] 许向东，张全寿．数据仓库与数据发掘的应用[J]．计算机系统应用，1998(4)．

[52] METS：概要及指南[EB/OL]．[2016-09-24]．http：//www.loc.gov/standards/mets/METSOverview.v1-6_chi.doc.

[53] 蒋永福．论知识组织[J]．图书情报工作，2000(6)．

[54] 尚克聪. 信息组织论要[J]. 图书情报工作，1998(11).
[55] 国家图书馆编. 新版中国机读目录格式使用手册[M]. 北京：北京图书馆出版社，2004.
[56] 陈燕，杨德礼. 一个数据仓库的设计和实现[J]. 大连理工大学学报，2000(2).
[57] 董焱. 数字博物馆元数据标准初探[J]. 北京联合大学学报(自然科学版)，2005，19(2)6.
[58] 朱超. 关于元数据互操作的探讨[J]. 情报理论与实践，2005(6).
[59] 徐永川. SGML、HTML 与 XML 的比较[J]. 情报科学，2004，22(1).
[60] 刘炜. 关于元数据的十万个为什么[EB/OL]. [2016-09-24]. www. libnet. sh. cn/sztsg/fulltext/abc/metaFAQ. pdf.
[61] Chan，Lois Mai. Cataloging and Classification：An Introduction[M]. 2th ed. Mc Graw-Hill，Inc.，1994.
[62] Page L.，Brin S.，etc. The Pagerank Citation Ranking：Bringing Order to the Web[J]. Stanford Digital Libraries Working Paper，1998.
[63] HTML 4. 01 Specification[EB/OL]. http：//www. w3. org/TR/html401/.
[64] MARC 21 Concise Format for Bibiographic Data [EB/OL]. http：//www. loc. gor/marc/.
[65] Web 数据库综述[EB/OL]. http：//ndht. nj. edu. cn/Techclass/_disk7/.
[66] National Synchronization Page for NSF/DARPA/NASA. Digital Libraries Initiative Projects[EB/OL]. http：//dli. grainger. uiuc. edu/dlib. html.
[67] D-Lib Magazie[EB/OL]. http：//www. dlib. org/national. htm.
[68] Zeng Lei. Metadata Interoperability and Standardization—A Study of Methodology Part II [EB/OL]. [2016-09-24]. http：//www. dlib. org/dlib/june06/zeng/06zeng. html.
[69] The OAI Executive. The Open Archives Initiative Protocol for Metadata Harvesting [EB/OL]. http：//www. openarchives. org/OAI/2. 0/openarchive-sprotocol. htm.
[70] Kleinberg，J. Authoritative Sources in a Hyperlinked Environment [J]. Proc. 9th ACM-SIAM Symposium on Discrete Algorithms，1998.
[71] Extensible Markup Language (XML) 1. 0. [EB/OL]. [2017-03-03]. http：//www. w3. org/TR/1998/REC-xml-19980210.
[72] A Gilliland-Swetland，etc. Introduction to metadata：Pathways to digital information[J]. Getty Information Institute，2000.

[73] Z39.50 资源发现[EB/OL].[2016-09-24]. http://www.txmike.com/Presentations/Z3950/.

[74] OAI-PMH 协议[EB/OL].[2016-09-24]. http://www.openarchives.org/OAI/openarchivesprotocol.html.

[75] 数字图书馆系统工程[EB/OL].[2016-09-24]. http://nlc.ncl.gov.cn/newpages/dlibraries/stxtgc.htm.

[76] 电子商务的三层系统结构[EB/OL]. http://magazine.shteol.com/epublish/gb/paper118/2/class011800003/hwz86480.htm.

[77] 企业电子化商务系统建设步骤[EB/OL]. http://mydown.cpcw.com/20010508/173218.shtml.

[78] NoSQL 数据库的 35 个使用场景[EB/OL].[2016-07-01]. http://blog.jobbole.com/33936/ .

[79] 范哲，朱庆华，赵宇翔. Web2.0 下 UGC 研究述评[J]. 图书情报工作，2009，53(22)：60-63.

[80] 吴思. 微博和微信的信息组织方式比较研究[J]. 情报探索，2015(8)：127-129..

[81] 胡阿沛. 基于人人网的社交网站信息组织研究[J]. 图书情报工作，2013，57(2)：249-252..

[82] 朱爱菊. 从对人的关注和浏览中获取信息——新浪微博中的信息组织与信息获取机制分析[J]. 情报杂志，2011，30(5)：161-164..

[83] 孙淑兰，黄翼彪. 用户产生内容(UGC)模式探究[J]. 图书馆学研究，2012(13)：33-35..

[84] 刘风光. 网络博客、微博的信息组织方式和信息质量分析原则[J]. 价值工程，2013(24)：185-186..

[85] 杜二梅. 基于社会网络分析的信息组织热点主题研究[J]. 情报工程，2015，1(5)：52-58..

[86] 侯汝秋，王雨卉. 微博的信息组织方式探析[J]. 新世纪图书馆，2014(3)：52-56..

[87] http://www.nlc.gov.cn/newpages/dlibrary/index.htm[EB/OL].

[88] http://10.3.31.235/cendi/internet/library/dlibrary.htm[EB/OL].

[89] Rebecca Guenther. Library Application Profile[EB/OL]. http://dublincore.org/documents/2002/09/24/library-. application-profile/.

[90] Search Engine History[EB/OL].[2016-09-24]. http://en.wikipedia.org/wiki/Web_search_engine.

[91] http://www.w3.org/XML/.
[92] http://purl.org/PC/[EB/OL].
[93] http://www.w3.org/pics/NG[EB/OL].
[94] http://www.w3.org/TR/NOTE-CDFsubnmot.html[EB/OL].
[95] http://www.w3.org/NOTE-MCF-XML/[EB/OL].
[96] http://www.finegold.com.cn/sztsg-2.htm[EB/OL].
[97] De Abreu, D., Flores, A., Palma, G., Pestana, V., Pinero, J., Queipo, J., & Vidal, M. E. Choosing Between Graph Databases and RDF Engines for Consuming and Mining Linked Data[M]. COLD, 2013.
[98] 刘知远．知识图谱——机器大脑中的知识库[EB/OL]. http://book.thunlp.org/knowledge_graph/.
[99] Nickel, M., Murphy, K., Tresp, V., & Gabrilovich, E. A Review of Relational Machine Learning for Knowledge Graphs[R].
[100] Socher, R., Chen, D., Manning, C. D., & Ng, A. Reasoning with Neural Tensor Networks for Knowledge Base Completion[J]. In Advances in Neural Information Processing Systems, 2013: 926-934.
[101] Bordes, A., Usunier, N., Garcia-Duran, A., Weston, J., & Yakhnenko, O. Translating Embeddings for Modeling Multi-relational Data[J]. Advances in Neural Information Processing Systems, 2013: 2787-2795.
[102] 李文哲．知识图谱的应用[EB/OL]. [2015-12-01]. http://www.almosthuman.cn/2015/12/01/eyd7k/.
[103] 姜永常．国内外知识构建智能化研究的对比分析与方法选择[J]. 情报理论与实践，2015(6).
[104] 王曰芬，傅柱．大数据环境下知识表示与知识组织方法应用[J]. 数字图书馆论坛，2014(3).
[105] 徐飞，徐绪堪，吴广印．大数据环境下科技文献用户阅读行为知识组织模型研究[J]. 情报学报，2015(9).
[106] Jenatton, R., Roux, N. L., Bordes, A., & Obozinski, G. R. A Latent Factor Model for Highly Multi-relational Data[J]. Advances in Neural Information Processing Systems, 2012: 3167-3175.
[107] 付苓．面向大数据的单元信息知识组织体系建设框架[J]. 情报理论与实践，2016(6).